PILHAGEM

Ugo Mattei e Laura Nader

PILHAGEM

QUANDO O ESTADO DE DIREITO É ILEGAL

TRADUÇÃO DE JEFFERSON LUIZ CAMARGO
REVISÃO TÉCNICA DE MÁRCIO MANOEL MAIDAME

wmf martinsfontes

Esta obra foi publicada originalmente em inglês com o título
PLUNDER: WHEN THE RULE OF LAW IS ILLEGAL
por Blackwell Publishing Limited
Copyright © 2008 by Ugo Mattei e Laura Nader
Todos os direitos reservados. Tradução autorizada da edição em inglês publicada por Blackwell Publishing Limited. A responsabilidade pela fidelidade da tradução é unicamente da Livraria Martins Fontes Ltda. e não de Blackwell Publishing Ltd.
Nenhuma parte deste livro pode ser reproduzida sob qualquer forma sem autorização por escrito do detentor do copyright, Blackwell Publishing Limited.
As designações usadas pelas empresas para identificar seus produtos são consideradas marcas registradas. Todos os nomes de marcas e de produtos mencionados neste livro são marcas registradas de seus respectivos proprietários. O Editor não está associado a nenhum produto ou fornecedor mencionado nesta obra.
O Copyright, Designs and Patents Act de 1988 garante a Ugo Mattei e a Laura Nader o direito moral de serem identificados como autores deste livro.
Copyright © 2013, Editora WMF Martins Fontes Ltda.,
São Paulo, para a presente edição.

1ª edição 2013
2ª tiragem 2025

Tradução *Jefferson Luiz Camargo*

Revisão técnica *Márcio Manoel Maidame*
Acompanhamento editorial *Márcia Leme*
Preparação do original *Maria Luiza Favret*
Revisões *Ornella Miguellone Martins e Adriana Bairrada*
Projeto gráfico *A+ Comunicação*
Edição de arte *Katia Harumi Terasaka*
Produção gráfica *Geraldo Alves*
Paginação *Studio 3 Desenvolvimento Editorial*

Dados Internacionais de Catalogação na Publicação (CIP)
(Câmara Brasileira do Livro, SP, Brasil)

Mattei, Ugo
   Pilhagem : quando o Estado de Direito é ilegal / Ugo Mattei e Laura Nader ; tradução de Jefferson Luiz Camargo ; revisão técnica de Márcio Manoel Maidame. – São Paulo : Editora WMF Martins Fontes, 2013.

   Título original: Plunder : when the rule of law is illegal.
   ISBN 978-85-7827-589-1

   1. Direito e antropologia 2. Direito e ética 3. Estado de Direito I. Nader, Laura. II. Maidame, Márcio Manoel. III. Título.

12-06225   CDU-342.22

Índices para catálogo sistemático:
1. Estado de Direito : Direito constitucional   342.22

Todos os direitos desta edição reservados à
Editora WMF Martins Fontes Ltda.
Rua Prof. Laerte Ramos de Carvalho, 133 01325-030 São Paulo SP Brasil
Tel. (11) 3293-8150 e-mail: info@wmfmartinsfontes.com.br
http://www.wmfmartinsfontes.com.br

SUMÁRIO

Prefácio IX
Introdução 1

1. A PILHAGEM E O ESTADO DE DIREITO 15
    Uma anatomia da pilhagem 15
    Pilhagem, hegemonia e posição de superioridade 29
    Direito, pilhagem e expansionismo europeu 34
    Institucionalização da pilhagem: a relação colonial e o projeto imperial 44
    Uma história de continuidade: construindo o império da (i)legalidade 48

2. NEOLIBERALISMO: O MOTOR ECONÔMICO DA PILHAGEM 59
    A prosperidade argentina 59
    Neoliberalismo: uma teoria econômica da simplificação e um projeto espetacular 72
    Os programas de ajuste estrutural e a estrutura de desenvolvimento abrangente 90
    Estruturas de desenvolvimento, pilhagem e Estado de Direito 98

3. ANTES DO NEOLIBERALISMO: UM HISTÓRICO DA PILHAGEM OCIDENTAL 109
    As raízes europeias da pilhagem colonial 109

A estrutura fundamental do Direito norte-americano
como modalidade de recepção pós-colonial 111
Uma teoria da falta: ontem e hoje 114
Antes do neoliberalismo: práticas coloniais e
estratégias harmônicas – ontem e hoje 131

4. A PILHAGEM DE IDEIAS E OS LEGITIMADORES 141

Hegemonia e consciência jurídica 141
A propriedade intelectual como pilhagem de ideias 145
Os legitimadores: a análise econômica do Direito 154
Os legitimadores: juristas e antropólogos 174

5. CRIANDO CONDIÇÕES PARA A PILHAGEM 197

A pilhagem de petróleo: Iraque e outros casos 197
A nova ordem mundial da pilhagem 213
Não só o Iraque: pilhagem, guerra e ideologias
jurídicas intervencionistas 221
A falta de instituições como condição para a pilhagem:
verdade ou mentira? 229
"Política de dois pesos e duas medidas" e pilhagem 233
Pobreza: justificativa para a intervenção e consequências
da pilhagem 237

6. DIREITO IMPERIAL INTERNACIONAL 245

Instituições reativas de pilhagem imperial 245
O Estado de Direito norte-americano: formas de
dominação global 254
Globalização do modelo norte-americano 258
Uma instituição ideológica de governança global:
o Direito internacional 267
Processos judiciais com base no Holocausto:
de volta ao futuro 276
A apropriação do Direito internacional pelo
Direito norte-americano 281

O poder econômico e os tribunais dos Estados Unidos
como agentes imperiais 292

7. HEGEMONIA E PILHAGEM: O DESMONTE DA LEGALIDADE
NOS ESTADOS UNIDOS 301
   Estratégias para subordinar o Estado de Direito
   à pilhagem 302
   Pilhagem de alto escalão: o caso Enron e suas
   consequências 308
   Pilhagem de primeiro escalão: política eleitoral e pilhagem 314
   Pilhagem da liberdade: a guerra ao terror 319
   Pilhagem contínua: o discurso do patriotismo 340

8. PARA ALÉM DE UM ESTADO DE DIREITO ILEGAL? 349
   Resumo: pilhagem e transformação global do Direito 349
   Estado de Direito imperial ou Estado de Direito do povo? 360
   O futuro da pilhagem 376

Sugestões de leitura 387
Documentários 423
Índice remissivo 429

À memória de Edward Said.

PREFÁCIO

Este livro é o resultado de um encontro acadêmico quase casual. De maneira independente e a partir de perspectivas acadêmicas diferentes, cada um de nós produziu textos que abordam de modo amplo a questão das transformações jurídicas e institucionais decorrentes da globalização da economia. Como bons amigos e colegas na Universidade da Califórnia, já há algum tempo trocamos esboços desses textos que produzimos. Ao final da leitura, concluímos que compartilhamos a mesma visão do papel do Direito, no presente e no passado, nas grandes transformações políticas e econômicas, como as que acontecem atualmente. E então decidimos avançar nessa troca de textos, a fim de dar melhor forma a essa visão comum e, talvez, num esforço conjunto, materializá-la.

Em nossas conversas, logo ficou claro que as questões que vínhamos discutindo possuíam amplo significado político e eram potencialmente de interesse geral. Tinham a ver com o papel do Direito e da política na expansão capitalista corporativa. Ideias como o estímulo ao Estado de Direito, um princípio-chave do discurso norte-americano sobre política exterior, parte da "trindade moderna" (democracia, Estado de Direito e cristianismo), cujo fomento Woodrow Wilson considerava uma obrigação do governo dos Estados Unidos, raramente haviam sido tema de debates públicos. Em geral, a manutenção dessa linha de pensamento jamais fora posta em questão, nem mesmo diante dos dramáticos acontecimentos globais recentes.

Hoje, em nome da democracia e do Estado de Direito, uma intensa onda bélica conduzida pelos Estados Unidos atingiu com violência as populações islâmicas do Oriente Médio. Parece portanto que, enquanto a cristianização não é mais, em si, uma justificativa ideológica suficiente para as guerras de agressão, o Estado de Direito parece ter assumido seu papel de convencer a opinião pública do Ocidente (em particular nos Estados Unidos) sobre a aceitabilidade moral da agressão militar e da ocupação de países estrangeiros. Acreditamos ser importante, para uma discussão acadêmica sobre essas questões cívicas fundamentais, explorar o lado obscuro do Direito, discutindo seu emprego como instrumento de opressão em contextos sociais e históricos diferentes do padrão ocidental.

Desse modo, este livro faz, fundamentalmente, uma comparação do papel do Estado de Direito nas práticas euro-americanas de apropriação violenta (o que chamamos de pilhagem) por agentes políticos internacionais mais poderosos, que vitimizam os mais fracos. Tendo em vista a amplitude do tema, selecionamos nossos exemplos de modo que, com diferentes graus de detalhamento, eles abranjam uma parte significativa do mundo. Como nossa preocupação principal consiste em entender o presente com a ajuda do passado, dedicamos particular atenção ao poder político predominante em nossos dias, os Estados Unidos. Portanto, o Estado de Direito é discutido tanto em âmbito nacional quanto em suas dimensões internacionais. Nossa tarefa fundamental foi retirar o Estado de Direito de seu pedestal de santidade, revelando-o como um construtor de instituições que pode ser usado para o bem ou – muito frequentemente – para o mal.

Entre os inúmeros colegas que nos ajudaram a dar forma a este livro, devemos mencionar Tarek Milleron, Ellen Hertz, Roberto González, Rik Pinxton, Charles Hirschkind, George Bisharat, Richard Boswell, Teemu Ruskola, James Gordley, Duncan Kennedy, Richard Delgado, Meir Dan Cohen, Elisabetta Grande, Mariella Pandolfi, Lucas Pes, Jed Kroncke, George Akerlof, Monica Eppinger, Mark Goodale, Liza Grandia, David Price, Rob Borofsky, James Holston e Elizabeth Colson.

Também temos uma dívida de gratidão relacionada ao processo de escolha de um editor, o que, talvez devido ao grande número de amigos que o Estado de Direito tem na indústria intelectual norte-americana, mostrou-se neste caso particularmente longo e difícil. Queremos deixar nosso agradecimento a Rosalie Robertson e aos avaliadores anônimos da Blackwell Publishing, a Brat Clark e aos avaliadores anônimos e membros da comissão editorial da Monthly Review Press e a Marion Berghahn, da Berghahn Books.

Ao longo do processo de produção, contamos com o generoso apoio de muitos editores e assistentes de pesquisa. Dentre eles, em particular, Bettina Lewis, Hoda Bandeh-Ahmadi e a bibliotecária Suzanne Calpestri, do Departamento de Antropologia da Universidade da Califórnia, em Berkley, e Claire Harvey, Saki Bailey, Zia Gewaalla e, em particular, Linda Weir e a equipe de funcionários da biblioteca de Hastings.

Ugo Mattei contou com o generoso apoio da Accademia Nazionale dei Lincei, em Roma, onde desfrutou de um longo período de licença remunerada de suas atividades acadêmicas na Itália. Também contou com o apoio dos acadêmicos Dean Shauna Marshall e Dean Nell Newton, de Hastings, bem como dos funcionários e colegas do Departamento de Economia, de Cognetti De Martiis, da Universidade de Turim, e do Ministério Italiano da Educação, da Universidade e da Pesquisa, que contribuiu para o financiamento da pesquisa.

Mattei também deixa aqui seu agradecimento aos colegas da Universidade Los Andes, Bogotá, Colômbia; das universidades Católica e San Marcos, Lima, Peru; da Universidade do Chile, Santiago, Chile; das universidades de Buenos Aires e Torquato di Tella, Buenos Aires, Argentina; da Universidade de Bamako, Mali; das universidades de Havana e de Santa Clara, Cuba; da Universidade de Montreal, Canadá; da Universidade de Macau e da Universidade de Hong Kong, República Popular da China, onde teve a sorte de visitar e trocar ideias com tantos colegas que não seria possível mencioná-los aqui, além de ter apresentado esboços de seu trabalho em diversas ocasiões durante a pesquisa que levou à publicação deste livro.

Laura Nader tirou grande proveito dos debates com muitos colegas em congressos realizados no Instituto Max Planck de Halle, Alemanha; na Universidade de Edimburgo, Escócia; na Universidade de Ghent, na Bélgica; e no Banco Mundial. Ela agradece ao professor Rik Pinxten, de Ghent, por seu apoio inicial a este projeto, e é particularmente grata a Ralph Nader por sua leitura cuidadosa desta obra já em seu primeiro esboço, bem como por seus conselhos relativos a aspectos cívicos fundamentais de questões nela abordadas.

INTRODUÇÃO

> *A única ação verdadeiramente política [...] é aquela que elimina o nexo entre violência e Direito.*[1]
>
> [fonte] Giorgio Agamben

Muito se tem escrito sobre imperialismo e colonialismo, e é admirável constatar a pouca atenção dada ao papel do Direito nesse contexto. Enquanto os teóricos do imperialismo euro-americano afirmam reconhecer o Estado de Direito como o princípio fundamental do "processo civilizatório", seu lado obscuro tem ficado à margem de análises e discussões. O Direito tem sido usado para justificar, administrar e sancionar a conquista e a pilhagem ocidentais, o que tem resultado em imensas disparidades globais. Consideramos, portanto, que o uso imperial – no passado e no presente – do Estado de Direito está por trás de práticas extremamente insatisfatórias de justiça distributiva. São projetos culturais merecedores de atenção teórica explícita, uma vez que constituem um obstáculo estrutural ao uso do Direito para explicar a disparidade da riqueza mundial.

---

[1] Giorgio Agambem, *The State of Exception* (trad. Kevin Atiell), Chicago: University of Chicago Press, 2005.

2 · PILHAGEM

Uma configuração etnocêntrica das instituições e dos sistemas de crenças produziu uma poderosa utilização euro-americana da "ideologia do Estado de Direito" como elemento-chave de projetos coloniais e imperiais, executados em nome dos interesses coloniais de ingleses, franceses, norte-americanos, belgas, holandeses, espanhóis, portugueses, alemães ou italianos em busca de enriquecimento. A história que buscamos apresentar neste livro também diz respeito ao período contemporâneo e à apropriação, pelas potências dominantes, de recursos e ideias pertencentes a outros povos, às vezes justificada mediante o uso de concepções de civilização, desenvolvimento, modernização, democracia e Estado de Direito. Nossa história gira em torno do uso crescente do Direito como mecanismo de elaboração e legitimização da pilhagem. Nosso objetivo é examinar a extensão do lado obscuro do Direito e explicar os mecanismos da utilização imperial que se dá a ele.

Outros projetos imperiais, como aqueles representados pelas conquistas chinesa, japonesa, islâmica ou soviética, tiveram e têm suas próprias configurações, que envolvem a apropriação, mas a questão fundamental deste livro não diz respeito a essas outras áreas geográficas, ainda que em alguns momentos possa ser útil comparar as instituições ideológicas que regem a pilhagem feita por povos de épocas e lugares distintos. O que *realmente* nos interessa neste livro são os mecanismos por meio dos quais o Estado de Direito transnacional, como concepção profundamente ocidental, tem levado cada vez mais a modelos de pilhagem global, um processo iniciado com a expansão da sociedade euro-americana por todo o mundo e que, em nossos dias, tem sido por nações – em particular, pelos Estados Unidos – e entidades corporativas multinacionais não associadas ao colonialismo político ou militar explícito.

Este livro acompanha a evolução do papel do Direito em práticas que chamamos de pilhagem, em geral acompanhadas de violenta exploração à qual os mais fracos são submetidos por agentes políticos internacionais, em duas fases aparentemente distintas da história das relações humanas internacionais euro-americanas: o colonialismo e o atual capitalismo neoliberal empresarial. Apesar de distintos, esses momentos históricos compartilham grande número de elementos comuns, de padrões de continuidade e agentes, ainda que não se possam desconsiderar importantes diferenças existentes entre eles. Tendo em vista que nosso objetivo principal é entender o presente com a ajuda do passado, vamos nos concentrar nos Estados Unidos em particular – o poder político dominante no mundo atual, incomparavelmente maior do que todos que o antecederam.

A retórica a serviço do Estado de Direito tem seguido de perto a expansão euro-americana pelo mundo e, muito frequentemente, tem se prestado ao papel de camuflar a apropriação de terra, água, minerais e mão de obra, como já aconteceu em inúmeros lugares onde vivem povos nativos sob regimes colonialistas. Quando juristas e advogados falam sobre o Direito, em geral se referem à sua finalidade (interpretação teleológica) como um processo argumentativo que visa facilitar e proteger as declarações de vontade, ou como um recurso para resolver graves conflitos sociais, ou ainda como argumento para a manutenção da ordem. O Direito euro-americano, porém, possui outras finalidades menos nobres. As funções execráveis do Direito deixam-se entrever nas pesquisas sobre colonialismo europeu, "orientalismo jurídico", lei e desenvolvimento como mecanismos do imperialismo jurídico e na doutrina construída sobre a "guerra ao terror", que tem gerado efeitos transformadores sobre o Estado de Direito, tanto na arena externa quanto na linha de frente doméstica. Neste livro, construímos nossa argumentação a partir do conjunto desses trabalhos. Consultando grande variedade de obras e analisando episódios, verificamos que, ao longo da história euro-americana, o Direito justificou a pilhagem praticada por nações hegemônicas ou por outros agentes de grande poder. O Direito, do modo como hoje o concebem a Organização Mundial do Comércio (OMC) e o Fundo Monetário Internacional (FMI), as condições impostas pelo Banco Mundial, assim como a natureza etnocêntrica de numerosos discursos jurídicos, justificam a pilhagem a ponto de o próprio Direito tornar-se, paradoxalmente, ilegal. Está em jogo saber se o Estado de Direito, ao operar nos contextos do colonialismo e do imperialismo, resulta mais em desordem do que em ordem, contribuindo para a continuidade da opressão, e não para a interrupção da prática colonialista.

A transformação do *ideal* do Estado de Direito em uma ideologia imperial acompanhou o movimento pela justiça social e solidariedade diante das exigências capitalistas de eficiência e concorrência. Veja-se, por exemplo, o que aconteceu com a Argentina na década de 1990[2], quando Wall Street ficou mais rica à custa do povo argentino. Outros exemplos de pilhagem legalizada pelo Estado de Direito imperial podem ser encontrados no Iraque. Como observa Tariq Ali: "A força, e não a lei, [...] tem sido usada para impor novas leis e novos tratados"[3], reconhecendo, assim, a ilegalidade inerente à justiça privatizada dos decretos de Paul Bremer, por exemplo. Esses decretos não se fundamentam em nenhum órgão legitimador e resultam no aprofundamento da legislação atual sobre hidrocarbonetos, poderosos veículos da transferência da riqueza iraquiana para empresas multinacionais, realizada sob os auspícios das forças de ocupação ilegais.

---

[2] O assunto será discutido no Capítulo 2.
[3] Ver Tariq Ali, *Bush in Babylon: The Recolonization of Iraq*, Nova York: Verso, 2003, p. 177.

Ideias como o fomento ao "Estado de Direito", um princípio-chave do discurso norte-americano sobre política externa – parte fundamental do "ônus do homem branco" –, costumam ficar à margem do debate público, porque sua conotação positiva sempre foi dada por certa. Hoje, em nome da democracia e do Estado de Direito, o público norte-americano está convencido da aceitabilidade moral da agressão militar ao Iraque e de sua ocupação, utilizando-se mais uma vez a "doutrina do poder incondicional" de George Kennan para justificar tanto os objetivos extrativistas quanto os ideológicos.

O debate político mais esclarecido sobre as questões cívicas fundamentais deve incluir uma crítica aos usos imperiais do Estado de Direito no Iraque e em todos os outros países. Como foi que o Direito norte-americano se transformou em um Direito imperial? De que maneira essas leis mutáveis sustentam a dominação política e econômica dos Estados Unidos no mundo atual – dominação que é problemática para muitos cidadãos do mundo que sofrem suas consequências? Até que ponto o Estado de Direito funcionou, no passado colonial, e como funciona, em nossos dias, como uma ideologia poderosa que constitui um disfarce para a pilhagem?[4] Teremos chegado ao ponto em que essa ideologia que alimenta os discursos sobre direitos humanos, noções de democracia, desenvolvimento e Estado de Direito deva ser mostrada em sua verdadeira face e abandonada? Quais são as alternativas a esse Estado de Direito no longo caminho da civilização? E quando ele é ilegal?

A filosofia do Direito é um ponto de partida para apresentar um quadro dos exemplos e descrever o Estado de Direito como

---

[4] Um exame interessante dessa questão pode ser encontrado em W. J. Mommsen & J. A. de Moor (orgs.), *European Expansion and Law – The Encounter of European and Indigenous Law in 19th-and 20th-Century Africa and Asia*, Gordonsville: Berg Publishers, 1992.

algo fundamentalmente ilegal, uma vez que conceitos como o de *terra nullius** (terras ociosas que não são ociosas), usados como justificativa para a pilhagem desde o início da expansão europeia, são empregados ainda hoje, como mostraremos adiante (ver Capítulo 3). Trata-se de um claro exemplo da retórica do Estado de Direito, utilizada como disfarce ou camuflagem, ou como propaganda, sempre que há o envolvimento de operações ilegais ou criminosas. Os decretos de Paul Bremmer no Iraque, ou as leis de privatização que permitem transferir o saque para potências estrangeiras, como acontece no Afeganistão e em outros países (ver Capítulo 5), são exemplos contemporâneos daquilo que acontece quando a força e a violência são empregadas para criar o direito do opressor, de modo que os fins justifiquem os meios. O Estado de Direito pode ser considerado ilegal quando é aplicado de maneira criminosa, arbitrária e voluntariosa, vitimando indivíduos mais fracos; ou quando viola o espírito da letra de tratados como a Convenção de Genebra, que tem por finalidade impor limites à pilhagem de guerra; ou ainda quando, intencional e sistematicamente, os detentores do poder não aplicam a lei, ou aplicam-na usando dois pesos e duas medidas, ou de maneira discriminada. Consideramos o Estado de Direito ilegal quando, sem legitimidade, é imposto a um Poder Legislativo impotente, ao qual falta transparência, que não realiza debates ou audiências apropriados, ou quando recorre a promessas ilegais e enganosas de cooptar ou comprar legisladores, como aconteceu quando a OMC e o Acordo de Livre Comércio da América do Norte (Alca) foram implementados. Pode-se afirmar que o Direito é ilegal quando cria-

---

* Na acepção do texto, esse termo latino (que significa literalmente "terra de ninguém") designa terras cujo modo de apropriação ou uso pelos povos saqueados não segue o padrão ocidental de propriedade e, portanto, estariam suscetíveis à apropriação "legítima" pelos salteadores. (N. do R. T.)

do por legisladores eleitos em eleições fraudulentas impostas ou conspurcadas, das quais só participam minorias insignificantes ou nas quais os eleitores são obrigados a participar do processo eleitoral. Essas são algumas das patologias do Estado de Direito que apresentaremos neste livro e que associamos à ideia de pilhagem como modalidade de Estado de Direito ilegal.

Os países ocidentais identificam-se como cumpridores da lei e civilizados, independentemente do que nos revele a sua verdadeira história. Essa identificação está baseada em falso conhecimento e falsa comparação com outros povos – aqueles dos quais se dizia que "faltava" o Estado de Direito, como China, Japão e Índia, e o mundo islâmico em geral. Hoje também, segundo alguns economistas importantes, nos países em desenvolvimento do Terceiro Mundo "faltam" sistemas institucionais minimamente necessários para a expansão de um mercado global que, como no passado, ajuda a incrementar a construção da superioridade ocidental.

Afirmamos neste livro que as leis de privatização resultantes de imposição estrangeira, e que facilitam transações inescrupulosas à custa do povo, são instrumentos de pilhagem, não de legalidade. A mesma política de "corporativização" e de mercados abertos, atualmente imposta no mundo todo pelo chamado consenso de Washington*, foi usada por banqueiros e pelo meio empresarial na América Latina como o principal instrumento para "abrir as veias" do continente, usando a metáfora criada por Eduardo Galeano, sem nenhuma distinção entre os períodos colonial e pós-colonial. Foi adotada na África para facilitar a transferência forçada de escravos para a América e, na época atual, serve para

---

* Conjunto de medidas e regras de ajuste macroeconômico discutidas e aprovadas em uma reunião em Washington (1990) por técnicos do FMI, do Banco Mundial e do Departamento do Tesouro dos Estados Unidos para servir de "cartilha" aos países subdesenvolvidos que pedissem empréstimos a essas instituições. (N. do R. T.)

facilitar a exploração de produtos agrícolas, petróleo, minerais, ideias e artefatos culturais nesses mesmos países. A política de abertura indiscriminada de mercados para o livre comércio (sobretudo de armas), predominante nos dias de hoje no Afeganistão e no Iraque, foi adotada na China, no século XIX, durante a Guerra do Ópio, sendo o livre comércio entendido como obrigação de comprar drogas dos mercadores ingleses. A política de proteção à indústria ocidental, por meio de tarifas e barreiras de ingressos, ao mesmo tempo que forçava as indústrias locais a competirem no mercado aberto, era empregada pelo império britânico em Bengala, exatamente como a OMC faz hoje na Ásia, África e América Latina. Em todos esses contextos, o terrível sofrimento humano produzido por essa pilhagem é simplesmente ignorado. Em todos eles, o Direito desempenhou papel crucial na legalização e legitimação dessas práticas de agentes poderosos contra os impotentes. Apesar disso, esse uso do poder continua praticamente inexplorado no estudo do Direito ocidental.

Consideramos que a imagem dominante do Estado de Direito foi falsa ao longo da história e continua sendo no presente, uma vez que não admite de modo pleno seu lado obscuro. A representação falsa começa com a ideia de que o bom direito (que "falta" aos outros) é autônomo, independente da sociedade e de suas instituições, técnico, não político, não distributivo e mais reativo do que proativo – de modo mais conciso, uma estrutura tecnológica para um mercado "eficiente". Devido a essas representações falsas, a boa governança que aparentemente caracteriza os objetivos do Direito transforma-se na espinha dorsal de argumentos profissionais incorporados e organizados tendo em vista a legitimação da pilhagem.

Defendemos que o Estado de Direito apresenta um lado positivo e um lado obscuro, e que este último conquista progressivamente novos domínios sempre que o primeiro não possui a força de um instrumento político feito com "alma". Na falta dessa "vida" política, o Estado de Direito torna-se uma tecnologia fria, o seu lado obscuro pode preencher todo o espaço e, assim, o Direito sucumbe à aceitação da violência bruta. O fortalecimento político do lado positivo do Direito pode decorrer de grande número de circunstâncias, não necessariamente arraigadas na justiça. Durante a Guerra Fria, por exemplo, havia algum incentivo à prática de um Estado de Direito democrático em suas funções positivas de ordem, administração de conflitos e tomada de decisões justas, baseadas em princípios. A mudança no equilíbrio de poder depois dessa guerra alimentou o lado obscuro e eliminou a mordacidade política do Direito. A elite dominante dos Estados Unidos não precisava mais convencer outros países e povos sobre os valores da democracia e a virtude do Estado de Direito depois que o comunismo, em sua modalidade soviética, veio abaixo, em volta com muita corrupção e ilegalidade. Aos poucos, os incentivos às virtudes constitucionais foram perdendo força no Ocidente. Ao longo da década de 1990, seguiu-se uma mudança pública da justiça em relação ao lucro, ao respeito ao roubo, em uma atmosfera de debate político silenciado, soterrado por uma retórica autoindulgente, como o fim da história. Mais tarde, o silêncio político concomitante à pilhagem foi ainda mais banalizado por discursos que versavam sobre patriotismo, "detidos"*, "combatentes inimigos" e tribunais especiais que lembram aqueles dos regimes autoritários dos séculos XIX e XX, os quais incluíam fases antidireito, por exemplo, na "reforma das leis de indenização" ou nas diretrizes

---

* No original, *detainee*, uma pessoa que, apesar de submetida a detenção, não é nem prisioneira nem acusada, uma vez que sua detenção foge totalmente a qualquer modalidade de controle judiciário. É o caso, por exemplo, dos *detainees* de Guantánamo. (N. do T.)

políticas sobre a tortura. Essa práxis posterior ao 11 de setembro, assim como sua contínua transferência de poder a agentes empresariais são fatores que nos distanciam muito de um modelo norte-americano de legalidade e democracia, o qual, apesar de retórico e hipócrita sob vários aspectos, contava com a admiração do mundo inteiro e contribuiu para o fim da Guerra Fria.

Por conta do escopo deste trabalho, selecionamos exemplos que abrangem grande parte do mundo, mas não pretendem ser abrangentes. Em nossos exemplos, o uso do Estado de Direito no passado e no presente é discutido tanto na esfera doméstica quanto em sua dimensão internacional, e é dada a devida consideração ao declínio do papel dos Estados, comparados aos grandes agentes empresariais. Quando esses agentes dominam Estados ou se unem de modo intrínseco a eles, o Direito transforma-se em produto da economia e o que outrora constituiu domínio "ocidental" converte-se em capitalismo empresarial multinacional. Democracia, Estado de Direito, desenvolvimento, direitos humanos internacionais e argumentos sobre a "falta" de bases institucionais constituem, no atual panorama jurídico, parte substancial da retórica de legitimação da exploração corporativa internacional.

A cultura de massa contemporânea opera no curto prazo. Por isso a maioria dos intelectuais do Ocidente não se dá conta de que, por causa dos impérios expansionistas do passado, as culturas interligaram-se e compartilham boa parte da história mundial. Pior ainda, muitos deles não reconhecem que foi exatamente em razão da pilhagem de ouro, prata, biorrecursos etc. que o desenvolvimento se acelerou no Ocidente, de modo que o subdesenvolvimento constitui uma consequência historicamente produzida que atingiu as comunidades mais fracas e mais fechadas e que não se trata de uma "doença" de povos considerados inferiores.

É preciso pôr fim ao oportunismo predominante no momento atual, de visão limitada e centrado em interesses de curto prazo. Existe hoje um número muito grande de povos politizados – como o demonstra a oposição mundial à invasão do Iraque pelos Estados Unidos – para que se continue alimentando o imperialismo norte-americano. Uma narrativa histórica da aventura imperial apresentada em termos jurídicos históricos e contemporâneos abre a possibilidade de uma reconsideração radical do modelo de desenvolvimento definido pelas concepções ocidentais de progresso, desenvolvimento e eficiência. A concepção de uma sociedade justa exige que evitemos uma ideia de liberdade que permita imensas desigualdades, porque o Estado de Direito invariavelmente é usado para proteger o desempenho financeiro. Libertação é palavra melhor que liberdade. Não pode haver libertação sem uma verdadeira democracia, e nenhuma democracia existe sem distribuição de recursos. O Estado de Direito terá ainda um papel a desempenhar na tentativa de estabelecer as condições para a libertação?

Talvez, ressaltando o seu lado positivo e expondo de modo abrangente seus aspectos obscuros, possamos transformar o Estado de Direito em um instrumento de controle neste mundo instável, alimentado por uma dinâmica econômica chamada neoliberalismo. Mas talvez o Estado de Direito não possa ser reestruturado e só a revolução seja capaz de libertá-lo do abraço letal da pilhagem. Em ambos os casos, compreender a pilhagem é precondição para a ação. Novas tendências exigem o reconhecimento da configuração que vem acompanhando as diferentes ondas de expansão euro-americanas. Uma reconfiguração significaria, em primeiro lugar, uma clara rejeição à ideologia da superioridade intrínseca da cultura ocidental, que não reconhece que o próprio Ocidente é parte de um contexto muito mais amplo. Afinal, a descoberta da agricultura e as três grandes religiões do mundo – cristianismo, islamismo e judaísmo – tiveram sua origem no Oriente Médio. Sobretudo, propomos um exame intransigente do que há por trás do Estado de Direito como valor inquestionável do capitalismo atual, dominado pelas grandes empresas.

Muitos pensadores ilustres da atualidade, pertencentes ou não ao meio acadêmico, têm sugerido que os problemas com que deparamos são inerentes a um sistema multissecular de expansão e dominação euro-americanas baseado na extração e na pilhagem e que atualmente foi adotado pela Índia e pela China. A destruição cultural e material prossegue em ritmo acelerado, pelo menos desde o século XVIII. As duas estratégias legitimadoras – uma delas motivada por um conceito universal de justiça, a outra por um conceito universal de eficiência (a primeira comumente associada ao colonialismo, a segunda, ao predomínio avassalador dos Estados Unidos) – encontram-se profundamente deterioradas e deixaram de ser aceitáveis. O argumento da "falta", pelo qual se inventa uma ausência relativa que só pode ser remediada pela transferência do Direito de alguma matriz ocidental, também revela-se ultrajante ao ser observado em sua verdadeira natureza, como mais um lance imperialista. Igualmente ultrajante é o uso do Direito como instrumento social e político que fortalece as elites locais para que possam interagir com a economia global, a despeito de desigualdades sociais cada vez maiores. Sugerimos que a pilhagem é um conceito importante para unificar e representar, *como regra*, as distorções do modelo de expansão capitalista, mais comumente reconhecidas como exceções.

É possível que a pilhagem como regra, e não como exceção, faça o leitor sentir-se ultrajado. O escândalo da Enron, o escândalo dos fundos mútuos e outros exemplos apresentados como exceções (como a tortura em Abu Ghraib, na Baía de Guantánamo e na Base Aérea de Bagham, ou o uso de armas ilegais de destruição em massa em Falluja) constituem, na verdade, a regra do desenvolvimento no capitalismo empresarial: trabalhadores são vitimados; pessoas perdem suas economias; inocentes são mortos; camponeses morrem de fome. A distinção entre o legal e o ilegal desaparece em um mundo em que o Estado de Direito se reduz a uma retórica enfadonha ou a uma linguagem ambígua orwelliana. De quanto mais sofrimento precisaremos até nos darmos conta de que tragédias semelhantes são a regra e não a exceção? Quanto tempo ainda será necessário para reconhecermos o fracasso civilizatório do capitalismo empresarial e a necessidade de criar alternativas radicais a seus modelos destrutivos de desenvolvimento?

No Capítulo 1, "A pilhagem e o Estado de Direito", buscamos esboçar uma anatomia da pilhagem e introduzir a tese e o método principais do livro. Nesse capítulo são apresentados ao leitor os múltiplos significados de "Estado de Direito", as hegemonias facilitadoras da expansão euro-americana, o projeto colonial associado a seu presente imperial e o modo como o fim do equilíbrio da Guerra Fria facilitou a criação do atual império da ilegalidade. O Capítulo 2, "Neoliberalismo: o motor econômico da pilhagem", começa com um exemplo concreto de pilhagem na Argentina contemporânea, em cuja origem se encontram agentes institucionais poderosos e respeitados, como empresas de Wall Street e o Fundo Monetário Internacional. Nele também se introduzem as ideias de ajuste estrutural, desenvolvimento abrangente e da correlação entre Estado de Direito condicionalmente imposto e pilhagem. O Capítulo 3, "Antes do neoliberalismo: um histórico da pilhagem ocidental", trata a questão da continuidade; remonta às raízes das políticas neoliberais correntes e delineia seus rumos até o colonialismo euro-americano. O Capítulo 4, "A pilhagem de ideias e os legitimadores", começa com um exemplo concreto de pilhagem – a de ideias, na forma de patentes e direitos de propriedade intelectual ocidentais impostos a recursos pertencentes a povos mais fracos. Também apresenta juristas, economistas e antropólogos como legitimadores das práticas de pilhagem justificadas pelo Estado de Direito. O Capítulo 5, "Criando condições para a pilhagem", começa com o exemplo concreto da pilhagem do petróleo iraquiano, facilitada pelo sistema jurídico, e em seguida discute diversos outros contextos geográficos e políticos atuais em que a ideologia do Estado de Direito se mostrou eficaz para a criação de condições de pilhagem intervencionista. O Capítulo 6, "Direito imperial internacional", apresenta uma explicação teórica dos diferentes exemplos até então dados, concentrando-se no papel do Direito. Nesse capítulo também se discute o modo como a concepção anglo-americana de Estado de Direito tornou-se hegemônica e são descritas as transformações jurídicas globais como um desdobramento do direito imperial. Consideramos que essas transformações prepararam a ocorrência de ilegalidades imperialistas em nossos dias. No Capítulo 7, "Hegemonia e pilhagem: o desmonte da legalidade nos Estados Unidos", é analisado o impacto doméstico do cenário pós-Guerra Fria dentro desse país, considerando as transformações do Estado de Direito norte-americano como uma justificativa ideal da pilhagem. Nesse capítulo também afirmamos que essas transformações, talvez inevitáveis em um contexto imperial, facilitaram aquilo que chamamos de pilhagem da liberdade, um processo de transformação social que criou o terreno ideal para a continuidade da pilhagem corporativa. Por último, o Capítulo 8, "Para além de um Estado de Direito ilegal?", tenta formular algumas conclusões a partir da constatação de que o uso do Estado de Direito em aventuras imperiais já não atende ao interesse de nenhum povo, lançando portanto um desafio crucial à legitimidade do Direito no século XXI.

1

A PILHAGEM E O ESTADO DE DIREITO

Uma anatomia da pilhagem

A expressão "Estado de Direito" vem sendo amplamente empregada fora dos domínios especializados do saber jurídico, em que possui uma longa linhagem, remontando à época de *Sir* Edward Coke, na Inglaterra do final do século XVI. Em tempos mais recentes, alcançou as esferas política e cultural e entrou para o discurso corrente e para a linguagem midiática. Repetida em incontáveis discursos políticos, é presença constante na ordem do dia de agentes privados e públicos e nos projetos e aspirações de muitos ativistas.

Infelizmente, como quase sempre acontece com os modismos de linguagem usados em grande variedade de contextos semânticos, o termo foi aos poucos perdendo clareza, a tal ponto que na época atual cada um o interpreta como bem entende. Em nossos dias, o conceito não se circunscreve de modo algum a um significado técnico e jurídico. Não é específico nem mesmo ao jargão jurídico, muito menos à linguagem do cotidiano. Poucos de seus usuários parecem preocupar-se com essa falta de precisão, que deriva da ampla variedade de novos significados que o conceito assumiu ao longo do tempo, em diferentes espaços e diferentes comunidades de usuários. A expressão "Estado de Direito" quase nunca recebe a definição criteriosa de um conceito. Seus usuários aludem a significados que consideram claros e objetivos, mas que não o são. O Estado de Direito tornou-se, assim, parte daquela dimensão de conhecimentos tácitos descrita por Polanyi em seu clássico estudo sobre a comunicação humana[1]. Não fossem as importantes implicações políticas da expressão em diferentes contextos, esse seria por certo um fenômeno perfeitamente inocente e comum, a salvo da necessidade de aprofundamento teórico[2].

Podemos começar observando que as conotações da expressão "Estado de Direito" sempre foram implicitamente positivas. Por exemplo, o lendário constitucionalista Albert V. Dicey, do século XIX, afirmava que o "Estado de Direito" era o traço definidor da civilização liberal-constitucional inglesa, em oposição à tradição autoritária francesa, baseada no Direito administrativo. Hoje, o conceito está ligado de modo intrínseco à noção de democracia e tornou-se, assim, um ideal poderoso, quase inquestionável, impregnado de conotações positivas. Quem poderia contestar uma sociedade regida por uma democracia e pelo Estado de Direito? Na verdade, seria o mesmo que contestar o fato de o Direito ser justo, ou de o mercado ser eficiente. Neste livro, não nos move o desejo de argumentar contra o Estado de Direito. Queremos apenas alcançar um melhor entendimento dessa poderosa arma política e questionar seu *status* de quase sacralidade, analisando-o como um produto da cultura ocidental estreitamente

---

[1] Michel Polanyi, *The Tacit Dimension*, Magnolia: Peter Smith Publisher, 1983.

[2] Para as implicações de poder dos significados vagos, ou aquilo que ele chama de "palavras plásticas", ver Uwe Porsken, *Plastikworther: Die Sprache einer internationalen Diktatur*, Stuttgart: Klett-Cotta, 1989. Para uma visão semelhante sobre o Estado de Direito como noção imprecisa, ver G. Ajani, "Navigatori e giuristi: A proposito del trapianto di nozioni vaghe", em *Io comparo, tu compari egli compara: che cosa, come, perché* (Valentina Bertorello, org.), Milão: Giuffrè, 2003, pp. 3-18.

ligado à difusão da dominação política ocidental. Procuraremos dissociá-lo de seu elo com o ideal de democracia; ao contrário, buscaremos identificar sua estreita associação com outra noção, aquela de "pilhagem".

Antes de prosseguir, porém, deixemos claro nosso entendimento sobre o termo "pilhagem". O *American Heritage Dictionary* define o verbo "pilhar" (*plunder*) como "roubar bem alheio por meio da força, principalmente em tempos de guerra; saquear", e o substantivo "pilhagem" (*plunder*) como "propriedade roubada por meio de fraude ou de força". É esta última definição que nos traz à mente, de modo especial, o lado obscuro do Estado de Direito. Examinaremos tanto o saque pela força quanto aquele praticado por meio da fraude, ambos resguardados no Estado de Direito por advogados e juristas ilustres. Acompanhamos o desenvolvimento do papel de suporte crítico que o Estado de Direito tem desempenhado na pilhagem. Mas o que será a pilhagem em si? O termo evoca imagens de soldados enfurecidos tentando apossar-se de baús de ouro séculos atrás. A seguir, ampliaremos o conceito comum de "pilhagem", indo muito além dessas conotações, pois parte do papel de apoio que o Estado de Direito tem desempenhado consiste em restringir o próprio significado da palavra "pilhagem" a certos atos que a maioria de nós se considera incapaz de praticar.

Uma definição bem ampla de "pilhagem" seria a distribuição injusta de recursos praticada pelos fortes à custa dos fracos. O que fazemos, porém, é depurar essa abordagem da questão, de modo que nela sejam incluídas noções de legalidade e ilegalidade. De maneira mais específica, depurá-la até o ponto em que crianças morrem de fome em meio a cenas de violência catastrófica enquanto, a milhares de quilômetros dali (ou mesmo a poucos quilômetros de distância, se considerarmos as privações a que são submetidas as crianças do Vale Central da Califórnia, sem nenhuma cobertura de seguros, por serem consideradas imigrantes "ilegais"), outros jovens e crianças desfilam em carros esportivos e em utilitários que pesam toneladas e consomem enormes quantidades de combustível. Façamos agora a relação entre essas duas cenas e chegaremos à sua síntese: pilhagem. Pensemos também naquele agricultor que perdeu o direito "legal" de usar as sementes que ele e seus antepassados plantaram ao longo de séculos e tracemos uma linha que se estende dessas sementes aos obscenos lucros obtidos atualmente por seus novos proprietários empresariais, e mais uma vez teremos chegado a outra acepção do termo "pilhagem".

Para começar, procuremos identificar nas próprias raízes da tradição jurídica ocidental a origem da noção de Estado de Direito: o momento extremamente simbólico em que se deu o divórcio entre o Direito e a Política, brindando a humanidade com o milagre de um governo de leis e não de homens. Em um governo de leis, recomendado ainda hoje a países como China e Cuba, o mais poderoso dos governantes também deve submeter-se ao Estado de Direito. Foi *Sir* Edward Coke, talvez o mais influente juiz do *common law* que já existiu, que empregou o conceito de Estado de Direito (com origens na natureza "constitucional" da monarquia inglesa, conforme estabelecido pela Carta Magna) para impedir a participação do rei nas deliberações dos tribunais do *common law*. Segundo essa antiga concepção, há um domínio do saber que é especializado e pertence aos juristas. O rei (Jaime I, 1603--25), por mais poderoso que fosse, não tinha a legitimidade decorrente desse saber especial, o que não lhe permitia atuar como juiz em "seus próprios" tribunais. O caso "Prohibition del Roy" (1608--12 Coke Rep 63) foi decidido em um período muito difícil da história inglesa, que terminou por levar ao regicídio e ao interregno. Durante essa luta política, os tribunais do *common law* (muito ciosos de sua jurisdição) estavam aliados aos barões com assento no Parlamento, eles próprios há muito tempo desconfiados de qualquer tentativa de modernização que a monarquia, começando pelos Tudor (em particular por Henrique VIII), tentasse fazer. Na verdade, a modernização era uma ameaça aos privilégios da pequena aristocracia rural, e a aliança com os tribunais do *common law* protegia com sucesso os direitos de propriedade dos ingleses, já há muito tempo estabelecidos[3].

Portanto, o nascimento do Estado de Direito, quer o situemos na época da Carta Magna, quer na de *Sir* Edward Coke, nada tinha que ver com concepções de democracia, a menos que desejemos afirmar que o Parlamento inglês da época era uma instituição democrática! Como a maioria dos historiadores contemporâneos reconhece, o surgimento do Estado de Direito foi, na verdade, o triunfo da estrutura social medieval sobre a modernização. Foi somente a retórica *whig** subsequente dos eruditos ingleses, com a narrativa dos historiadores católicos romanos do continente europeu, com o objetivo de difamar Henrique VIII, que recriou essa história de maneira bem diversa, convencendo-nos da veracidade da falsa ideia de que o progresso e a civilização estavam protegidos pela aliança entre o Parlamento (democracia!) e os tribunais do *common law* (o Estado de Direito).

Foi desse modo que o Estado de Direito – um antigo instrumento usado por advogados e juristas para reivindicar para si o *status* profissional específico de guardiões de um governo centrado nas leis – na verdade surgiu do papel por eles desempenhado

---

[3] Ver D. Lindsay Keir, *The Constitutional History of Modern Britain 1485-1937*, Londres: Adam & Charles Black, 1947.

* *Whig* é o nome de um partido político inglês existente entre o final do século XVII e meados do século XIX, composto por famílias aristocráticas que tinham como bandeira a luta contra o absolutismo e a defesa de uma monarquia constitucional. (N. do R. T.)

como guardiões de uma modalidade de distribuição social da propriedade que se caracterizava por ser desigual de modo extremo e, sem dúvida, não democrática. É exatamente esse o cenário que emerge com total clareza de *The Federalist* (em particular dos números 10 e 51), em que James Madison procura justificar a necessidade de uma ordem constitucional baseada nos freios e contrapesos, como forma de evitar o facciosismo e a opressão da maioria sobre a minoria. Mais uma vez, aqui, apesar da natureza eleitoral do Congresso norte-americano, o Estado de Direito é acolhido como uma proteção à distribuição desigual da propriedade, favorecendo a minoria dos "privilegiados" contra a maioria dos "despossuídos": "Contudo, a fonte mais durável dos partidarismos têm sido as diferenças e desigualdades na distribuição da propriedade. Os proprietários e aqueles que nada têm sempre tiveram interesses distintos na sociedade."[4] A proteção à distribuição desigual da riqueza (em grande parte saqueada dos índios americanos, com a apropriação justificada pelo direito natural) encontra-se, portanto, na base da preocupação, por parte dos *founding fathers**, com a possibilidade de que a maioria pudesse de fato decidir redistribuir a propriedade de maneira mais equitativa. Era muito importante que o ideal democrático fosse limitado por uma série de técnicas jurídicas habilidosas (inclusive pelo federalismo e pelo sistema eleitoral), contando, uma vez mais, com o empecilho profissional dos advogados, os guardiões institucionais do Estado de Direito, cuja própria elite tinha assento nos tribunais.

---

[4] James Madison, "The Federalist n.º 10: The utility of the Union as a safeguard against domestic faction and insurrection", *Daily Advertiser*, quinta-feira, 22 de novembro de 1787.

* É a designação que se dá aos "fundadores" da República norte-americana; dentre os mais famosos estão George Washington, Thomas Jefferson, Benjamin Franklin e James Madison. (N. do R. T.)

Devido a sua longa linhagem como uma das instituições favoritas da elite dominante, o Estado de Direito tem sido representado como uma "coisa boa", e não se espera que uma pessoa se posicione contra ele no discurso político predominante em nossos dias. Sem dúvida, seria possível pensar as concepções jurídicas como uma superestrutura da economia – uma crítica tradicional à ideia de legalidade burguesa. Não obstante, a concepção do Direito como um campo social autônomo (ou, pelo menos, semiautônomo) é tão convincente que, na época atual, tanto os pensadores marxistas quanto os observadores sociais estão de acordo com ela. Assim, imune a qualquer crítica intelectual de peso, a ideia do Estado de Direito vive hoje em um confortável limbo, expandida de modo que atenda às necessidades de qualquer face do espectro político, mais como símbolo ou ícone do que como estrutura institucional da vida real, com seus prós e contras a serem discutidos e compreendidos como aqueles de qualquer outro artefato cultural.

Há pouco tempo, Niall Ferguson, um historiador acadêmico[5] com grande acesso à mídia dominante e ao discurso público, ofereceu um exemplo desse poder legitimador do Estado de Direito ao introduzir um argumento (moderadamente) revisionista em favor do império britânico. Deveríamos eventualmente observar que o próprio termo *loot*, sinônimo corrente de *plunder* e *pillage**, é um termo hindu introduzido no vocabulário inglês depois da espoliação de Bengala. Observador nostálgico, Niall Ferguson afirma de modo categórico que, como legado do Império Britânico, o Estado de Direito foi um bem tão precioso oferecido à hu-

---

[5] Niall Ferguson, *Empire: How Britain Made the Modern World*, Nova York: Penguin Books, 2004.
* Com variações mínimas de significado, as três palavras significam "pilhagem", "espoliação", "saque". (N. do T.)

manidade que a violência brutal empregada ao longo de sua imposição (inclusive a guerra, o tráfico de escravos, os assassinatos em massa, a limpeza étnica e o genocídio) não pode ser objeto de condenação *tout court*. Argumentos revisionistas semelhantes, baseados em concepções muito abrangentes de civilização, têm ressurgido também na França, onde uma lei recentemente aprovada exorta os autores de textos históricos escolares a apresentar o colonialismo sob uma ótica mais equilibrada.

No texto a seguir, examinaremos o Estado de Direito do modo como o utilizaram as potências coloniais europeias em suas colônias e seguiremos o curso de sua evolução e de suas transformações até chegarmos ao reinado da atual potência hegemônica, os Estados Unidos. Não surpreende que o Estado de Direito ocidental, conquanto se defina literalmente como um trem que nunca sai dos próprios trilhos, constitui quase sempre um instrumento de opressão e pilhagem, o que lhe confere, ironicamente, acentuada aura de ilegalidade.

Aquele que se perguntar sobre o significado fundamental da conhecida expressão "Estado de Direito" logo perceberá que o conceito agrega pelo menos dois significados distintos na tradição liberal-democrática dominante, e ambos, na verdade, nada têm a ver com pilhagem. No primeiro, o Estado de Direito refere-se a instituições que protegem os direitos de propriedade contra a apropriação governamental e garantem as obrigações contratuais. É esse o sentido de Estado de Direito invocado, no Ocidente, pelos homens de negócios interessados em investir no exterior. Instituições internacionais como o Banco Mundial ou o Fundo Monetário Internacional (FMI) com frequência acusam a falta de um Estado de Direito como a principal razão da insuficiência de investimentos que os países ricos fazem nos países pobres. Portanto, o Estado de Direito é interpretado como a espinha dorsal institucional da economia de mercado ideal. O sinônimo "boa governança" também é usado para expressar esse significado. Desse modo, as receitas normativas para a liberalização do mercado e a abertura dos mercados locais aos investimentos estrangeiros (o que em geral prepara o caminho para a pilhagem) chegam em um pacote embrulhado pela respeitabilidade do Estado de Direito.

A segunda abordagem remete a uma tradição política liberal com raízes no "Direito natural", uma escola de pensamento desenvolvida pelos jesuítas juristas de Salamanca, nos séculos XV e XVI, e que mais tarde se tornou uma teoria do Direito em toda a Europa (inclusive na Grã-Bretanha), na forma mais secular de "Direito racional". De acordo com essa tradição, a sociedade deveria ser governada pela lei, e não por um ser humano que age como um governante (*sub lege, non sub homine*). A lei é impessoal, abstrata e justa, uma vez que aplicada cegamente a qualquer membro da sociedade (daí a venerável imagem da justiça como uma divindade cega). Os governantes podem ser caprichosos, arrogantes, cruéis, parciais – em uma só palavra, humanos. Se a lei não os refrear, seu governo terminará em tirania e corrupção. Segundo essa tradição, da qual se encontram ecos no *Federalist* e que os *founding fathers* tinham em grande apreço, um sistema é devidamente governado pelo Estado de Direito quando seus líderes permanecem circunscritos a suas competências, assim como ele estará ausente quando a autoridade for tão irrestrita que se possa considerar o líder um ditador. Neste segundo sentido, a ausência do Estado de Direito é uma preocupação para os ativistas e as instituições internacionais de Direitos Humanos, temerosos das consequências, para seus respectivos povos, dos governos cruéis e dotados de poderes ilimitados.

Alguns conservadores podem preferir o primeiro sentido, tendo em vista a proteção da propriedade e dos contratos, e utilizar o segundo quando se trata de obter apoio à intervenção militar. O segundo sentido, garantido de direitos, é o preferido da esquerda moderada e de muitos ativistas internacionais dos Direitos Humanos, que veem o Direito como provedor do bem-estar social (são eles os reformadores sociais bem-intencionados, porém pouco realistas). É possível que um partidário da chamada "terceira via" defenda, com ares de superioridade, ambos os sentidos, que parecem misturados na recente definição do Banco Mundial: "O Estado de Direito exige uma legislação transparente, leis justas, a aplicação previsível delas e um governo que seja responsável pela preservação da ordem, pelo apoio ao desenvolvimento do setor privado e pelo combate à pobreza, e que tenha legitimidade."[6]

Em ambas as perspectivas, o Estado de Direito é interpretado como um *limite negativo* ao poder de intervenção do Estado. Em consequência, por um lado, o Estado tem de prover e respeitar o Estado de Direito como uma espécie de consideração pela concentração de poder que acompanha a soberania. Por outro lado, ele é concebido como algo acima do Estado, um fator de legitimização do próprio Estado[7].

Um sistema pode ser regido pelo Estado de Direito tanto em um sentido quanto no outro. Existem sistemas nos quais os direitos de propriedade são respeitados, mas que ainda assim são governados por líderes cruéis, com poderes ilimitados. O Peru do presidente Fujimori ou o Chile de Pinochet são bons exemplos recentes desses tipos de organização política, mas muitos outros

---

[6] Ver World Bank, *Initiatives in Legal and Judicial Reform*, Washington DC: The World Bank, 2004, p. 4.

[7] Em uma etapa posterior, discutiremos as implicações de conceitos doutrinários desenvolvidos em uma fase histórica de intensa soberania política do Estado. Essas doutrinas passaram então a ser usadas na fase atual de soberania corporativa imperial "moderada", na qual o Estado é governado por forças econômicas, em vez de manter o controle sobre elas. Ver Capítulo 6.

governos autoritários atualmente no poder, sobretudo na África, Ásia e América Latina, e que seguem as prescrições de "boa governança" do Banco Mundial, também pertencem a essa categoria. Da mesma maneira, os Estados Unidos do presidente Bush, com o atual desequilíbrio de poder que favorece fortemente o Executivo em detrimento de qualquer outro setor do governo, só com muita dificuldade se encaixariam na definição primeira de Estado de Direito (ver Capítulo 7).

Em outros sistemas com boas credenciais no que diz respeito aos direitos humanos, os governos interpretam seu papel como algo significativamente redistributivo. Os direitos de propriedade podem não ser sagrados, e grande número de "teorias sociais" pode limitar seu alcance ou diminuí-los sem reparação. Nesses contextos, com muita frequência, tribunais e pensadores podem elaborar teorias que restrinjam o cumprimento dos contratos em nome da justiça e da solidariedade social. Por conseguinte, eles poderiam adaptar-se à segunda definição de Estado de Direito, mas não à primeira. Os países escandinavos, ao aprimorar atitudes compartilhadas em momentos esporádicos da história por diversas tradições jurídicas europeias, como as da França, Alemanha e Itália (ou do *New Deal* nos Estados Unidos), poderiam oferecer esse modelo às sociedades ocidentais. Talvez o Lesoto atual ou o Chile do presidente Salvador Allende pudessem servir de exemplos concretos ou históricos no Terceiro Mundo.

Os países ocidentais desenvolveram uma forte identidade como nações regidas pelo Estado de Direito, não importa qual seja sua situação atual ou histórica. Essa identidade foi obtida – como quase sempre acontece – por comparação com "o outro", quase sempre representado como "em falta" no que se refere ao Estado de Direito. Um bom exemplo recente é uma matéria de primeira página do *New York Times* intitulada "Falhas profundas e pouca justiça no sistema judiciário da China"⁸. O autor descreve o caso de um chinês inocente, falsamente incriminado por promotores públicos, condenado à morte e por fim libertado por conta de circunstâncias favoráveis. O artigo insinua que casos desse tipo não aconteceriam onde o Estado de Direito está em vigência. Infelizmente, não se informa ao leitor que centenas de casos parecidos ocorrem com grande frequência no sistema de justiça penal norte-americano, nem que os "erros" vêm sendo cada vez mais descobertos, mas somente depois da execução⁹. Portanto, nosso autorretrato como indivíduos regidos pelo Estado de Direito nos priva do entendimento daquilo que tem sido chamado de "orientalismo"¹⁰.

Historicamente, a ausência do Estado de Direito tem estimulado e justificado uma complexa variedade de modelos de intervenção e de pilhagem subsequente por parte de países ou agentes econômicos poderosos quando deparam com um relativo vazio de poder. A concepção ocidental de Estado de Direito, servindo à comunidade expatriada, aos investidores internacionais e ao desejo de organizar o poder autoritário com maior eficiência, foi imposta, por meio de diversas estratégias, à China e ao Japão em fins do século XIX e primórdios do XX, a fim de "abrir" o mercado asiático à pilhagem estrangeira. Antes disso, em todo o continente americano, a "falta" de propriedade individual, um símbolo da concepção jusnaturalista do Estado de Direito, justificara a apropriação das terras indígenas, consideradas devolutas pelo

---

⁸ *The New York Times*, 21 de setembro de 2005, CVL "Deep flaws and little justice in China's court system", artigo de Joseph Kahan.

⁹ Cf. dados oferecidos pelo "Innocence Project", desenvolvido em Nova York. Trata-se de uma instituição jurídica sem fins lucrativos que só investiga casos nos quais os testes de DNA posteriores à condenação podem oferecer provas conclusivas de inocência. Ver htpp://www.innocenceproject.org/.

¹⁰ T. Ruskola, "Legal Orientalism", *Michigan Law Review* 101, nº 1, outubro de 2002, p. 179.

princípio ocidental de "descoberta". Hoje, o Estado de Direito, um conceito ainda indefinido e subteorizado, conta com o poderoso patrocínio dos chamados planos de ajustes estruturais (Structural Adjustment Plans, Saps), instrumentos pelos quais as instituições financeiras internacionais (Banco Mundial e FMI) condicionam seus empréstimos. A ausência do Estado de Direito também justificou o implacável bombardeio ilegal (por meio da Organização do Tratado do Atlântico Norte, Otan) da ex-Iugoslávia, levado a cabo pelo governo dos Estados Unidos com apoio tanto dos governos europeus de direita quanto dos de centro-esquerda. O pretexto voltou a ser usado, com uma série de outros fundamentos lógicos, para tentar justificar as invasões posteriores do Afeganistão e do Iraque.

A ideia de que o Direito é um instrumento de opressão e pilhagem rivaliza com bibliotecas inteiras de Direito e Ciência Política que exaltam seus aspectos positivos. Devido a esses desequilíbrios, uma perspectiva histórica e comparativa faz-se imprescindível para compreender o desdobramento da pilhagem perpetrada por grande variedade de usos do Estado de Direito. Do ponto de vista histórico, uma das mais significativas dessas intervenções é, sem dúvida, o colonialismo, que servirá de pano de fundo para nosso objetivo principal: o entendimento da situação atual como continuidade, não como ruptura; como vício antigo, não como atitude inédita. Sob a liderança atual dos Estados Unidos, o mundo ocidental, convencido de sua posição superior (etnocentrismo respaldado pelo poder militar), em grande parte justificada por sua forma de governo, conseguiu difundir a ideologia do Estado de Direito como um conjunto de ideias de validade universal, tanto em assuntos internos quanto externos.

Segundo pesquisa do Pew Global Attitudes Project, atualmente 79 por cento do povo norte-americano considera positivo o fato de os ideais e valores de seu país serem difundidos pelo mundo todo, enquanto 60 por cento acredita na superioridade da cultura norte-americana[11]. Conquanto dados comparativos apresentem números bem mais baixos em outros países ocidentais, o fato é que essas atitudes de superioridade favorecem um expansionismo e um imperialismo que só uma visão muito formalista do Direito e da soberania podem considerar como uma ruptura com o período colonial.

As intervenções internacionais lideradas na época atual pelos Estados Unidos, sobretudo no Iraque e no Afeganistão, perderam sua característica de investidas abertamente coloniais. Poderíamos chamá-las de intervenções imperialistas neocoloniais, ou simplesmente de intervenções pós-coloniais. Embora praticamente todos os países coloniais europeus (em particular Portugal, Espanha, Reino Unido, França, Alemanha e inclusive a Itália) se vissem como impérios, para os fins que nos propomos aqui "império" remete à fase atual de desenvolvimento capitalista multinacional, em que os Estados Unidos surgem como a superpotência mais importante e usam o Estado de Direito, quando chegam a fazer isto, para preparar o caminho para a dominação corporativa internacional. O colonialismo remete a uma fase histórica distinta, que terminou com a descolonização formal, em que as potências ocidentais levaram a cabo a apropriação colonial, rivalizando umas com as outras. A essência da continuidade entre as duas fases encontra-se nos usos do Estado de Direito para pôr em prática e justificar aquilo que só pode ser chamado de pilhagem.

---

[11] Citado em J. Rifkin, *The European Dream: How Europe's Vision of the Future is Quietly Eclipsing the American Dream*, Nova York: Penguin, 2004.

Pilhagem, hegemonia e posição de superioridade

Nossa análise do modo como o Estado de Direito vem sendo usado para justificar a pilhagem requer uma série de instrumentos, inclusive a noção de hegemonia[12], ou seja, o poder alcançado por uma combinação de força e consentimento. O poder não pode ser mantido de maneira indefinida só por meio da força. Mais comumente, é imposto a grupos de indivíduos que, de maneira mais ou menos "voluntária", aceitam a vontade do mais forte. Nas relações internacionais, o papel do consumismo na difusão e na aceitação final dos valores norte-americanos em países como aqueles do ex-bloco socialista exemplifica claramente de que modo se obtém esse consentimento, que é a chave da hegemonia.

Embora a força em geral pertença à esfera de ação de instituições repressivas, como o exército ou a polícia, o consentimento costuma ser produzido por instituições como escolas ou igrejas, ou pela mídia, conforme o ilustra o multibilionário empenho dos Estados Unidos no combate às drogas[13]. Essas instituições são essenciais para a hegemonia e, ao mesmo tempo, transformam a ideologia hegemônica em conceito assimilado por todas as classes sociais, extrapolando assim a concepção marxista de ideologia, a qual, mais estreita, vincula-a especificamente a uma única classe[14]. Pelo menos em parte, portanto, a formação da ideologia

---

[12] A hegemonia é um conceito-chave nas reflexões de Gramsci. Independentemente de qualquer empenho sistemático, foi desenvolvido ao longo de toda a sua obra. Ver Antonio Gramsci, *Quaderni Dal Carcere*, Istituto Gramsci, a cura di V. Gerratana, Torino: Einaudi, 1975. Tradução inglesa de Q. Hoare & G. Nowell Smith (orgs.), *Selections from the Prison Notebooks of Antonio Gramsci*, Nova York: International Publishers, 1971. Uma boa coletânea da obra de Gramsci pode ser encontrada em D. Forgacs (org.), *An Antonio Gramsci Reader: Selected Writings, 1916--1935*, Nova York: Schocken Books, 1988.

[13] Ver Louis Althusser, *Lo Stato ed i suoi apparati*, Roma: Editori Riuniti, 1997.

[14] Ver Louis Althusser, *Lenin and Philosophy and Other Essays* (F. Jameson, org.), Londres: NLB Press, 1972. Ver também a reformulação integral da ideia de ideolo-

se dá por meio de uma difusão do poder entre uma pluralidade de indivíduos não restritos a uma só classe. Essa difusão torna-se um conceito-chave para a refutação da ideia de que sua imposição se faz a partir de cima[15].

Contudo, a difusão do poder para criar hegemonia – que, no Direito, acompanhou o desenvolvimento colonial de instituições jurídicas que obedecem ao princípio de confrontação das partes à maneira ocidental – resultou no surgimento de uma *contra-hegemonia*. O exame detalhado do uso do Direito no período colonial[16] mostra que a "concessão de poder" é consequência involuntária do Estado de Direito formal. Os subordinados com frequência viam com bons olhos o advento de juízos em que vigorava o sistema de confrontação das partes, nos quais podiam reivindicar seus direitos e alcançar a justiça. As mulheres, por exemplo, valeram-se dessa nova oportunidade para subverter os padrões de dominação patriarcal por meio dos tribunais coloniais. Devido a esse potencial de "concessão de poder" implícito no Direito, os governantes coloniais costumavam formar alianças com os poderes patriarcais locais, restringindo o acesso ao sistema jurídico modernizado e reconhecendo as estruturas de poder "tradicionais" (muitas vezes inventadas). Esse vínculo ontogênico entre a hegemonia e o poder compensatório é de uma importância fundamental. Na verdade, o Estado de Direito tem uma natureza ambígua e contraditória: pode favorecer a opressão, mas também

---

gia como mecanismo vinculado a uma única classe social em L. Althusser & E. Balibar, *Reading Capital*, Verso Classics Series, Londres: Verso, 1997.

[15] Referimo-nos aqui sobretudo a Michel Foucault, *Archaeology of Knowledge*, Nova York: Harper & Row, 1972. As noções básicas utilizadas no texto, porém, foram desenvolvidas ao longo da vasta produção intelectual de Foucault. Uma coletânea clássica em língua inglesa é P. Rabinow (org.), *The Foucault Reader*, Nova York: Pantheon, 1984.

[16] M. Chanock, *Law, Custom, and Social Order: the Colonial Experience in Malawi and Zambia*, Cambridge, UK: Cambridge University Press, 1985.

pode conceder aos oprimidos o poder que leva à contra-hegemonia. É por esta razão que com tanta frequência agentes poderosos tentam sufocar a contra-hegemonia mediante a adoção de um enfoque "moderado", com o objetivo de eliminar a resistência potencial oferecida pelos oprimidos, restringindo seu acesso ao sistema judicial de confrontação das partes. Hoje, o movimento mundial denominado "resolução alternativa de conflitos" funciona como um forte mecanismo de enfraquecimento que o discurso dominante torna atraente mediante o uso de uma série de práticas retóricas, como a necessidade de remediar os "excessos" da confrontação judicial, ou de promover a conveniência de uma sociedade mais "harmoniosa"[17]. Exatamente como no período colonial, a tradição, inventada ou não, se presta a essa função de enfraquecimento. São esses os tipos de continuidade que focamos.

A generalização e a criação de estereótipos para fins de controle é uma das estratégias mais poderosas para minimizar a complexidade dos diferentes contextos sociais e, em seguida, justificar sua dominação e pilhagem. O "outro" é descrito como simples, primitivo, básico, estático, carente de princípios ou regras fundamentais e necessitado das coisas mais simples e óbvias, o que resulta, desse modo, em uma incapacidade básica de autodeterminação. Esse processo, que é uma dimensão tácita das culturas dominantes, pode ser visto em ação tanto no passado colonial quanto em nossos dias. Por exemplo, o Oriente Médio islâmico, formado por mais de 25 países, com uma variedade muito complexa de leis, culturas, povos e instituições, é constantemente des-

---

[17] Ver Laura Nader, *Harmony Ideology*, Stanford, CA: Stanford University Press, 1990. A resolução alternativa de conflitos pode ser justificada tanto como um procedimento ditado pelas necessidades de eficiência quanto por uma volta à tradição. Ver também Laura Nader, *The Life of the Law*, Berkeley, CA: University of California Press, 2002.

crito como "o mundo árabe" ou "o mundo muçulmano", como se fossem iguais e não houvesse variações dentro deles[18]. Simplificações igualmente infelizes também se aplicam ao contexto de exportação do Estado de Direito.

A exportação do Direito tem sido descrita e explicada de diferentes maneiras, por exemplo, como "norma imperialista/colonialista" ou "imposição legal pela força militar", como acontecia nas conquistas militares. Napoleão impôs seu código civil à Bélgica sob ocupação francesa no começo do século XIX. Da mesma maneira, o general MacArthur impôs ao Japão pós-Segunda Guerra Mundial uma série de reformas jurídicas com base no modelo de governo norte-americano como condição do armistício que se seguiu ao bombardeio de Hiroshima. Hoje, eleições em estilo ocidental e várias outras leis que regem a vida cotidiana são impostas a países sob ocupação dos Estados Unidos, como o Afeganistão ou o Iraque.

Um segundo modelo pode ser descrito como "imposição por barganha", no sentido de que a aceitação do Direito é parte integrante de uma sutil extorsão[19]. Os países-alvo são convencidos a adotar estruturas jurídicas que seguem padrões ocidentais para não serem expulsos dos mercados internacionais. Esse modelo, cuja origem remonta aos primórdios do século XX, inclui a China, o Japão e o Egito. Na verdade, também o vemos em prática em operações realizadas atualmente pelo Banco Mundial, FMI, OMC e outras agências ocidentais de desenvolvimento (a Agência Nor-

---

[18] Infelizmente, esses estereótipos racistas também têm contaminado produtos que se pretendem críticos, como o filme recente de Michael Moore, *Fahrenheit 911*, premiado [com a Palma de Ouro no Festival de Cannes de 2004].

[19] Recentemente também descrito como "contexto de condicionalidade". Ver Sally Falk Moore, "An international legal regime and the context of conditionality", em *Transnational Legal Processes* (M. Likosky, org.), Londres: Macmillan Publishers, 2002, p. 33.

te-Americana para o Desenvolvimento Internacional, ou Usaid, o Banco Europeu para a Reconstrução e o Desenvolvimento etc.) nos países em desenvolvimento e no ex-mundo socialista. Esse modelo de imperialismo jurídico é o menos explorado pelos estudiosos, embora seja o mais interessante, devido às complexas motivações individuais e institucionais no exercício do poder.

Um terceiro modelo, concebido como fundado em um consenso absoluto, é o da "disseminação por prestígio", um processo deliberado de admiração institucional que leva à recepção do Direito[20]. Esse modelo, que muitos veem como o mais disseminado, reduz a dimensão de poder imediato e cultiva um estereótipo de superioridade ocidental que precisa ser analisado em profundidade. De seu ponto de vista, uma vez que a modernização requer grande complexidade de técnicas jurídicas e acordos institucionais, o sistema jurídico receptor – mais simples e primitivo – não tem como enfrentar com êxito as novas necessidades que se lhe apresentam. Falta-lhe a *cultura do Estado de Direito*, algo que só pode ser importado do Ocidente. Todo país que, em seu desenvolvimento jurídico, "importou" o Direito ocidental, reconheceu sua "inferioridade jurídica" ao proceder assim, admirando e tentando importar voluntariamente instituições ocidentais. Exemplos modernos são a Turquia da época de Ataturk, a Etiópia da época de Hailé Selassié e o Japão durante a restauração Meiji. O contexto institucional do país admirador é assim rebaixado à condição de "pré-moderno", inflexível e incapaz de evolução autônoma. É interessante observar que, se a transposição "falhar", como

---

[20] Essa é a teoria clássica de Alan Watson, *Legal Transplants: An Approach to Comparative Law*, Athens, GA: University of Georgia Press, 1974. Sobre a noção de prestígio, ver também Rodolfo Sacco, "Legal formants: a dynamic approach to comparative law, Part I", *American Journal of Comparative Law* 39, 1991, p. 1; e, de teor mais crítico, Elisabetta Grande, *Imitazione e Diritto*, Torino: Giappichelli, 2001.

no caso das tentativas canhestras de impor a regulamentação, à maneira ocidental, do mercado de ações russo ou das várias iniciativas associadas ao direito e ao desenvolvimento – para não mencionar as eleições em países devastados por guerras –, a culpa será sempre da sociedade receptora. Afirma-se então que as deficiências e "faltas" locais impediram a implantação e o desenvolvimento bem-sucedidos do Estado de Direito. Quando o Banco Mundial produz um relatório sobre o avanço de questões na esfera jurídica, o documento quase sempre demonstra insensibilidade diante das complexidades locais e sugere transposições radicais e universais de concepções e instituições ocidentais. O fracasso inevitável dessas estratégias simplórias, atribuído ao país receptor, reforça a arrogância e as atitudes autogratificantes do Ocidente, ao mesmo tempo que estigmatiza o país em questão.

Direito, pilhagem e expansionismo europeu

Poderíamos começar com imagens trágicas de pobreza, morte e exploração nas minas de prata de Potosí, onde hoje é a Bolívia, em que cerca de 8 milhões de indígenas escravizados perderam a vida, para compreender as causas e as consequências letais da pilhagem colonial. Os custos humanos e sociais da "abertura das veias" da América Latina[21] foram tão elevados que somente hoje, depois de meio milênio, a demografia devolveu uma maioria de nativos a esse continente. A obsessão dos conquistadores espanhóis do século XVI por ouro e prata, tragicamente satisfeita com o genocídio nas Américas, é um dos possíveis cenários iniciais. Contudo, o contexto histórico poderia ser facilmente transplantado para duzentos anos depois, na Bangladesh moderna, a

---

[21] Ver Eduardo Galeano, *Open Veins of Latin America: Five Centuries of the Pillage of a Continent* (trad. inglesa de Cedric Belfrage), Nova York: Monthly Review Press, 1973.

fim de refutar de imediato a argumentação ocidental revisionista sobre a natureza benigna do Estado de Direito britânico como legado colonial. Bengala foi descrita por Ibn Battuta, um lendário viajante árabe da Idade Média que havia explorado boa parte do mundo no século XIV, como uma das terras mais ricas que ele havia visto em toda a sua vida. Em 1757, o ano da Batalha de Plessey (decisiva para a dominação britânica do subcontinente), sua capital, Dacca, um centro de comércio de algodão e de indústria têxtil, era tão rica, grande e florescente quanto Londres. Uma pesquisa oficial da Câmara dos Lordes mostra que, por volta de 1850, sua população declinara de 150 mil para 30 mil habitantes, que a malária e a febre silvestre se espalhavam rapidamente e que Dacca, "outrora a Manchester hindu", estava ficando cada vez menor e mais pobre. A cidade nunca se recuperou e hoje é um dos lugares mais miseráveis do planeta. O cenário também poderia ser a África Ocidental, onde os dados quantitativos sobre o declínio populacional provocado pelo tráfico de escravos são estarrecedores. Segundo boa parte da melhor historiografia, esse declínio, em um país da África Ocidental que tradicionalmente sofreu de escassez populacional, é a causa mais importante do baixo nível de desenvolvimento e da pobreza.

Por trás das primeiras tentativas coloniais das potências europeias encontra-se a urgência de financiar a imensa necessidade econômica dos novos sistemas centralizados de governo, essenciais para o desenvolvimento capitalista. Sem ouro, prata, algodão e seres humanos provenientes de terras distantes, teria sido impossível financiar o sistema institucional que prepararia o caminho da industrialização e do desenvolvimento[22]. No início do

---

[22] Da mesma maneira, sem estratégias protecionistas teria sido impossível, para o esforço industrial emergente, desenvolver-se e expandir-se durante a Revolução Industrial. Para uma obra econômica clássica que enfatiza o contexto institucional,

século XVIII, a Companhia das Índias Orientais – uma agência quase privada, pré-colonial – controlava mais da metade do comercio inglês, e as fortunas que amealhou para seus acionistas ficavam além da imaginação[23].

Da perspectiva dos poderosos, a pilhagem é uma maximização racional da utilidade, sendo o saque um retorno dos investimentos em poderio militar e político. Desse modo, a pilhagem engloba uma série de práticas, desde a captura e o comércio de escravos até a extração de ouro e de recursos em longínquas "terras de ninguém", práticas essas que não foram consideradas ilegais pelo Direito interno e internacional. Esse roubo constitui uma atividade extremamente condenável do ponto de vista moral, pois a busca de lucro ocorre sem nenhuma preocupação com os interesses, direitos e necessidades de outros seres humanos ou grupos mais fracos. Não obstante, quando essas práticas acham-se atreladas a poderosas motivações ideológicas, tornam-se aceitáveis como os padrões morais dominantes de determinada época. Assim, as Cruzadas usaram o fervor religioso para justificar o assassinato em massa e a pilhagem na Arábia oriental. De modo muito semelhante aos cruzados, ao justificarem a necessidade de defender os lugares sagrados, o Estado de Direito apresenta um registro contínuo de justificações de práticas opressivas, como veremos no contexto dos americanos nativos e na utilização do conceito de *terra nullius* – terra de ninguém, como o definia o Direito.

Hoje, o Direito internacional proíbe que as potências ocupantes se envolvam com a pilhagem, tanto direta quanto indiretamente,

---

mas praticamente deixa passar em branco a pilhagem, ver Douglas North & Robert Paul Thomas, *The Rise of the Western World: A New Economic History*, Nova York: Cambridge University Press, 1973.

[23] Ver E. Wolf, *Europe and the People Without History*, Berkeley, CA: University of California Press, 1982.

na sequência de um conflito armado. Procura, assim, impedir que os mais fortes ponham em prática seu comportamento "natural" de abusar dos mais fracos. Examinemos a atual guerra no Iraque. Alguns círculos ainda recorrem ao Estado de Direito, ausente na época de Saddam Hussein, para justificar, nos termos do Direito internacional, a ocupação ilegal do país pelos Estados Unidos, pela Inglaterra e alguns aliados. Portanto, parece que o Estado de Direito, tanto o interno quanto o internacional, pode ser usado para justificar tanto a pilhagem e o abuso dos mais fracos quanto a tentativa de coibir abusos. Desse modo, a busca contemporânea de posições dominantes em áreas ricas em petróleo na Ásia Central e no Iraque é disfarçada pela necessidade de exportar a democracia e o Estado de Direito, revelando um extraordinário padrão de continuidade e, talvez, apenas um nível diverso de sofisticação ideológica, na maneira como o Ocidente domina o resto do mundo. Essa imagem precisa ser examinada em profundidade.

Um dos avanços mais importantes e dramáticos da segunda metade do século XX foi a descolonização. Em 1961, o ano da África, nada menos que dezessete ex-colônias tornaram-se independentes. Hoje vemos claramente que o domínio colonial constitui uma complexa elaboração de leis, práticas, relações econômicas, plataformas políticas e ideologias que tinham na pilhagem seu princípio organizador central[24]. A própria construção da relação colonial prototípica seguiu uma estratégia por meio da qual a apropriação violenta viria a transformar-se em hegemonia legal por meio de grande número de práticas discursivas e de dominação econômica voltadas para a obtenção de "consentimento" local. Por exemplo, em meados do século XVIII, 90 por cento das forças de ocupação militar na Índia eram formadas por mercenários

---

[24] Ver Frantz Fanon, *The Wretched of the Earth*, Nova York: Grove Press, 1965.

nativos: dominação indireta. Uma vez que esse tipo de estratégia com frequência apresentava bons resultados, não admira que a força policial local seja o alvo mais comum dos ataques no Iraque atual.

Todavia, poucas práticas colonialistas – apesar da extinção desse modelo obsoleto de dominação formal – foram realmente abandonadas depois da descolonização, o que nos revela uma história de continuidade. As ideias revisionistas que hoje surgem no Ocidente resultam de arrogância, cinismo e frustração, ou de simples falta de entendimento da pilhagem, o mais significativo dos fatores que produzem e sustentam a pobreza no mundo. Um impressionante padrão de continuidade pode ser encontrado por trás da independência formal das ex-colônias, e atualmente presenciamos o ressurgimento de uma nostálgica retórica colonialista, que fala de modernização e Estado de Direito[25]. Ninguém colocou esse fato com mais clareza do que o jurista tanzaniano Issa Shivji: "A reabilitação moral do imperialismo foi sobretudo ideológica, o que, por sua vez, originou-se de preceitos do neoliberalismo econômico – mercado livre, privatização, liberalização etc., o chamado 'consenso de Washington'. Misturou-se tudo: direitos humanos, ONGs, boa governança, democracia multipartidária e Estado de Direito. [...]"[26] Com a crescente visibilidade das ilegalidades, a retórica do Estado de Direito torna-se cada vez mais onipresente, como nas tentativas anteriores de viabilizar e justificar a apropriação.

A necessidade de justificar a política internacional de domínio da minoria ocidental sobre a população mundial, que resul-

---

[25] Ver Niall Ferguson, *Op. cit.*
[26] Issa G. Shivji, "Law's empire and the empire of lawlessness: beyond the Anglo--American law", *Law, Social Justice and Global Development* (revista eletrônica de direito), 2003: http://www2.warwick.ac.uk/fac/soc/law/elj/lgd/2003-1/shivjiz/shivjiz.rtf.

tou em uma crescente desigualdade social, produziu uma imensa cegueira social (e individual). Essa cegueira, agravada em âmbito internacional por instrumentos jurídicos progressistas, como a proibição da escravatura, da guerra de agressão, do comércio de armas ou do genocídio, prosperou como poderoso fator político a permitir a perpetuação de quase todas essas atividades oficialmente proibidas, sob o manto ideológico dos ideais ocidentais "democráticos" de decisão e elaboração de políticas legalmente justificadas. Contudo, podemos considerar superficial essa descontinuidade entre um passado de violação e pilhagem implacáveis (colonialismo) e a legalidade atual que, na esfera internacional e em tese, respeita os direitos e a independência de todos os povos do mundo. O observador que não quer ser enganado pela retórica dominante deve ver com extrema desconfiança essas narrativas jurídico-formais "bem-sucedidas" como a descolonização ou até mesmo o fim da escravidão. Podemos aprender com o passado, por exemplo, que a escravidão havia sido banida muito antes da partilha formal do continente africano, que teve lugar no final da Conferência de Berlim, em 1889. Na época da proibição geral da escravidão, entre as décadas de 1830 e 1860 (ainda que, na Inglaterra, a Câmara dos Comuns já a tivesse proibido por uma lei apresentada por lorde Wilberforce em 1807), o chamado "continente negro" já estava despovoado a tal ponto que sua recuperação se mostrou impossível até os dias de hoje. Sem dúvida, o comércio de escravos já era, naquela época, um negócio extremamente desvantajoso para os capitalistas ocidentais, sendo conduzido basicamente por chefetes africanos.

A Conferência de Berlim assinalou o começo da "corrida para a África". As potências ocidentais participantes apresentaram a luta contra o comércio de escravos, ainda praticado por alguns chefes africanos, como o argumento moral mais premente em favor da missão civilizadora da colonização. De novo, percebe-se uma extraordinária continuidade com relação à argumentação moral dos conquistadores católicos espanhóis, que procuraram civilizar os maias e os incas, acusados da prática de sacrifícios humanos. Fazendo eco a essa história, os ativistas contemporâneos dos Direitos Humanos engajam-se em uma cruzada de boa-fé contra a circuncisão feminina ou a *burqa*, sem levar em conta a possibilidade de se tornarem instrumentos para a justificação da pilhagem que prospera na África ou no Oriente Médio, vitimando exatamente as populações cujas mulheres eles lutam por libertar.

Hoje, a opinião pública mundial está dividida, como talvez nunca tenha estado antes, em sua interpretação do momento presente. Como quase sempre acontece, a divisão ocorre em grande parte entre os que têm e os que nada têm, entre vencedores e vencidos, entre incluídos e excluídos, entre Norte e Sul ou entre direita e esquerda. Contudo, a complexidade do cenário internacional e a multiplicidade das narrativas possíveis aprofundam ainda mais as divisões, envolvendo desde grupos e classes sociais até motivações individuais ou de caráter moral. Um dos lados acredita que o modelo de desenvolvimento dominante, o do capitalismo empresarial – também conhecido como "o fim da história"[27] –, é o melhor caminho possível para a prosperidade e a libertação de todos em toda parte. Segundo esse ponto de vista, em grande parte produto de cinismo e autocomplacência[28], mas às vezes compartilhado de boa-fé por muitos que nele verdadeiramente acreditam, a solução consiste apenas em fazer que a superioridade do

---

[27] Do *bestseller* do cientista político conservador Francis Fukuyama, da London School of Economics, *The End of History and the Last Man*, Nova York: Avon Books, 1992.
[28] Ver Thomas Friedman, *The Lexus and the Olive Tree: Understanding Globalization*, Nova York: Anchor Books, 1999.

modelo capitalista de desenvolvimento seja compreendida por aqueles que ainda não se beneficiam diretamente dele. Os leitores que compartilham tal visão poderiam rejeitar a concepção de pilhagem que estamos articulando sob a alegação de que é estruturalmente incompatível com o Estado de Direito. A pilhagem seria uma contradição íntima, um Estado de Direito "ilegal", no máximo uma patologia atípica que o Estado de Direito teria condições de sanar, e não de produzir.

O outro lado acredita que é exatamente devido ao modelo atual de desenvolvimento capitalista empresarial que a divisão entre "privilegiados" e "despossuídos" é tão drasticamente irremediável. Assim, a liberdade e a prosperidade para os ricos, com seus exagerados padrões de consumo e desperdício, só se tornam possíveis por meio do esforço consciente de evitar a libertação dos pobres e dos que não possuem direitos civis ou privilégios. De acordo com essa segunda concepção, os ricos e poderosos não apenas usam instrumentos de governança para manter e aumentar seus privilégios, como também recorrem à propaganda para mostrar que, em última instância, todos irão se beneficiar do estado de coisas atual[29]. Uma anatomia da pilhagem configura um caminho para entendermos se essa prática pode ser sanada pelo Estado de Direito. O caminho do desenvolvimento pode ser alterado por práticas políticas compatíveis com a legalidade, ou a mudança só pode ocorrer fora da ordem jurídica corrente, mediante transformações revolucionárias no espaço político? Poderá surgir uma nova ordem jurídica que seja capaz de exorcizar a pilhagem? Como? Eis algumas perguntas que só podem ser respondidas por

---

[29] Ellen Hertz & Laura Nader, "On Thomas L. Friedman's *The Lexus and the Olive Tree*", em *Why America's Top Pundits are Wrong about the World* (Catherine Besteman & Hugh Gusterson, orgs.), Berkeley, CA: University of California Press, 2005, pp. 121-37.

meio de um exame minucioso dos usos do Estado de Direito, bem como da análise de seu desdobramento histórico atual.

Ao longo da história, o Estado de Direito tem sido fiel servidor da pilhagem, a tal ponto que alguns vestígios de concepções ocidentais de legalidade podem ser encontrados, pelo menos em nível superficial, em quase todos os sistemas jurídicos do mundo[30]. O fim da Guerra Fria, porém, modificou as condições da concorrência internacional posteriores às condições vigentes durante a Segunda Guerra Mundial, que justificavam a busca do Estado de Direito como uma estratégia ocidental de libertação. O desenvolvimento de um monopólio internacional de violência "legalmente" organizada, que caracterizou o chamado "fim da história" (também conhecido como *Pax Americana*, Consenso de Washington ou, mais simplesmente, império), criou novas condições. A força aparente do Estado de Direito nos Estados Unidos conferiu grande prestígio ao seu sistema jurídico, tornando-o posteriormente hegemônico no mundo inteiro, por meio da Guerra Fria e de suas consequências. Desse modo, o Estado de Direito pôde ocultar sua ligação com a pilhagem, ela própria protegida por seu acompanhante altamente respeitável. Apesar de sua natureza inegavelmente hipócrita, esse estado de coisas conseguiu por vezes atenuar a brutalidade da pilhagem, por meio da contra-hegemonia ou do eventual fortalecimento dos agentes sociais mais fracos, enquanto a pilhagem segue seu curso livre e desenfreado no cenário pós-Guerra Fria.

Na sequência imediata do 11 de setembro de 2001, testemunhamos danos ainda maiores àquela forma já bastante frágil de Estado de Direito que se conhece como *legalidade internacional*.

---

[30] Ver Rudolf B. Schlesinger, Hans W. Baade, Peter H. Herzog & Edward M. Wise, *Comparative Law*, Nova York: Foundation Press, 1998, p. 283.

Inaugurando o estado de exceção como sua nova companhia, com uma hábil manipulação do impacto emocional daquele ato terrorista, os representantes da administração do presidente norte-americano George Bush rechaçaram o Direito internacional e ridicularizaram-no como uma burocracia impotente e dispendiosa. Por exemplo, o campo de concentração de Guantánamo, onde grande número de prisioneiros inocentes, escolhidos sobretudo por critérios de raça, teve seus direitos fundamentais negados, e a vergonhosa atitude da Suprema Corte dos Estados Unidos, que justificou esses horrores, demonstraram a impotência do Direito internacional contra o poder imperial. Para os que ainda se mostram crédulos, o substancial descaso com que foi tratada a decisão do Tribunal Internacional de Justiça, que condenou o muro de Israel, mostra que o estado de exceção imperial também se aplica aos aliados fiéis dos Estados Unidos. A revelação de uma prática sistemática de tortura na prisão de Abu Ghraib, no Iraque, e as ações penais relutantes contra bodes expiatórios de menor importância como única reação oficial a tal prática são fatos que provavelmente infligiram um golpe definitivo ao ideal norte-americano do Estado de Direito[31].

A destruição e ocupação do Afeganistão e do Iraque pelos Estados Unidos e seus poucos aliados, conquanto tenha produzido um gigantesco retorno econômico aos agentes empresariais dominantes – lucros que vão da promessa de extração de petróleo aos contratos de reconstrução, ao apoio militar, à privatização da segurança e à criação de novos paraísos fiscais –, tornaram praticamente impossível ocultar a *ligação ilícita* entre pilhagem e vigência do Estado de Direito. Portanto, torna-se crucial vasculhar falsas virtudes morais e submeter a um exame implacável as res-

---

[31] Ver discussão no Capítulo 5.

ponsabilidades de um modelo de desenvolvimento capitalista que se mostra cada vez mais passível de questionamento. Qualquer investigação sobre o Estado de Direito não está livre de dificuldades. Poder-se-ia afirmar que, como a hipocrisia é uma comprovação de um senso de limite, é melhor consentir que a pilhagem e o Estado de Direito mantêm uma relação hipócrita do que admitir a ilegalidade brutal e plena, com base no estado de exceção. Expor as práticas do Estado de Direito também é um dever do cidadão. Vale a pena iluminar a relação histórica e atual entre pilhagem e Estado de Direito a fim de restabelecer a civilização fundada nas leis e defender um distanciamento mais radical e revolucionário do modelo atual de "desenvolvimento".

Institucionalização da pilhagem: a relação colonial e o projeto imperial

Na relação colonial, o Direito sanciona um modelo de subjugação das populações carentes de força pelas que são fortes. Essa relação, cujas origens são antigas e variáveis em diferentes áreas geográficas, seguiu abertamente sua trajetória de imposição de sofrimentos ao longo do século XX, gerando tensões entre potências colonialistas que terminaram por causar, entre outras coisas, a deflagração da Primeira Guerra Mundial. Pensadores socialistas do Ocidente, como Friedrich Engels e Karl Marx, analisaram, contestaram e expuseram essa subjugação legal. Ela foi formalmente abandonada, pelo menos como relação sancionada pelo Direito internacional, com o movimento de descolonização que se seguiu à Segunda Guerra, mas deixou cicatrizes permanentes na consciência coletiva de milhões de pessoas afetadas pela dominação.

O Estado colonial foi criado e delineado segundo o modelo europeu, como um agregado de regras jurídicas e instituições de governança. Portanto, fundamentava-se no Direito e também em uma série de práticas discursivas informais que legitimavam as leis. Os juristas são importantes fornecedores dessas práticas, como às vezes também o são alguns funcionários coloniais estrangeiros (ou antropólogos) e membros das comunidades locais que compartilham com os outros uma formação no exterior. Não é necessário pressupor uma motivação mesquinha em tais legitimadores da dominação colonial, nem a mesma motivação em cada um deles.

Como já mostramos aqui, o Direito tem pelo menos duas dimensões decorrentes da motivação de seus usuários: a opressão e a delegação de poder. As potências coloniais, frequentemente aliadas a missionários e antropólogos (como veremos adiante), pouco importa se dotados de boa ou de má-fé, valem-se do Direito para diminuir a resistência à pilhagem total, buscando legitimidade para a atividade exploratória. Elas usam a propaganda e interpretam o Direito pelo prisma de uma civilização superior, reivindicando recursos como uma questão de direito, e não como fruto de pilhagem. Os recursos devem ser entregues aos estrangeiros em consideração pelo desenvolvimento e pela civilização que trazem aos "seres subdesenvolvidos" que habitam o contexto colonial. Assim, o Direito conquista o apoio das elites locais, educadas no Ocidente, e a partir daí funciona como um mecanismo de centralização do poder. É desse modo que logo se forma uma aliança entre elites locais e corpos de funcionários coloniais, com reforma jurídica e modernização, conceitos em torno dos quais se organizam tais alianças.

Primeiro, houve a necessidade de pacificação social, necessária para a pilhagem sancionada pelo Direito. Sem instituições jurídicas e organizações locais estáveis, teria sido impossível assegurar as vantagens do modelo de apropriação "primeiro a chegar, primeiro a ser atendido", típico do colonialismo em suas origens, porém insustentável no longo prazo. No passado, essas atividades foram perfeitamente simbolizadas pela brutalidade das práticas extrativas da Companhia das Índias Orientais, já criticadas por Adam Smith em 1776[32]. O fundador da economia moderna denunciou aquilo que chamava de "a companhia que oprime e domina as Índias Orientais". Ele afirmava que 300 ou 400 mil pessoas morriam de fome todos os anos em Bengala (sob o controle da Companhia das Índias Orientais desde 1757, bem antes da colonização inglesa formal) devido às políticas desse sistema privado de guerra e pilhagem.

A colonização oficial de Estado, legalmente acobertada e baseada na privatização de terras e na concessão de titularidade privada a protegidos locais da potência colonial, era necessária para evitar a disputa ferrenha entre potências coloniais adversárias, o que invariavelmente ocorria na sequência imediata de uma apropriação. Por fim, a elite colonizada, às vezes devido a circunstâncias internacionais, outras vezes em decorrência da mobilização das massas, libertava-se da potência colonial e estabelecia-se na forma de Estados independentes. A independência, porém, é uma ideia formalista que precisa ser entendida em seu contexto. A relação colonial, na forma de neocolonialismo, continua baseada nas elites locais, que impõem um preço aos serviços que prestam como instrumentos de hegemonização. Portanto, tanto a colonização legal quanto a descolonização formal surgem como resultado da concorrência internacional, em que o Direito tinha importante papel a desempenhar. Isso se verifica, por exemplo, na América do Norte, na Oceania e, talvez, na África do Sul, onde os recém-chegados europeus, depois de se engajarem no genocídio, estabeleceram-se como uma nova classe colonizada, eventualmente capaz de libertar-se do domí-

---

[32] A. Smith, *The Wealth of Nations*, Nova York: Bantam Classics, 2003.

nio colonial de seu antigo país de origem. Com mais frequência, sobretudo por razões demográficas (na América Latina e na Índia, por exemplo), uma classe colonial teve de selar um acordo com as populações locais. Foram desenvolvidos modelos de exploração, cada um exibindo certo grau de cooperação dos povos locais, uma fonte insubstituível de mão de obra barata, necessária para as economias extrativistas (os nativos miseráveis foram abundantemente usados nas atividades de mineração em toda a América Latina espanhola e em outros lugares; e esses contingentes nativos também serviram ao exército e à maioria das instituições coloniais na Índia imperial). Em outros contextos, a mão de obra podia chegar na forma de escravos trazidos da África Ocidental, como nas plantações do Sul dos Estados Unidos, no Caribe e no Brasil, um "triângulo" pelo qual circulavam navios sempre abarrotados. Por exemplo, os navios ingleses partiam de Londres, Manchester ou Liverpool para a costa ocidental africana levando toda espécie de artefatos para as elites africanas que praticavam o tráfico de escravos. De lá partiam carregados de escravos que se destinavam às plantações, voltando à Europa sobrecarregados da pilhagem praticada em terras americanas: metais, fertilizantes, madeira, algodão etc. Atividades semelhantes ocorriam nas rotas de comércio orientais, com pequenas variações, como as que se dedicavam à venda forçada de ópio à China. No auge do império britânico, modalidades de dominação indireta por meio do Direito governavam e extraíam recursos para atender aos interesses de Londres em mais de um quarto da superfície de nosso planeta[33].

---

[33] O modo de operação desse controle por meio do Direito encontra-se descrito em M. Chanock, *op. cit.*

Uma história de continuidade: construindo o império da (i)legalidade

Por volta do final da descolonização, no cerne dos anos da Guerra Fria, é fácil perceber um padrão de continuidade sob uma imagem de separação. As novas elites locais, "soberanas", mantinham vínculos com as ex-potências coloniais, ou estabeleciam novas relações no mundo político bipolar, auferindo grandes vantagens de sua habilidade no jogo de xadrez da Guerra Fria, ou mesmo, como no caso da Índia de Nehru, aproveitando-se da divisão sino-soviética de fins da década de 1950. Os advogados locais, frequentemente formados tanto nos países ocidentais quanto nos países socialistas, eram figuras proeminentes nesses novos contextos. O debate sobre a natureza benigna ou opressiva do Estado de Direito ocidental era resolvido em favor da primeira, até mesmo por socialistas como Julius Nyerere, da Tanzânia, ou por líderes como Gandhi (ele próprio advogado) na Índia, para não mais serem reabertos. Assim, uma constante – o reconhecimento do Estado de Direito como força benigna no caminho do desenvolvimento – surgiu, fortalecida, nos anos que se seguiram à descolonização. Seu papel na pilhagem colonial parece subestimado inclusive na retórica política mais polêmica dos nacionalistas emergentes e dos intelectuais e romancistas "pós-coloniais".

Ao longo do século XX, por exemplo, a chamada Doutrina Monroe (1823) manteve a América Latina sob forte influência dos Estados Unidos, e o legado colonial europeu esteve submetido a um processo de hegemonia norte-americana. Em tal contexto, organizações como a Agência Central de Inteligência (CIA) respaldavam um poder intransigente e a brutalidade política, enquanto o primeiro *movimento de direito e desenvolvimento* oferecia uma eloquente retórica do Estado de Direito e da falta deste. A despeito de suas motivações muito distintas, essas forças terminavam por apoiar ditaduras fascistas que invariavelmente favoreciam a pilhagem por parte das empresas norte-americanas, como aquela praticada pela notória United Fruit Company. A Ásia ficou marcada pelas guerras da Coreia e do Vietnã e pela feroz competição tanto dentro do bloco comunista quanto fora dele. Nesse período turbulento, as ideias ocidentais de legalidade – um legado do século XIX que fortalecia a abertura dos mercados por meios econômicos e militares – possivelmente viram-se confinadas a uma camada muito periférica dessa complexa colcha de retalhos. Não obstante, a atitude de desprezo pelas leis que, na China, caracterizou o "Grande Salto para a Frente" e a "Revolução Cultural" nunca chegou a obter hegemonia regional, pois viu-se contraposta pelas concepções socialistas de Kruschev e de Brezhnev – a primeira, legalista, e a segunda, burocrática.

Ironicamente, foi por meio da implacável propaganda ocidental que a ausência do Estado de Direito acabou sendo incluída entre os fatores responsáveis pelos horrores pós-Guerra do Vietnã no Sudeste Asiático, tornando a retórica norte-americana sobre o Estado de Direito bem-sucedida até nossos dias, mesmo em uma área em que seu violento imperialismo se mostrava na plenitude de sua brutalidade.

O esforço de guerra, a violência, o racismo e o delicado confronto internacional da Guerra Fria caracterizaram a situação no Oriente Médio e, em termos mais gerais, no Norte da África de predomínio islâmico. A questão da relação entre o Islã e a modernização das leis já estava há tempos na agenda dos reformadores jurídicos, e sua importância foi confirmada pelo imenso prestígio e influência na área dos mais importantes resultados legislativos de tais empenhos: o Código Civil egípcio de 1949 e o Código Civil iraquiano de 1953. As noções ocidentais de Estado de Direito e de soberania de Estado ajudaram a subverter a relação entre Islã e governo, colocando este último (o Estado) em posição de controle e dividindo politicamente a comunidade dos fiéis. Enquanto isso, as noções de atraso, rigidez e imutabilidade do Direito islâmico foram fomentadas até mesmo na literatura jurídica mais respeitada. O resultado final foi a eliminação dos aspectos das leis islâmicas (como solidariedade e dever de cuidar dos pobres) que menos interessam à ordem neoliberal.

Um contexto em que se evidencia o desenvolvimento fundamental da continuidade jurídica colonial, pós-colonial e imperial é aquele da região da África subsaariana, que se tornou independente mais recentemente. Ali, uma desconcertante pluralidade de reformas jurídicas acumulou-se, atropelando-se mutuamente e produzindo um grau de estratificação e de pluralismo difícil de encontrar em outro lugar. Além disso, foi ali que, durante a Guerra Fria, a dimensão política do sistema jurídico formal foi amplamente reconhecida e era mais altamente simbólica. Documentos constitucionais sucediam-se uns aos outros com a mesma intensidade de golpes e revoluções. As instituições financeiras internacionais e as mais poderosas agências ocidentais de desenvolvimento aderiram a uma política de "não intervenção no sistema jurídico" que constitui, em si, um reconhecimento da ligação política entre leis locais e concorrência política internacional. Apesar de alguns esforços limitados dos Estados Unidos no campo da educação jurídica, na década de 1960 o Direito foi considerado excessivamente "político" para constituir uma área de intervenção na África durante os anos da Guerra Fria. Quando esta terminou, porém, o Direito nesse continente começou a ser desenvolvido como um mecanismo "meramente técnico", cuja legitimidade deveria basear-se na eficiência econômica, avaliada pela capacidade de atrair investimentos privados. No novo cenário pós-Guerra Fria, os projetos desenvolvimentistas com fundamentação legal passaram a receber apoio financeiro e floresceu um novo movimento em defesa da lei e do desenvolvimento, que visava facilitar a injusta abertura dos mercados de propriedade intelectual, matérias-primas e mão de obra barata por meio de acordos comerciais intrincados e de grande complexidade jurídica.

O fim da Guerra Fria representou um forte revés para essas áreas pretensamente pós-coloniais. No início da década de 1990, ficou claro que o poder imperial norte-americano não estava disposto a compartilhar o acesso ao petróleo do Oriente Médio, nem a pagar um imposto permanente às classes dominantes locais ou a concorrentes neocoloniais, como a França e outros países ocidentais. A primeira Guerra do Golfo preparou o caminho para a transformação do neocolonialismo, com uma pluralidade de concorrentes (França, Inglaterra e outros), em um contexto monopolista de dominação norte-americana. Os Estados Unidos reivindicavam um novo *status* imperial, enquanto a ordem colonial, em vez de ser substituída por independência, liberdade e igualdade, resultou em uma ordem imperial: os ingleses ainda possuem as minas de diamantes em Serra Leoa; as minas bolivianas ainda estão nas mãos de multinacionais que se opõem ferozmente à nacionalização pretendida pelo presidente Morales; e, na Nigéria, o petróleo ainda é controlado por empresas petrolíferas norte-americanas.

A alta concentração de poder militar nas mãos da superpotência monopolista parece ter transformado as condições competitivas nas quais o Estado de Direito foi desenvolvido nas colônias, bem com aquelas da descolonização formal. As diretrizes econômicas e políticas organizam-se em torno das instituições de Bretton Woods (o Banco Mundial e o FMI) e são conduzidas por outras entidades sem responsabilidade política final, como a Organização Mundial do Comércio ou o G8. O uso intransigente da força militar, consolidando essa ordem hegemônica neoliberal, faz-se acompanhar cada vez mais por uma retórica centrada em circunstâncias excepcionais (guerra, terrorismo, crise energética etc.), e não em questões de religião ou civilização, ou mesmo de direito – uma retórica mais afinada com o espírito da pilhagem privada dos tempos pré-coloniais, como a praticava a Companhia das Índias Orientais, do que com os ideais que estiveram na base das esperanças de descolonização.

De modo significativo, tanto na África quanto na América Latina, na Ásia Central, na China e em outras partes, o Direito transformou-se em uma mercadoria tecnológica, em um mecanismo que podia ser providenciado por agências de desenvolvimento internacional ou por empresas privadas. A intervenção seria capaz de sanar as deficiências e "faltas" atribuídas à ordem colonial (europeia) e pós-colonial (comunista), ou simplesmente associadas às crenças islâmicas ou confucionistas locais, caricaturadas ou consideradas obsoletas. O poder neoliberal poderia então impor, em extraordinária continuidade com a ordem colonial, uma versão do Estado de Direito que, em vez de restringir ou controlar, fortalece o gigantesco modelo empresarial de atividade econômica. Essa ordem, obtida por um processo implacável de corporativização que recorre a meios legais e ilegais, favorece a transferência fácil de recursos naturais, a preços irrisórios, da propriedade pública para os ricos oligarcas. Os tecnocratas, em particular os economistas, assumem um número cada vez maior de funções – executivos coloniais, advogados, antropólogos e missionários – na criação de legitimidade. As elites locais, outrora formadas na Europa, hoje obtêm sua formação nos Estados Unidos.

Um escritório de advocacia norte-americano pode garantir a seus clientes empresariais sua concepção sobre o Estado de Direito: uma garantia do retorno dos investimentos em um gigantesco oleoduto que vai transferir petróleo do Mar Cáspio para o Mediterrâneo. Ao negociar contratos e tratados bilaterais, o recém-criado "direito à livre transferência de petróleo" pode ser legalmente aplicado por milícias privadas ou por governos fantoches. Outros escritórios de advocacia especializam-se em contratos de reconstrução: "Tire o capacete de combate e ponha o de construção: reconstruindo o Iraque e o Afeganistão" é o lema de uma grande empresa na área de Washington: pilhagem e Estado de Direito.

Os dez últimos anos do século XX foram cruciais para a depuração dos aspectos imperialistas e hegemônicos do Direito norte-americano. Ninguém colocou isso tão claramente do que o advogado internacional Richard Falk:

> A lógica da autoridade hegemônica extrapola as implicações de poder e influência desiguais, incorporando o papel um tanto amorfo, porém importante, de liderança global. Em uma era de conflitos internacionais moderados, esse papel hegemônico tem como premissa o poder militar, mas também inclui, de maneira crucial, a reputação normativa de um agente político quase sempre benfazejo, um garantidor da ordem que favorece o bem público global, e não apenas as ações ditadas pelos interesses nacionais do poder hegemônico.[34]

A busca de "reputação normativa" permanece em uma plataforma ideológica simples desde a época de Woodrow Wilson. Uma forte ênfase na liberdade, na democracia e no Estado de Direito como valores profundamente norte-americanos acompanhou quase todas as intervenções feitas pelos Estados Unidos em outros países, invariavelmente apresentadas como atos a serviço

---

[34] Richard Falk, "Re-framing the legal agenda of world order in the course of a turbulent century", em *Transnational Legal Processes* (Michael Likosky, org.), Nova York: Cambridge University Press, 2002. Disponível em http://www.wws.princeton.edu/~rfalk/papers/in.

do bem público, e não como interesse da potência interveniente. Essa visão idealizada, em geral contraposta à face inimiga do nazifascismo, do comunismo, do despotismo oriental etc., conferiu aos Estados Unidos grande prestígio como governante internacional benévolo, a despeito de horrores como os bombardeios de Hiroshima e Dresden, dos quais o "Plano Marshall" costuma ser visto como compensação adequada.

Na verdade, durante a Guerra do Vietnã, o prestígio norte-americano declinou no mundo inteiro. Não obstante, a alternativa totalitarista do comunismo bastou para deixar um número razoável de intelectuais – advogados, na maioria – sempre a postos para acreditar piamente na natureza benévola do Estado de Direito dos Estados Unidos, em sua estreita ligação com a economia capitalista e, em última instância, com a liberdade. A estrutura ideológica atual do mundo islâmico (representada por Khomeini ou Ahmadinejad, ou pelo Talibã) também introduziu um componente racista, mas as fortes acusações contra o "inimigo" não mudaram: a adversidade para os valores norte-americanos de liberdade universal, democracia, Estado de Direito, igualdade entre os sexos e direitos humanos – um extraordinário padrão de continuidade. Sem dúvida, tanto naquela época quanto atualmente, esses valores são apresentados como ligados de modo indissociável ao modelo capitalista de desenvolvimento, o resultado natural de uma verdadeira busca de liberdade[35].

Podemos dizer que a década de 1990 assinala a época em que o poder e o Direito internacionais dos Estados Unidos entraram

---

[35] A construção de um novo confronto, substituindo a Guerra Fria pelo islamismo, é a "contribuição" política de Samuel P. Huntington, "The clash of civilizations?", *Foreign Affairs Journal* 72, 1993, p. 22. A partir de uma perspectiva pós-estruturalista, Michel Foucault apresenta uma ideia semelhante em *Politics, Philosophy, Culture and Other Writings*, Nova York: Routledge, Chapman & Hall, 1990.

em uma fase mais acentuada de hegemonia. Como demonstraremos em capítulos posteriores, a hegemonia jurídica e política implica um empenho irredutível de americanizar as instituições internacionais, enfatizando uma imagem ideológica de democracia e liberdade, a fim de convencer o público da natureza benéfica do líder internacional, às vezes por meio da propaganda e da manipulação. Pelo que se vê no começo do novo milênio, as tentativas de governar por meio de "reputação normativa" se retraem sob o peso de um orçamento militar anual de mais de 600 bilhões de dólares (em valores de 2007).

Neste livro não será feito um inventário das inúmeras ocasiões em que a nova ordem mundial, surgida após a Segunda Guerra Mundial e consumada depois da queda simbólica do Muro de Berlim, foi reforçada por um poderio e uma violência militar sem precedentes[36]. Em consonância com nossos objetivos, mostraremos que na época atual o emprego da força, exatamente como acontecia na época das Cruzadas, de Pizarro e da abertura inglesa dos mercados orientais, é o instrumento mais importante para a imposição dos valores ocidentais, ainda que se faça acompanhar de justificativas de natureza jurídica e de propaganda cerrada[37]. O desenvolvimento e a consumação do primado explícito da força física estão na origem de boa parte da posição hegemônica dos Estados Unidos[38]. Hoje, o governo do país gasta mais com seu exército do que o conjunto de nove países abaixo dele na lista dos maiores gastadores. Não obstante, em um projeto de expansionismo a força precisa de ideologia para obter aprovação, tanto no

---

[36] Ver pelo menos A. M. Weisburd, *The Use of Force: The Practice of States since World War II*, Filadélfia: Pennsylvania State University Press, 1997.
[37] Para uma posição extrema da direita, ver E. N. Luttwak, "Give War a Chance", *Foreign Affairs*, 78, 1999, p. 4.
[38] Ver J. S. Nye, *Bound to Lead: The Changing Nature of American Power*, Nova York: Basic Books, 1990.

campo do poder hegemônico quanto entre as vítimas, e é aí que o Estado de Direito desempenha papel crucial.

As transformações que o Estado de Direito sofreu têm acompanhado mudanças significativas na maneira como a superpotência capitalista tenta dominar o mundo. A pilhagem prosperou mesmo durante as fases mais "virtuosas", nas quais o Estado de Direito norte-americano estava no auge de seu prestígio, era espontaneamente seguido e admirado no mundo inteiro como um possível modelo de libertação. Apesar disso, o enfraquecimento e a perda de credibilidade do Estado de Direito norte-americano nos últimos tempos tornou a pilhagem ainda mais possível, ela própria transformada, encorajada e capaz de atingir novas dimensões por meio da configuração corporativa do Direito.

Na década de 1990, como resultado da queda da União Soviética, a maioria dos partidos comunistas e socialistas do Ocidente entrou em um abrangente processo de autocrítica. Grande parte da elite intelectual que, durante a Guerra do Vietnã, criticava o imperialismo norte-americano descobriu de repente as virtudes do "mercado livre", enfraquecendo assim a resistência intelectual ao capitalismo feroz das eras Reagan/Thatcher[39]. De acordo com a nova ortodoxia, rapidamente assimilada, o aparelho político do modelo soviético era simplesmente incapaz de resistir a processos de corrupção interna, porque o projeto era um substituto medíocre do mercado, e a liberdade e o espírito empreendedor fo-

---

[39] A transformação dos paradigmas de esquerda em noções compatíveis com o dogma oficial do neoliberalismo é em geral associada ao "novo trabalhismo" de Tony Blair. A racionalização intelectual dessa evolução encontra-se no bem-sucedido livro de A. Giddens, *The Third Way: The Renewal of Social Democracy*, Londres: Polity Press, 1998. Contudo, as consequências da recusa a se adaptar à nova política econômica pós-Guerra Fria adquirem maior clareza quando se examina a renúncia forçada do ministro das Finanças alemão, Oskar Lafontaine, em 1998, substituído pelo paradigma da "nova esquerda", representado pelo primeiro-ministro Schroeder, do mesmo partido. Ver Richard Falk, *op. cit.*

ram sacrificados. Quando o fracasso político soviético tornou-se símbolo do fracasso de todas as alternativas possíveis ao capitalismo, um modelo idealizado deste começou a ser comparado à realização histórica e contingente do socialismo. A busca por uma honrosa estratégia hegemônica consistia em comparar um autorretrato favorável com outro idealizado, uma estratégia já bem desenvolvida em uma variedade de formas de "orientalismo" ao longo do período colonial.

As práticas discursivas são necessárias porque, em qualquer sociedade e em qualquer agregado complexo de pessoas, deixando de lado as cínicas, há espaço tanto para os idealistas quanto para os resignados. Em tempos e espaços distintos, a proporção dessas pessoas pode mudar, assim como as instituições jurídicas – como acontece com a mídia e a cultura dominante – podem desempenhar importante papel na determinação de tal proporção. Indivíduos passivos e alienados podem favorecer a hegemonia, a intervenção e a pilhagem, de modo que esse tipo de cidadania contribui para a criação de ambientes cínicos nos quais a pilhagem triunfa. A história dos cruzados no mundo árabe e da pilhagem triunfal que praticaram no final do século XI tem sido explicada como resultado dessas atitudes cínicas e passivas.

Nos capítulos seguintes, apresentaremos as técnicas por meio das quais a pilhagem de recursos e pessoas acontece – um roteiro sobre a evolução de modalidades de pilhagem cada vez mais fortes e tecnicamente sofisticadas, às vezes praticadas sob o disfarce do Estado de Direito, outras vezes mediante o uso do poder, como se este fosse sinônimo de legalidade.

2

NEOLIBERALISMO: O MOTOR ECONÔMICO DA PILHAGEM

A prosperidade argentina

A criação de um esquema neocolonial é bastante simples: em vez de um navio de guerra e de um sistema jurídico abertamente discriminatório, o que permite a pilhagem legal é a miragem de eficiência e um simulacro do Estado de Direito. A arma ideológica usada pelas novas elites locais e por suas contrapartes em Wall Street é o desejo de criar mercados eficientes, regidos pelo Estado de Direito. Este é o único caminho para o desenvolvimento, conforme o concebe a bíblia das instituições financeiras internacionais, também conhecida como Consenso de Washington ou política neoliberal. Como no caso recente da Argentina, libertada do domínio colonial espanhol pelo libertador das Américas, San Martin, já em 1816, as consequências seguem um padrão estarrecedor de continuidade na pilhagem.

A história da pilhagem neoliberal na Argentina começa na fase inicial da explosão do mercado global que se seguiu ao triunfo do capitalismo ocidental na Guerra Fria. Historicamente, esse país deixou de pagar seus empréstimos por quatro vezes, duas vezes devido às crises econômicas de 1890 e 1930, muito antes da própria existência do Banco Mundial e do FMI; depois, em janeiro de 2002, o governo argentino anunciou que não pagaria os 141 bilhões de dólares da dívida do setor público – a maior inadimplência de um Estado soberano em toda a história.

As duas últimas suspensões do pagamento abriram e fecharam os vinte anos de triunfo do modelo neoliberal inaugurado pela primeira-ministra Thatcher e pelo presidente Reagan, no início da década de 1980. Os vinte anos que separam uma suspensão da outra são particularmente importantes para um estudo da pilhagem porque se caracterizam (1) pelo uso abundante da retórica de democracia e Estado de Direito em um país que fora governado pelo poder militar e tradicionalmente autoritário e (2) pelo importante papel desempenhado pelas instituições financeiras internacionais na garantia da estabilização e do alinhamento do modelo argentino ao modelo imposto pela política neoliberal. É interessante observar que, ao longo desse período, verificou-se um grau sem precedentes de influência das doutrinas econômicas baseadas na Escola de Chicago, simbolizado pelo destino político de um dos filhos diletos das instituições financeiras internacionais, Domingo Cavallo, um economista com grande afinidade intelectual com a Universidade de Chicago que foi ministro da Economia por um longo período e serviu a vários presidentes argentinos.

Foi Cavallo quem decidiu, sob os aplausos do Consenso de Washington, estabelecer uma taxa de conversão fixa de paridade entre o peso e o dólar, em 1991, inaugurando assim a nova fase de hegemonia mais ousada e pós-comunismo dos Estados Unidos. O resultado desse câmbio fixo foi a entrega da soberania econômica argentina a esse país (e, ao mesmo tempo, às instituições globais de capitalismo empresarial, das quais a nação norte--americana é sócia majoritária). As razões desse movimento foram as mesmas dos doze países (em particular do Equador) cujas economias estão hoje oficialmente "dolarizadas" – profunda recessão econômica, alta inflação, grande déficit fiscal e quebra geral de bancos.

Pouco mais de dez anos depois da ousada atitude de Cavallo, sucederam-se cinco presidentes em poucas semanas, e o peso foi por fim "libertado" do dólar. Uma corrida aos bancos seguiu-se à dramática desvalorização do peso, e os depositantes descobriram que as retiradas estavam rigorosamente limitadas, o que provocou protestos de rua e violentos distúrbios, de Buenos Aires a Salta. Os argentinos haviam descoberto que sua economia, inclusive a parte mais valiosa do setor público, e em particular sua poupança, tinham sido pilhadas. Pouco depois, muitos pequenos investidores nos Estados Unidos e na Europa se deram conta do mesmo triste fado das poupanças que haviam investido nos títulos da dívida argentina. Ao longo dos mesmos dez anos, as grandes seguradoras de Wall Street – nomes de prestígio como Morgan Stanley, First Boston, Goldman Sachs ou Merrill Lynch – haviam abocanhado cerca de 1 bilhão de dólares por terem afiançado os títulos do governo argentino. Estavam agrupados como derivativos, em uma grande variedade de formas criativas, com a ajuda compensada com generosidade de escritórios de advocacia de Wall Street, de nomes igualmente conceituados.

Foram muitos os responsáveis pela pilhagem que abalou a vida de 57 por cento do povo argentino, hoje oficialmente pobre, apesar de viver em um dos países mais pródigos em riquezas naturais do planeta. Não estamos aqui preocupados em atribuir culpas ou responsabilidades políticas. Ao contrário, interessa-nos compreender a dinâmica da pilhagem e sua ligação com a ideologia do Estado de Direito, juntamente com o papel hegemônico atual do Direito norte-americano. De fato, uma pilhagem de tal magnitude requer grande aptidão profissional nos campos do Direito e das finanças, além de certa desenvoltura política – uma atividade realizada mediante o controle do processo político nos Estados Unidos, o país que, depois de 1991 (devido à dolarização), passou a exercer a soberania econômica *de facto* sobre a Argentina. É nesse contexto que os advogados e economistas se convertem em agentes fundamentais da pilhagem global. Trata-se de pilhagem como força motriz e ideologia – e como consequência do desenvolvimento do capitalismo global com raízes no Estado de Direito.

A necessidade básica por trás da política neoliberal de desenvolvimento, por meio das principais instituições financeiras internacionais, consiste em manter a demanda por mercadorias produzidas no Ocidente e a abertura de oportunidades ilimitadas de negócios em setores básicos, como comunicações, sistema de saúde, extração mineral e outros. Para alcançar esses objetivos, as elites dos países alvo na Ásia, América Latina ou mesmo África, comumente muito envolvidas com poderosos interesses corporativistas, se deixem seduzir por índices de consumo insustentáveis, mediante uma série de práticas cuja finalidade consiste em facilitar o processo de desmonte e venda do setor público. Uma vez mais, não há quase nada de novo sob o sol, nem em termos de diretrizes políticas nem dos instrumentos utilizados em sua implementação. Por exemplo, no período em que o ditador mexicano Porfirio Diaz esteve no poder (1876-1910), a orientação política era "permitir que os empresários locais e estrangeiros se beneficiem das leis destinadas a liberar o uso da terra, da mão de obra e dos recursos nacionais"[1]. Em espírito, as leis de Diaz são semelhantes àquelas da reestruturação do mercado aberto, que foram implementadas por representantes do neoliberalismo, começando

---

[1] G. A. Collier, *Busta! Land and the Zapatista Rebellion in Chiapas*, Oakland, CA: Food First, 1994.

com o presidente mexicano Miguel de la Madrid (fundador e presidente honorário da Sociedade Latino-Americana de Direito e Economia). Essas leis "realmente fomentaram o desenvolvimento, mas quase sempre o fizeram à custa de vilarejos e comunidades de todo o México, cujas terras os recém-chegados absorveram, e cujos cidadãos se tornaram trabalhadores miseráveis"[2].

Hoje, uma das estratégias mais comuns para impor dependência ao Terceiro Mundo consiste na concessão de crédito aparentemente barato às elites, de modo que o consumo luxuoso de *commodities* produzidas por empresas desvinculadas de qualquer investimento produtivo seja a consequência natural de tal prática. Assim que o país se vê dramaticamente endividado, sobretudo com bancos privados ou pequenos investidores, o FMI intervém, "negociando" reformas estruturais que quase sempre beneficiam os credores empresariais mais fortes, deixam os pequenos investidores em situação terrível e a economia local à beira do caos. Poder-se-ia argumentar que são essas as regras do jogo capitalista, um modelo de sobrevivência do mais apto que, por sua própria natureza, tende a beneficiar os jogadores mais hábeis. Não obstante, essa estratégia ainda pode ser vista como pilhagem, pois é o mesmo que incentivar um jogador compulsivo a continuar jogando a crédito em um cassino e depois tirar-lhe a moradia onde ele vive com a mulher e os filhos inocentes, pois não tem mais como pagar o que deve. E, pelos padrões do FMI, isso tudo é perfeitamente legal!

Como este livro pretende mostrar a pilhagem como uma prática desempenhada por um número variado de agentes globais, o exemplo do mercado de futuros da Argentina é em particular apropriado, devido aos sofisticados mecanismos jurídicos e eco-

[2] *Id.*

nômicos em jogo. No caso da grande inadimplência recente desse país rico em recursos naturais, os perdedores espalharam-se pelo mundo (muitos deles na velha Europa), mas o povo argentino foi quem mais sofreu. O mesmo Direito que produziu a pilhagem tentou remediá-la, confirmando a hegemonia atual do Direito norte-americano.

Para tentarmos compreender essa forma extraordinariamente criativa de pilhagem legal, devemos primeiro nos familiarizar com o conceito de "derivativos". Um derivativo é um instrumento financeiro cujo valor deriva daquele de outra obrigação financeira, como uma ação ou um título da dívida, ou do valor de alguma *commodity*, moeda ou índice. Derivativos são títulos de dois tipos: opções e futuros. Nos mercados financeiros, é possível comprar uma ação, mas também é possível comprar uma opção dessa ação. A opção de "compra", isto é, o *direito* de comprar uma ação em data futura específica e a um preço previamente determinado, é um derivativo, porque seu valor deriva do valor da ação a que o direito se refere. A opção de "venda", isto é, o direito de vender uma ação a um preço predeterminado em data futura estipulada, também é um derivativo, porque, uma vez mais, seu valor depende daquele da ação subjacente. Enquanto as opções conferem *direitos* de comprar ou vender, os contratos para entrega futura criam *obrigações* de comprar ou vender em data futura específica e a um preço predeterminado. Também são derivativos.

Um exemplo prático pode mostrar como isso funciona. Imagine que o mercado anuncia que será lançado um novo modelo de relógio. Você conhece suas características, mas ainda não sabe quanto vai custar. Se não quiser esperar até que ele chegue ao mercado, poderá comprar (por 100 dólares, digamos) o direito de adquiri-lo por 5 mil dólares quando for lançado. Esta é uma *opção de compra*. Se o relógio chegar ao mercado ao preço de 6 mil dólares, sua opção de compra será um bom negócio, pois seu valor será de mil dólares e você só terá pago cem dólares. Se o relógio chegar ao mercado ao preço de 4 mil dólares, sua opção de compra terá sido um mau negócio, pois teria sido melhor você economizar os cem dólares da sua opção e adquirir o relógio ao seu preço de varejo. Tenha em mente que, como as opções criam direitos, *não* obrigações, quando você comprar uma opção por cem dólares, o valor dela aumentará conforme o valor do relógio, mas você nunca arriscará mais de cem dólares.

Uma possibilidade diferente, caso você não queira comprar uma opção por cem dólares, é fazer um acordo para *entrega futura*, o que resultará na criação de um direito *e* de uma obrigação. Nos termos desse contrato, você poderá assumir o compromisso de comprar o relógio por 4 mil dólares. Neste caso, seu derivativo aumentará de valor juntamente com o valor do relógio. Se este chegar ao mercado ao preço de 6 mil dólares, seu contrato futuro terá sido uma boa ideia, pois ele agora valerá 2 mil dólares. Porém, se o relógio chegar ao mercado custando 2 mil dólares, você *terá* de pagar 4 mil dólares por ele, o que significa que terá perdido 2 mil dólares.

Essa é uma explicação bastante simplificada, mas suficiente para entender que os derivativos são, em poucas palavras, apostas no valor futuro do principal[3]. Este pode ser algo tão complexo quanto a economia de um país, cujo valor é muito mais difícil de prever do que o de um relógio. Na vida real dos mercados financeiros, os derivativos formam uma complexa combinação de futuros e opções que, por sua vez, estão ligados a uma variedade assombrosa de fatores. Entre os fatores que se combinam para

---

[3] É interessante notar que eles não precisam se pautar pelas leis que proíbem o jogo. Ver William Cronon, *Nature's Metropolis: Chicago and the Great West*, Nova York: W.W. Norton & Co., 1991.

formar derivativos podem constar índices econômicos de países estrangeiros, como a taxa de câmbio de sua moeda, a taxa de inflação, a classificação de risco segundo determinada agência, o rendimento de títulos governamentais etc. Sem dúvida, muitos desses fatores não são incidentais, mas podem ser influenciados pelos comportamentos e decisões das elites que controlam a economia, tanto em âmbito local quanto internacional (ou basicamente norte-americanas, no caso de economias dolarizadas como já o foram a Argentina e o Equador). A arte de um bom banqueiro de investimentos consiste em agrupar derivativos de uma forma que seja atraente para os investidores, em particular por meio da tentativa legal de ocultar os verdadeiros riscos envolvidos na aposta e, ao mesmo tempo, apresentar a transação como um risco calculado e limitado, sob proteção legal.

Pode-se afirmar que algumas dessas práticas (ou quase todas) são na verdade ilegais e que uma economia baseada no Estado de Direito não permitiria a ocorrência de pilhagem. O questionamento legal acerca do escândalo argentino já está em curso e, devido a mecanismos técnicos que serão descritos no Capítulo 6, os demandantes cujos processos correm nos Estados Unidos estão em melhor situação do que aqueles com processos que acontecem na Europa ou em outras partes, o que mais uma vez confirma a hegemonia do Direito norte-americano. Não obstante, a pilhagem mantém uma relação ambígua com o Estado de Direito, uma vez que este tem o poder de criar concepções de legalidade e ilegalidade. Em outras palavras, uma linha muito tênue separa o legal do ilegal nessas transações complexas, e a pilhagem prospera exatamente porque essa linha é tão tênue e variável.

Por exemplo, o FMI cometeu a imprudência de fornecer uma fachada de respeitabilidade a uma inserção inacreditavelmente irresponsável da economia local (que, na verdade, era bem frágil) em um "mercado emergente" inventado. Foi ele que tornou possível, durante a presidência de Carlos Menem, um fluxo de caixa condicionado a medidas que, longe de constituírem ajustes estruturais, só favoreciam uma maior transferência do bem público para as elites.

O órgão deu uma contribuição significativa para a criação de um decênio de prosperidade para os agentes de um mercado de jogos de "derivativos" e para uma classe alta local que, graças à paridade entre o dólar e o peso e a outras medidas elaboradas em Washington de modo que os ricos fossem favorecidos vinha adquirindo hábitos ensandecidos de consumo de importados. Ao manter depósitos e investimentos substanciais nos Estados Unidos e mandar seus filhos para universidades de elite nesse país, essa classe de privilegiados foi justamente comparada às *elites coloniais* inventadas pela metrópole[4]. Os filhos dessa elite, educados nos Estados Unidos, são naturalmente absorvidos pelos conceituados corpos de funcionários das instituições financeiras internacionais, onde atuam como representantes do "Terceiro Mundo" e demonstram, assim, a diversidade representativa da política de contratações dos países pobres a que servem. Isso é legal? Ou será pilhagem? Ou apenas má política? As linhas são tênues, e devemos aprofundar seu exame.

Seria simplista atribuir toda a responsabilidade às instituições financeiras internacionais. Os bancos de investimentos privados e as agências de classificação de risco também têm sua cota de responsabilidade. Para ajudar o leitor a entender o mecanismo fraudulento que levou à pilhagem do povo argentino (e de pequenos investidores no mundo inteiro), apresentaremos um

---

[4] Esse aspecto da questão é amplamente discutido em Yves Dezalay & Brian Garth, *The Internationalization of Palace Wars: Lawyers, Economists and the Contest to Transform Latin American States*, Chicago Series in Law and Society, Chicago: University of Chicago Press, 2002.

exemplo concreto da "fabricação" dos títulos da dívida de mercados emergentes.

O ex-banqueiro de investimentos e atual advogado Frank Partnoy, que esteve no centro dos acontecimentos que relata, descreve em primeira mão o processo pelo qual o grande negócio financeiro vai "à caça" nos "mercados emergentes"[5]. Seu livro é uma verdadeira mina de informações sobre a maneira como a jogatina de alto risco no mercado de derivativos surge no contexto de um pacote que a faz parecer isenta de riscos para os investidores institucionais do mundo todo. O autor apresenta um exemplo particularmente interessante em um capítulo que tem o significativo título de "Don't cry for me Argentina", no qual descreve uma venda de títulos da dívida argentina, sem valor nenhum, que foram inseridos em um pacote de modo que parecessem atraentes. Essa venda, efetuada em poucas semanas por um corretor de mais ou menos 25 anos de idade, gerou uma comissão de 4 milhões de dólares para o Morgan Stanley e uma grande comissão para um escritório nova-iorquino de advocacia de Cravath, como recompensa por algumas ligações telefônicas. É interessante observar que, em meados da década de 1990, esse tipo de transação nem mesmo era considerado excepcionalmente compensador pelo setor industrial.

Em 1992, o Banco Central da Argentina, implementando uma exigência de "ajuste estrutural" para consolidar a dívida pública, emitiu um gigantesco título de dívida de 5,5 bilhões de dólares. Os títulos eram chamados de *Bonos de Consolidación de Deudas Provisionales*, popularmente conhecidos como Bocons. O difuso débito assim consolidado dizia respeito a governos locais, forne-

---

[5] Frank Partnoy, *FIASCO: The Inside History of a Wall Street Trader*, Nova York: Penguin Books, 1998.

cedores, pensionistas, aposentados etc. As características desses títulos tornavam-nos pouco atraentes. Não apenas procediam de um governo em situação de alto risco, como também não pagariam juros durante seis anos. O principal aumentaria de valor a cada mês, em consequência de uma misteriosa alquimia de várias taxas de juros mensais diferentes. Para o investidor, seria impossível saber quantos títulos da dívida ele realmente teria. Além disso, quando, depois de seis anos, algum juro começasse a ser pago, o valor principal começaria a diminuir ao longo dos 48 meses necessários para reaver, por meio de prestações mensais, o principal e os juros vencidos. Durante os 48 meses, os juros, calculados sobre o montante progressivamente menor do principal, também começariam a diminuir.

Se você fosse um pensionista argentino, não iria gostar nem um pouco de viver com zero dólar por mês durante seis anos, a única certeza oferecida por tal esquema. Em consequência, também não lhe agradaria a exigência legal de consolidação, vinculada ao plano de ajuste estrutural concebido pelo Consenso de Washington. Se você não fosse um conhecedor do assunto, ou pelo menos alguém com algumas noções do que era de fato posto em circulação, talvez não quisesse comprar ações de nenhuma empresa. Em decorrência, acabaria não financiando os alucinados índices de consumo da elite argentina dominante em tempos de grandes dificuldades. Em resumo, não participaria de algo que, se considerado ilegal, seria uma conspiração (agentes de Wall Street, instituições financeiras internacionais, elites locais dominantes etc.) para saquear esse belo país.

Não obstante, é aqui que entra em ação o gênio jurídico e econômico do Grupo de Produtos Derivativos da Goldman Sachs (e, mais tarde, da Morgan Stanley). Criou-se uma empresa administradora de bens (*offshore trust*) sediada nas Ilhas Cayman, onde seriam depositados os Bocons. Qualquer pagamento até a data de vencimento de 2002 seria feito a essa empresa. Um contrato foi então assinado entre a administradora e o Morgan Stanley, determinando que o banco de investimentos receberia todos os pagamentos dos Bocons e, em retribuição, pagaria uma taxa de juros fixa à administradora, começando imediatamente (portanto, emprestando dinheiro a ela por seis anos). A administradora emitiria então "unidades", pagando uma alta taxa de juros parcialmente respaldada pelo Morgan Stanley e agressivamente negociada pelo próprio Morgan Stanley. Esses Bocons simplificados, renomeados como "Repackaged Argentina Domestic Security Trust I", pagariam juros de imediato, pareceriam não ter um principal flutuante, seriam muito seguros à primeira vista, uma vez que respaldados pelo próprio Morgan Stanley, que divulgaria, em notas explicativas de difícil leitura, a informação de que se tratava, na verdade, de derivativos extremamente complexos e de alto risco. É evidente que a retórica do FMI, cujos prognósticos sobre o desenvolvimento da América Latina nos últimos dezesseis anos foram recentemente desmascarados como um grande exagero pelo Centro de Pesquisas Econômicas e Políticas, desempenhou importante papel no convencimento dos compradores potenciais.

Os clientes afluíram para essa transação (o Morgan Stanley vendeu 123 milhões de dólares de unidades desses derivativos) e para muitas outras, nos mercados "emergentes", deixando os bolsos desses espertos engenheiros financeiros cheios de taxas intocáveis, sem nenhuma responsabilidade pelo destino econômico da Argentina ou pelos investidores em seus Bocons inseridos em novos pacotes. Esses produtos eram derivativos, apesar de a política interna consciente ter banido o termo e chegado até a ordenar que se tirasse de circulação e não fosse mais impresso um folheto mais honesto, de data anterior, tão logo os chefões do banco de investimentos se deram conta de que a palavra "derivativo", nele mencionada, continha forte implicação de riscos. E, a exemplo de todos os produtos derivativos apostando em um país sufocado pela dívida internacional, seu valor não demoraria a cair.

Sem dúvida, era evidente quem eram os ganhadores, e o mesmo se pode dizer dos perdedores – não apenas os investidores, mas também os impotentes habitantes de um país ludibriado em sua economia. Três componentes foram essenciais para essa transação: (1) o uso de um paraíso fiscal para sediar a administradora de bens distante dos controles (improváveis) da Comissão de Valores Mobiliários e Câmbio (Securities and Exchange Commission, SEC); (2) a transação "um peso/um dólar", introduzindo moeda forte em uma economia emergente e, desse modo, tornando-a mais atraente; e (3) a generosa retórica sobre a Argentina e sua classificação como mercado emergente, apesar da política corrupta de Menem e das elites dominantes.

Uma vez mais, a pilhagem mostra-se evidente, assim como sua ligação com o Estado de Direito, na forma de um ambiente jurídico e global em sintonia com a lógica do mercado para o investimento econômico. Sem dúvida, muitos agentes econômicos contribuíram para o desastre econômico que se seguiu a essa década de prosperidade. Não apenas agentes internacionais, mas também boa parte daqueles que, na classe dominante, se beneficiaram dos programas de ajuste estrutural e de outras medidas neoliberais introduzidas pela política das instituições financeiras, para as quais nos voltaremos agora[6].

---

[6] Entre esses agentes, é preciso citar pelo menos os industriais gananciosos que, depois de exportarem moeda forte para os Estados Unidos, abandonaram suas empresas da noite para o dia, para só voltarem mais tarde, com a polícia, e tentar reavê-las das cooperativas de trabalhadores que haviam retomado o processo de produção. Esses trabalhadores, como os Trabajadores Desocupados de la Matanza, estão lutando para resistir, física e juridicamente, a outra investida saqueadora. Eles

Neoliberalismo: uma teoria econômica da simplificação e um projeto espetacular

Descrevemos a pilhagem na Argentina como uma prática favorecida pelo Consenso de Washington, ou política neoliberal. Mas o que vem a ser o neoliberalismo? Quais são suas raízes? Quem são os agentes que implementam seu projeto político? Como o neoliberalismo está ligado à pilhagem e ao Estado de Direito?[7]

O neoliberalismo pode ser visto como uma teoria revolucionária acompanhada por uma práxis. Assim como a implementação do socialismo na União Soviética foi produto de uma teoria (o marxismo) e de uma práxis (o leninismo), em reação a uma ordem política solidamente estabelecida (o czarismo russo), o neoliberalismo é produto de uma teoria e de uma práxis contrárias a uma ordem anterior, o Estado de bem-estar social. Essa comparação simples é suficiente para mostrar que a revolução Reagan/Thatcher, que difundiu a práxis neoliberal, pode ser vista como um movimento reacionário. A revolução neoliberal tinha por alvo os contextos sociais e políticos progressistas. Posicionou-se contra um marco do desenvolvimento institucional, o chamado Estado assistencialista. Foi contra toda a tentativa de criar, em uma sociedade complexa, uma estrutura capaz de responder, pelo menos em parte, às necessidades de seus membros mais fracos. A teoria neoliberal acusava o Estado assistencialista

---

são os heróis de um modelo diferente de desenvolvimento, empenhado em fazer a justiça assumir a forma de uma distribuição equitativa de recursos nas economias "emergentes." Ao assumirem com sucesso as atividades comerciais abandonadas por seus antigos proprietários, fugindo de um modelo hierárquico, mas dentro de um esforço cooperativo, eles são a prova viva de que a pilhagem não precisa ser a única força por trás da *prosperidade* econômica e que, uma vez exposta, é possível opor-lhe resistência. Recomendamos ao leitor que assista ao documentário *The Take* (2002), de Naomi Klein e Avi Lewis.

[7] Uma obra recente sobre esse assunto é de David Harvey, *A Brief History of Neoliberalism*, Oxford: Oxford University Press, 2005.

de ineficiência. A práxis neoliberal tem por base a privatização, a desregulamentação, o enxugamento de pessoal, a terceirização e os cortes tributários.

Consequentemente, o neoliberalismo pode ser visto como algo além de uma revolução, uma retomada do contexto político burguês do século XIX em uma sociedade que, nos três primeiros quartos do século XX, tinha se voltado, em todo o mundo, para modelos de desenvolvimento mais preocupados com as questões sociais. Na verdade, as teorias do "social" no pensamento jurídico e político começaram a tomar corpo nos finais do século XIX, tornando-se um modelo dominante de pensamento jurídico e político ao longo de toda a segunda década do século XX[8].

Esses modelos sociais colocavam no centro do quadro o grupo social (ou o Estado), mas para melhor servir ao indivíduo na sociedade: direitos afirmativos, em vez de liberdades individuais. Foram desenvolvidos sobretudo por pensadores jurídicos e políticos e pela práxis escandinava, mas difundiram-se para muito além da tradição jurídica ocidental, criando as bases intelectuais do Estado de bem-estar. Podemos encontrar essas teorias no pensamento solidário católico, no imaginário intelectual da Segunda Internacional, nas tentativas egípcias de modernização, na retórica revolucionária mexicana, no peronismo argentino e, sem dúvida, nas plataformas sociais de Teddy Roosevelt e Franklin Delano Roosevelt. São teorias que revelam um notável componente de ambiguidade, de modo que, frequentemente, intelectuais e pensadores com preocupações sociais são úteis para fomentar regimes autoritários, quando não fascistas. Na Argentina, por exemplo, Perón foi considerado mentor dos Montoneros para a extrema-

---

[8] Ver Duncan Kennedy, "Two globalizations of law legal thought 1850-1968," *Suffolk Law Review* 36, 2003, p. 631.

-direita. Não obstante, depois dos horrores da Segunda Guerra Mundial, as teorias sociais foram depuradas de suas deformações; foram enriquecidas por toda uma nova dimensão de sensibilidade econômica pela economia keynesiana, apresentando o ideal de uma sociedade avançada e progressista para todo o bloco capitalista.

A teoria política e econômica do neoliberalismo pode ser considerada produto de uma ideologia econômica conservadora, tornada acessível a não economistas por seguidores da Escola Austríaca, como Friedrich von Hayek. Uma variedade de princípios configura essa crítica da ordem anterior. O Estado assistencialista, em vez de ser visto como uma das conquistas mais avançadas da civilização humana com a qual o capitalismo poderia deparar, é considerado uma organização burocrática perdulária que deve ser abandonada o mais rapidamente possível. A regulamentação do Estado – um sistema de legislação que organiza a estrutura do Estado assistencialista, preside a relação entre o indivíduo e a organização pública e cuida da sociedade por meio da regulamentação da distribuição da riqueza – é acusada de corrupta, de ser dominada por interesses especiais. É vista como um fator de corrupção no interior de um ordenamento jurídico natural, espontâneo e fundado na jurisprudência, que protege os direitos de propriedade e está baseado nos tribunais como órgãos passíveis de resolver com neutralidade os conflitos privados que surgem em um mercado livre[9]. Ao explorar a relação ambígua entre o socialismo e as teorias sociais, políticas e econômicas que sustentam o Estado assistencialista, o neoliberalismo enfatiza o valor da liberdade individual e representa o Estado, mais uma vez, como um leviatã inato, inimigo da propriedade privada e da

---

[9] Ver Richard Posner, *Economic Analysis of Law*, Nova York: Little, Brown & Co., 1986, para uma reafirmação dessa posição do modo como a defende o movimento de análise econômica do Direito nos Estados Unidos.

autodeterminação. Como na época de *Sir* Edward Coke, um governo ativista, progressista e proativo que tenta distribuir uma parte do bem público entre as classes sociais, tendo em vista o interesse dos mais fracos, é apresentado como uma violação ao Estado de Direito.

Essa plataforma simplista, baseada em concepções de santidade da propriedade, da livre iniciativa e da recompensa pelo ato de correr riscos, ressuscitou, de fato, noções de "liberdade de contrato" como um limite à intervenção do Estado que os tribunais já consideravam obsoletas desde a década de 1930, inclusive nos Estados Unidos. Nenhuma teoria intelectual pode impor-se e transformar-se em uma revolução capaz de descartar tantos aspectos anteriores do mundo civilizado – livre acesso ao sistema de saúde, assistência jurídica, financiamento da educação e garantia de emprego – sem uma ação política forte e autoritária, capaz de colocá-la em prática. Essa ação política foi originalmente implementada por Reagan e Thatcher. Acabou sendo assumida como algo natural, um "componente estrutural" do mundo livre, transformada em uma filosofia bipartidária por Clinton e Blair e adotada por uma série de governos europeus "de esquerda", ávidos por participar dos triunfos do "fim da história".

Em um contexto de exploração do medo, por meio do exagero deliberado da ameaça soviética, a conquista do Estado assistencialista começou a ser tratada como "demasiado onerosa" e ineficiente, em particular durante a crise do petróleo de meados da década de 1970. Dois conservadores, a primeira-ministra inglesa Margaret Thatcher e o presidente republicano dos Estados Unidos, Ronald Reagan, apoiados pelo complexo industrial-militar, converteram-se nos defensores de gigantescas transferências de recursos públicos do sistema de bem-estar social para os *apparati* repressivos do Estado. Essas transferências permitiriam que o

Ocidente sobrepujasse os soviéticos na corrida pela estocagem de armas de destruição em massa e, ao mesmo tempo, forneceriam as bases para a superação do estado de depressão econômica geral que se seguiu às crises do petróleo dos anos 1970. A corrupção e os gastos militares descomunais não só forçaram o bloco soviético rival a uma derrocada econômica, como também reafirmaram ideais imperiais (a Guerra Malvinas-Falkland), superaram humilhações como a crise dos reféns em Teerã e, mais importante, criaram as bases de uma nova ordem mundial sob a hegemonia dos Estados Unidos (Pax Americana).

A revolução precisava de uma práxis para se impor e, acima de tudo, de instituições que lhe permitissem superar o risco de ser subvertida pela mudança seguinte dos partidos no poder. Os *tories**, no Reino Unido, e o programa partidário de Reagan continuariam no poder ao longo da década de 1980, mas seu legado revolucionário não foi de modo algum contestado quando os partidos conservadores finalmente tiveram de deixar o poder. Tanto Clinton, nos Estados Unidos, quanto Blair, no Reino Unido, aceitaram o neoliberalismo como uma receita jurídico-econômica bipartidária, uma verdadeira constituição econômica da afirmação internacional de poder pós-Guerra Fria, conhecida como Consenso de Washington. Por quê? Como? A resposta provavelmente se encontra na renovação e na reestruturação totais das instituições de estabilidade financeira global – o FMI e o Banco Mundial –, que os vencedores anglo-americanos da Segunda Guerra Mundial haviam criado em Bretton Woods, em 1944. Essa reestruturação, transformando as instituições financeiras internacionais em legisladores globais, precisava de uma modificação teórica cabal da própria ideia de Direito, que então passaria

---

* Nome histórico do Partido Conservador no Reino Unido. (N. do R. T.)

de um artefato político a uma tecnologia neutra. Sem essa mudança, teria sido impossível legitimar a intervenção da instituição de Bretton Woods nos sistemas jurídicos visados, tendo em vista o fato de que seus estatutos proibiam expressamente as intervenções políticas. Veremos, no próximo capítulo, que os advogados e economistas não demoraram a fornecer as ferramentas intelectuais para a consumação dessa transformação teórica[10].

O abandono radical da teoria econômica que havia guiado Lorde Keynes em sua concepção do Banco Mundial e do FMI e a reestruturação destas instituições, transformando-as em legisladores globais informais, fizeram da política econômica neoliberal uma espécie de ordem econômico-constitucional global. Alguns observadores chamam a atenção para a ironia de que o Banco Mundial e o FMI, fruto da imaginação de Keynes, constituem hoje os principais obstáculos à adoção da política econômica keynesiana em todo o mundo, mesmo à luz dos fracassos gritantes de modelos neoliberais, como o demonstra claramente a inadimplência argentina, da qual já tratamos. Devido à nova configuração econômica global, atualmente nenhum Estado pode reivindicar, no gerenciamento da economia, um papel que seja grande o suficiente para poder levar adiante a iniciativa econômica e tornar-se um grande empregador. A tendência, imposta pelas instituições de Bretton Woods, consiste em desregulamentar, enxugar a máquina administrativa, terceirizar e privatizar. Essa ironia – a de que as políticas keynesianas foram descartadas das criações keynesianas de Bretton Woods – é fácil de explicar, uma vez que o neoliberalismo é uma política econômica expansionista que precisa muito do poder institucional para abrir os mercados mun-

---

[10] Ver Capítulo 3 e A. Santos, "The World Bank's uses of the 'rule of law' promise", em *The New Law and Economic Development: A Critical Appraisal* (D. M. Trubeck & A. Santos), Cambridge, UK: Cambridge University Press, 2006, p. 253.

diais à pilhagem corporativa. Devido a seu centrismo estatal, as políticas de Keynes ou eram de natureza local (criação de infraestrutura etc.) ou, como modelos de desenvolvimento internacional, eram dependentes de Estados relativamente fortes e bem estruturados. Daí sua ênfase na modernização jurídica dos aparelhos de Estado no Terceiro Mundo, um objetivo que as agências de desenvolvimento abandonaram bem antes de colocá-lo em prática. Além disso, nascido da Grande Depressão, o conjunto de complexas políticas econômicas keynesianas não apenas era contextualizado, como também não demonstrava grande otimismo em relação aos potenciais da expansão capitalista ilimitada, em grande escala.

A filosofia do neoliberalismo é oposta à de Keynes. Para começar, ainda em seus primeiros passos, as políticas neoliberais produziram um colapso significativo do modelo keynesiano, de modo que se desenvolveram, na maior parte de sua existência, dentro de uma concepção extremamente otimista e autocongratulatória dos méritos da expansão capitalista corporativa. Além do mais, o neoliberalismo beneficiou-se da derrocada do socialismo soviético e da aparente disposição do bloco chinês de adaptar-se a modelos capitalistas ocidentais (o avanço da China para o capitalismo socialista, sob Deng Xiaoping, data de 1978), o que lhe permitiu sobreviver às pressões da concorrência econômica dominada pelo Ocidente. Por conseguinte, o neoliberalismo é uma política econômica monopolista, no sentido que, durante a maior parte de sua existência, não sofreu nem a concorrência nem a oposição de políticas alternativas. A tentativa radical de desacreditar a economia keynesiana, em sua maior parte seguida pelos monetaristas da Universidade de Chicago, e a ideia generalizada de que a tomada tecnocrática de decisões era mais eficiente do que o processo político são fatores que explicam, em seu conjunto, as mudanças de postura intelectual e da função política das instituições de Bretton Woods. Na verdade, o cenário jurídico mundialmente criado pela imposição dessa filosofia jurídica e econômica constitui o ambiente ideal para a pilhagem.

Durante a Guerra Fria, os proponentes do capitalismo empresarial tinham de levar em conta os efeitos sociais de suas políticas econômicas, uma vez que precisavam da legitimidade que provém da crença pública de que, do ponto de vista social, esse sistema era mais desejável do que sua alternativa socialista. Depois da Guerra Fria, nenhuma alternativa revolucionária parece disponível para as massas despossuídas no Ocidente, de modo que a aprovação da sociedade de consumo, apesar de sua injustiça, pôde ser assumida pelas novas lideranças sem nenhuma necessidade de obter aprovação por meio de políticas de bem-estar social.

Um exemplo interessante dessa preocupação com a legitimação do capitalismo no período da Guerra Fria pode ser encontrado na Finlândia, onde o modelo capitalista, em constante e estreita comparação com a alternativa comunista, produziu algumas das mais avançadas instituições de bem-estar social até hoje conhecidas – instituições cujo desmonte começou rapidamente, depois do colapso da alternativa soviética.

Nos antigos países socialistas, além disso, a retórica de "transição" – outrora usada pelo partido para justificar as falhas do socialismo e apresentada como mera fase de transição *para* o comunismo – foi transferida, com grande cinismo, para o campo adversário. Agora, os pobres e oprimidos, literalmente morrendo por falta de moradia, por doença e fome, em Moscou e em todas as outras partes, são informados por líderes cínicos que o sofrimento é inevitável durante a transição para o capitalismo pleno e que as políticas de choque neoliberal têm por objetivo abreviar a fase de transição. Desnecessário dizer, esse cenário favorece a pilhagem corporativa, hoje de grande visibilidade em todo o mundo graças aos novos magnatas russos do gás, do petróleo e de outros recursos naturais, ostentando uma riqueza tão grande que se pode considerá-la simplesmente como pilhagem *per se*. Devido a esses acidentes históricos, em particular à autopercepção de que constitui o melhor caminho e o único possível, o neoliberalismo exibe a arrogância típica dos monopólios ideológicos. As políticas de dois pesos e duas medidas que se instalam no campo econômico são os melhores exemplos de tal arrogância. Os países desenvolvidos (em particular os Estados Unidos) praticam grande número de políticas protecionistas (como a não importação de medicamentos do Canadá, por exemplo), ao mesmo tempo que defendem a existência dos mercados abertos. As leis que permitem a mobilidade transnacional de bens e ativos também são bons exemplos de tais práticas.

O mais importante a observar é que esses altos níveis de autoconfiança e presunção terminam por criar uma atitude universalista que nega a especificidade dos contextos. O neoliberalismo visa à expansão para além de sua pretensão universal de oferecer o melhor dentre os modelos de desenvolvimento possíveis. O universalismo e a duplicidade de padrões refletem-se no desdobramento da concepção de Estado de Direito. Na busca do mundo neoliberal, o Estado de Direito é considerado um sistema jurídico universal mínimo, capaz de um rigoroso controle do indivíduo que ameace os direitos de propriedade e incapaz de limitar os agentes empresariais. O controle sobre os fracos foi criado pelos fortes, tanto internamente, na relação entre Estado e indivíduo, quanto em âmbito internacional, na relação entre Estados. As instituições de Bretton Woods, transformadas em órgãos legislativos por meio do poder contratual de que desfrutam, converteram-se nos instrumentos ideais da busca de uma nova onda de expansão capitalista global. Foram as únicas que se mostraram capazes de transformação. Depois de assumirem uma nova forma, a revolução Reagan/Thatcher converteu-se em uma nova práxis – explicada por leis naturais, universalizada e fora do alcance de seus opositores.

Ao condicionarem por meio de contrato a ajuda financeira – da qual muitos países necessitavam desesperadamente – à reforma jurídica interna, essas instituições desempenharam papel fundamental na transformação do Estado de Direito em instrumento de pilhagem a serviço exclusivo dos grandes investidores internacionais. Embora a inadimplência argentina ofereça um bom exemplo disso, muitos outros serão apresentados mais adiante. Por ora, é suficiente pensar na transformação global das leis trabalhistas, suprimindo as garantias e proteções dos trabalhadores em nome da flexibilidade e do pleno emprego; no desmonte progressivo da proteção ambiental em áreas habitadas por grupos enfraquecidos; no desmonte das mesmas medidas de proteção ao pequeno comércio local e aos agricultores que, no mundo capitalista, tinham assegurado (e ainda asseguram) o desenvolvimento e a sustentabilidade; na aplicação rigorosa da lei de propriedade intelectual, que é sustentada pelo grande capital e sufoca o desenvolvimento da criatividade local, impondo sofrimento e morte (devido ao monopólio das patentes médicas).

A economia keynesiana, que é a principal doutrina por trás do Estado assistencialista e tem forte ligação com a legislação e a regulamentação de bases políticas, tornou-se alvo de ataques a partir do momento em que uma concepção do Direito como conjunto de normas jurídicas técnicas e neutras, a serem avaliadas em termos de eficiência econômica, e não de justiça com princípios substantivos, estava se tornando dominante nos Estados Unidos. Como consequência dessas mudanças de paradigma intelectual e como a ex-União Soviética não podia mais controlar suas áreas de hegemonia política no Terceiro Mundo, o Direito e as instituições tornaram-se novos alvos para a intervenção do Banco Mundial e do FMI, quebrando um tabu tradicional de não intervenção no campo jurídico, que era visto como um aspecto fundamental do processo político dos países beneficiários. O Direito passou a ser neutro e técnico. Podia ser escolhido como fim ou objetivo, modificado e estabelecido, direta ou indiretamente, da mesma maneira como é possível intervir para reparar um sistema de esgotos ou um hospital.

Os economistas e advogados com formação em Direito e Economia transformaram-se nos conselheiros mais poderosos do Banco Mundial e do FMI, formulando suas receitas de "boa governança". Uma vez que desmantelar é mais simples do que construir, esses conselheiros demonstraram, dia após dia, como era simples modificar conjuntos complexos de instituições locais em favor de instituições sintonizadas com a lógica do mercado. O conceito de Direito que domina o discurso dos economistas é, de fato, simples a ponto de ser universal. Eles sempre se mostraram impacientes com as complexidades de que se ocupam os advogados. Consideram que a complexidade jurídica como um agregado de diferentes estruturas institucionais e políticas, todas elas com especificidade contextual, nada mais é do que uma fonte de custos comerciais. A ideologia é "desinteressante do ponto de vista intelectual", como um importante economista ítalo-americano afirmou recentemente ao autor-advogado deste livro. O Direito, acreditam os economistas, deveria facilitar as transações de mercado, e não opor-lhes obstáculos. O processo político e legal local, que do ponto de vista deles é corrupto e não confiável, aumenta os custos das transações ao desestimular investimentos e a eficiente alocação de recursos. Em outras palavras, "distorções" políticas restringem o livre fluxo dos recursos de quem quer que lhes atribua menos valor para quem quer que os valorize mais. Portanto, do ponto de vista da Escola de Chicago – onde Domingo Cavallo fez sua formação –, os contextos institucionais locais devem ser "ajustados" para facilitar esse fluxo. Volta à cena, assim, a concepção de Estado de Direito como uma garantia de retorno de investimentos, como já discutimos. Como no caso dos contratos futuros argentinos, o Estado de Direito, arquitetado em megaempresas nova-iorquinas, garante a translocação de recursos dos fracos para os fortes.

Nesses exercícios de ajuste, coletivamente conhecidos como programas de ajuste estrutural, o processo político não desempenha papel algum. Na verdade, a estratégia consiste exatamente em focar a natureza "meramente técnica" das mudanças simples que são necessárias para assegurar as transferências de propriedade para seus usuários mais eficientes.

É difícil deixar de perceber que essas transferências eficientes têm profundas ligações com a dotação inicial de recursos. De fato, a "disposição de pagar" por um recurso, o critério usado pelos economistas para verificar se determinado recurso realmente está nas mãos de quem mais o valoriza, é uma função da "capacidade de pagar", que, por sua vez, depende da quantidade de recursos já disponíveis para cada um dos agentes da transação. Por conseguinte, os ricos são de modo sistemático favorecidos quando as diretrizes políticas são avaliadas em termos de eficiência, o que explica o enorme aumento do abismo entre ricos e pobres sob a globalização neoliberal. O neoliberalismo global aplica a lógica da "disposição de pagar" a todos os recursos, onde quer que se encontrem. O petróleo, por exemplo, deve ser transferido dos que o valorizam menos para os que o valorizam mais, aos menores custos de transação possíveis. Claro está que os países ricos, com suas taxas de consumo mais elevadas, demonstram maior disposição de pagar. Manter o petróleo fora do mercado é uma prática que se considera ineficiente, o que, devido à estrutura de direito natural que inspira essa concepção econômica, beira a imoralidade – uma acusação comumente usada contra os países da Organização dos Países Exportadores de Petróleo (Opep). Da mesma maneira, o "conhecimento" deve ser transferido para o Ocidente, pois aqui é mais valorizado em termos econômicos. No esquema neoliberal, todos os recursos e conhecimentos, toda terra e mão de obra – onde quer que se encontrem – devem estar disponíveis a quem se dispõe a pagar por eles. Qualquer medida para defender o processo de decisão política local é condenada como tentativa de fechar o mercado, um anátema para a política neoliberal, "constitucionalizada" na ordem neoliberal. Como na lógica "autoaplicável" da OMC, qualquer tentativa de fechar o mercado justifica a retaliação econômica e política. Isso não passa de continuidade das retaliações praticadas no passado para "abrir" mercados, por exemplo, na Guerra do Ópio, na China, ou nas guerras britânicas pós-coloniais na América do Sul.

As políticas econômicas que se encontram na base do ajuste estrutural são, portanto, implementadas como resposta a necessidades e padrões universais mais elevados, aqueles da eficiência e do desenvolvimento econômico oligárquicos, definidos como instâncias constitucionalmente superiores àquelas dos interesses locais, que o processo político (local) em geral tenta atender. É quando se atribui ao processo político (local) sua primeira prioridade: a implementação de condições institucionais "simples", capazes de estabelecer um mercado eficiente para os agentes empresariais. Uma vez que tais condições são consideradas universais, são impostas por agentes universais como as instituições financeiras internacionais de Bretton Woods. Os programas de ajuste estrutural, recentemente sob a nova designação de *estruturas de desenvolvimento abrangente*, elaborados por essas instituições, são implementados e aplicados por meio de condicionamento econômico direto (mais recentemente, "participativo"), o que os faz chegar ao processo político local com irresistível poder. Por estarem ligados ao dinheiro tão necessário, ficam muito além tanto do governo quanto dos partidos de oposição. Na verdade, só podem ser avaliados e julgados por índices de macrocrescimento e outros afins, interpretados pelos gurus financeiros do FMI e de agências classificadoras de risco a ele aliadas.

Essas políticas, porém, são fundamentadas em formulações legais extremamente simplistas, porém de alto teor intervencionista. Eis o que se lê, por exemplo, no *World Development Report* produzido pelo Banco Mundial em 1999:

> Sem a proteção dos Direitos Humanos e do direito de propriedade, e sem uma estrutura jurídica abrangente, nenhum desenvolvimento justo será possível. Um governo deve assegurar que tenha um sistema eficiente de propriedade, contrato, trabalho, falência, códigos comerciais, leis sobre direitos pessoais e outros elementos que configuram um sistema jurídico abrangente. [...][11]

Portanto, nada ficará fora do alcance dos novos legisladores globais. A concepção do Banco Mundial de nada menos que "um sistema jurídico abrangente" não pode ser seriamente contestada, em termos políticos, por nenhum partido de oposição com alguma reivindicação futura a ser votada pelo governo, uma vez que indispor-se com a fonte internacional de sobrevivência econômica seria um ato de irresponsabilidade política. Nesse sentido, a concepção de desenvolvimento abrangente é capaz de transfor-

---

[11] Ver World Bank, *World Development Report 1999: Entering the 21st Century*, Washington, DC: World Bank, 1999.

mar o neoliberalismo em uma estrutura constitucional estreitamente ligada à lógica da política eleitoral. Com essa estratégia, os legisladores técnicos globais reivindicam sua soberania sobre as diretrizes políticas locais.

É importante enfatizar que, conquanto essa chave para a estratégia neoliberal seja mais visível e direta nos países em desenvolvimento e em fase de transição, ela não fica de modo algum restrita a eles. Mesmo em contextos tradicionalmente de centro, como a Alemanha, a lógica do neoliberalismo não foi menos influente em determinar plataformas políticas vitoriosas no período posterior à Guerra Fria. O líder social-democrata Oskar Lafontaine, por exemplo, relutante em adotar as políticas estruturais ditadas pelo FMI, foi vencido por um político mais "realista", Gerhard Schröeder, exatamente por causa da falta de credibilidade internacional de Lafontaine, em decorrência de suas posições críticas diante dos planos do FMI. Desse modo, o Partido Social-democrata conseguiu suceder o governo conservador de Kohl, bastando-lhe, para tanto, oferecer garantias plenas de respeito aos ditames das instituições de Bretton Woods. Uma história muito parecida pode ser contada acerca da vitória de Blair, do Partido Trabalhista Britânico, e da transformação de muitos líderes políticos ambiciosos, tanto de esquerda quanto de direita, que renunciaram a suas "plataformas sociais" anteriores em nome das prescrições do Consenso de Washington. Na esquerda, podemos citar exemplos de ex-comunistas como o primeiro-ministro Massimo D'Alema, na Itália, ou Vladimir Putin, na Rússia. Na direita, o exemplo mais conhecido é o ex-primeiro-ministro espanhol Aznar, que repudiou seu passado "social" como partidário do ditador fascista Francisco Franco para tornar-se um aplicado defensor do Consenso de Washington.

As políticas neoliberais, exatamente pelo fato de privilegiarem as necessidades universais da ordem do mercado sobre as necessidades locais do eleitorado, são com frequência impopulares e geram resistências. Apesar da retórica vazia do "desenvolvimento equitativo", os perdedores nos processos neoliberais de globalização são as camadas mais fracas da população, agricultores já empobrecidos, forçados a comprar sementes geneticamente modificadas que só funcionam por um ciclo, pequenos comerciantes à margem das cadeias globais de distribuição, operários de produção obrigados a aceitar cortes de salários para não perderem seus empregos. Como sempre acontece, esses vastos contingentes de perdedores são alienados do processo político dominado pelos ricos e por investimentos empresariais. Nos Estados Unidos, a soma investida em política pelo 0,25 por cento mais rico da população é maior do que a investida por 80 por cento dos contribuintes individuais; além disso, nesse modelo de democracia, os gastos dos agentes empresariais superam mais de dez vezes os dos sindicatos e outras organizações sem fins lucrativos. Na lógica econômica da democracia, as contribuições ao processo político são vistas como investimentos, de modo que é *natural* que seus lucros favoreçam quem quer que os tenha feito. O que se infere disso é a irrelevância do processo eleitoral para os que não podem investir nele, porque a alternativa neoliberal entre partidos conservadores e partidos de terceira via reduz ao mínimo o impacto social da transformação política. Nesse cenário, é irracional dar atenção à política eleitoral, o que, por sua vez, ajuda a explicar o baixo comparecimento às urnas e a atitude despolitizada da maioria das pessoas.

Uma vez mais, isso não fica de modo algum restrito à política norte-americana. Uma relação inversa entre o grau de implementação das políticas neoliberais e a participação popular no processo eleitoral é fácil de perceber no mundo todo. Desnecessário dizer, a multidão impotente e solitária assim criada poderia às vezes reagir com violência, em particular nos contextos nos quais o que está em jogo é conseguir viver dentro do próprio orçamento, como no caso das revoltas de rua na Argentina logo depois que se desfez a paridade entre o peso e o dólar. É por isso que o neoliberalismo é quase sempre acompanhado por normas autoritárias e pela polícia de Estado, fenômenos cujos exemplos mais infames foram o Chile de Pinochet ou o Peru de Fujimori, para ficarmos em dois filhos diletos da Escola de Chicago. As elites dominantes, elas próprias executantes impotentes de políticas criadas em outros países pelos agentes da globalização econômica (FMI, Banco Mundial, Organização Mundial do Comércio), não podem responder com decisões políticas às necessidades do povo e, por esse motivo, respondem com o uso de violência. Tampouco é preciso dizer que, por serem os únicos beneficiários dos recursos públicos dos processos que estamos discutindo, os aparelhos repressivos do Estado – militares, policiais, sistemas penitenciários – estão sempre preparados e dispostos a reprimir qualquer voz que destoe do coro dos contentes. Não admira que, nos Estados Unidos, de 1972 até hoje, a população carcerária (graças também ao processo de privatização das prisões, que cria incentivos para manter as pessoas presas) passou de 326 mil para mais de 2,3 milhões (em números de 2005). Admira menos ainda que, a partir de 1999, em Seattle, não tenha ocorrido mais nenhuma reunião dos chamados líderes do "mundo livre" (aí incluído o processo de constituição europeia, já então um fracasso) que não ocorresse por trás de uma cortina de ferro policial com o objetivo de excluir a participação popular, silenciar a oposição e reprimir os protestos.

A repressão pura e simples não é o único meio a que recorrem os poucos vencedores do processo neoliberal para lidar com a dissidência dos numerosos perdedores. Outra estratégia eficaz, que precisa ser examinada para colocar em algum contexto político as receitas "meramente técnicas" do processo de globalização neoliberal, tem por objetivo silenciar a oposição antes mesmo que ela surja. O conjunto de tais estratégias explora sentimentos de medo e insegurança a fim de evitar comportamentos não homogêneos. Durante a Guerra Fria, o medo do comunismo nas sociedades ocidentais era explorado dessa maneira, por meio de grande variedade de práticas ideológicas. Hoje, o medo do terrorismo islâmico desempenha papel semelhante. Combinado com a insegurança no trabalho, o resultado é a produção de indivíduos dóceis e amedrontados, dispostos a seguir o líder seja qual for sua orientação política. A imposição de harmonia pela "obrigatoriedade" de uso da verdadeira indústria dos meios alternativos de resolução de conflitos (*alternative dispute resolution*), bem como a interpretação de qualquer dissidência como falta de patriotismo, são fenômenos que as sociedades ocidentais modernas estão vivenciando em nossos dias, mas que, em outros contextos autocráticos – como no Japão da Era Meiji, no início do século XIX –, constituem a regra há muito tempo[12].

O neoliberalismo é, portanto, um conjunto de práticas sociais, políticas, econômicas, jurídicas e ideológicas levado a cabo por uma variedade de agentes influenciados pelo que chamamos de "formidável lógica de mercado". A redução da esfera pública e a grande dimensão do setor privado, com privilégio exclusivo dos agentes empresariais mais fortes, é a força que move essa diretriz política. O expediente jurídico pelo qual essa estratégia é implementada em contextos secundários é a noção de "desenvolvimento abrangente", que invariavelmente enfatiza a necessidade de incrementar a "boa

---

[12] Ver Eric Feldman, *The Ritual of Rights in Japan*, Nova York: Cambridge University Press, 2000.

governança e o Estado de Direito" aos quais aludimos e que descreveremos de modo mais detalhado na seção seguinte.

Os programas de ajuste estrutural e a estrutura de desenvolvimento abrangente

Um analista, Vincent Tucker, colocou as coisas da seguinte maneira:

> Desenvolvimento é o processo por meio do qual outros povos são dominados e têm seus destinos moldados de acordo com um modo essencialmente ocidental de conceber e perceber o mundo. O discurso desenvolvimentista é parte de um processo imperial por meio do qual outros povos são usurpados e transformados em objetos. É uma parte essencial do processo por meio do qual os países "desenvolvidos" administram, controlam e até mesmo criam o Terceiro Mundo em termos econômicos, políticos, sociológicos e culturais. É um processo por meio do qual as vidas de alguns povos, seus planos, suas esperanças e sua inventividade são moldados por outros povos que frequentemente não compartilham nem seus estilos de vida, nem suas esperanças, nem seus valores. A verdadeira natureza desse processo é dissimulada por um discurso que apresenta o desenvolvimento como um processo necessário e desejável, como o próprio destino humano.[13]

A bem da verdade, poderíamos substituir o termo "desenvolvimento" por "colonização" na citação anterior, extraída de Tucker, um pensador africano. A descrição se adaptaria a ambos os fenômenos, produzindo assim a ideia e os mecanismos de continuidade que exploramos neste livro.

---

[13] Vincent Tucker, "The myth of development: a critique of Eurocentric discourse", em *Critical Development Theory: Contributions to a New Paradigm* (R. Munck & D. O'Hearn, orgs.), Londres: Zed Books, 1999. Ver também S. Latouche, *Sopravvivere allo sviluppo*, Torino: Bollati Boringhieri, 2005.

O ajuste estrutural tem uma longa história como instrumento usado na implementação política aliada à exigência de condicionalidade. Mais recentemente, o ajuste estrutural – um conceito que nunca soou bem aos ouvidos dos países tomadores de empréstimos – mudou de nome, passando a chamar-se *desenvolvimento abrangente*, o que ampliou ainda mais a questão da intervenção não estritamente financeira. A condicionalidade também mudou de nome, em mais um movimento na direção do politicamente correto, e hoje atende pelo nome de *abordagem participativa*, embora seja difícil identificar mudanças políticas concretas.

A ideia original, apresentada por Keynes em Bretton Woods com o objetivo de assegurar a estabilidade econômica e o crescimento ordenado mundiais, com cobertura de um banco e de um fundo com poder de intervenção para socorrer as economias em dificuldades, só foi modificada uma vez, em 1980, convertendo-se em um modelo de governança global sob o comando de agentes políticos transnacionais, inimputáveis e legiferantes.

Uma vez mais, para compreender essa evolução, é preciso situá-la em seu contexto histórico e político. A ascensão dos Estados Unidos como país capitalista hegemônico depois da Segunda Guerra Mundial e o eixo incontestável entre esse país e a Grã-Bretanha, que caracterizam a ordem mundial contemporânea, foram arquitetados muito antes do fim das hostilidades. A ideia dos Estados Unidos e do Reino Unido tinha por finalidade "evitar a anarquia econômica que decorre da desvalorização competitiva, de múltiplas taxas de câmbio e outras políticas comerciais restritivas. O plano colocado em prática por essas duas nações foi concebido de modo que introduziu disciplina internacional e estabilização das taxas de câmbio"[14]. No fim das negociações for-

---

[14] Giles Mohan, Ed Brown, Bob Milward & Alfred B. Zack-Williams, *Structural Adjustment Theory, Practice and Impact*, Londres: Routledge, 2000.

mais em Bretton Woods, o Banco Internacional de Reconstrução e Desenvolvimento (Bird), mais conhecido como Banco Mundial, a Corporação Financeira Internacional (International Finance Corporation, IFC) e o FMI foram criados. Os países participantes concordaram em submeter-se a determinado grau de disciplina econômica internacional, mas receberam garantias de não intervenção em assuntos políticos internos[15]. Na verdade, eles delegaram ao FMI (especificamente encarregado de assegurar a estabilidade cambial) certas prerrogativas de soberania econômica nacional. O FMI foi criado para oferecer ajuda de curto prazo no balanço de pagamentos aos membros que estivessem em dificuldades com seus pagamentos externos. O Banco Mundial foi habilitado a oferecer ajuda financeira temporária aos países que precisariam se recuperar da devastação da Segunda Guerra Mundial e, de maneira mais permanente, a presidir o desenvolvimento econômico dos países em desenvolvimento, concedendo-lhes empréstimos de longo prazo.

Duas questões históricas sobressaem aqui. Em primeiro lugar, embora os países em desenvolvimento fossem mais numerosos do que as nações industrializadas em Bretton Woods, eles "não exerceram influência alguma sobre as negociações ou o resultado final, uma vez que os termos do debate já haviam sido estabelecidos nas transações bilaterais entre os Estados Unidos e o Reino Unido"[16]. A razão disso talvez esteja no poder dessas duas nações,

---

[15] Ver, por exemplo, o art. IV, 3, *b*, do instrumento de contrato que fundou o FMI, disponível em www.imf.org, e também o art. VI, seção 10, do contrato que estabeleceu o Banco Internacional de Reconstrução e Desenvolvimento – Bird, que previam "atividade política" como "proibida", disponível em http://siteresources.worldbank.org/ibrd/.

[16] T. Ferguson, *The Third World and Decision Making in the International Monetary Fund: The Quest for Full and Effective Participation*, Londres: Pinter Publishers, 1988, p. 26.

na falta de visão comum dos países em desenvolvimento (quase todos, na época, ainda colônias), ou simplesmente no problema habitual de eficácia participativa por conta da limitação de recursos, como acontece atualmente na Organização Mundial do Comércio, em Genebra.

Em segundo lugar, ao serem criadas, as instituições financeiras internacionais (e, sem dúvida, ao longo da crise de setembro de 1971, quando os Estados Unidos declararam a não conversão de dólares em ouro, deixando praticamente todas as moedas mundiais com taxa de câmbio flutuante) desfrutavam de imenso prestígio no Terceiro Mundo, onde eram vistas muito mais como agências de libertação do que de opressão. A condicionalidade, o ajuste estrutural e a busca fundamentalista de políticas neoliberais foram necessárias para mudar essa percepção a partir do final da década de 1970. Em certo sentido, a própria mudança de atitude perante essas instituições, no Terceiro Mundo, resultou do uso claramente político dado a elas, fortalecendo, no período que se seguiu à revolução Reagan/Thatcher, seu objetivo de promover a pilhagem sistemática dos recursos do Terceiro Mundo.

Seria injusto culpar de modo incondicional as instituições financeiras internacionais por esse estado de coisas. Sem dúvida, outros atores tiveram sua cota de responsabilidade, dentre eles o setor bancário privado e a chegada ao poder, em parte do Terceiro Mundo, da chamada "cleptocracia" (generais como Suharto, Mobutu e Noriega, os quais, mediante o uso de suborno e violência, conseguiram transformar recursos públicos em fortunas pessoais). Não obstante, embora a ninguém surpreenda encontrar esse tipo de comportamento em mercadores vulgares de armas ou diamantes, aventureiros do petróleo, tiranos, serviços secretos, ou mesmo em estruturas privadas de poder empresarial, fica mais difícil aceitá-lo quando praticado por agentes investidos do enorme prestígio que decorre do *status* de organizações internacionais ligadas às Nações Unidas por fortes laços institucionais. Em particular, esse tipo de coisa ocorre devido ao *uso sistemático da ideia de Estado de Direito como arma para obter consenso para as práticas de pilhagem.*

Mais uma vez, a evolução histórica anteriormente descrita tem que ver com o petróleo. Em 1973, ao limitar a oferta do petróleo, a Opep impôs um enorme aumento do preço do barril. O preço quadruplicou nessa ocasião, voltando a triplicar no segundo choque de 1979, quando a oferta tornou-se ainda mais limitada. O resultado da primeira alta do petróleo foi o aumento estável do preço das matérias-primas, o que beneficiou muitos países do Terceiro Mundo. Além disso, as instituições financeiras internacionais e o setor bancário privado vinham recebendo enorme quantidade dos chamados "petrodólares", o que lhes permitiu emprestar a países em desenvolvimento a taxas de juros relativamente baixas (uma média de 1,3 por cento entre 1973 e 1980) e com pouca ou nenhuma preocupação com o efeito deletério desses fluxos de caixa sobre sistemas econômicos e institucionais muito frágeis.

A segunda alta dos preços do petróleo provocou uma recessão mundial, devido às políticas praticadas pela revolução Reagan/Thatcher em resposta à situação emergencial (e para vencer a Guerra Fria). Esse estado de coisas era simultâneo à chamada "receita monetária", em grande parte justificada pelo medo da inflação. As políticas monetaristas incluíam medidas de austeridade econômica e uma série de cortes nos gastos públicos, provocando grande aumento do desemprego e a depressão da demanda. Portanto, as economias industriais reduziram as importações de matéria-prima; as taxas de juros subiram dramaticamente (a uma média de 5,9 por cento entre 1980 e 1986), o que fez que os países do Terceiro Mundo não pertencentes à Opep, com enorme dependência da extração e exportação de matéria-prima, fossem literalmente lançados em estado de falência. As economias fortes obtiveram lucros ainda maiores graças às condições das economias mais fracas no Terceiro Mundo, impondo regras de comércio tão desfavoráveis que a situação dos balanços de pagamentos tornou-se rapidamente insuportável. Contudo, os sucessivos empréstimos a taxas de juros muito mais altas eram inevitáveis, de modo que grande parte das receitas cambiais (elas próprias reduzidas pela retração das importações nas economias ricas) foi direcionada para o serviço da dívida. Não é difícil imaginar o destino dos gastos sociais – ideologicamente contestados, junto às políticas keynesianas tradicionais, pelos monetaristas de Chicago – nos países pobres com dívidas esmagadoras. Como sempre, os agentes sociais mais fracos foram os que mais padeceram em tal situação.

Esse cenário dramático, de desespero para as populações pobres do mundo, pode ser entendido, fora do contexto de noções econômicas abstratas, mediante uma simples comparação com o que se passa em uma família. Imagine uma família sul-americana composta por pai, mãe, três filhos e seus avós. A família produz café e vende-o no mercado internacional. De repente, devido a contingências internacionais, o preço do café aumenta e os lucros maiores, ao lado da possibilidade de uma hipoteca a uma taxa variável muito baixa, convencem os pais a comprar uma casa e mudar para um local mais urbano, onde seus filhos poderão ter uma educação melhor. Nesse novo local, a vida é mais cara, porque os hábitos de consumo tornam-se mais sofisticados, de modo que a mãe, que antes cuidava dos avós, começa a trabalhar na empresa de cafeicultura da família. Contrata-se uma empregada para cuidar dos avós e dos filhos mais novos. De repente, uma crise restringe o consumo de café e o preço cai. Ao mesmo tempo, as taxas de juros da hipoteca aumentam de tal maneira que simplesmente não há mais dinheiro suficiente para chegar ao fim do mês sem estourar o orçamento. Para cuidar das crianças e dos avós, a família agora busca um novo empréstimo. Ao tomarem conhecimento de um conceituado plano de financiamento com garantia estatal, eles se candidatam a um empréstimo. Depois de assinarem os papéis, fica claro que a instituição credora, com a qual contavam para superar o momento difícil, cobra uma taxa de juros exorbitante, ilegalmente alta. Agora, a família toda está nas mãos do credor. Este, com medo de não receber o principal, decide que as crianças devem sair da escola e ir trabalhar e que a empregada deve ser demitida; os avós passam a maior parte do dia entregues a si próprios.

É evidente que, em tal cenário, a instituição credora, que por um momento parecera oferecer a solução para as dificuldades, passa a ser detestada, vista como uma agência predatória e impiedosa. As mudanças vêm aos poucos: a família se desintegra e seus membros mais fracos – os avós e as crianças – são os que mais sofrem.

Essa história é uma alegoria das consequências da crise do petróleo e das políticas econômicas monetaristas nos países menos desenvolvidos. E, de fato, em meados da década de 1980 as instituições financeiras internacionais "se deram conta de que as perspectivas de recuperação dos pagamentos do principal e dos juros estavam se tornando cada vez mais improváveis, devido à deflação das economias industriais e de sua falta de supervisão das estratégias de investimento dos países tomadores de empréstimos, nos quais boa parte do dinheiro era usada para financiar projetos de baixa produtividade"[17]. Sem dúvida, na esperança de

---

[17] Bob Milward, "What is structural adjustment?", em G. Mohan et al., Structural Adjustment Theory, Practice and Impact, Londres: Routledge, 2000, p. 26.

uma eventual recuperação do principal, as instituições de Bretton Woods, agora controladas com mão de ferro pelos governos anglo-saxões conservadores, continuaram a emprestar – desta vez, porém, aplicando condições duríssimas, muito semelhantes àquelas exigidas, em nosso relato imaginário, para tirar as crianças da escola e deixar os avós entregues à própria sorte.

O ajuste estrutural é essencialmente o acordo contratual por meio do qual os países em desenvolvimento abrem mão de sua soberania econômica e jurídica em troca de financiamentos. Como a necessidade desesperadora de financiamento no Terceiro Mundo sempre foi criada por agentes econômicos e políticos poderosos que também determinavam as políticas econômicas das instituições de Bretton Woods, esses acordos contratuais são abalados por um desequilíbrio de poder[18]. Em consequência, eles moldam as leis de acordo com os interesses dos agentes mais fortes, ajudando, assim, a transformar o Estado de Direito em um facilitador da pilhagem e em um instrumento de opressão social. Sem dúvida, a retórica do Estado de Direito desempenha seu poderoso papel ideológico, e dela não se abre mão em hipótese alguma.

Hoje, o FMI e o Banco Mundial condicionam seus empréstimos a economias subdesenvolvidas a certos pré-requisitos. Em teoria, essas condições deveriam habilitar o país em processo de ajuste a mudar a estrutura de sua economia de tal modo que, no longo prazo, ele pudesse atender às necessidades de utilização eficiente dos fatores de produção para assegurar o crescimento uniforme. Na prática, essa descrição extensa significa que, uma vez que a economia foi entregue às instituições financeiras internacionais, a economia política de um Estado *deve* ser reestruturada

---

[18] A melhor descrição dos SAPs encontra-se no filme *Life+Debt* (2001), de Stephanie Black, em que se discute o SAP e a política neoliberal na Jamaica.

segundo os ditames da ortodoxia neoliberal. Isto implica que "o papel do Estado, em todas as suas funções progressistas e de bem-estar social, está sendo fortemente reduzido e que as próprias economias foram abertas, por meio do comércio e da liberalização financeira, às forças desimpedidas da concorrência mundial dos mercados"[19].

Com essa clara estratégia no mundo em desenvolvimento, e uma estratégia semelhante – ainda que mais sutil – para as economias ocidentais, as instituições financeiras internacionais exercem hoje enorme poder político em todo o mundo, à margem de qualquer tipo de controle, a não ser a vontade de seu acionista majoritário. É preciso levar em consideração, para evitar que a discussão fique restrita a um nível de abstração sem sentido, que as instituições financeiras internacionais – não concebidas como agentes políticos cabais na época de sua criação em Bretton Woods, em julho de 1944 – não são estruturadas para funcionar como instituições políticas. Por conseguinte, e de modo muito natural, elas não reservam nenhum espaço para a legitimidade política. Organizadas como hierarquias que seguem o modelo da empresa pública anglo-americana, um diretor-executivo e uma equipe de executivos encarregam-se da tomada de decisões estratégicas, que é então implementada por uma estrutura hierárquica, atuando em conjunto com alguns comitês consultivos, como em qualquer outro tipo de organização econômica complexa.

Estruturas de desenvolvimento, pilhagem e Estado de Direito

O empréstimo, tanto para fins de desenvolvimento quanto de pagamento do serviço da dívida, atualmente é oferecido dentro

---

[19] J. L. Dietz, "Debt, international corporations and economic change in Latin America and the Caribbean", *Latin American Perspectives* 55, 1987, p. 509.

de um contexto de condicionalidade mais ou menos rigoroso. Embora o rigor das políticas impostas ao "ajuste estrutural" ou, como hoje se diz, "desenvolvimento abrangente", possa apresentar variações significativas de um lugar para outro, dependendo de uma série de fatores políticos, sugerimos que alguns aspectos que em geral caracterizam as intervenções institucionais do Banco Mudial se encaixam, mais ou menos expressamente, na definição de pilhagem.

Para começar, todos os países de Terceiro Mundo já se viram encurralados na longa estrada do ajuste estrutural[20]. Em segundo lugar, essas reformas impostas pelas instituições financeiras internacionais aos países pobres são reformas que, apesar da retórica do mercado livre, "regulam" a acumulação de capital em nível mundial, beneficiando as elites econômicas e políticas dominantes, ao forçarem a abertura de mercados mais frágeis, ao mesmo tempo que mantêm os mais fortes extremamente protegidos. Em terceiro lugar, esses planos têm por fundamento uma versão intransigente da chamada concepção econômica neoclássica ortodoxa, em particular a irrefutável "eficiência dos mercados livres" e dos produtores privados, bem como os benefícios da concorrência e do comércio internacionais, sem levar em consideração as disparidades de poder. Em quarto lugar, o Direito interno dos países endividados é usado como veículo da aplicação das obrigações internacionais e do controle da inquietação social, privando assim os países alvo de uma quantidade significativa de soberania e intervindo de maneira ilegal em suas escolhas políticas internas.

---

[20] De modo característico, a descolonização deixou muitos países recém-independentes em necessidade desesperadora de dinheiro, devido à pilhagem colonialista. É aí que entram em cena os empréstimos de curto prazo e com juros altíssimos do FMI. A crise do petróleo da década de 1970 produziu inadimplências e uma segunda rodada de empréstimos condicionais.

Embora não seja nossa intenção reproduzir aqui os resultados de um sem-número de obras especializadas que analisaram, defenderam, contestaram ou expuseram essas políticas, precisamos pelo menos dizer mais algumas palavras sobre a política econômica imposta pelas instituições financeiras internacionais por meio das condições estabelecidas para a concessão de empréstimos. Tal política usa o Direito para transformar as instituições de Bretton Woods, em sua origem mecanismos de estabilização financeira, em agentes de desestabilização política a serviço do projeto de governança mundial, contratualmente imposto pelo neoliberalismo. Por trás de uma neutralidade e tecnocracia falsas, igualmente a serviço de interesses universais, essa política oculta uma plataforma política reacionária de defesa dos interesses dos poucos países ricos que detêm a maioria dos votos no FMI e no Banco Mundial. Na época atual, essas duas instituições guardam ligações com a OMC, as Nações Unidas e outras organizações internacionais que ostentam uma imagem de interesse geral quando, na verdade, o que fazem é servir aos interesses de seus acionistas majoritários, sem nada que as diferencie de qualquer outra entidade corporativa privada com a finalidade exclusiva de obter lucro. O Consenso de Washington fez as instituições de Bretton Woods passarem de Robin Hood a Shylock. Para ter uma imagem realista, é preciso levar em consideração o fato de que o Consenso de Washington liga de maneira estreita os interesses norte-americanos e europeus por meio de organizações mais ou menos formais e burocráticas, como a OCDE (Organização para a Cooperação Econômica e o Desenvolvimento), a Otan ou o G8. A tarefa fundamental desse contexto "legal" é abrir mercados lucrativos às empresas dominantes, por meio de agências de desenvolvimento ocidentais. Embora às vezes exista competição entre elas, essas poderosas agências compartilham o objetivo comum da dominação capitalista global, que consiste em difundir o Consenso de Washington tanto por meio da ideologia do Estado de Direito quanto – o que não é raro – pelo uso de uma violência esmagadora. Finalmente – e esta é uma informação que se deve ter sempre em mente –, a descrição da ligação formal entre os agentes institucionais do Consenso de Washington não faz justiça ao vínculo muito estreito, substancial e ideológico entre o "processo de naturalização" do neoliberalismo e os agentes empresariais transnacionais. Na verdade, as mesmas forças estão em jogo, por exemplo, na prática de *lobby* no Congresso dos Estados Unidos ou na Comissão Europeia (o que envolve a formulação de leis), na seleção e no controle de altos membros das instituições de Bretton Woods ou na garantia de sucesso eleitoral para grande número de políticos (o que afeta de modo direto os processos políticos internos). O resultado dessa dinâmica complexa é uma transformação radical do Estado de Direito. Longe de limitar os interesses de agentes poderosos (políticos ou econômicos), permitindo que os fracos busquem a ajuda da lei para afirmar seus direitos, como em sua justificação tradicional e extremamente positiva, o Estado de Direito converte-se em instância opressiva de pilhagem que esmaga os perdedores dos processos sociais. O Estado de Direito abandona sua face de escudo dos mais fracos e se transforma na espada dos mais fortes.

A teoria econômica neoclássica ortodoxa (inclusive seu entendimento do Estado de Direito) é a aliada mais poderosa a legitimar o Consenso de Washington e é apresentada como "prova" indefectível do quanto são corretos e judiciosos os programas de ajuste estrutural impostos sob severas condições ou os planos de desenvolvimento abrangente elaborados com a "participação" dos países alvo. Esses programas e planos, impostos e fortemente apoiados pelo Consenso de Washington, baseiam-se, na verdade, no conceito essencial de equilíbrio entre oferta e demanda. O mercado livre e o livre comércio empresariais (que não são livres, mas sim administrados pelas empresas) são vistos como os melhores métodos para a obtenção do equilíbrio ideal. Para chegar a esse resultado, dois tipos de reforma são impostas, as externas e as internas. Essas reformas são sustentadas pelo modelo de oferta e demanda empiricamente falido que se usa para mostrar como os mercados livres – isto é, mercados aos quais se permite encontrar equilíbrio por meio da perfeita interação de oferta e demanda – vão obter o resultado mais eficiente não só para um produto específico (o petróleo, por exemplo), mas, em termos gerais, para a economia como um todo.

As reformas internas interpretam a legislação e a participação do Estado na economia como um obstáculo à conquista de equilíbrio eficiente, pois a legislação introduz práticas que restringem a livre concorrência. No mercado de trabalho, por exemplo, a exigência de um "salário mínimo" mantém os salários acima do ponto de equilíbrio, produzindo desemprego. Ao cortar salários – demonstra-se por meio de gráficos –, a produção migrará para produtores de mão de obra mais intensiva, o que reduzirá o desemprego (não deveríamos, porém, começar a aplicar "salários máximos" para os executivos das empresas, tendo em vista as distorções que a obscena distribuição de opções de compra de ações produz nos mercados mundiais?).

No modelo neoclássico, as barreiras para ingressar em determinada indústria ameaçam em particular o alcance natural de um ponto de equilíbrio eficiente. O pressuposto, uma vez mais, é o de que a concorrência é a melhor receita para o equilíbrio eficiente. Essa teoria fornece os fundamentos lógicos dos programas de privatização e liberalização. Portanto, o ajuste estrutural contém, invariavelmente, medidas para desagregar o lado da oferta por meio da desnacionalização, da redução de subsídios estatais e da privatização desenfreada. Isso, por sua vez, permite o corte de impostos, pois a redistribuição administrada pelo Estado em nome da justiça social é ineficiente em si própria, e as funções de bem-estar social são privatizadas. Portanto, o Estado precisa de menos receita fiscal.

Os custos sociais dessa política podem ser fatais. Por exemplo, a privatização do serviço de estradas de ferro de Dakar (Senegal) a Bamako (Mali), adquirido por uma multinacional canadense, provocou o fechamento de grande número de estações ao redor das quais pequenos mercados e vilarejos locais haviam se desenvolvido ao longo dos anos. Em consequência, essa economia informal, crucial para a sobrevivência de muitas pessoas, entrou em colapso, deixando milhares de camponeses famintos diante da impossibilidade de usar o trem para transportar seus produtos aos mercados maiores.

As reformas da política externa também são visadas. Nesse caso, o modelo neoclássico desenvolve (e também demonstra por meio de gráficos) a chamada "teoria da vantagem comparativa", que evidencia "cabalmente" a superioridade do livre comércio irrestrito e espontâneo. Em poucas palavras, a ideia é que, se as barreiras ao comércio internacional forem eliminadas, cada país acabará por se especializar naquilo que produz com mais eficiência (por exemplo, mão de obra barata, café, belezas naturais ou madeira). Os países acharão mais barato adquirir produtos no mercado internacional usando a receita bruta das vendas internacionais dos produtos que produzem com mais eficiência. Em outras palavras, de acordo com essa ideia, não faz sentido tentar a produção de café na Finlândia. Os finlandeses devem comprar o café da Colômbia, ao mesmo tempo que se especializam na produção de arenque enlatado e telefones celulares. Ainda que o raciocínio pareça convincente, ele acaba por se mostrar tão simplista quanto a perda de qualquer potencial político no mundo real, sobretudo por causa das políticas de dois pesos e duas medidas praticadas pelos países desenvolvidos, que oferecem uma justificativa imoral da exploração humana da mão de obra barata (a qual não difere de modo substancial da escravidão assalariada), obrigando bilhões de pessoas a trabalhar por salários que não lhes proveem a subsistência. Uma vez que a história é importante, como o reconhecem muitos dos novos paradigmas atuais, é preciso levar em consideração que o caminho para o desenvolvimento capitalista empresarial no Ocidente não foi aberto apenas pela pilhagem colonial, mas também por muitas práticas protecionistas que deram cobertura à acumulação original.

Em sua infância, as economias não têm condições de competir com as que já se encontrem em pleno desenvolvimento, de modo que a abertura das economias do Terceiro Mundo a investimentos estrangeiros irrestritos resulta na assinatura de um cheque em branco para predadores empresariais transnacionais que simplesmente expulsam do comércio todas as atividades econômicas locais. Desnecessário dizer, a teoria da vantagem corporativa enfatiza muito mais os objetivos de crescimento seletivo, aos quais se atribui muito maior importância, do que as políticas de distribuição de renda, e elimina, de maneira imoral, a diferença nos pontos de partida. A história da América Latina descolonizada, "aberta" pelo comércio britânico, mostra, mais do que qualquer gráfico, a equação fundamental entre liberalização de mercado no contexto de um desequilíbrio de poder e pilhagem. O florescimento das "zonas de livre comércio" no Terceiro Mundo atual é a perfeita contraparte econômica das minas de Potosí nos contextos econômicos nos quais a única coisa a ser exportada é a mão de obra barata.

O conjunto de programas de reforma interna e externa, que é a governança de mercados alvo em seu funcionamento interno e em seu grau de "abertura" à concorrência internacional, impõe a redução do tamanho do setor público, com duras consequências para os pobres[21].

Para conseguirem esse resultado final, uma espécie de paraíso neoliberal em que poderosos agentes de mercado podem transformar todas as pessoas do mundo em consumidores e todo trabalhador não especializado em bem de consumo, os programas de desenvolvimento indicam cinco áreas e imperativos principais de reforma:

1 Permitir que os mercados livres determinem os preços.
2 Diminuir o controle estatal dos preços.
3 Transferir os recursos mantidos pelo Estado para o setor privado.
4 Reduzir o orçamento do Estado ao máximo possível.
5 Reformar as instituições estatais (tribunais e burocracia) a fim de facilitar o setor privado (boa governança e Estado de Direito).

Esses cinco imperativos, acompanhados por prescrições políticas detalhadas – como a abolição do salário mínimo e o fim dos subsídios alimentares (por exemplo, o milho mexicano), a abolição dos programas de controle de aluguéis, a redução de padrões de segurança no trabalho, a entrega, mediante contrato, de serviços públicos (transporte, educação, aposentadoria por problemas de saúde etc.) ao setor privado e a transferência de recursos e operações públicas a agentes empresariais – são invariavelmente visados pelos programas de ajuste estrutural por meio de uma estratégia que envolve duas fases. Uma fase de estabilização, baseada

---

[21] Bob Milward, "What is structural adjustment?", em G. Mohan *et al.*, *op. cit.*, p. 33.

na negociação de um empréstimo por doze a dezoito meses, ou de uma linha de crédito de longo prazo por cerca de três anos, é implementada para financiar um plano de austeridade. Em seguida a essa primeira fase, introduz-se um acordo de mais longo prazo, o verdadeiro empréstimo para ajuste estrutural do Banco Mundial ou o verdadeiro programa de ajuste estrutural do FMI. O ingresso na segunda fase, em geral acompanhado por um significativo influxo de fundos de outras agências (União Europeia ou Suíça, como no caso do Benin), é condicionado a cortes radicais de gastos do governo, à diminuição da burocracia, ao fim dos subsídios, à desvalorização, à desregulamentação das taxas de câmbio e do controle de preços e ao fim do monopólio do Estado nas exportações ou na distribuição de produtos de primeira necessidade, como o arroz. Tudo isso a serviço dos interesses expressos do reembolso da dívida.

Só uma ínfima minoria de países chega a essa fase, pois o desemprego em massa, a recessão econômica, a hiperinflação e a inquietação social constituem, na maioria dos casos, o resultado daquilo a que se dá, ironicamente, o nome de fase "de estabilização". Em geral, as atividades de segurança privada prosperam nesse período. Disponibilizam-se fundos para suavizar esses problemas, mas sempre sob novas condições impostas pelos agentes financeiros internacionais, limitando ainda mais o poder dos governos locais para lidar com a situação. Devido a esse círculo vicioso econômico, o sistema jurídico tem de ser usado para cumprir sua função mais básica e opressora: o controle e a repressão das pessoas vitimadas por essa atividade de exploração legalizada, que de forma pacífica sofrem suas consequências e a ela resistem. A inevitável instabilidade econômica, jurídica e política cria condições propícias àquilo que só pode ser descrito como "empreendimento conjunto para a pilhagem", envolvendo agentes empresariais internacionais e oligarquias locais em seu objetivo de transferir os bens públicos a empresas privadas que em geral se ocupam dos negócios relativos a segurança privada, detenção e encarceramento[22]. Os tribunais e as instituições estatais empobrecidos, na verdade sobrecarregados por uma tremenda carga de novas funções que se seguem à corporatização, só podem funcionar como agências de aplicação das leis, protegendo a distribuição desigual da propriedade contra trabalhadores e camponeses. Eles não têm nem a autoridade nem os meios para contestar a legalidade das "economias ajustadas", transformadas pelo clube de campo de Bretton Woods nos ambientes ideais para a pilhagem legalizada.

---

[22] Ver Elisabetta Grande, *Il terzo strike*, Palermo: Sellerio, 2007.

3

ANTES DO NEOLIBERALISMO:
UM HISTÓRICO DA PILHAGEM OCIDENTAL

As raízes europeias da pilhagem colonial

Alguns textos recentes sobre a globalização e, em particular, sobre a globalização do Direito reconhecem a americanização da ordem jurídica internacional ou, pelo menos, a presença do forte poder decisório dos Estados Unidos em tudo que diz respeito a ideias e práticas associadas ao Estado de Direito. Esse reconhecimento, porém, é a-histórico em sua maior parte, associando a americanização do Estado de Direito internacional à ascensão das hegemonias neoliberais contemporâneas.

Uma visão mais histórica sugere que esse processo de americanização não começou há pouco tempo, nem mesmo se originou nos Estados Unidos. Ao contrário, suas origens remontam às transferências de direito e de pessoas ao longo dos séculos. Para tentar reconstruir esse quadro, nos concentraremos sobretudo nas raízes intelectuais e políticas do imperialismo norte-americano. Em razão de tal enfoque, nossa atenção se voltará basicamente para as raízes inglesas, deixando de lado as raízes da pilhagem ocidental praticada por portugueses, espanhóis, franceses e holandeses. Livros influentes, como *Commentaries* (1765)[1], de Blackstone,

---

[1] William Blackstone, *Commentaries on the Laws of England* (1765), fac-símile da primeira edição. Chicago, University of Chicago Press, 1979.

já admitem que as doutrinas europeias e o *common law* inglês eram de aceitação e uso correntes nos primórdios das Américas de língua inglesa. Portanto, qualquer histórico da americanização do Estado de Direito transnacional precisa levar em consideração sua genealogia europeia e seus fundamentos filosóficos. Na verdade, quando nos referimos à americanização do Estado de Direito, talvez seja mais exato ressaltar que se trata de uma euro-americanização, tanto na dimensão política quanto na econômica. Vem daí o interesse em discutir as duas, em suas relações mútuas e na relação de ambas com os contextos de recepção do Estado de Direito e da pilhagem intrínseca que as acompanham.

Tanto os europeus quanto os norte-americanos usaram o Direito como parte de seu domínio imperialista, e as potências colonizadoras impuseram suas próprias concepções jurídicas a suas colônias. Hoje, a imposição do Direito é mais resultado de iniciativas transnacionais de homogeneização para fins de expansão capitalista, mas ele ainda é o veículo de legitimação da pilhagem. O Estado de Direito constitui, sem dúvida, um dos mais poderosos mecanismos "civilizadores" jamais usados, e a pilhagem, tanto ontem quanto hoje, pode muito bem ser vista como a força mais poderosa por trás do desenvolvimento da ideologia ocidental do Estado de Direito. O mais provável é que seu poder decorra do convencimento de outras sociedades de que elas carecem do princípio do Estado de Direito, uma estratégia com frequência acompanhada da promoção da harmonia como outro valor fundamental da civilização.

O pensamento cultural dominante atribui a muitos contextos pós-coloniais a culpa pela "falta" do Estado de Direito, mas ao mesmo tempo não se ocupa da história desse princípio em sua associação com a pilhagem. Neste capítulo, tentaremos recontar essa história a partir de outro ponto de vista, aquele que introduz a dimensão histórica no contexto da compreensão da hegemonia norte-americana, por meio da ideologia jurídica, no mundo contemporâneo.

A estrutura fundamental do Direito norte-americano como modalidade de recepção pós-colonial

No começo do século XX, o Direito norte-americano já havia recebido da Europa, e assimilado de maneira verdadeiramente original, os componentes fundamentais de sua estrutura jurídica. A tradição do *common law* inglês tinha transmitido à ex-colônia o ideal dos juízes como oráculos da lei, bem como o de um Judiciário forte e independente como estrutura constitucional em que os juízes poderiam desempenhar melhor seu papel de guardiães dos direitos de propriedade. O direito norte-americano desenvolveu a tal ponto o legado de *Sir* Edward Coke que chegou a criar o controle judicial de constitucionalidade. Os juízes norte-americanos não são somente os oráculos da lei e líderes máximos do sistema jurídico profissional; eles também têm, no processo judicial, o poder de declarar a inconstitucionalidade das decisões tomadas pelos poderes políticos do Estado[2]. Essa importante extensão do poder judicial no Direito norte-americano levou à crença (já assinalada por Tocqueville[3]) de que qualquer problema político poderia, mais cedo ou mais tarde, ser decidido por um tribunal, dentro da lógica *neutra* do Estado de Direito. Essa crença foi levada a extremos nos julgamentos de Nuremberg, e possivelmente ao seu limite em *Bush vs. Gore*, caso que discutiremos no Capítulo 7.

Portanto, a colônia funcionava como um espelho da Inglaterra, e a América do Norte, ainda revolucionária, reagiu contra o po-

---

[2] Ver *Marbury vs. Madison*, 5 US 137 (1803).
[3] Ver A. de Tocqueville, *Democracy in America* (R. D. Heffner, org.), Nova York: Signet Classics, 2001.

der colonial sobretudo devido a sua intromissão em questões relativas a direitos de propriedade e juros. Uma Constituição escrita, a mais antiga do Ocidente, foi a reação contra os mistérios do sistema constitucional britânico, não fundado em leis escritas. A Inglaterra era um sistema jurídico e político profundamente centralizado. Por sua vez, o sistema jurídico norte-americano tornou-se o mais descentralizado de que até então se tinha notícia.

A tradição jurídica da Europa continental (*civil law*) também legou aos Estados Unidos algumas modalidades fundamentais de pensamento que foram ativamente incorporadas e transformadas ao longo dos séculos XIX e XX. A tradição do direito natural de extração francesa legou a esse país a ideia dos direitos individuais universais, uma vez mais arraigados no ideal absoluto da santidade dos direitos de propriedade, típico do Estado burguês. Essas liberdades públicas de natureza "negativa", consideradas mais como proteção do indivíduo perante o governo do que como fonte de obrigações governamentais de prover a subsistência do indivíduo, foram entronizadas na Constituição norte-americana em razão da influência que exerceram sobre a maioria dos *founding fathers*[4]. O ideal universalista não apenas foi levado ao extremo, como nos dão testemunho, entre outras coisas, as noções de universalidade da jurisdição dos tribunais dos Estados Unidos na garantia de tais direitos[5], mas os direitos negativos, na falta de noções consistentes de soberania de Estado, como aquelas desenvolvidas pelos jacobinos, converteram-se em verdadeiro limite à atividade redistributiva do governo norte-americano. A noção de independência diante das intromissões do Poder Executivo orientou a atividade

---

[4] Uma discussão recente e fascinante sobre seu credo e sua ideologia pode ser encontrada em Joseph J. Ellis, *Founding Brothers: The Revolutionary Generation*, Nova York: Random House Publishers, First Vintage Books Edition, 2002.
[5] *Id.*

judicial constitucional durante toda a história dos Estados Unidos. A rigorosa imposição de limites a qualquer governo proativo pode ser vista como resultado dessas importações passadas da Europa. A Alemanha também transmitiu aos Estados Unidos uma de suas características fundamentais: a presença de instituições acadêmicas fortes e independentes como mais um circuito de controle profissional do processo político. Somente porque o Direito tinha o *status* de ciência considerava-se natural a argumentação a favor de seu ensino nas universidades. Se assim não fosse, nos Estados Unidos o Direito talvez não tivesse perdido a característica de uma prática comercial, como aconteceu na Inglaterra até bem depois do período vitoriano. As faculdades de Direito norte-americanas (escolas profissionais cujos corpos docentes viam a si próprios como pensadores do meio acadêmico) são as únicas no mundo (com a exceção recente do Japão) que oferecem educação jurídica básica em nível de pós-graduação. Em consequência, e de modo paradoxal para um sistema baseado em uma "escola profissionalizante", o advogado norte-americano médio deve submeter-se a mais anos de formação acadêmica do que quaisquer outros de seus colegas em todo o mundo. Além disso, devido a essa maior amplitude dos estudos jurídicos, comparados com a maior duração dos cursos de graduação em Direito europeus, e devido à força econômica de instituições privadas como as faculdades de Direito da *Ivy League**, hoje a universidade norte-americana pode ser vista como a pós--graduação por excelência dos advogados de todo o mundo, pois os mais ambiciosos vão para os Estados Unidos complementar seus estudos com uma pós-graduação[6].

---

* Termo usado para designar o conjunto das oito universidades particulares mais tradicionais dos Estados Unidos. (N. do T.)
[6] Ver W. Wiegand, "The reception of American law in Europe", *American Journal of Comparative Law* 39, 1991, p. 229.

Assim, pelo menos quatro características da noção "global" de Estado de Direito podem remontar à experiência norte-americana: (1) uma Constituição escrita; (2) o sistema de controle judicial de constitucionalidade; (3) uma retórica individualista baseada nas liberdades públicas; e (4) os profissionais de Direito como "engenheiros sociais" que atuam em um sistema altamente descentralizado, organizado de modo que proteja os direitos de propriedade.

Uma teoria da falta: ontem e hoje

A face imperial do Direito tem uma longa história, mesmo ao delimitarmos nossa análise aos Estados Unidos. De fato, já estava presente antes da Revolução Americana de 1776. Já estava presente no pensamento doutrinário dos primórdios da pilhagem, quando os colonizadores britânicos chegaram à América do Norte e depararam com as comunidades americanas nativas.

O Estado de Direito justificou o genocídio desde o início. Basta lembrar que as doutrinas norte-americanas do princípio de descoberta sustentam que "a descoberta de terras nas Américas pelos exploradores europeus deu aos países europeus que as descobriram – e aos Estados Unidos como seu sucessor – a propriedade legal do solo americano, reduzindo as tribos indígenas à mera condição de 'inquilinos'"[7]. Fundamentado na justiça natural, o Estado de Direito foi usado para justificar e convalidar a apropriação de terras, e o princípio de descoberta continua sendo, em nossos dias, uma das mais arraigadas doutrinas jurídicas a dar sustentação à política indigenista federal, em prejuízo dos índios[8]. Isso diante da Declaração da Independência de que "todos os homens são criados iguais".

---

[7] David Wilkins, *American Indians Sovereignty and the U.S. Supreme Court: The Masking Justice*, Austin: University of Texas Press, 1997.

[8] Laura Nader & Jay Ou, "Idealization and power: legality and tradition in Native American law", *Oklahoma City University Law Review* 23, 1998, p. 3.

A convalidação da apropriação também era inerente à filosofia dos *Dois tratados sobre o governo* (1698), de John Locke[9]. As propriedades dos americanos nativos podiam ser apropriadas por determinação do Deus cristão: "ao homem, toda terra que ele puder lavrar, plantar, cultivar e usar". Mais tarde, o erudito e estadista suíço Emerich de Vattel foi igualmente explícito em seu livro *Law of Nations* (1797), obra que também deu justificação legal à apropriação colonial de terras:

> A terra pertence a toda a humanidade [...]. Todos os homens têm o direito natural de nela viver [...]. Todos têm um direito igual às coisas que ainda não pertencem a ninguém. Portanto, quando uma nação descobre um país desabitado e sem proprietário algum, tem o direito legítimo de tomar posse dele. No que diz respeito à descoberta do Novo Mundo, pergunta-se se uma nação pode, legitimamente, ocupar qualquer parte de um vasto território no qual só se encontram tribos nômades, cujo pequeno número não será capaz de povoar o país inteiro [...]. Não estamos nos afastando das intenções da natureza ao restringirmos os selvagens a limites mais estreitos.[10]

Como os Estados Unidos foram criados a partir de uma revolução anticolonialista, essa origem influenciou não apenas o apagamento, na consciência nacional, da pilhagem colonial sofrida pelo próprio país, mas também serviu para caracterizar o estilo imperialista norte-americano, em contraste com o colonialismo europeu. Assim, por exemplo, na fase inicial de suas relações com a China, embora os países europeus favorecessem o controle territorial por meio de apreensão física (os ingleses em Hong Kong, os

---

[9] John Locke, *Two Treatises of Government*, Londres, 1698.
[10] Emmerich de Vattel, *The Law of Nations*, Londres: G. G. & J. Robinson, 1797 (reimpresso em 2005 por Clarke, NJ: Law Book Exchange Ltd.).

portugueses em Macau), os Estados Unidos privilegiaram as políticas unilaterais, "de portas abertas", do século XIX e primórdios do XX, conscientes de que traziam vantagem econômica para eles próprios na concorrência expansionista internacional com os europeus. Ao fazê-lo, os Estados Unidos puderam, por um lado, legitimar-se como defensores do anticolonialismo e estigmatizar a ocupação física europeia como colonialista; por outro lado, puderam explorar plenamente, para fins de pilhagem, a venerável política de liberalização do mercado. No contexto dessa política de portas abertas, o Estado de Direito, na forma da santidade dos contratos e da segurança dos direitos de propriedade, era crucial para os interesses dos investidores norte-americanos, o que o levou a ser "promovido" pelo governo dos Estados Unidos mediante a imposição de acordos de extraterritorialidade e imunidade à jurisdição chinesa. Essa prática calculista foi ideologicamente promovida como a oferta de um modelo "civilizador" para a reforma do Direito local, condição para a eventual admissão da China à "família das nações civilizadas", sujeitas ao Direito Internacional[11]. Esse episódio pode ser visto como uma pré-estreia centenária da atual admissão da China à Organização Mundial do Comércio (OMC), embora a correlação de poder pareça dramaticamente alterada.

A política de usar a liberalização forçada dos mercados, em vez do controle colonialista sem rodeios, foi também o elemento-chave do sucesso britânico em toda a América Latina, tanto durante a colonização espanhola e portuguesa quanto depois de San Martín e Bolívar terem conquistado a independência formal na primeira parte do século XIX. Ao longo da era de colonização, na verdade, a pilhagem espanhola e portuguesa de matérias-primas

---

[11] Teemu Ruskola, "Law's empire: the legal construction of 'America' in the 'District of China'", disponível em http://papers.ssm.com/sol3/papers.cfm?abstract_id=440641.

(principalmente de metais) era praticada sobretudo para o pagamento do serviço da dívida que a Coroa tinha junto a banqueiros londrinos. Depois da independência formal, a Grã-Bretanha envolveu-se muitas vezes em guerras, diretamente ou por procuração, a fim de assegurar a abertura dos mercados a suas empresas, permitindo que a continuidade da pilhagem de matérias-primas gerasse lucros astronômicos e impedindo o desenvolvimento de mercados internos, que simplesmente não podiam competir com os produtos mais baratos, de fabricação britânica. As poucas medidas dos governos locais que ousavam proteger o comércio local, na esperança de evitar a trágica falência de uma jovem e promissora indústria, eram de modo sistemático denunciadas como oposição ao Estado de Direito, em mais uma manobra para proteger os direitos globais de atividade comercial lucrativa das empresas britânicas[12]. Os poucos líderes locais que tentavam resistir – limitando a "santidade" dos extorsivos contratos de trabalho ou dos "direitos de mineração" privados, adquiridos a preço irrisório de seus antecessores políticos corruptos, ou da estrutura do latifúndio, favorecendo uma classe alta local, conhecida por seus hábitos de consumo extravagantes e muito caros – simplesmente perdiam seus cargos por meio da força e tinham seu legado convertido em objeto de desprezo oficial por séculos. Dentre esses líderes, é preciso lembrar pelo menos de José Artigas, do Uruguai, que se atreveu a tentar implementar uma reforma agrária em 1815; Juan Manuel de Rosas, da Argentina, derrotado pelas esquadras britânica e francesa em 1852; ou Francisco Solano Lopez, do Paraguai, assassinado em 1870 depois de cinco anos de uma heroica guerra de resistência contra Argentina, Uruguai e Brasil, os quais,

---

[12] Há uma discussão clássica em Eduardo Galeano, *Open Veins of Latin America: Five Centuries of the Pillage of a Continent* (tradução inglesa de Cedric Belfrage), Nova York: Monthly Review Press, 1973. (Reimpresso em 1997).

em nome do capital anglo-americano, travaram uma guerra por procuração contra o país que, na época, atingira um grau de civilização e independência jamais vistos na América Latina[13]. A política de portas abertas continuou sendo o credo oficial até bem depois do estabelecimento da Doutrina Monroe (1823), ainda envolta em retórica anticolonialista e aparentemente criada para evitar uma competição ferrenha entre as potências europeias por novas colônias na América do Sul. Na verdade, como se sabe, a doutrina na realidade funcionou como uma reivindicação eficaz para reduzir a América Latina a um quintal dos Estados Unidos, assegurando às empresas norte-americanas (como a United Fruit) o monopólio comercial na região. Sem dúvida alguma, a expressão "portas abertas" jamais significou livre concorrência.

Um exemplo esclarecedor vem da história recente do Brasil, em que o presidente Getúlio Vargas ousou ameaçar os interesses da indústria siderúrgica dos Estados Unidos em 1954, comportando-se como um agente econômico racional que preferia vender o metal a preços muito mais altos para os governos da Polônia e da Checoslováquia, e não ao preço que as companhias norte-americanas queriam pagar. Ele foi quase literalmente levado ao suicídio, como se depreende de sua última carta, em que atribui sua trágica decisão às pressões internacionais que não lhe permitiam servir aos interesses do seu país. O principal beneficiário da morte de Vargas foi a mineradora norte-americana Hanna Mining, que pôde continuar com a exploração do Vale do Paraopeba, onde se encontravam as mais ricas reservas de ferro do planeta (algo em torno de 200 bilhões de dólares). Afinal de contas, os advogados da Hanna Mining poderiam argumentar que sua cliente havia pago quase 6 bilhões de dólares (!) pelo controle acionário

---

[13] Esse e muitos outros episódios são discutidos em Eduardo Galeano, *op. cit.*

da companhia britânica St Johns, que vinha explorando as minas brasileiras há muito tempo. Pouco importava o fato de que a St Johns não tinha autorização legal para extrair e comercializar o minério. Novos títulos de propriedade foram criados. A exploração pôde então continuar até 1961, quando o presidente Jânio Quadros assinou uma lei que anulava os direitos ilegais da Hanna Mining e devolvia ao estado de Minas Gerais a reserva nacional que lhe pertencia. Quatro dias depois, o presidente Quadros foi forçado a renunciar pelas forças armadas. Em seu dramático discurso de despedida, acusou a enorme pressão internacional de forçá-lo a deixar o governo. O vice-presidente João Goulart foi empossado, mas, de forma inesperada, manteve a política de seu antecessor. A Hanna Mining contestou a lei de Quadros no Judiciário brasileiro, mas sua validade foi confirmada. Em seguida, o Brasil explorou a possibilidade de enviar e vender seu ferro diretamente para a Europa (tanto socialista quanto capitalista), mas isso foi demais para os interesses norte-americanos, que tomaram medidas mesmo antes de essas vendas acontecerem. Em março de 1964, um golpe derrubou Goulart e colocou na presidência o marechal Castelo Branco, um ditador assassino e anticomunista fanático. Em dezembro de 1964, a Hanna Mining obteve de Castelo Branco a anulação da lei de Jânio Quadros, ficando com plenos poderes para explorar as minas e, inclusive, com um rico subsídio governamental para construir seu próprio porto e uma ferrovia que o ligava às minas. A US Steel, outra grande empresa do mundo desenvolvido, recebeu direitos semelhantes nas minas da Serra dos Carajás. O ditador afirmou que o Brasil não tinha o capital necessário para explorar suas riquezas. Eduardo Galeano reproduz alguns comentários[14]:

---

[14] Id.

- *Fortune*: "A revolução que derrubou Goulart na última primavera chegou como um socorro [para a Hanna Mining] prestado, no último minuto, pelo Primeiro Regimento de Cavalaria."
- Lincoln Gordon, embaixador dos Estados Unidos: "O sucesso da conspiração poderia ser incluído, ao lado do Plano Marshall, do Bloqueio de Berlim, do malogro da agressão comunista na Coreia e da solução da crise dos mísseis cubanos, entre os momentos de mudança mais importantes na história mundial de meados do século XX."
- *The Washington Star*: "Eis uma situação na qual um bom e infalível golpe à moda antiga, liderado por militares conservadores, pode ajustar-se como uma luva aos mais altos interesses de todas as Américas."
- Presidente Lyndon Johnson, dos Estados Unidos (em mensagem de congratulações a Ranieri Mazzili, presidente interino): "O povo norte-americano acompanha com ansiedade as dificuldades políticas e econômicas pelas quais sua grande nação vem passando e vê com admiração o decidido esforço da comunidade brasileira de resolver essas dificuldades em um contexto de democracia constitucional, sem desavença civil."

Embora o último comentário supere todos os outros em hipocrisia, o que temos aqui é um coro de saudações à pilhagem decorrente da "política de portas abertas", uma versão dissimulada do livre mercado. Ao observarmos o debate atual sobre o papel do Direito no desenvolvimento econômico, a continuidade se revelará desconcertante demais para não ser notada. O Estado de Direito moderno, uma garantia fundamental dos mercados abertos, ainda é apresentado como promotor da modernidade e da racionalidade, um "processo civilizatório". Os "civilizados" ainda exigem a garantia da lei para fazer negócios em países distantes.

De modo significativo, o Estado de Direito contribui para a justificação *ex post* de lucros ilimitados para o Ocidente, os quais se constituem em sinônimo de pilhagem. O que mudou, quando muito, foi só a política de explicação e justificação por trás do preenchimento, pelo Ocidente, daquilo que equivale a uma "falta" local, ideologicamente construída. A mesma estratégia parece ter sido usada durante muito tempo para impor o Estado de Direito ocidental a contextos econômicos mais fracos e, desse modo, "abrir" os mercados à pilhagem: graças ao uso ideológico do argumento da "falta", cria-se uma necessidade comparativa que só pode ser remediada pela possibilidade única de transferir o Direito da fonte ocidental dominante (seja o Direito alemão ou norte-americano na China, ou a tendência atual de "Direito e Economia", como base da reforma jurídica na América do Sul). Além disso, uma vez que o Estado de Direito, garantido por padrões civilizatórios internacionais, sancionados por leis, é elaborado como um instrumento social e politicamente neutro, as oligarquias locais são fortalecidas por um instrumento transcultural de autocapacitação, tornando-se capazes de interagir com a economia global (introduzindo reformas de portas abertas), ao mesmo tempo que mantêm as desigualdades sociais tradicionais.

Os exemplos contemporâneos de apropriação de bens culturais evidenciam essa dinâmica. Ativistas como Vandana Shiva observam que os principais argumentos atualmente usados para justificar a patenteação de saberes locais coletivos ainda se fundamentam em ideias de Locke e Vattel sobre o Estado de Direito como uma proteção dos direitos de propriedade e da "falta" de um conhecimento tradicional. Como instrumento universal, o Direito invoca esse princípio fundamental de controle – a noção de falta – para justificar legalmente a pilhagem. Os indígenas carecem de modernidade e desenvolvimento; falta-lhes a capacidade e o conhecimento que permitem a plena utilização de seu ambiente; falta-lhes o Direito, faltam-lhes os tratados e a cultura jurídica. Em termos mais gerais, na esfera internacional, o pensamento jurídico dominante utilizou uma estratégia semelhante nos anos que se seguiram ao estabelecimento da hegemonia norte-americana na América Latina, no que diz respeito à tradição jurídica local, herdada da tradição do *civil law* (sistema romano-germano-canônico do Direito). Os países latino-americanos, sucessores das potências coloniais europeias, são desse modo representados como imitadores medíocres de um estilo jurídico europeu tornado obsoleto. Essa atitude não poupa nenhum contexto jurídico periférico; todas as características jurídicas locais são descritas como empecilhos ao desenvolvimento baseado no mercado.

Hoje, é comum ouvir dizer que não há Direito na China, que o país foi ou é refratário à lei. Em geral, tais afirmações fazem-se acompanhar por argumentos sobre a dificuldade de introduzir o Estado de Direito nesse país. Um advogado norte-americano afirmou: "Basicamente, a advocacia deve ser inventada como profissão sem qualquer orientação da tradição chinesa ou da história recente da China."[15] Além da falta de Direito, os chineses são agora acusados de ignorar o Direito que tinham: para a concepção ocidental dominante, o *Li*, fundado em dois mil e quinhentos anos de tradição confuciana, não é Direito, mas apenas um conjunto de regras de boas maneiras, enquanto o *Fa*, seu equivalente legal, que também conta com mais de dois milênios de existência, é visto como mera sanção coerciva e penal, um instrumento demasiado primitivo para que se possa considerá-lo como verdadeiro conjunto de leis e de normas jurídicas. Portanto, o apagamento

---

[15] Stanley B. Lubman, *Bird in a Cage: Legal Reform in China After Mao*, Stanford: Stanford University Press, 1999, p. 198.

ANTES DO NEOLIBERALISMO · 123

torna-se parte da política de criação da necessidade do Direito ocidental, neutro e profissional, de preferência com base em noções do *common law*. A estratégia é transcultural. O Direito islâmico, em si mesmo uma venerável tradição erudita, é descrito como mera *religião*, não como conjunto de leis[16]. Como tal, afirmou Max Weber, é irracional, imutável e incapaz de oferecer uma estrutura eficiente para o desenvolvimento econômico. Portanto, o que tem sustentado o campo de atuação hegemônica do Direito é uma lógica cultural interna, baseada em uma falta ou em um vazio cujo poder sobreviveu a séculos de dominação euro-americana, ainda que a percepção do que seja "falta" possa alterar-se conforme mudam os sistemas jurídicos hegemônicos.

No contexto da escalada da interpretação econômica do Direito, predominantemente norte-americana, essa teoria da falta é explicada como falta de eficiência ou de instituições "profissionais", substituindo, assim, a justiça "natural" (típica do antigo Direito natural, dominado pelo sistema do *civil law*) pela eficiência econômica como um novo, prestigioso e legitimador instrumento ideológico da pilhagem[17].

Essa dinâmica torna-se particularmente evidente quando se examinam os movimentos de Direito e desenvolvimento do século XX, patrocinados por instituições norte-americanas pode-

---

[16] R. David, *Les Grands Systèmes de Droit Contemporaine*, Paris, 1966. Tradução inglesa de R. David & E. C. Brierley, *Major Legal Systems in the World Today: An Introduction to the Comparative Study of Law*, 2ª ed., Londres: Stevens, 1978.

[17] De importância particular, nesse contexto, há uma recente bibliografia sobre Direito e finanças patrocinada pelo Banco Mundial e dedicada às "fontes do Direito". Esse campo de estudos, em grande parte desenvolvido no renomado Departamento de Economia de Harvard, apresenta como causa principal do subdesenvolvimento o formalismo das fontes do Direito, no âmbito da *civil law*. Ver La Porta, F. Lopez de Silanes, A. Schleifer & R. Vishny, "The quality of government", *Journal of Law Economics and Organization* 25, 1997, p. 1, e R. La Porta, F. Lopez de Silanes, A. Schleifer & R. Vishny, "Law and finance", *Journal of Political Economy* 106, 1998, p. 6.

rosas, como a Fundação Ford e as principais faculdades de Direito, em uma época em que o prestígio do Estado de Direito norte-americano estava no auge. A "falta" continua sendo uma característica central. Por exemplo, os países latino-americanos careciam de instituições acadêmico-jurídicas sofisticadas. A cultura jurídica latino-americana não dispunha de instrumentos de engenharia social, algo que só se poderia encontrar no meio acadêmico norte-americano, justificando-se, desse modo, as transferências de sistemas jurídicos. James Gardner já havia levantado essa questão em sua obra pioneira, *Legal Imperialism*, de 1980[18]. Essa obra estava à frente do seu tempo porque, na década de 1980, os norte-americanos não queriam admitir que, na verdade, o movimento de Direito e desenvolvimento nada mais era que imperialismo disfarçado de ajuda ao desenvolvimento ou ao progresso:

> Os paladinos da democracia às vezes acabam por revelar-se paladinos de uma ditadura ou de um Estado autoritário. [*Ibid.*, p. 281] [...] Ficou claro que os "missionários do Estado de Direito" enviados pelos Estados Unidos estavam envolvidos em um processo que era etnocêntrico em origem, caráter e implementação, e que a assistência jurídica e o apoio ao desenvolvimento do Terceiro Mundo eram medidas insignificantes, voltadas para a transferência implícita de modelos jurídicos dos Estados Unidos [...]. A questão fundamental continua sem resposta: por que esses "missionários" norte-americanos se interessam pela assistência jurídica e pela transferência de modelos jurídicos de seu país? [*Ibid.*, p. 283]

A estratégia de despolitização do Direito, apresentada como uma tecnologia de valor neutro, e não como um instrumento po-

---

[18] James Gardner, *Legal Imperialism: American Lawyers and Foreign Aid in Latin America*, Madison, WI: University of Wisconsin Press, 1980.

lítico nas mãos das elites do poder local e internacional, permitiu que o "trabalho de desenvolvimento" fosse realizado sem levar em consideração o contexto local. Na América do Sul, a atuação jurídica e desenvolvimentista voltou-se para o Estado autoritário do Brasil, para o Chile socialista de Allende e para a "democracia" da Colômbia, e não era muito diferente dos projetos atuais de reforma jurídica. Os grandes projetos desenvolvimentistas concebidos pelo Banco Mundial (os ajustes estruturais) têm como alvo os governos de viés esquerdista de Brasil, Equador e Uruguai, bem como a administração autoritária da Colômbia. Seria impossível entender esses fenômenos sem levar em conta que muitos desses assessores jurídicos estavam sinceramente imbuídos de considerações de justiça, embora tenham se esquecido de perguntar, como de praxe entre os especialistas "neutros", quem é que pagava seus salários.

A crítica recente retomou a análise anterior do Direito e desenvolvimento e participa de sua ressurreição atual[19]. O trabalho de advogados norte-americanos ligados às atividades desenvolvimentistas – profissionais que tentaram transplantar instituições dos Estados Unidos para o Brasil, o Chile e outros países, com o objetivo de fomentar a democracia por vias legais – ilustra como, trinta anos depois, ocorreram mudanças enormes na educação jurídica, resultando no remanejamento de membros dos corpos docentes das Escolas de Direito e da administração pública, na reprodução das elites dirigentes com boa formação cultural e na criação de novas hierarquias no interior dessas próprias elites, as quais, em última análise, têm grande afinidade com os projetos neoliberais e com a dominação norte-americana. Essa nova clas-

---

[19] Y. Dezalay & B. Garth, *The Internationalization of Palace Wars: Lawyers, Economists, and the Contests to Transform Latin American States*, Chicago: University of Chicago Press, 2002.

se de advogados constitui o elo entre o local e o internacional, atuando ora como porta-voz de um, ora de outro, sem jamais abrir mão da dependência dos estilos norte-americanos de legitimação: "a importação e a exportação de nosso *know-how* soberano têm profundas ligações com a história do país e seu projeto político." Portanto, a elite cosmopolita utiliza a "bagagem linguística e cultural necessária para o acesso a novos lugares privilegiados na (re)produção internacional de conhecimento e poder"[20].

Os advogados e professores de Direito da América Latina adquirem capital social em seus países de origem (porque preenchem a "falta") por meio de doutorados e conhecimentos especializados que obtêm nos Estados Unidos. O Direito é um aspecto essencial para o estudo e a descrição da história do expansionismo norte-americano e o entendimento de seu imperialismo, uma vez que "o Direito e as instituições jurídicas dão cobertura a atividades que não podem ser explicitadas nos círculos cosmopolitas culturalmente sofisticados"[21]. Descrevemos essas atividades como pilhagem. Novas atividades jurídicas voltam-se para os Estados Unidos, a serviço da economia neoliberal. Esse discurso exclui o debate sobre o Direito a serviço da justiça. A serviço do capitalismo empresarial, ele se transforma em um componente estrutural, econômico ou tecnológico, jamais adquirindo configuração moral ou cultural, menos ainda política. A eficiência predomina em nossos dias, mas a descontinuidade é só aparente. A pilhagem ainda continua sendo a motivação e o resultado.

Para a concepção neoliberal contemporânea do Direito, as economias menos desenvolvidas são vistas como se lhes faltasse alguma coisa muito simples e universal. Elas carecem de um sistema

---

[20] Y. Dezalay & B. Garth, *Dealing in Virtue*, Chicago: University of Chicago Press, 1996, p. 199.
[21] *Id.*, p. 267.

institucional mínimo, simples e universalmente válido, necessário para o desenvolvimento de um mercado eficiente. Em um seminário para banqueiros importantes, Richard Posner, que é juiz do Tribunal de Apelações dos Estados Unidos em Chicago e importante autor de obras sobre Direito e Economia, além de responsável pelo triunfo desse movimento na universidade norte-americana, expôs os fundamentos teóricos da estratégia neoliberal. Segundo ele, três coisas muito simples são imprescindíveis para se desenvolver o sistema institucional necessário para o funcionamento do capitalismo: segurança dos direitos de propriedade; liberdade dos contratos; e um sistema de tribunais independentes, como agências de aplicação e de jurisprudência. Nesse mesmo seminário, outro importante autor norte-americano, o professor Bernard Black, do Texas, acrescentou que poderia ser muito difícil implementar até mesmo um sistema de tribunais independentes, tendo em vista a "falta" fundamental de profissionalismo jurídico e de organização que caracteriza as economias em desenvolvimento. Para Black, o Banco Mundial deveria cogitar a criação de um sistema jurídico "autoaplicável", algo que inclusive excluísse a necessidade de ter de lidar com essa falta fundamental e contextualizada.

Os economistas trabalham há tempos com modelos jurídicos universais que nunca existiram em qualquer sistema jurídico real. Esses modelos de propriedade, contratos e aplicação de leis fundamentados em Deus ou na razão, mas nunca na história, foram herdados diretamente do pensamento jusnaturalista do século XVIII, conforme o defendia Adam Smith, o criador da economia como profissão, e sua discussão raramente foi retomada pelas gerações subsequentes de economistas de peso[22]. Essas

---

[22] Essa perspectiva é apresentada em Ugo Mattei, *Comparative Law and Economics*, Ann Arbor: University of Michigan Press, 1997.

ideias foram defendidas por pensadores jusnaturalistas como Vattel e Locke, legitimadores do genocídio colonial praticado na América no século XVIII.

A retomada do naturalismo nas principais faculdades de Direito norte-americanas tem, portanto, importante papel: os países em desenvolvimento carecem de algo muito simples e universal. Essa posição, enfatizada por documentos muito influentes e de grande circulação, como os Relatórios do Desenvolvimento Mundial[23] produzidos pelo Banco Mundial, atende a uma dupla finalidade. Para começar, enfatiza a inadequação e a qualidade inferior das elites periféricas, rotulando-as como incapazes de criar algo tão básico e natural como o capitalismo empresarial de mercado. Os países periféricos são, assim, intelectualmente humilhados, criando-se as condições psicológicas para a aceitação da hegemonia estrangeira. Por conseguinte, essas elites precisam ser treinadas pelas principais agências de hegemonia cultural do Ocidente, as grandes instituições acadêmicas dos Estados Unidos. Uma vez treinadas, as elites do Terceiro Mundo são cooptadas como quadros funcionais das instituições financeiras internacionais, criando-se assim certa diversidade que, não obstante, apresenta grandes limitações em termos práticos. Em sua obra clássica[24], Frantz Fanon identificou um fenômeno muito semelhante na trágica relação colonial entre a França e a Argélia.

Hoje, as instituições de Bretton Woods possuem os meios para implementar uma estratégia bem definida: criar um Estado de Direito simples e universal, capaz de estimular transferências eficientes de propriedade dos que as valorizam menos para os que as valorizam mais. Esse exercício inclui a abordagem dos direi-

---

[23] Esses documentos, que apresentam prioridades políticas em uma grande variedade de campos, são publicados anualmente pela Oxford University Press.
[24] Frantz Fanon, *The Wretched of the Earth*, Nova York: Grove Press, 1965.

tos de propriedade (por exemplo, os direitos de propriedade intelectual, que precisam ser ocidentalizados), das liberdades contratuais (por exemplo, a eliminação das restrições contratuais que favorecem a segurança no trabalho) e das estruturas institucionais (mediante a reprodução de modelos de "legalismo litigioso", que chamamos de instituições reativas, ou na exploração aparentemente contraditória de técnicas de "soluções alternativas de conflitos").

Embora os argumentos a favor do neoliberalismo permeiem um complexo de instituições diferentes, o Direito é central. No campo da prática jurídica, os escritórios de advocacia dos Estados Unidos conseguiram definir o papel dos advogados internacionais que atuam no mercado global de serviços jurídicos. Na discussão da transferência bem-sucedida dos escritórios de Direito empresariais, é importante mencionar que eles têm garantido seu espaço extrajurídico e pseudogovernamental por governos fracos, que "terceirizam" suas obrigações de governo ao setor privado[25]. O estilo empresarial dos advogados norte-americanos também está transformando as culturas jurídicas da Europa Ocidental, ainda que, tradicionalmente, os europeus minimizem o uso de advogados como lobistas políticos e negociadores de empreendimentos comerciais. No atual clima competitivo, afirma-se que franceses carecem de competência em procedimentos e requisitos legais. O mesmo movimento incluiria a "Nova Europa" e o bloco dos países pós-soviéticos como locais propícios ao novo imperialismo jurídico.

Estudos recentes tratam da lógica jurídica norte-americana, que abalou todo o sistema jurídico japonês porque "o floresci-

---

[25] Atitude que Aihwa chama de "soberania graduada". Ver A. Ong, *Flexible Citizenship: The Cultural Logic of Transnationality*, Durham, NC: Duke University Press, 1999.

mento das abordagens econômicas do Direito incentiva os burocratas e juristas a dedicar mais atenção a conceitos do *common law*, o que tem tido implicações para a estruturação das hierarquias no âmbito do ensino do Direito"[26]. Isso não quer dizer que esses princípios "universais" ou "globais" não estejam sujeitos a interpretações locais, mas, ao mesmo tempo, a difusão mundialmente bem-sucedida do estilo norte-americano de advogar levou a uma maior atenção ao Direito internacional, pelo menos como "estratégia de marca" das universidades dos Estados Unidos. A Faculdade de Direito da Universidade de Nova York transformou o Direito internacional no item principal de seu programa de "direito global", que tem por objetivo específico o estímulo à "exportação de ideias e conceitos jurídicos norte-americanos no mundo todo, indicando maior intensificação da 'americanização' e do internacionalismo dentro dos próprios Estados Unidos"[27].

Os estudiosos tentam hoje entender a posição central do Direito nos processos de globalização e os mecanismos que orientam sua difusão. A descrição de advogados a serviço das elites do poder reflete a realidade. O que estamos afirmando aqui é o papel da pilhagem como uma força poderosa por trás da difusão do Direito. Todavia, a conscientização do papel da pilhagem na difusão do Estado de Direito não deveria, necessariamente, favorecer o jogo da crença na inevitabilidade. O Estado de Direito poderia trazer consigo hoje, como o fez no passado colonial, certo grau de contra-hegemonia[28].

---

[26] A. Riles, *The Transnational Appeal of Formalism: the Case of Japan's Netting Law*, disponível em http://papers.ssrn.com/sol3/papers.cfm?abstract_id=162588.
[27] F. Cownie (org.), *The Law School – Global Issues, Local Questions*, Aldershot, UK: Ashgate Publishing, 1999.
[28] Convém lembrar que os grupos de americanos nativos nos Estados Unidos perseveraram durante os séculos XIX e XX até o momento em que, com o Movimento Vermelho da década de 1960, puderam forçar a implementação de direitos defini-

A possibilidade de contra-hegemonia certamente deve ser levada em conta para se tentar fazer uma avaliação do Estado de Direito e de sua relação com a pilhagem. Como mostraremos na seção seguinte, parece claro que essa possibilidade produziu mais um nível de transformações impulsionadas pela pilhagem, tanto no passado como no presente.

Antes do neoliberalismo: práticas coloniais e estratégias harmônicas – ontem e hoje

Como já mencionamos aqui, os modelos acusatório e conciliatório desempenham papéis importantes nas estratégias de globalização atuais, exatamente como também o fizeram ao longo da construção da legalidade colonial. Na verdade, situamos as origens da concepção ocidental de Estado de Direito na proteção aos interesses de propriedade da aristocracia rural dentro do modelo acusatório de atividade judicial do *common law* que caracteriza os tribunais de Westminster. Hoje, uma alternativa a essa ideia, baseada na conciliação e na harmonia, e não na atividade judicial e no conflito, vem se expandindo de maneira rápida nos sistemas fundamentais do Ocidente e, ao mesmo tempo, tem sido exportada para o mundo em desenvolvimento como componente de pacotes de reforma jurídica. A pilhagem não é estranha a essa notável mudança estrutural do Estado de Direito. Consequentemente, precisamos também remontar às origens dessa história.

---

dos nos tratados. Os sioux lakotas, por exemplo, desenvolveram uma ideologia centrada nesses direitos, que levou ao reconhecimento de sua soberania e singularidade como parte de sua reivindicação legal pela devolução das Colinas Negras, em Dakota do Norte. Por meio da concessão de poderes assegurada pelo Estado de Direito, um esforço transnacional, o movimento contra a exploração abusiva do trabalho fabril ([anti-]*sweatshop movement*), seria um caso em que os ativistas recorreram ao Direito norte-americano para lidar com práticas trabalhistas injustas em outros países. Discutiremos mais exemplos dessa prática no Capítulo 8 desta obra.

As explorações ocorridas entre os montanheses zapotecas de Oaxaca, no México e em outras partes[29], nos levaram, em um primeiro momento, a compreender o uso da ideologia da harmonia no sucesso das táticas de colonização global *não militares* dos europeus. A harmonia coercitiva é uma modalidade de controle cultural. Os contextos institucionais não belicosos sempre funcionaram bem para os projetos de colonização, tanto para os do passado quanto para os atuais. As ideologias de harmonia podem ser usadas para eliminar a resistência dos povos, socializando-os por meio de mecanismos geradores de consenso que possam torná-los receptivos, tolerantes, passivos e dóceis, ao mesmo tempo que fazem calar as vozes discordantes. O uso da harmonia coercitiva está presente nos Estados Unidos e em cenários internacionais. Portanto, os modelos jurídicos de harmonia, como a arbitragem ou outros meios de soluções alternativas de conflitos, provavelmente fazem parte de um sistema de controle hegemônico que se difundiu pelo mundo com a colonização política europeia e as missões cristãs durante o colonialismo – uma forma primitiva de globalização –, um contexto em que o medo de resistir por meio da violência tornava atraente a administração extrajudicial dos conflitos.

Já vimos (no Capítulo 1) de que maneira, onde quer que o Direito moderno pudesse eventualmente fortalecer os colonizados, desenvolvia-se de modo rápido uma aliança entre a potência colonizadora e as elites tradicionais, evitando-se, assim, o recurso aos tribunais. A pilhagem requer que se evite a contra-hegemonia que poderia resultar do Estado de Direito. Portanto, o entendimento da difusão dos modelos norte-americanos de harmonia jurídica – às vezes chamados de soluções alterna-

---

[29] Laura Nader, *Harmony Ideology*, Stanford: Stanford University Press, 1990.

tivas de conflitos, às vezes de acordo sobre litígios internacionais*
e, em outros momentos, classificados como extrajudiciais – deve
fazer parte de qualquer estudo sobre a pilhagem. Esses procedimentos informais aplicam-se tanto fora como dentro dos limites
da justiça comum, em ONGs, na administração de litígios com as
instituições financeiras internacionais[30], em estratégias de pacificação, conciliação e manutenção da paz[31] e em projetos de colonização[32]. Procedimentos informais também são usados na decisão
de litígios ambientais, como nas questões relativas à demarcação de rios internacionais[33], ou na solução de controvérsias comerciais, ou ainda, de maneira talvez mais evidente, em diversos
acordos comerciais, como o Acordo Geral de Tarifas e Comércio
(Gatt) e o Área de Livre Comércio das Américas (Alca). Todos
esses exemplos mostram que a governança funciona ao largo da
atividade judicial, independentemente da existência de implicações legais, e que costuma ser justificada por referência a crises
políticas ou econômicas. Contudo, seu poder e suas implicações
para a pilhagem podem ter sido subestimados de modo extremo.
Tendo em vista que as soluções alternativas de conflitos costumam ser vistas como um procedimento benéfico, a exemplo do
que acontece com o Estado de Direito, é necessário submetê-las a
um exame inflexível.

---

* Em inglês, *international dispute settlement*, IDS. (N. do T.)
[30] M. Goodale, "Legal ethnohistory in rural Bolivia: documentary culture and social history in the norte de Potosí", *Ethnohistory* 49 (3), 2002, pp. 583-609.
[31] R. Wilson, "Reconciliation and revenge in post-Apartheid South Africa", *Current Anthropology* 41, 2002, pp. 157-85.
[32] S. Merry, *Colonizing Hawaii: The Cultural Power of Law*, Princeton, NJ: Princeton University Press, 1999.
[33] Laura Nader, *The Life of the Law*, Berkeley, CA: University of California Press, 2002.

Os modelos jurídicos baseados no sistema de confrontação das partes (*adversarial system*)* são impregnados de juízos de valor em relação ao fato de fazerem parte de um caminho para o progresso e o desenvolvimento, mas isso também se pode dizer dos modelos de harmonia jurídica. De fato, esses dois modelos desempenham um importante papel na difusão dos valores norte-americanos de eficiência e pragmatismo, pois as soluções alternativas são apresentadas, tanto internamente quanto no exterior, como alternativa pragmática que permite superar os possíveis excessos dos procedimentos contenciosos. Sob essa perspectiva, o Estado de Direito, uma vez plenamente desenvolvido e profissionalizado, poderia sofrer uma crise de proliferação que às vezes se apresenta como uma "explosão de litígios" que as soluções alternativas são capazes de solucionar a um baixo custo social, constituindo-se, portanto, em eficiente alternativa à ação judicial.

O pensamento dominante considera benéfica a adoção de sistemas de resolução alternativa de conflitos nos países menos desenvolvidos que, devido à "falta" de um alto nível de profissionalismo jurídico, talvez encontrassem dificuldades para organizar de modo adequado um mecanismo de atividade judicial de confrontação. Portanto, o Banco Mundial (que, na verdade, torna obrigatório o uso da mediação para resolver conflitos nos países aos quais presta assistência) promove a conciliação e a mediação

---

* Sistema jurídico de tradição anglo-saxã em que a responsabilidade pelo adequado desenvolvimento do processo, em especial no que tange à prova, é exclusiva das partes, aparecendo o juiz como figura neutra na condução do litígio. É um sistema ligado a uma visão "privatista" do processo (o processo como mecanismo de resolução de problemas privados das partes). Contrapõe-se ao sistema da *civil law*, também denominado sistema inquisitório, no qual o juiz tem responsabilidade pelo adequado desenvolvimento do processo e poderes para colher provas independentemente da iniciativa das partes. Este é um sistema que enxerga o processo como um mecanismo de natureza pública, e o conflito entre as partes, como um problema social. (N. do R. T.)

de conflitos como uma alternativa pragmática para o desenvolvimento. Além disso, a adoção da resolução alternativa de conflitos é comumente apresentada como opção dotada de maior "sensibilidade cultural" perante as diferenças de mentalidade nos países que "carecem" do Estado de Direito. Em grande parte, o pensamento ocidental dominante também percebe os sistemas jurídicos não ocidentais como caricaturas do Qadi, juiz islâmico que, com desenvoltura e presteza, fazia julgamentos informais sentado sob uma árvore, imagem que se tornou famosa graças a Max Weber e por ter sido usada até mesmo por Felix Frankfurter, juiz da Suprema Corte dos Estados Unidos. A resolução alternativa de conflitos, portanto, com sua ênfase na informalidade e na qualidade da decisão proferida por conta do grau de especialidade dos julgadores na matéria discutida no caso concreto, é tida como apropriada às necessidades locais, por ser mais próxima do estereótipo "mentalidade oriental".

Embora esses modelos de "harmonia" tenham pouco que ver com concepções norte-americanas de justiça e não sejam muito correntes, costuma-se vê-los como infalíveis e benéficos, dando pouca atenção ao fato de que a disparidade de poder é ainda mais perniciosa na justiça informal do que naquela que resulta da atividade judicial. Devemos ter em mente o papel pacificador dos missionários cristãos e sua retórica de harmonia social, sob condições de dominação colonial ou de conquista imperialista, na América do Sul e na África. Nesses lugares, as noções de resignação cristã diante da vontade superior de Deus eliminaram a resistência efetiva, favorecendo a pilhagem. Portanto, a exemplo das ideologias da eficiência e do Estado de Direito, a ideologia da harmonia é equivalente à pilhagem.

Hoje, as reformas jurídicas no mundo todo padronizam cada vez mais as hipóteses de resolução alternativa de conflitos, como a arbitragem ou os acordos sobre litígios internacionais, para ajustá-los às estratégias de poder global de maneira que *eliminem as diferenças* resultantes de desigualdades de poder ou de estilos culturais antagônicos. No processo de padronização da resolução alternativa de conflitos, a reflexão sobre o conflito mostra-se limitada e técnica, e o contexto perde densidade. Desse modo, a resolução alternativa de conflitos torna-se apenas mais um sistema técnico e profissional de justiça, com seus especialistas e seus profissionais, enfraquecendo o fator de soberania (que poderia ter uma tendência de neutralizar a diferença de poder em prol da parte mais fraca) decorrente do uso de tribunais públicos potencialmente contra-hegemônicos. A resolução alternativa de conflitos converte-se, então, em um fórum de justiça privada no qual "escritórios de advocacia nas transações comerciais internacionais, a Rodada Uruguai do Gatt e a formação da Organização Mundial do Trabalho, [...] agências de avaliação de crédito etc."[34] desempenham um papel central. Passa-se dos tribunais públicos para os painéis privados, da atividade judicial formal para a justiça informal ou negociada, como parte de um movimento mais geral que consiste em privatizar tudo, de prisões a instituições de bem-estar social, eliminando assim a possibilidade de exercício da soberania pelo Poder Judiciário local e a contra-hegemonia potencial, que às vezes resulta da confrontação das partes no processo judicial. Não surpreende, portanto, a existência de cláusulas de resolução alternativa de conflitos na maioria dos contratos comuns, com bancos, companhias de seguros, empresas de teleco-

---

[34] S. Sassen, *Globalization and its Discontents*, Nova York: New York University Press, 1955. Ver também Laura Nader, "The globalization of law: ADR as 'soft' technology", em *Proceedings of the 93rd Annual Meeting, American Society of International Law on Violence, Money, Power and Culture: Reviewing the International Legacy*, 24-27 de março, 1999.

munições e funcionários de empresas ávidos por oferecer a seus clientes sua própria "justiça privada".

Um regime de direito comercial transnacional, uma hegemonia de conceitos neoliberais de relações econômicas basicamente estruturadas segundo o estilo empresarial norte-americano eliminam, de modo sistemático, as proteções constitucionais e institucionais e o acesso ao Direito, junto aos quais as vítimas da pilhagem talvez pudessem reclamar e, eventualmente, sair vitoriosas. Nessa arena, a arbitragem internacional e as novas especialidades em solução de conflitos constituem mecanismos fundamentais de controle jurídico. Contudo, nenhum desses acontecimentos existe de modo isolado, e a dialética entre pilhagem, atividade judicial e resolução alternativa de conflitos é variável e tem fluxo constante. Parece haver uma tendência, como qualquer história da OMC pode demonstrar. Originalmente, a OMC parece ter sido redigida no espírito do legalismo; ela "demandava um vigoroso processo de resolução de conflitos, que levasse em consideração o uso efetivo da arbitragem [...] e até mesmo, em certas circunstâncias, o recurso ao Tribunal Mundial"[35].

As estruturas que regem o comércio internacional podem mudar de uma década para outra. É elucidativo, portanto, arrolar as mudanças significativas na solução de conflitos desde a década de 1940, do Estado de Direito ao pragmatismo, aos painéis independentes e às decisões de consenso, e nas primeiras demandas por procedimentos jurídicos democráticos. Os mecanismos preferenciais de disputa deixam entrever as manobras para a obtenção de poder[36]. Hoje, o poder da OMC encontra-se em seus painéis

---

[35] J. Jackson, *The World Trading System: Law and Policy of International Economic Relations*, Cambridge, MA: MIT Press, 1989.
[36] K. Dam, *GATT: Law and International Economic Organization*, Chicago: University of Chicago Press, 1970.

de resolução de conflitos, permitindo que qualquer um de seus países-membros conteste as leis internas de qualquer outro membro. Esses painéis são realizados em segredo e não permitem a participação de cidadãos ou autoridades subnacionais, como os procuradores-gerais do Estado, e as decisões dos painéis são adotadas de modo automático, sem nenhum recurso independente, sem registro escrito e aplicação seletiva. Não é leviana a observação de que, ao assim procederem, os Estados estão concedendo algumas de suas prerrogativas a entidades supranacionais. Ainda que as mudanças de um tipo de estilo de litígio para outro nunca sejam absolutas, o simples fato de ocorrerem já é digno de nota, pois demonstra quão flexíveis são os modelos de resolução de conflitos inseridos na denominação única de "Estado de Direito".

As tendências de reforma global parecem objetivar ordenações flexíveis na resolução de conflitos, a fim de aumentar a vantagem dos parceiros com maior poder de barganha. É imprescindível entender a constituição das tecnologias jurídicas "moderadas" ou *soft*, como a resolução alternativa de conflitos, e de que modo elas atendem aos objetivos da pilhagem. Contudo, também é importante entender que a ideologia obscura do Estado de Direito contemporâneo pode englobar tanto a atividade judicial quanto a resolução alternativa de conflitos, às vezes de modo aparentemente contraditório. Por exemplo, o chamado Consenso de Washington exorta a China a respeitar as patentes internacionais ou a criar um sistema judiciário que faça cumprir os contratos comerciais, mas ao mesmo tempo insiste em que Bangladesh mantenha com a Índia negociações sobre o rio Ganges, em vez de levar para o Tribunal Mundial suas demandas sobre os direitos ao uso da água. Como Charlene Harrington observou, "os negócios e as finanças globais parecem enfrentar uma gigantesca contradição: por um lado, empenham-se em eliminar restrições legais em uma parte do mundo, aquela das sociedades mais ricas; por outro, exortam os países mais pobres a adotar restrições legais que protejam a propriedade privada de interferências políticas"[37]. Contudo, a realidade e suas variações são ainda mais complexas, pois o processo de globalização resulta em interações de poder variáveis que, em geral, se ocultam à sombra do Direito de inspiração norte-americana e costumam ser determinadas pela pilhagem[38].

---

[37] Charlene Harrington, *Shadow Justice: The Ideology and Institutionalization of Alternatives to Court*, Wesport, CT: Greenwood Press, 1985.
[38] W. Greider, *The Manic Logic of Global Capitalism*, Nova York: Simon & Schuster, 1997, p. 34.

4
A PILHAGEM DE IDEIAS E OS LEGITIMADORES

Hegemonia e consciência jurídica

A hegemonia jurídica norte-americana pode ser mais bem compreendida (com o que se tornará muito mais importante do ponto de vista político) como uma mudança de consciência jurídica e política, e não como um modelo de transferência de normas jurídicas e instituições formais. A recepção do Direito é uma atividade extremamente criativa, e as transferências dele seriam muito mal compreendidas se só as abordássemos como um exercício mecânico de importação-exportação de códigos ou instituições legais. Uma abordagem mais adequada consiste em avaliar a difusão dos modos profissionais de pensar o Direito e examinar, no contexto colonial ou no imperial, as principais transformações intelectuais ocorridas nas elites. Observar a globalização do Direito sob uma ótica estatal voltada para a produção de normas (concentrar-se na difusão do Direito francês, alemão e norte-americano) não ajuda a perceber a natureza da ordem jurídica posterior à Guerra Fria. Esses modos de ver estão também estritamente ligados à territorialidade e não permitem levar ao entendimento do poderoso papel das instituições transnacionais de governança global (o Banco Mundial, o FMI e a OMC), bem como o papel dos agentes empresariais transnacionais na produção privada do Direito. Da mesma maneira, o projeto colonial talvez seja mais bem avaliado como uma relação – inicialmente e, com frequência, de modo violento – que envolve uma variedade de agentes colonizadores, tanto públicos como privados, e não uma relação discreta entre uma metrópole e uma colônia. Uma percepção territorial da relação colonial que tivesse por base apenas a concepção de Estado seria demasiado estreita. Iria concentrar-se nas instituições formais e, ao fazê-lo, perderia a dimensão internacional tanto do empenho colonizador quanto das forças de resistência.

Tanto a relação colonial quanto a atual globalização hegemônica incluem uma dimensão ideológica de natureza persuasiva. Os subordinados, ou pelo menos parte significativa deles, devem ser convencidos da natureza superior da ordem e da civilização dominantes em comparação com as deles. Sem esse componente ideológico, a opressão seria um exercício muito mais dispendioso. Uma demonstração expressa de violência física não é uma estratégia viável no longo prazo. O poder moderado é muito mais eficiente do que o poder opressivo, e o estabelecimento dos aparelhos ideológicos que sustentam sua construção é aspecto crucial de qualquer projeto de pilhagem.

Enquanto o poder às vezes usa a propaganda explícita, o profissionalismo mostra-se mais eficiente em convencer os setores mais cultos da população. Certas elites profissionais adquirem, no nível internacional, a influência necessária para fornecer legitimidade ao poder hegemônico. Seu papel consiste sobretudo em escolher intelectuais locais e um discurso público para usar o prestígio de uma classe social com influência local e, desse modo, reduzir os custos da dominação física, ao mesmo tempo que mantém o controle externo e, em última análise, a pilhagem. Esse apoio intelectual interno e externo permite que o projeto imperial conquiste credibilidade junto às populações locais, que passam a acreditar em suas promessas de civilização, riqueza, desenvolvimento e libertação. A invisibilidade da pilhagem e a aceitação, por parte da maioria, das práticas que a sustentam e que aparentemente são de natureza benévola constituem um exercício ideológico, a esfera de domínio de ideólogos das correntes de pensamento dominantes.

A função de prover legitimidade às vezes é institucionalizada, como no caso das missões católicas nos períodos coloniais. Outras vezes é mais descentralizada, como no caso de um pensador muito admirado que, sozinho, realiza todo um circuito de conferências a convite dos departamentos das universidades locais. A postura acrítica dessas pessoas em relação a seu próprio sistema jurídico e político pode funcionar, por si só, como uma poderosa justificativa ideológica do estado de subordinação, uma vez que fornece, em última instância, os modelos conservadores apreciados pelas elites locais.

Programas como os das bolsas Fulbright* para lecionar no exterior ou grande variedade de iniciativas semelhantes, com frequência dignos de louvor, são exemplos do que estamos querendo dizer. Na verdade, nesse caso, nada impede que o conferencista ou o professor viajante adote uma postura crítica. Não obstante, o processo de seleção e a psicologia do papel a desempenhar tornam altamente improvável o exercício da autocrítica. Em 2005, o professor John Yoo, autor do infame memorando sobre a tortura**, era professor Fulbright na Universidade de Trento, na Itália.

---

* Programa de financiamento de atividades educacionais em nível universitário criado pelo senador norte-americano J. Willian Fullbright em 1946 que patrocina a remessa de professores americanos para lecionar em outras universidades do mundo e também a recepção, nos Estados Unidos, de alunos para realizarem cursos de pós-graduação. (N. do R. T.)

** Memorando jurídico (parecer) escrito para o Congresso Nacional norte-americano, em março de 2003, que sustentava que a prisão e tortura e a espionagem reali-

É difícil saber se as conceituadas ideias de progresso social de Henry Sumner Maine eram compatíveis com o projeto colonial, porque ele as expressava como autoridade colonialista, ou se ele aceitou o cargo porque já defendia tais ideias. Da mesma maneira, é difícil determinar se um conhecido especialista – em análise econômica do Direito, digamos – torna-se mundialmente famoso porque já defende pontos de vista compatíveis com a ideologia neoliberal dominante ou se absorve tal ideologia por serem essas as expectativas dos departamentos de economia em que ele vai dar cursos pelo mundo afora. É possível que a questão nem mesmo seja interessante. Contudo, a verdade é que a grande maioria dos mais importantes intelectuais de centro defendem concepções imperialistas (ou colonialistas) e que, por causa delas, suas vozes são amplificadas pelo conjunto de fatores institucionais que poderíamos chamar de aparelhos ideológicos da governança global. Renomadas como são, essas concepções conferem legitimidade profissional ao projeto imperialista.

Neste capítulo, portanto, discutiremos alguns "legitimadores", um grupo diversificado de intelectuais que ajudam a construir uma consciência jurídica coerente com o imperialismo. Esses intelectuais não precisam compartilhar nenhuma motivação específica, a não ser, talvez, algum "projeto profissional" ditado pela lealdade à disciplina que ensinam. Como indivíduos, suas motivações podem ser diferentes.

Começaremos nossa discussão com informações sobre a pilhagem no domínio das ideias. Em seguida, discutiremos o modo como sua legalização é favorecida pelo desenvolvimento de uma

---

zadas pelo governo dos Estados Unidos em decorrência dos atentos de 11 de setembro encontravam-se imunes ao controle do Direito internacional, dos parlamentares e da Suprema Corte. Tais documentos foram bastante combatidos por parcela da intelectualidade norte-americana. (N. do R. T.)

consciência jurídica comum aos intelectuais de elite, esses criadores de grande variedade de estratégias em causa própria. Em primeiro lugar, apresentaremos os economistas que hoje atuam nos Estados Unidos, em estreito contato com advogados e estrategistas políticos, buscando verificar de que maneira seus projetos profissionais colonizaram o pensamento jurídico norte-americano, em um primeiro momento, e depois reivindicaram um papel global no provimento de legitimidade à exploração e à pilhagem. Para discutir a questão da continuidade, passaremos então ao exame dos antropólogos, sobretudo daqueles que, por seu papel de extrema importância na legitimação da pilhagem colonial, têm afinidades com o universo do Direito.

A propriedade intelectual como pilhagem de ideias

A sequência imediata da Guerra Fria foi inaugurada pela invenção do protocolo da rede de alcance mundial (*world wide web protocol*) na internet. Basta navegar uma vez pela internet para se dar conta do predomínio cultural desse país. A vantagem quantitativa e qualitativa dos *sites* em inglês norte-americano é mais um sinal da forte hegemonia cultural dos Estados Unidos nessa rede, o grande símbolo da globalização e do progresso. A chamada "exclusão digital" demonstra o espantoso aumento da diferença entre países ricos e pobres, criada e dramaticamente ampliada por intermédio da internet, pelo que se pode considerar outro aparelho ideológico da governança global: a propriedade intelectual. A informação talvez seja hoje a mais importante fonte de riqueza. A propriedade intelectual, do modo como se encontra arraigada em uma concepção de direito de propriedade essencialmente ocidental, é incompatível com as modalidades de propriedade existentes e com os valores comunitários fundamentais de muitas sociedades. Os conceitos ocidentais de propriedade intelectual são difundidos mundialmente pela Internet e aplicados pelo Acordo sobre Aspectos dos Direitos de Propriedade Intelectual Relacionados ao Comércio (Trade-Related Aspects of Intellectual Property Rights, Trips), a "extensão" de propriedade intelectual da poderosa OMC. A propriedade intelectual formaliza a disparidade de riqueza e poder que a tecnologia cria, concedendo à minoria global que domina o mercado uma vantagem aparentemente impossível de superar. A natureza não territorial da propriedade intelectual, que tem na internet seu símbolo, ao lado da alegação de universalidade e objetividade de sua justificação são responsáveis pelo aumento do imperialismo institucional[1].

A legitimidade global da propriedade intelectual tem raízes na ideia de que a criatividade individual deve ser premiada e os direitos de propriedade exclusiva constituem esse prêmio. Estamos de volta a Locke e às justificativas jusnaturalistas da propriedade individual, a mesma linha de pensamento, já discutida neste livro, que conferiu legitimidade aos primeiros genocídios e saques nas terras "desocupadas" dos americanos nativos dos Estados Unidos. Ninguém cultivaria a terra sem a garantia de propriedade exclusiva sobre os frutos de seu trabalho. Ninguém teria incentivos para criar se não houvesse regras de propriedade intelectual que assegurassem o monopólio dos benefícios de sua criatividade. Ninguém modificaria sementes geneticamente sem a garantia de que o sistema jurídico imporia essa tecnologia a agricultores de todo o mundo, forçando-os a abandonar práticas comunitárias de compartilhamento e permuta de sementes[2]. Essa retórica sete-

---

[1] Ver discussão sobre ativismo judicial nos tribunais norte-americanos no Capítulo 5.
[2] Um excelente artigo sobre essas concepções: Keith Aoki, "Neocolonialism, anticommons property and biopiracy in the (not-so-brave) new world order of international intellectual property protection", *Indiana Journal of Global Legal Studies* 6, 1998, p. 11.

A PILHAGEM DE IDEIAS E OS LEGITIMADORES · 147

centista, atualmente reforçada por modelos econômicos e jurídicos simplistas de viés neoclássico, nega as concepções de alienação e exploração e o fato concreto de que, com muita frequência, os direitos de propriedade intelectual podem cristalizar o *status quo*, em vez de promover inovações e mudanças.

A filosofia universalista e centrada no indivíduo, alardeada pelos direitos de propriedade intelectual e pelas instituições criadas para fazê-los cumprir em todo o mundo (a Organização Mundial de Propriedade Intelectual e o Trips)[3], atende às necessidades de agentes empresariais poderosos. Patentes e direitos autorais são monopólios. Em nome da eficiência e da inovação, essa filosofia estimula a noção de que as ideias, como qualquer outro recurso, devem ser colocadas no mercado para tornar-se propriedade de quem quer que se disponha a pagar mais por elas, aumentando, desse modo, a riqueza social. Essa justificativa aparentemente neutra oculta a relação entre a disposição de pagar e a capacidade de fazê-lo, incorporando, assim, a vantagem cada vez maior dos agentes mais poderosos do mercado[4].

Os aspectos hegemônicos da revolução da propriedade intelectual são muito fáceis de perceber, tanto em seu componente de poder (pressão econômica e política para forçar os países não oci-

---

[3] Ver Michael Blakeney, *Trade Related Aspects of Intellectual Property Rights: A Concise Guide to the Trips Agreement*, Londres: Sweet & Maxwell, 1996.

[4] As noções territoriais de Estado e soberania (do Kuwait), a exemplo daquelas inicialmente proclamadas e defendidas por ocasião da primeira guerra contra o Iraque (e das que foram esquecidas pela Otan durante as greves na Bósnia), são, sem dúvida, enfraquecidas pela filosofia não territorial universalista que justifica a propriedade intelectual como um prêmio à criatividade (tecnológica). Por que o Golfo territorial e os Estados africanos deveriam possuir o petróleo que, por acaso, se encontra em seus limites territoriais? Por que o petróleo do mundo todo não deveria ser distribuído como um prêmio aos que têm condições de extraí-lo e usá-lo como fonte de energia? A soberania territorial do Estado não deveria capitular diante das necessidades da humanidade, do modo como as interpreta a economia global?

dentais a aceitar os acordos de proteção à propriedade intelectual internacional) quanto em seu componente ideológico, indispensável para a obtenção de consenso (a propriedade intelectual justificada como uma concepção jusnaturalista universal e como uma ideia modernizadora e eficiente, necessária ao desenvolvimento). Sem dúvida, como no caso de todas as instituições de hegemonia, a propriedade intelectual usa dois pesos e duas medidas não apenas em sua justificativa intelectual, mas também em seu uso concreto. Na primeira perspectiva, apresenta o monopólio como uma prática eficiente, sendo sua ausência um anátema para os economistas. Na segunda, é suficiente comparar a saga dos medicamentos genéricos contra a aids na África do Sul (uma doença que mata, por semana, um número de pessoas igual ou superior ao das vítimas dos acontecimentos de 11 de setembro de 2001) com o tratamento e o respeito que a propriedade intelectual da Bayer, indústria farmacêutica multinacional alemã, recebeu da administração Bush na sequência da "crise do antraz" no outono de 2001[5]. Como nossos leitores talvez lembrem, a administração Bush tinha permitido, isoladamente, a produção genérica dos antídotos cuja patente pertencia à Bayer, e a indústria farmacêutica, forte diante da fraqueza da África do Sul, mas fraca diante do poderio dos Estados Unidos, teve a generosidade imediata de não fazer caso de suas patentes e dispor-se a cooperar com a administração norte-americana.

Nossa discussão sobre a pilhagem de ideias precisa voltar, mais uma vez, às raízes europeias do direito norte-americano, porque

---

[5] Fica evidente que a grande derrota que a África do Sul impôs às concepções imperialistas de propriedade intelectual ocorreu dentro do paradigma cultural "baseado em grupos", em que a ideologia individualista tem menos capacidade de convencimento. Ver K. Brown, "Globalization and cultural conflict in developing countries: the South African example", *Indiana Journal of Global Legal Studies* 7, 1999, p. 225.

a nossa história, aqui, diz respeito à apropriação euro-americana – e não islâmica ou asiática – dos recursos e ideias de outros povos. Os exemplos que usamos pertencem à área de propriedade intelectual, uma legislação ocidental de direitos autorais, patentes, marcas registradas e segredos comerciais que, ao individualizarem o conhecimento global, o tornam apropriável e transferível a quem quer que se disponha a (e tenha condições de) pagar mais por ele. Os pressupostos básicos que facilitam a função do Direito como técnica de apropriação ficam claros quando, ao transcenderem as fronteiras nacionais, essas ideias entram em choque com pressupostos não ocidentais, contestando, por exemplo, as noções de que não se podem patentear velhas ideias a serviço do grupo, e não do indivíduo. Para entender plenamente as questões contemporâneas sobre propriedade intelectual, convém fazer uma comparação transcultural.

O caso dos caiapós, no Brasil, está muito bem documentado. O artigo 27 das Trips sustenta que, para uma invenção ser patenteada, ela deve ser "não óbvia" (substancialmente diferente de seu estado natural), útil e inédita, e deve ser produto de um indivíduo específico. A concepção caiapó daquilo que constitui uma invenção humana é radicalmente diversa. Para eles, o conhecimento é um produto da natureza do mundo, não da natureza humana. Além disso, consideram que o conhecimento nem sempre se traduz na forma de "produtos úteis". Embora o acordo das Trips estipule que a invenção não pode ser objeto de conhecimento prévio, o conhecimento indígena é transmitido de geração a geração. Qualquer caiapó pode conhecer um método de cura, pois esses métodos são de domínio público. O critério final, de que o remédio seja visto como produto de um indivíduo específico, não se aplica ao contexto caiapó, uma vez que seu conhecimento é comunitário e difícil de atribuir a uma única pessoa, o que dificulta sua comercialização. Portanto, os direitos de propriedade intelectual ocidentais não são compostos por valores que expressam a plenitude das possibilidades humanas, mas sim por crenças que refletem os interesses da minoria ocidental que domina os mercados, sendo, portanto, universais. Observe-se que exatamente a mesma história poderia ser contada sobre a individualização da propriedade nas terras cultivadas em comum no oeste africano, uma sobreposição de concepções ocidentais individualistas compatíveis com a livre transferibilidade para os que podem pagar mais. Invariavelmente, as políticas de individualização e privatização, defendidas por organizações financeiras internacionais, favorecem a Monsanto e outras empresas multinacionais interessadas na compra de terras que, de outro modo, não estariam disponíveis no mercado para as experiências com a tecnologia dos organismos geneticamente modificados (OGMs).

Os caiapós são apenas um exemplo. A literatura está cheia de episódios de expedições de coleta de dados em que cientistas ocidentais observam, em campo, práticas ou expressões culturais baseadas em um conhecimento local secular. Não apenas cientistas, mas também "caçadores de tendências", que observam comunidades jovens em busca de inspiração a partir de ideias comuns sobre o que é "descolado" (tatuagens e *piercings* no Amazonas, ou os símbolos do *hip hop* do gueto afro-americano, como os bonés, seriam bons exemplos). Eles então voltam para seus locais de origem em busca de "novos" direitos de propriedade para fins de exploração global dessas ideias comuns na música, na moda ou na indústria farmacêutica. Em geral, quando a estrutura da propriedade individual se sobrepõe a esse conhecimento, surge um mercado global para as matérias-primas, aumentando os preços e, por conseguinte, privando os habitantes locais de qualquer possibilidade de manter o uso tradicional, simplesmente porque eles não têm capacidade de pagar pelo novo preço "ocidentalizado".

O exemplo mais famoso é a árvore hindu *neem* (conhecida como "farmácia da aldeia"), tradicionalmente usada pelo grande número de propriedades medicinais que possui. Os cientistas ocidentais "descobriram" o princípio ativo e logo o patentearam na Flórida, para uso em higiene oral. Sua ampla aplicação comercial no Ocidente (como creme dental) fez os preços subirem tanto que os produtos dela derivados ficaram demasiado caros para seus usuários tradicionais, cuja higiene oral vem se deteriorando drasticamente. Na África Ocidental, há uma história muito parecida sobre a manteiga de caritê, hoje cobiçada pela indústria ocidental de cosméticos (que com frequência finge atuar segundo os princípios do justo comércio)[6]. Além desses, poderíamos apresentar vários outros exemplos. Depois de muitos anos de estudos e sacrifícios, os cientistas africanos veem-se diante de uma dramática alternativa: ou permanecem pobres e desocupados, trabalhando, na melhor das hipóteses, para instituições e laboratórios públicos, privados de quaisquer recursos, devido aos cortes em educação e pesquisa determinados pelos programas de ajuste estrutural, ou aceitam trabalhar em expedições de coleta de dados da iniciativa privada ocidental, em laboratórios com ar condicionado e equipamentos de última geração. Esses laboratórios privados nos quais se "aperfeiçoa" a manteiga de caritê, bem como outros processos e ideias tradicionais, quase sempre os únicos subsidiados por países ocidentais doadores, acabam patenteando suas invenções. Sem dúvida, ao aceitarem

---

[6] Um documentário importante, *Le beurre et le prix du beurre*, foi apresentado em 2007 no Festival Panafricano de Cinema e Televisão – Fespaco, na cidade de Ouagadougo em Burkina Faso, expondo a fraude das "práticas justas de mercado" que a indústria de cosméticos afirma adotar.

essa última alternativa, esses cientistas renunciam a toda e qualquer reivindicação de suas "invenções", que muitas vezes são fruto de um conhecimento comunitário compartilhado por suas aldeias de origem.

Cantores africanos criativos e pobres, cujos ritmos atualmente enriquecem a indústria da mídia no Ocidente, ou mesmo criadores de tatuagens, colares e *piercings* que hoje são copiados e comercializados em todos os *shopping centers* do mundo ocidental, não auferem lucro algum, apesar de serem os verdadeiros inventores. Esses indivíduos buscam apenas recursos mínimos que lhes permitam expressar sua criatividade, os quais em geral são produto do acúmulo de conhecimentos locais: gravadoras, laboratórios de arte etc. Para conseguir trabalhar e expressar-se, eles "transferem" para as empresas que lhes oferecem essas condições mínimas todos os direitos de propriedade intelectual, muitas vezes originários das comunidades locais: pilhagem.

Enquanto a natureza ideológica da concepção de que a propriedade intelectual estimula a criatividade é demonstrada por esses fatos, podemos observar que as instituições ocidentais fomentam ativamente os instrumentos dessa pilhagem. Por exemplo, a União Europeia, um importante "doador" na República do Mali, condiciona a pesquisa e outros subsídios culturais ao governo malinês à aprovação de novos direitos de propriedade cada vez mais rigorosos. Esse condicionamento, que atende às necessidades da indústria ocidental, é descaradamente detalhado por escrito, pois se dá por certo que o direito de propriedade intelectual traz benefícios ao desenvolvimento.

Propuseram-se soluções para a tensão fundamental entre as concepções individualistas e o saber comunitário, como os novos conceitos jurídicos baseados na representação culturalmente mais inclusiva da propriedade intelectual, que reconhece os direitos coletivos dos povos indígenas como "inventores coletivos"[7].

Outras soluções, mais condizentes com a equação propriedade/criatividade intelectual, sugerem o uso de contratos entre o extrator e o sujeito da extração, ou estimulam ideias de *creative commons**. Houve uma explosão de publicações propondo soluções para esses problemas (como a proposta de James Love de quebra do sistema de patentes), mas não é nosso objetivo, aqui, analisar as propostas ou passar em revista essa literatura. Em vez disso, precisamos entender melhor a importância do atual desafio para elucidar os meios pelos quais as leis comerciais recentes foram legitimadas e por que os interesses comerciais não se apoderam simplesmente do que querem por meio de força ou persuasão, mas, ao contrário, inventam expedientes legais.

Desenvolveu-se uma ideologia poderosa em torno da propriedade intelectual, o que lhe permitiu tornar-se um sofisticado instrumento de pilhagem. As ideias e condições são universalizadas, consideradas indiscutíveis e incorporadas por essa ideologia que é criada sobretudo pelas diversas elites intelectuais, assunto que discutiremos nas próximas seções. Por exemplo, a concepção jusnaturalista de "primeira posse" de espaços desocupados, às vezes expressa pela ideia de "o primeiro a chegar é o primeiro a ser atendido", é usada, de modo quase incontestável, na alocação dos "nomes de domínio" na internet. Por um preço razoável, qualquer pessoa pode ocupar um nome de domínio livre. Depois da ocupação, o nome só pode ser usado, como em qualquer outra for-

---

[7] Ver Darrell A. Posey & Graham Dutfield, *Beyond Intellectual Property: Toward Traditional Resource Rights for Indigenous Peoples and Local Communities*, Ottawa: International Development Research Centre, 1996.

* A expressão *creative commons*, também conhecida pela sigla CC, significa tanto um conjunto de licenças para gestão aberta, livre e compartilhada de informação e conteúdos, quanto a entidade homônima, criada com o objetivo de dar maior flexibilidade à utilização de obras protegidas por direitos autorais. (N. do T.)

ma de propriedade individual, com seu consentimento. Isso cria um mercado eficiente de nomes de domínio, assegurando a todos a igualdade de possibilidades nessa nova fronteira da riqueza humana. O que poderia parecer mais natural, justo e eficiente a qualquer um que disponha de um computador, de acesso à internet e de dinheiro para pagar por ele?

Essas condições, porém, não são naturais nem universais. Não surpreende que empresas norte-americanas na época atual "possuam" o nome de domínio "yanomami.com" ou "southafrica.com", tornando-se, desse modo, legalmente habilitadas a reivindicar ganhos sobre os usos futuros desses nomes. Pessoas e países em posição de desvantagem devido à exclusão digital poderiam ter de pagar para usar seus próprios nomes no espaço global da internet. Assim como o povo ianomâmi e outros perdedores gerais nos processos de globalização terão de pagar por necessidades de subsistência recém-patenteadas, que são de propriedade privada, como as sementes geneticamente modificadas desenvolvidas em terras cultiváveis pertencentes a empresas: pilhagem.

Os legitimadores: a análise econômica do Direito

Na época atual, há uma crença quase unânime de que a economia é a "rainha das ciências sociais". É a única oficialmente reconhecida como "ciência verdadeira", a tal ponto que, entre as chamadas ciências sociais, a nenhuma outra se concede um prêmio Nobel. *Sir* Karl Popper, um dos gurus do liberalismo, reconheceu a economia como ciência, ao mesmo tempo que negou esse *status* à Sociologia, ao Direito, à Antropologia ou à Psicologia. Não surpreende que, no contexto do projeto neoliberal, os economistas tenham se tornado cada vez mais influentes na elaboração de diretrizes políticas, oferecendo "neutralidade", "conhecimento científico", "objetividade" e, em última análise, uma poderosa justificativa intelectual da exclusão da redistribuição de riquezas na sociedade. Um economista austríaco, Friedrich von Hayek, pode ser considerado o mentor intelectual da revolução Reagan/Thatcher.

Embora os economistas possam divergir muito entre si no que diz respeito a posições políticas, quase todos compartilham a crença no positivismo. Eles acreditam que é possível distinguir uma dimensão descritiva de uma descrição prescritiva ou normativa. Por conseguinte, admitem divisões políticas no mundo do "devia ser", ao mesmo tempo que seu projeto profissional consiste em descrever, explicar e predizer o mundo do "tal como é". Além disso, consideram a "motivação do lucro" (descrita como maximização da utilidade) como a única motivação humana capaz de tornar-se objeto de "estudo científico". Portanto, veem até o altruísmo como maximização da utilidade individual. O altruísta é alguém que extrai utilidade interesseira do fato de ser generoso. Desse modo, a motivação de justiça reduz-se a uma subforma do comportamento de maximização da riqueza.

A universalidade é um aspecto importante das "leis" comportamentais que os economistas descrevem, o que permite pensar que a economia é a mesma em Nova York, Paris ou Bombaim. É bem verdade que alguns economistas afirmam que as instituições ou as tendências cognitivas têm importância, o que os leva a prestar mais atenção ao contexto institucional – ou mesmo cultural – de suas prescrições[8]. Não obstante, prevalece a percepção de que as diferenças locais, que são de importância fundamental, não comprometem a validade das "leis universais" em consonância com as quais os mercados funcionam. Na dimensão normativa,

---

[8] Ver Douglas North, *Institutions, Institutional Change and Economic Development*, Cambridge, MA: Cambridge University Press, 1990.

pode-se lidar com as diferenças institucionais por meio da harmonização, a fim de alcançar algumas condições universais de eficiência. Por outro lado, as diferenças podem ser "exploradas" no âmbito de um modelo competitivo, ele próprio voltado para a aquisição de eficiência. Os conceitos de "boa governança" e "ajuste estrutural" compartilham a crença em um padrão evolutivo de desenvolvimento segundo o qual os países pobres devem se empenhar em alcançar as "condições ótimas" do capitalismo de mercado. As ideias que os antropólogos defendiam há um século, e depois abandonaram, constituem hoje a crença coletiva da rainha das ciências sociais.

Não pretendemos ironizar o trabalho dos economistas. Sua disciplina acadêmica é extremamente sofisticada e padronizada, de modo que os não profissionais nem mesmo entendem boa parte de seu conhecimento. Não obstante, como já afirmamos em seção anterior, suas prescrições políticas (pensemos, por exemplo, nos *Chicago Boys* do Chile*), por serem políticas, em última instância, devem ser discutidas e criticadas em termos políticos. Mesmo quando de boa-fé e abertos à vanguarda dos avanços da disciplina (e atentos às tendências institucionais e cognitivas), os economistas invariavelmente apresentam os países periféricos como tão fracos que nem mesmo são capazes de pôr em prática as receitas mais básicas para o sucesso e o desenvolvimento econômicos[9]. Devido a sua axiologia utilitarista, portanto, a corrente principal da profissão econômica incorporou de maneira profunda tanto a atitude autocomplacente do Ocidente quanto sua atitude condescendente, humilhante e com frequência racista diante do resto do mundo.

---

* Nome dado aos principais assessores econômicos do ditador chileno Augusto Pinochet, quase todos com pós-graduação em Chicago. (N. do R. T.)
[9] Hernando de Soto é o mais conhecido representante dessa vertente simplista de pensamento.

Igualmente simplistas são as ideias comuns à profissão econômica diante da realidade do sistema jurídico, tanto nos contextos ocidentais quanto, a fortiori, nos países periféricos. Apesar disso, como quase sempre acontece, longe de serem entendidas como um limite disciplinar, as análises simplistas e as prescrições pouco complexas constituem a chave para o sucesso de um gênero literário. Desse modo, os luminares da economia – aqueles que introduzem essas abordagens dominantes e simplórias no debate geral por meio de jornais e outros veículos da mídia – são importantes, aqui, como planejadores políticos e legitimadores do "Estado de Direito" global como instrumento de pilhagem. O que nos interessa nesta seção são as raízes desse influente diálogo profissional nos Estados Unidos.

O choque de interesses entre as profissões do Direito e da Economia aconteceu no auge da Guerra Fria, quando a modalidade antiformalista de raciocínio jurídico conhecida como *realismo jurídico norte-americano* passou a dominar a cultura jurídica dos Estados Unidos. O realismo jurídico norte-americano pode ser descrito como uma abordagem que reconhece, sem rodeios, que o Direito é sobretudo o produto das decisões políticas tomadas pelo estrategista político, originando-se em geral de sua concepção política da sociedade. Essa abordagem contrastava de modo profundo com concepções formalistas anteriores do Estado de Direito, que o viam como uma ordem jurídica preexistente na qual o intérprete descobre o que é o Direito por meio da aplicação quase mecânica da lei e dos precedentes às situações concretas da vida cotidiana[10]. Para a concepção realista, o jurista deveria atuar

---

[10] Para avaliações da hegemonia realista no Direito norte-americano, ver Grant Gilmore, *The Ages of American Law*, New Haven, CT: Yale University Press, 1977; e Bruce Ackerman, *Reconstructing American Law*, Boston: Harvard University Press, 1984.

como um engenheiro social, equilibrando conflitos de interesses e "criando", desse modo, a estrutura jurídica para a interação social futura – um dramático distanciamento da tradição "textual" do Direito que ainda predomina fora dos Estados Unidos, mas ainda assim um claro reconhecimento da natureza "normativa" do raciocínio jurídico. Um dos mais importantes realistas jurídicos, Herman Oliphant, criou um famoso lema para essa abordagem jurídica antiformalista de origem norte-americana, ao sugerir que os juristas deveriam "cair fora das bibliotecas". Segundo essa concepção, os operadores do Direito deveriam mergulhar no estudo da interação social em busca das melhores soluções institucionais possíveis. Foi preciso abandonar a crença – que há muito tempo constituía todo o universo dos juristas ocidentais mais influentes – de que as normas podem ser "descobertas" em leis e precedentes anteriores.

Com esse objetivo em vista, os advogados precisavam da orientação de outros cientistas sociais, como sociólogos, antropólogos ou economistas. Karl Llewellyn, por exemplo, outro importante realista jurídico, foi bater à porta do antropólogo E. Adamson Hoebel quando quis explorar formas de "existência jurídica" fora das bibliotecas[11]. Muitos outros advogados adeptos do realismo jurídico também passaram a crer que especialistas sem formação em Direito precisavam fazer parte dos corpos docentes, a fim de desenvolver modelos de pensamento não textuais. Entre esses especialistas que, apesar de não terem formação jurídica, passaram a lecionar nas Faculdades de Direito de maior prestígio na década de 1950, encontramos muitos dos criadores da "análise econômica do Direito", economistas importantes da Universidade de Chicago, como Aaron Director ou Ronald Coase.

---

[11] Ver Laura Nader, *The Life of the Law*, Berkeley, CA: University of California Press, 2002.

Na verdade, os advogados não se limitaram a usar a orientação desses pensadores para fazer uma viagem intelectual para além dos limites do raciocínio textual. Poucos dentre eles estavam em busca de abordagens progressistas que pudessem desafiar o *status quo* do Direito. Poucos buscavam, com as ferramentas do Direito, encontrar abordagens melhores, que lhes permitissem examinar os "pontos obscuros". Nos países ocidentais, dominados pela retórica da democracia, quando os advogados desempenham com imparcialidade seu papel frequentemente contestado de formuladores de leis, e o fazem sem ocultar suas próprias plataformas políticas, eles passam pela experiência de uma perda de legitimidade. Como exemplo público recente, de grande interesse, podemos citar as audiências de sabatina de John Roberts, presidente da Suprema Corte. Este experiente advogado usou com sucesso a metáfora do juiz como um "árbitro neutro" que se limita a aplicar o Direito tal como ele existe, tornando-se assim aceito por negar qualquer plataforma política pessoal.

Muitos juristas norte-americanos, sobretudo aqueles que pendem para o lado mais conservador do espectro político, achavam que décadas de predomínio de realismo jurídico exigiriam uma reestruturação da legitimidade do operador do Direito como um árbitro neutro. O Direito, diziam eles, precisava ser reformulado, recuperando alguma objetividade e neutralidade, caso os juristas e juízes pretendessem conservar seu papel social de "legisladores ocultos" em um sistema de governo representativo, politicamente organizado. Considerar o Direito como preferência política do último tomador de decisões, como fazem os realistas, expõe os profissionais dessa ciência a um desafio fundamental: se o Direito é tão tendencioso quanto as preferências políticas do tomador de decisões, por que motivo o juiz deveria ser operador do Direito, e não um político, um médico ou um vendedor de carros?

Como já discutimos, na filosofia do Direito ocidental o Estado de Direito – sancionado como ciência jurídica e uma forma especial de conhecimento – serviu para afirmar o papel especial dos juristas, tomadores de decisões sem legitimidade política, pelo menos desde a época de *Sir* Edward Coke. Se sucessivas décadas de realismo jurídico tornaram sem serventia a venerável metáfora do jurista como um biólogo (que teria nos repositórios de jurisprudência seus espécimes de laboratório) que descobre um sistema jurídico preexistente e, em seguida, aplica-o aos fatos, utilizando um raciocínio dedutivo geométrico, o truque legitimador poderia agora ser feito pela "ciência social". E a primeira dentre as ciências sociais era a economia, em cujo DNA encontra-se a negação de qualquer legitimidade dos discursos normativos, como aqueles que são típicos dos operadores do Direito.

Ao mesmo tempo, a economia poderia oferecer uma boa diretriz fora dos princípios básicos do Direito, bem como uma nova e poderosa fonte de legitimidade. Afinal, os economistas lidavam com incentivos, e estes significavam um enfoque no comportamento dos destinatários de preceitos legais – algo que ocorria fora da esfera dos textos legais. Além disso, a partir da década de 1950, eles passaram a aplicar sua análise "científica" ao comportamento de políticos e outros agentes institucionais. Ao afirmarem que os políticos são maximizadores racionais de suas possibilidades de reeleição, desenvolveram uma abordagem conhecida como "escolha pública", afirmando-se capazes de predizer o conteúdo da legislação e da atividade reguladora, concentrando-se, para tanto, na ligação entre legisladores e interesses especiais. Ao fazê-lo, ainda tinham por foco algo extrínseco ao texto legal, entendido como o resultado do processo político. Sua preocupação maior era a produção de normas no Direito em processo de criação, nos processos e nas forças que determinam seu conteúdo (o chamado "rentismo", estudado pelo prêmio Nobel James Buchanam). Ainda que tradicionalmente os juristas se concentrassem em normas e preceitos jurídicos *como eles são* (ou como deveriam ser), os economistas afirmavam que a ênfase deveria se voltar para aquilo que vem antes (as escolhas públicas) e depois (o comportamento proativo-reativo) do preceito legal. A ênfase deve incidir no *processo* e nas consequências sociais de seu desenvolvimento.

No que diz respeito à legitimidade, os manuais de economia estavam cheios de uma retórica baseada na ciência e na objetividade. Portanto, o sucesso precoce do raciocínio econômico em questões jurídicas pode ser justificado por dois fatores: (1) como a ênfase incide no processo, então todos admitiriam que este deve ser eficiente; e (2) eficiência requer objetividade, algo essencial em uma estratégia de legitimação. Enquanto a justiça é o domínio dos sentimentos subjetivos, a eficiência é o domínio da objetividade, baseada apenas em poucos critérios simples e claramente especificados[12].

Os economistas também tinham uma agenda, de modo que o diálogo com os juristas não atendia apenas à necessidade de oferecer legitimidade ao papel deles, mas também poderia incrementar seu papel político, levando-os a envolver-se com legislação e interpretação das leis. E a agenda era comum a conservadores e progressistas. Os economistas de mente mais aberta, como Ronald Coase (prêmio Nobel de economia), em sua fase inicial achavam que a segregação entre as duas disciplinas era absurda. Afinal, em seus primórdios, o Direito e a Economia nem mesmo eram áreas de conhecimento distintas: o fundador da economia moderna, Adam Smith, era professor de Direito.

---

[12] Para uma complementação sobre o tema, ver Ugo Mattei, *Comparative Law and Economics*, Ann Arbor, MI: University of Michigan Press, 1997.

Foi só o positivismo – uma abordagem que, ao final do século XIX, havia conquistado as duas disciplinas – que quase criou, de maneira paradoxal, um impasse cultural à comunicação entre elas. Para os economistas, como sabemos, o positivismo significava a separação absoluta entre fatos e valores, entre o "tal como é" e o "devia ser", entre os discursos positivo e normativo[13]. Por muito tempo, eles simplesmente não tinham como se comunicar com os juristas, dada a confusão constante que reinava entre esses níveis de discurso e que caracteriza o modo como os operadores do Direito falam sobre a justiça. Os poucos economistas, como Thorstein Veblen ou John R. Commons, que tentaram dominar a lógica do positivismo econômico, ao manterem um diálogo com advogados e instituições, estes também envolvidos com questões de distribuição, foram acusados de socialismo e marginalizados pela ortodoxia econômica.

Para os operadores do Direito, ao contrário, o positivismo significava a total separação entre o domínio dessa ciência e aquele da moral, da política, da sociedade e do que quer que estivesse "fora" daquilo que a autoridade *proclama* como Direito. Nos termos difundidos pelo importante jurista austríaco Hans Kelsen (ele próprio, como Hayek e Popper, um refugiado na Inglaterra), o positivismo significava uma *teoria pura* do Direito. Sob essa perspectiva, os economistas eram indivíduos contaminados pela constância de seus discursos políticos, algo além da ideia pura do sistema jurídico[14]. Naturalmente, a teoria pura do Direito, ao con-

---

[13] Ver Avery Katz, "Positivism and the separation of law and economics", *Michigan Law Review* 94, 1996, p. 2229.

[14] Hans Kelsen, *The Pure Theory of Law* (trad. inglesa de Max Knight), Berkeley, CA: University of California Press, 1967 (em português: *Teoria pura do Direito*, trad. João Batista Machado, 8ª ed., São Paulo: Martins Fontes, 2009) e *General Theory of Law and State* (trad. inglesa de Anders Wedberg, Nova York: Russell & Russell, 1961.

ferir legitimidade ao Estado de Direito apenas porque se trata do Estado de Direito, não critica retrospectivamente seu uso, por mais opressivo que este possa ser. Desse modo, introduz a ideia de que o Direito, uma vez afirmado e atuante, legitima-se por si próprio e não pode nunca ser "ilegal" ou servir à pilhagem, um termo que evoca de maneira intrínseca a ilegalidade, não o Estado de Direito.

Essa separação entre pensamento jurídico e econômico cobrou um alto preço, que se tornou muito evidente quando a crise do petróleo da década de 1970 forçou uma reformulação das prioridades. Do lado jurídico, o Estado assistencialista fora construído com muito pouca atenção aos efeitos econômicos de suas regulamentações, de modo que, por ocasião da crise do petróleo, a sustentabilidade começou a ser questionada com êxito cada vez maior, em particular na Inglaterra e nos Estados Unidos. Do lado econômico, a política keynesiana, tão crucial para a recuperação da crise dos anos 1930, foi desenvolvida sem levar em consideração a estrutura jurídica de sua implementação, em particular a autonomia e os poderes da estrutura jurídica e burocrática, capazes de frustrar, por complexos padrões de resistência, qualquer macrorreforma.

Por conseguinte, enquanto alguns economistas estavam ansiosos por entender melhor o panorama jurídico, superando, assim, os custos de décadas de incomunicabilidade, outros usavam o novo credo de Chicago para atacar a política keynesiana devido a sua ênfase no papel do Estado. Eles também esquadrinhavam o processo político dentro de um modelo de escolha pública, reivindicando para "o mercado" (para a esfera privada) aquilo que o keynesianismo havia transferido, com êxito questionável, para o nível da esfera pública da intervenção estatal (redistributiva) na economia. Os teóricos da escolha pública que acompanhavam de perto as distorções do processo político (em particular, da legislação e regulamentação) vinham encontrando seus aliados naturais nas primeiras obras de defensores da tradição do *common law*, como Richard Posner, professor da Universidade de Chicago e jurista indicado por Reagan para o Judiciário federal. Sob tal aliança, em nome da eficiência e da objetividade, as questões de distribuição e justiça substantiva – tão cruciais para a análise jurídica tradicional e para o legado realista do New Deal – foram simplesmente deixadas para trás[15]. A dimensão normativa foi deslegitimada no discurso jurídico que viria a se tornar "positivo", como o de qualquer outra ciência social.

A abordagem econômica do raciocínio jurídico não teria chegado a um papel global se não tivesse sido estimulada, a partir dos anos Reagan, por um projeto político de amplo alcance, uma verdadeira indústria, capaz de distribuir fortunas a qualquer movimento que desse prestígio à desregulamentação e a outras políticas reacionárias da época. Basta um rápido exame da calorosa recepção inicial dessas novas ideias na Europa para compreender até que ponto os operadores do Direito estavam dispostos a resistir à eficiência e à privatização em nome da justiça e da distribuição. Mas a multiplicação de departamentos acadêmicos, a oferta diversificada de recursos destinados à pesquisa, as bolsas de estudos etc., em um contexto de prestígio como o da academia norte-americana (a atual pós-graduação global), representaram uma receita infalível de sucesso mundial, difundindo-se por países como China, Índia e vários outros.

Em termos históricos, o modo como um novo e potencialmente poderoso paradigma de pesquisa tem condições de assumir uma posição de liderança em grande variedade de contextos cul-

---

[15] Ver Kenneth Boulding, "In praise of inefficiency", discurso à *National Trustee Workshop of the Association of Governing Boards*. Disponível em *AGB Reports*, jan.-fev., 1978, pp. 44-8.

turais implica quase sempre a desqualificação de abordagens anteriores, que passam a ser consideradas obsoletas e primitivas[16].

Foi essa, sem dúvida, a estratégia por meio da qual a abordagem econômica do Direito conseguiu desempenhar um papel global, ao oferecer um modelo de abrangência universal que se expressa em inglês (a nova língua franca) e se apresenta como a modalidade mais recente de ordem jurídica da era global.

A partir desses pressupostos, descarta-se como obsoleta qualquer abordagem do Direito que ainda pretenda vê-lo como uma instituição política que não pode ser compreendida e descrita por meio de gráficos e números. Qualquer abordagem que exija algo além de uma mínima filosofia reativa de governança (a teoria política de Hayek) caiu em total desuso desde a derrubada do muro de Berlim. Qualquer abordagem que reivindique para o Direito um papel normativo e claramente baseado em valores serve apenas para afastá-lo ainda mais da companhia muito mais preciosa das ciências sociais.

A abordagem econômica vê o Direito como um criador de incentivos para os agentes de mercado. As habilidades do jurista e do planejador político não serão apreciadas se as sugestões deles exigirem dos governos uma postura ativista, proativa e dispendiosa, menos ainda se defenderem a redistribuição econômica por meio de tributação ou de outras medidas keynesianas obsoletas. O jurista só pode contar com a existência natural dos mercados: seu papel consiste em produzir um conjunto correto de incentivos de mercado. O exemplo fundamental dessa atitude

---

[16] Foi o que aconteceu com a metodologia exegética francesa, considerada obsoleta pela abordagem alemã, esta muito mais elegante e "científica", que predominou até a Segunda Guerra Mundial. É bem possível que tenha sido esse o caso da "abordagem social" do Direito, de inspiração franco-alemã, alardeada como um avanço civilizatório, em comparação com os extremos de individualismo e darwinismo social até então vigentes.

é o célebre modelo de reforma empresarial "autossuficiente" produzido para a Federação Russa por Bernard Black, importante pensador norte-americano[17].

Não há nada de natural em tudo isso. Como vimos, a relação entre economistas e juristas tem uma história e é contingente, motivada em termos políticos e historicamente conduzida. É importante levar isso em consideração ao criticar a narrativa de necessidade e evolução natural que caracteriza grande parte do projeto imperial, que, ao contrário disso, é hoje – como o foi no passado colonial – um *projeto deliberado*.

Embora fosse um grande exagero afirmar que a argumentação sobre a eficiência tem papel predominante como abordagem da erudição jurídica em todo o mundo, é preciso ter em mente que se trata do principal veículo intelectual usado para difundir as concepções jurídicas expansionistas e universalistas dos Estados Unidos, inclusive as noções intransigentes de propriedade intelectual[18]. Os novos produtores do Direito global, as instituições internacionais públicas e privadas de governança global (OMC, Banco Mundial, FMI, megaescritórios de advocacia, agências classificadoras de riscos etc.) implementam diretrizes políticas baseadas no valor da eficiência jurídica. Além disso, a mistura de Direito e Economia gerou a concepção, hoje muito difundida, do *Direito como tecnologia* (uma estratégia reformulada por conta de sua despolitização), como o atesta o grande número de "cen-

---

[17] Ver Bernard Black & Reinier Kraakman, "A self-enforcing model of corporate law," *Harvard Law Review* 109, 1996, p. 1911.

[18] É muito importante mencionar que, atualmente, os principais adeptos da economia pura contestam o conceito de propriedade intelectual, vendo-a como um monopólio sobre a renda e, como tal, inimiga da inovação. Ver, por exemplo, o livro de Michele Boldrin & David Levine, *The Case Against Intellectual Property*, Londres: Centre for Economic Policy Research, 2002; e Michele Boldrin & David Levine, "Intellectual property: do we need it? – The case to XXXX intellectual property," *American Council Review* 92, 2002, p. 209.

tros para o estudo de Direito e tecnologia" criados por advogados e economistas nas principais escolas de Direito dos Estados Unidos, em geral financiados por grandes escritórios de advocacia especializados em propriedade intelectual.

Uma preferência clara pela eficiência do *common law* atribui aos tribunais e (de maneira muito paradoxal) à resolução alternativa de conflitos o papel principal no quadro de um sistema jurídico reativo, estruturalmente incapaz de redistribuir recursos em favor dos fracos. A privatização de todas as áreas possíveis, inclusive a das ideias, e as reformas estruturais sustentadas pelas instituições internacionais de governança global fazem do raciocínio econômico no Direito um dos mais importantes veículos de difusão, em todo o mundo, dessa ideologia exclusivamente norte-americana.

Criaram-se estruturas governamentais poderosas, geradoras de uma vastíssima literatura profissional que transfere para a Europa, a América Latina e outras partes do mundo a ideia de que o Direito deve ter por base a eficiência econômica, e não a justiça social. Organizações como a Associação de Direito e Economia da Europa, da América Latina e do Caribe iniciaram suas operações já na década de 1980. Uma vez transposto para além das fronteiras norte-americanas, o raciocínio da análise econômica do Direito exibe o alto nível de ambiguidade que, na verdade, permite seu florescimento. Os pensadores de viés conservador admiram sua elegância intelectual e compartilham suas tendências políticas. Os mais progressistas e liberais veem seu potencial para subverter o caráter extremamente formalista e fundamentalista das concepções locais de Direito (ainda baseadas no positivismo jurídico) e afirmam que a tendência política conservadora é algo que pode ser deixado do outro lado do Oceano Atlântico. Devido a essa força despolitizadora (muito embora o ex-presidente de La Madrid, do México, tenha sido presidente honorário da Associação Latino-Americana de Direito e Economia), a abordagem econômica do raciocínio jurídico conseguiu convencer muitos profissionais de Direito "globalizados" de que seria mais proveitoso lidar com as questões de distribuição por meio da tributação do que da atividade judicial e que, em decorrência disso, a eficiência devia tornar-se o princípio condutor da interpretação jurídica.

Esses juristas estavam preparando o terreno para um modelo de pensamento subversivo da relação tradicional entre Direito e mercado, que enfatizava a necessidade que o primeiro tem de regulamentar e fiscalizar os agentes do segundo.

Desde a década de 1990, a relação entre Direito e mercado começou a ser gradualmente subvertida na teoria jurídica norte-americana. O Direito, tal como se postulava, não deveria conter valores, deveria ser eficiente e atender à função de facilitar as transações, e não de dificultá-las. Como resultado dessa filosofia, deveria ser "orientado para e pelo mercado", isto é, limitar-se a proteger os direitos de propriedade, liberdade de contratos e empreendimentos. Ele deveria adaptar-se às necessidades do mercado, tanto internamente quanto, em particular, nos chamados "mercados emergentes" – a versão atual do conceito colonial da Índia, simbolizado pela Companhia das Índias, tanto oriental (Ásia) quanto ocidental (América). Devido a essa revolução ideológica, conduzida por importantes ideólogos norte-americanos e financiada por fundações conservadoras, o que temos hoje é o Direito dominado pelo mercado a serviço das empresas, e não o contrário. Além disso, devido ao ressurgimento de ousados discursos desenvolvimentistas, o raciocínio centrado na eficiência do Direito passou a ser exportado por meio de uma imposição rigorosa (por exemplo, os empréstimos condicionais), não sendo, portanto, livremente escolhido por juristas de todo o mundo, como uma abordagem prestigiosa do Direito. No Terceiro Mundo, portanto, o desenvolvimento de sistemas jurídicos eficientes (empresariais), em sintonia com as políticas de mercado, tornou-se uma nova missão civilizadora na qual se engajam, ansiosamente, muitos reformadores sociais irrealistas, ou agentes ainda mais cínicos, com o generoso apoio financeiro de poderosas fontes de fundos.

Essa estratégia de despolitização do Direito é necessária para as instituições financeiras internacionais que, por conseguinte, financiam-na com recursos abundantes. Nos estatutos de diversas instituições do grupo do Banco Mundial, por exemplo, há uma proibição explícita de intervenção política; ao longo da Guerra Fria, tal postura era interpretada como uma circunscrição de sua atividade a questões estritamente econômicas – e não jurídicas, portanto –, em razão do conteúdo político destas últimas. Hoje, o conceito de "desenvolvimento abrangente", que é a nova prioridade do Banco Mundial, atrai o Direito (governança por oposição a governo), que foi convenientemente despolitizado por sua transformação econômica, para o cerne do desenvolvimento econômico. Em consequência, a intervenção em sistemas jurídicos em desenvolvimento não é proibida, mas sim estimulada[19].

Não é surpresa que, na era do pensamento único global, com o triunfo dos agentes empresariais transnacionais sobre o Estado, a relação entre Direito e mercado tenha sido invertida. As concepções positivistas da soberania onipotente do Estado, cujos valores e prioridades, refletidos no Direito, poderiam ser implementados a qualquer preço (ou sem dar atenção alguma a esses preços), já não têm força alguma. A ideia do Direito como um conjunto de incentivos e não uma pirâmide de ordens compulsórias, como uma recompensa e não um castigo, foi decisiva para privar a cen-

---

[19] Ver Luca Pes, *Law and Development*, tese de doutorado, Universidade de Turim, 2007; e A. Santos & D. M. Trubek, *The New Law and Economics Development: A Critical Appraisal*, Nova York: Cambridge University Press, 2006.

tralidade do Estado de seu *status* de criador do Direito. A ideia de que as forças de mercado produzem o Direito tornou-se aceita. Por um lado, os economistas adeptos da teoria da escolha pública "demonstram" o modo como a regulamentação e a legislação são "capturadas" pelos interesses especiais que sustentam as campanhas políticas, descritas como maximizadores racionais das chances eleitorais dos políticos. Por outro lado, os especialistas em Direito e Economia aplicam todos os tipos de teorias evolucionistas darwinistas a fim de demonstrar como o "investimento" em recursos para litígios apresenta "retornos" em termos da sobrevivência exclusiva das regras mais eficientes. Visto sob essa perspectiva, o Direito, produzido pelo Poder Legislativo ou pelos tribunais no processo de atividade judicial, favorece "naturalmente" os interesses comerciais que "investem" no Estado de Direito. Esse novo conceito não tem a menor dificuldade de afirmar não apenas que o Direito está à venda, como também que isso é "natural" e assim é que deve ser.

Portanto, uma abordagem econômica do Direito insere-se na corrente conservadora principal, reafirmando as habituais platitudes cinicamente ideológicas. O que vocês esperam? O processo político é mantido sob controle e a atividade judicial reflete os investimentos! Depois de conquistar a posição de ideologia dominante, marginalizando todos os argumentos francamente normativos e redistributivos, a apologia da eficiência transformou a opção pela honestidade, típica da atividade judicial realista, em uma opção ainda mais radical pelo cinismo. Abandonaram-se os discursos sobre distribuição e valores. A transformação da abordagem econômica do Direito em uma indústria intelectual, organizada e financiada por grandes empresas, expulsou qualquer preocupação distribucional da linha de frente do discurso acadêmico e político. As pessoas preocupadas com valores, com a justa distribuição dos recursos, que têm dificuldades para aceitar de forma incondicional o paradigma do *homo oeconomicus*, são hoje representadas como idealistas sensíveis ao extremo ou como calouros ingênuos dos cursos de Direito, simplesmente incapazes de compreender a lógica "científica" que explica o modo de funcionamento das coisas.

Claro está que podemos questionar o ganho, em termos da legitimidade da profissão jurídica, do reconhecimento cínico de que o Estado de Direito está à venda e de que todo aquele que puder investir mais em educação jurídica e legislação (inclusive contratando advogados e lobistas mais experientes) irá beneficiar-se "naturalmente" dos retornos de tais investimentos, seja ganhando uma causa ou a luta por um ambiente jurídico afinado com as práticas comerciais. O Estado de Direito deveria tornar-se menos atraente tanto pelo fato de ser controlado por forças políticas quanto por interesses comerciais. Não obstante, só a primeira distorção, imputada à legalidade socialista e a outras concepções não ocidentais, é interpretada como *falta* do Estado de Direito. A segunda distorção é compreendida pelos agentes empresariais fortes como o modo de ser das coisas, em nome da eficiência econômica e da expansão e do desenvolvimento dos mercados.

Portanto, não é no Direito, mas sim em uma (má) política econômica que conceitos universais como o de propriedade intelectual vão encontrar sua força legitimadora. Eles são desterritorializados, situados "naturalmente" além do alcance do Estado, cujo único papel é o de fazê-la cumprir, e não o de traçar seus limites e enquadrar seu conteúdo, a fim de refletir as necessidades das pessoas. É muito comum que, com a ajuda de advogados astuciosos, as empresas norte-americanas transfiram sua propriedade intelectual, suas patentes, marcas registradas e até mesmo seus logotipos a outras entidades constituídas em paraísos fiscais, como as ilhas Cayman ou as Bermudas. Na sequência, elas pagam *royalties* pelo uso de sua própria propriedade intelectual. Por lei, podem deduzir esses eficientes pagamentos de *royalties* de sua renda tributável, ocultando, assim, grande parte de sua renda bruta: pilhagem. E podem fazer tudo isso porque legisladores de ambos os partidos, cinicamente descritos como "maximizadores naturais" de suas possibilidades de reeleição, comportam-se de acordo com a previsão dos economistas. A eficiência é o fator poderoso que confere legitimidade a formulações intelectuais, como a propriedade intelectual, e a sua expansão para além de limites razoáveis.

Na verdade, a retórica da propriedade transmite uma sensação de perpetuidade, de modo que os limites temporais configuram de forma implícita a exceção, não a regra. Por exemplo, o pequeno editor *on-line* Eldritch Press tentou contestar a excessiva duração dos direitos autorais (de cinquenta a setenta anos após a morte do autor), que tendem a aumentar de maneira constante e gradual, acompanhando o aumento do poder da indústria de entretenimento. A iniciativa de Eldritch, que tinha por objetivo o resgate de certas formas de conhecimento para a esfera pública, foi derrubada pela poderosa indústria de Hollywood, que investiu no processo político e judicial em consonância com as previsões do Direito e da Economia[20]. Primeiro, um investimento em *lobby* no Congresso resultou na chamada Lei "Sonny" Bono de Extensão do Período de Direitos Autorais (Sonny Bono Copyright Extension Act*), também conhecida como Lei Mickey Mouse

---

[20] Ver *Eldred vs. Ashcroft*, 537 US 186 (2003), ação que contestou a Sonny Bono Copyright Extension Act. [A ação foi julgada pela Suprema Corte americana em 15/1/2003 e, por maioria de votos, a lei foi considerada constitucional. O placar foi de sete a dois. (N. do R.)]

* O cantor, ator e político norte-americano "Sonny" Bono foi casado com a cantora Cher, com quem formou a dupla Sonny & Cher na década de 1960. Como deputado, apresentou a lei que leva seu nome, a fim de beneficiar a indústria musical. (N. do T.)

(Mickey Mouse Act*), pois tinha por objetivo cuidar da expiração dos direitos autorais de Mickey Mouse, do Mágico de Oz e de outras propriedades valiosas da indústria de Hollywood. Em segundo lugar, maiores investimentos em ações judiciais (inclusive a contratação de consultorias econômicas) ajudaram a proteger a lei de uma ação que impugnava a constitucionalidade dessas normas na Suprema Corte. Sem dúvida, a decisão da Suprema Corte, favorável à indústria do entretenimento, coloca questões estratégicas fundamentais sobre a possibilidade e a exequibilidade do uso de tribunais para fins progressivos. Fica muito claro que os instrumentos da pilhagem de propriedade intelectual possuem aliados poderosos nas altas esferas.

O raciocínio econômico no Direito chegou a países periféricos nos quais uma elite tecnocrática detém o poder. Hoje, associações profissionais de advogados e economistas encontram-se em plena atividade da América Latina até a Ásia e a Oceania. Os principais livros para advogados, escritos por economistas norte-americanos, são traduzidos para muitas línguas, e os exemplos da enorme influência mundial de seus modos de pensar são numerosos demais para que possamos mencioná-los aqui. Economistas de países menos desenvolvidos que fizeram seus estudos nos Estados Unidos atuam localmente como consultores e legitimadores, garantindo o prestígio de elites poderosas e com frequência corruptas. Na esfera internacional, ocupam cargos em instituições financeiras e políticas ansiosas por demonstrar sua receptividade a profissionais oriundos dos países periféricos. Porém, essas elites – da Ásia, África e América Latina – pensam como ocidentais, porque, em seus prestigiosos estudos acadêmicos, absorveram a re-

---

* Na verdade, *Mickey Mouse Copyright Extension Act* (Lei "Mickey Mouse" de Extensão do Período de Direitos Autorais), que também teve Walt Disney entre seus principais patrocinadores. (N. do T.)

tórica do elitismo tecnocrata ocidental. Portanto, servem ao projeto ocidental de opressão e, em última análise, pilhagem, por meio de um Direito "eficiente" do qual a propriedade intelectual é apenas mais um exemplo.

A história se repete. Assim como a Igreja (como instituição colonial que se ocuparia da educação de determinada classe local) e os antropólogos (que providenciariam o necessário grau de prestígio intelectual ao projeto colonial) facilitaram a pilhagem colonialista, hoje as instituições acadêmicas norte-americanas educam as classes dominantes locais. Os economistas fornecem o grau de prestígio intelectual indispensável para a prática da pilhagem por meio de um Direito eficiente, que atende às necessidades de inovação e desenvolvimento.

Os legitimadores: juristas e antropólogos

Os legitimadores são ativos tanto no centro quanto na periferia. Estão presentes no cenário atual do mesmo modo como estavam no passado colonial, quando talvez os antropólogos – e não os economistas – eram a elite intelectual mais influente, determinando as concepções de Direito e a estratégia política de diferentes culturas. Além disso, os antropólogos forneceram informações cruciais sobre culturas não ocidentais. Muitas vezes, eles estão presentes quando práticas, produtos e ideias valiosos são "descobertos" para se tornarem, posteriormente, objetos protegidos pelas leis de propriedade intelectual ocidentais. Também podem estar presentes como estudiosos de culturas em cujas terras se deposita lixo tóxico ou se descobre petróleo. Portanto, é importante examinar o papel dos antropólogos anglófonos desde as origens da disciplina, tanto no centro quanto na periferia. É interessante notar que com frequência o potencial crítico de uma disciplina é esquecido assim que ela se institucionaliza e se transforma em uma "indústria". O desenvolvimento do projeto antropológico nos Estados Unidos e na Inglaterra é em particular significativo quando se examina a ligação entre conhecimento antropológico e poder colonial, o que demonstra a continuidade com relação ao papel atual dos economistas, conforme o descrevemos na seção anterior.

Em termos gerais, o desenvolvimento da antropologia norte-americana pode ser dividido em três fases: do final da Guerra de Secessão à última década do século XIX; do final desse século ao começo da Segunda Guerra Mundial; e o período industrial-militar, abrangendo um período aproximado de sessenta anos, da Segunda Guerra ao presente[21]. A antropologia refletia os eventos históricos de sua época, fornecendo suporte ideológico às práticas dos Estados. No século XIX, ao comprovar a sobrevivência e a superioridade dos contextos sociais mais aptos (o Ocidente), o evolucionismo social darwinista foi elaborado basicamente por antropólogos-advogados muito úteis às conquistas do Estado. No segundo período, chamado de período das reformas liberais, as teorias antropológicas enfatizavam a flexibilidade e a plasticidade humanas, o que foi útil para as políticas de assimilação que pretendiam suprimir as diferentes culturas. E na fase mais recente – o período industrial-militar –, os antropólogos têm reagido com incertezas e equívocos no que diz respeito ao poder.

Apesar das dissidências no âmbito da disciplina, a principal corrente da antropologia, seja ela evolucionista, liberal ou militarizada, teve consequências. A antropologia foi a primeira das "novas" ciências, uma ciência ao mesmo tempo flexível e rigorosa, humanista e científica, a meio caminho entre natureza e cultura,

---

[21] Sobre as três fases da antropologia norte-americana, ver E. Wolf, "American Anthropologists and American Society", em *Reinventing Anthropology* (D. Hymes, org.), Nova York: Vintage Books, 1972, pp. 251-63.

passado e presente – e, como tal, capaz de buscar novas maneiras de entender as condições humanas com maior amplitude. Ela podia questionar o conceito de desigualdade como algo inato. Em outras palavras, tinha condições de fazer a crítica das premissas aceitas. Quando os antropólogos do século XX passaram dos estudos teóricos de gabinete para o trabalho de campo, em geral entre povos colonizados, as teorias do relativismo cultural questionavam as teorias evolucionárias de sua época[22]. Ao longo do século XX, eles observaram o desenvolvimento da ciência e da tecnologia como medidas de valor[23]. Alguns reconheciam a natureza ideológica das crenças, como o progresso. A rápida globalização do mercado tornou inevitável a reflexão sobre os sistemas alternativos de conhecimento.

O conceito de progresso exerceu poderosa influência tanto sobre o pensamento inconsciente quanto sobre o consciente. Em que medida o progresso é contínuo e inevitável? De que maneira o definimos – como progresso social ou tecnológico? Essas questões são do interesse daqueles que ainda refletem sobre a direcionalidade de nosso mundo, que buscam saber se o desenvolvimento

---

[22] Sobre a passagem da teoria ao trabalho de campo, ver F. Boas, *Introduction to the Handbook of American Indian Languages, Part I*, Seattle: Shorey Book Store, 1971; F. Boas, *The Shaping of American Anthropology, 1883-1911: A Franz Boas Reader*, Nova York: Basic Books, 1974; B. Malinovski, *Coral Gardens and their Magic: A Study of the Methods of Tilling the Soil and of Agricultural Rites in the Trobriand Islands*, Nova York: Dover Publications, 1978; e G. Stocking, *Observers Observed: Essays on Anthropological Fieldwork*, Madison, WI: University of Wisconsin Press, 1983.

[23] Para maiores informações sobre a base ideológica da ciência e tecnologia e sobre os modos de conhecer ocidentais, não ocidentais e combinados, ver H. Gusterson, *Nuclear Rites: A Weapons Laboratory at the End of the Cold War*, Berkeley, CA: University of California Press, 1996; R. Gonzalez, *Zapotec Science: Farming and Food in the Northern Sierra of Oaxaca*, Austin: University of Texas Press, 2001; Laura Nader (org.), *Naked Science: Anthropological Inquiries into Boundaries, Power and Knowledge*, Nova York: Routledge, 1996; e S. Traweek, *Beam Times and Lifetimes: The World of High Energy Physicists*, Cambridge, MA: Harvard University Press, 1988.

tecnológico deve ser equivalente ao progresso e quem deve ter o poder de decidir o que constitui desenvolvimento[24].

A "atitude antropológica" que valoriza o desprendimento e a participação, como um modo de repensar pressupostos existentes, não mudou muito de um século para cá, assim como também não mudaram os preconceitos sociais que tal atitude contestou ou sancionou: etnocentrismo, racismo, sexismo e o uso de avaliações inadequadas do valor humano[25]. Fatores extrínsecos à profissão tornaram-se mais visíveis durante a Guerra Fria e merecem ser lembrados[26]. Por influência do macarthismo, nos Estados Unidos, e de perseguições semelhantes ocorridas na Inglaterra, os antropólogos sociais foram hostilizados e atacados por sua postura diante das desigualdades raciais e econômicas[27]. Novas tecnologias também passaram a fazer parte do cenário. Apesar de úteis para os antropólogos, os Sistemas de Informações Geográficas (Geographic Information Systems, GISs) foram utilizados para localizar posições e bombardear pessoas que os antropólogos sociais estudavam. Alguns antropólogos físicos, como Earle

---

[24] Sobre a noção de progresso e para uma crítica antropológica que insiste em que ele seja considerado mais como um objeto a ser analisado do que como algo inquestionável, ver, de A. Kroeber, a obra fundamental *Anthropology: Race, Language, Culture, Psychology, Prehistory*, Nova York: Harcourt Brace, 1948.

[25] Para outras informações sobre a história da antropologia, ver E. Leach, "Glimpses of the unmentionable in the history of British social anthropology", *Annual Review of Anthropology* 13, 1984, pp. 1-24.

[26] Para a concepção de um antropólogo inglês sobre a antropologia inglesa, ver A. Kuper, *Anthropology and Anthropologists: The Modern British School*, Londres: Routledge & Kegan, 1983; para uma visão mais geral, ver A. Kuper, *Culture: The Anthropologists' Account*, Cambridge, MA: Harvard University Press, 1999.

[27] Sobre a antropologia no período macarthista, ver D. Price, *Threatening Anthropology: McCarthyism and the FBI's Surveillance of Activist Anthropologists*, Durham, NC: Duke University Press, 2004. Ver também D. Price, "Gregory Bateson and the OSS", *Human Organization* 57 (4), 1998, pp. 379-84; e L. Nader, 1999, "The phantom factor: impact of the Cold War on anthropology", em *The Cold War and the University: Toward an Intellectual History of the Postwar Years* (N. Chomsky, org.), Nova York: The New Press, 1997, pp. 107-45.

Reynolds, que trabalharam na Comissão de Vítimas da Bomba Atômica (Atomic Bomb Casualty Commission), tornaram-se ativistas antibomba, protestando em alto-mar contra testes atômicos realizados pelos Estados Unidos e, mais tarde, tentando chegar à cidade portuária de Vladivostok, em protesto contra testes nucleares realizados pela ex-União Soviética[28]. A Associação Americana de Antropologia, de tendência conservadora, não aprovava seu papel ativo nem apoiava seus membros hostilizados. Ao mesmo tempo, alguns antropólogos que trabalharam para a Agência de Serviços Estratégicos (Office of Strategic Services, OSS) durante a Segunda Guerra Mundial deram continuidade a seu trabalho quando, depois da guerra, essa agência transformou-se na CIA[29].

Os antropólogos em atuação durante o período colonial raramente tinham consciência da complexidade das circunstâncias em que estavam enredados – eles estudavam os colonizados, não os colonizadores. Nesse contexto em que prevalecia o pressuposto geral da superioridade ocidental, a disciplina como um todo padecia de uma cegueira normativa que não lhe deixava perceber as implicações gerais dos dados que ela própria trazia à luz.

Nos Estados Unidos, um caso clássico de cegueira normativa é o de Cahokia – "escondida diante dos olhos", como afirma um arqueólogo[30]. Cahokia é a terceira maior estrutura da América do

---

[28] Para a história do trabalho de Earle, ver E. Reynolds, *The Forbidden Voyage*, Nova York: D. McKay Co., 1961.

[29] Como exemplo de obra antropológica produzida como contribuição para o esforço de guerra, ver R. Benedict, *The Chrysanthemum and the Sword: Patterns of Japanese Culture*, Boston: Houghton Miflin, 1946. Para uma etnografia produzida depois da Segunda Guerra como resultado de pesquisas de campo, em um contexto em que o antropólogo trabalhava ao mesmo tempo para a inteligência militar britânica, ver E. Leach, *Political Systems of Highland Burma*, Cambridge, MA: Harvard University Press, 1954.

[30] Sobre cegueira normativa e Cahokia, ver R. Silverberg, *Mound Builders of Ancient America: The Archeology of a Myth*, Greenwich, CT: New York Graphic Society, 1968.

Norte pré-industrial. Ocupa uma área de 83 hectares – uma cidade com cerca de 20 mil habitantes. A hipótese de uma "raça de selvagens" desaparecida deixa implícita a ideia de que, a despeito desses indícios, as primeiras nações da América do Norte nunca atingiram um nível de civilização comparável ao dos conquistadores. A ideologia do destino manifesto exigia o rebaixamento dos habitantes que competiam pela terra com os colonizadores. A terra que os colonizadores brancos procuravam precisava ter ficado desocupada.

Na autocrítica dos anos 1960 e 1970, os antropólogos começaram a levar em consideração as condições nas quais seus conhecimentos tinham sido adquiridos: a desigualdade política e administrativa entre antropólogos colonizadores e informantes colonizados[31]. A exploração dos efeitos da desigualdade colonial sobre as perspectivas etnográficas tornou-se a investigação dos efeitos deturpadores da escrita antropológica. Como a antropologia poderia ter estudado os povos colonizados sem estudar os colonizadores e os missionários? Como os antropólogos da vertente científica podiam ter deixado tanta coisa de fora de seu estudo holístico: mulheres, crianças, o poder, o difusionismo e o contexto mais amplo? Com o tempo, a descrição antropológica ampliou-se, passando a incluir o poder, a história e a comparação. Com a entrada da história e da comparação, o colonialismo, os movimentos passados de coisas e ideias e as grandes migrações de povos começaram a fazer parte do quadro. Entender como o poder funciona requer comparação com aspectos como resistência, capitulação, desintegração e integração, todos nos níveis locais e globais. A Guerra Fria colocou questões de raça, guerra, genocídio, repres-

---

[31] O grito de guerra para a autocrítica dos antropólogos foi dado por L. Nader, "Up the anthropologist: perspectives gained from studying up", em *Reinventing Anthropology* (D. Hymes, org.), Nova York: Vintage Books, 1972, pp. 284-311.

são, recursos naturais e os usos ambíguos da antropologia. Metodologias passaram por uma revolução graças ao acesso à tecnologia militar. As redes que conectam o contexto acadêmico ao contexto político do Estado de segurança nacional significaram a perda da inocência da antropologia. Sob essa perspectiva, as teorias evolucionistas, as metodologias positivistas e o posterior interpretivismo eram tentativas de evitar as implicações do poder, de examinar o modo como ele é produzido e exercido e suas consequências.

A antropologia tem a capacidade de gerar o tipo de introspecção que pode influenciar o futuro papel dos seres humanos em nosso planeta. Por que os antropólogos não conseguiram obter esse resultado? Ou, para colocar as coisas de outro modo, como foi que os antropólogos, talvez de modo involuntário, contribuíram para a legitimação da pilhagem, apesar de suas significativas descobertas?

A autocensura e o silêncio evidenciam-se em momentos importantes. Em alguns casos, o próprio silêncio se justificava: silêncio sobre os colonizadores, não apenas porque os antropólogos poderiam compartilhar, de maneira implícita, a possibilidade de "progresso", do projeto civilizatório ou da "mão amiga". Eles silenciaram sobre os testes nucleares tanto nos Estados Unidos quanto no Pacífico, tanto por estarem com medo quanto por acharem que o silêncio era patriótico. Além disso, o positivismo exerce uma influência despolitizadora.

Um dos primeiros exemplos clássicos de censura é o caso do trabalho de campo de James Mooney entre os *sioux*[32]. Na década de 1890, Mooney – um antropólogo autodidata – foi financiado

---

[32] Um século depois de sua publicação, a extraordinária obra de Mooney continua a ser um modelo de pesquisa e a inspirar perspectivas surpreendentes. Ver J. Mooney, *The Ghost Dance Religion and the Sioux Outbreak of 1890*, Chicago: University of Chicago Press, 1896.

pelo Bureau of American Ethnology (BAE), do Smithsonian Institution, para realizar pesquisas de campo entre os *sioux*. Ele não era um evolucionista social para quem as pessoas se classificam como selvagens, bárbaras ou civilizadas. Suas pesquisas, financiadas pelo governo, aliadas à sua formação cultural independente, resultaram em uma obra extraordinária, *The Ghost Dance Religion and the Sioux Outbreak of 1890*. Nela, Mooney estudou em profundidade o "culto" da dança dos espíritos entre muitas tribos americanas nativas nas últimas décadas do século XIX, que culminou no massacre de mais de duzentos *sioux* em Wounded Knee, em 1890. Ele documentou a maior retomada de valores indígenas que o país jamais presenciara e que prometia o retorno a um tempo em que o homem branco não existia. Com empatia e compreensão, Mooney fez a ligação entre a revitalização religiosa e a alienação, a decadência cultural, as condições trágicas e o desespero de um povo que havia sofrido perdas enormes – terra, pessoas, história – nas mãos dos invasores brancos de suas terras.

Como agência governamental, o Smithsonian agiu como censor, temeroso de que a obra de Mooney pudesse criar problemas entre o Bureau of Indian Affairs (BIA) e o Congresso dos Estados Unidos, com o qual precisava trabalhar. Os superiores de Mooney no Smithsonian preferiam que ele não tivesse feito nenhuma relação entre a dança dos espíritos e as condições de miséria e que tivesse evitado comparações com movimentos europeus de revitalização religiosa, que ansiavam pela chegada de um profeta que lhes traria uma forma de redenção.

Os indígenas norte-americanos de Mooney não eram pagãos ou bárbaros, eram parte do conjunto da raça humana, aí incluída a raça humana "civilizada". Sua obra abrangia um período no qual as teorias sociais revolucionárias que provavam a superioridade dos brancos não eram apenas uma questão de antropologia, mas de política de Estado e prática político-religiosa. Mais adiante, Mooney foi impedido de realizar novas pesquisas nas reservas pelo comissário de assuntos indígenas, que não via com bons olhos as referências à liberdade religiosa e às verdades científicas como justificativa para sua pesquisa[33]. Seu superior imediato no Bureau of American Ethnology, John Wesley Powell, adotava a postura do cientista apolítico, neutro e racional, para quem Mooney era uma permanente dor de cabeça. Foi uma época em que os índios eram representados como nômades e mendigos, sem quaisquer vínculos com a propriedade privada, uma afirmação usada para justificar a pilhagem governamental das terras indígenas. Ideias poderosas no conjunto da sociedade estavam presentes na antropologia – evolucionismo social, noções de "progresso" e assimilação – e tudo isso teve consequências para os índios americanos que, agora no século XXI, têm a opção de ganhar a vida como proprietários de cassinos ou usando suas reservas para receber lixo tóxico.

Depois do Dawes Allotment Act de 1887, uma lei de demarcação de terras indígenas, o Congresso norte-americano empenhou-se em resolver reivindicações de nações indígenas acerca de violações nos tratados que regiam sua rendição. Em 1946, por fim, a Comissão de Reivindicações Indígenas (Indian Claims Commission, ICC) foi autorizada a cuidar desses casos. Um movimento progressista, que começou em 1933 com a nomeação de John Collier como superintendente de assuntos indígenas, buscou resolver algumas demandas judiciais pendentes. A oposição a essas demandas baseava-se em argumentos extraídos do Direito e das Ciências Sociais. A ICC havia determinado que as reivindicações podiam ser feitas por tribos, grupos e nações indígenas.

---

[33] Sobre a história de Mooney, sua pesquisa e as consequências para os povos que ele estudou e para si próprio, ver L. G. Moses, *The Indian Man: A Biography of James Mooney*, Urbana, Il: University of Illinois Press, 1984.

Talvez por desconhecimento dos autores das intenções originais do Congresso dos Estados Unidos, criou-se uma classe de índios norte-americanos que não se ajustava a nenhuma das três categorias arroladas na determinação da ICC – uma sociedade demasiado primitiva para satisfazer os critérios de um "bando", uma sociedade que se poderia ver como desorganizada. O Departamento de Justiça dos Estados Unidos apresentou esse argumento. Seu perito judicial era ninguém menos que o famoso antropólogo norte-americano Julian Steward, um evolucionista cuja obra parte do legado dos juristas-antropólogos do século XIX[34].

Os paiutes, uma tribo shoshone da Grande Bacia*, eram parte interessada de uma das reivindicações[35]. As terras em questão estendiam-se por cerca de 130 mil km² adquiridos pelos Estados Unidos sem compensação ou acordo regido por tratado. A estratégia do governo consistia em negar o direito de propriedade aos demandantes indígenas com base na alegação de que eles não eram sociedades organizadas, não podendo, portanto, ser proprietários de terras. Segundo a classificação dos *shoshones* feita por Julian Steward, eles correspondiam exatamente à imagem que deles fazia o Departamento de Justiça. A lógica evolucionista de Steward

---

[34] A história de parte significativa das relações – e de certa cumplicidade – da antropologia com o genocídio norte-americano é apresentada em N. Scheper-Hughes, "Coming to our senses: anthropology and genocide", em *Critical Reflections, Section V: Anthropology and the Study of Genocide in Annihilating Difference*, A. L. Hinton (org.), Berkeley, CA: University of California Press, 2002, pp. 348-81.

* Região semiárida dos Estados Unidos que ocupa quase todo o estado de Nevada e parte dos lagos circundantes. (N. do R. T.)

[35] Ver, especificamente, a documentação de M. Pinkoski & M. Asch, "Anthropology and indigenous rights in Canada and the United States: implications in Steward's theoretical project", em *Hunter-Gatherers in History, Archaeology, and Anthropology* (A. Barnard, org.), Oxford: Berg Publishers, 2004, pp. 187-200. Para uma atualização recente, ver Jerry Reynolds, "Bush signs Western Shoshone legislation", em *Indian Country Today*, 9 de julho de 2004, sobre "um dos maiores confiscos de terras indígenas dos tempos modernos".

era uma linha de raciocínio muito utilizada no direito colonial dos ingleses. Essa doutrina é um desmembramento da doutrina da *terra nullius* do direito natural (já mencionada aqui) – território desocupado que, em consequência, podia ser livre e legalmente apropriado pelos colonizadores. Assim considerada, a teoria evolucionista social de Steward transformava-se numa questão de importância jurídica e política, uma teoria que legitimava a negação dos direitos indígenas à posse coletiva de terras. No caso em questão, os *paiutes* do Norte não eram considerados uma sociedade "organizada", pois seriam demasiado primitivos para pertencerem a uma das três categorias que podiam possuir um território: bando, tribo ou nação.

As teorias de Steward[36] procuravam associar meio ambiente a desenvolvimento cultural, um esquema para avaliar o "nível" de uma sociedade específica segundo uma ordenação que vai do simples ao complexo. Segundo Steward, o nível mais baixo de integração sociocultural era o nível familiar, uma situação em que cada família é independente e autossuficiente. Estagnados no nível familiar (sem constituir um bando ou tribo, muito menos uma nação), os *shoshones* não haviam atingido um patamar de integração sociocultural em que houvesse instituições que os habilitassem a possuir terras, uma posição favorável àquela defendida pelo Departamento de Justiça e compatível com a doutrina da *terra nullius*.

A reputação do projeto de Steward fundava-se no pressuposto de que sua obra era científica e objetiva, e não ideológica ou interpretativa. As preocupações recentes com a ciência e a objetividade de Steward decorrem da constatação de que seu modelo teórico foi desenvolvido enquanto ele atuou como perito judicial

---

[36] J. Steward, *The Theory of Cultural Change: The Methodology of Multilinear Evolution*, Urbana, Il: University of Illinois Press, 1955.

do Departamento de Justiça por um período de sete anos, sugerindo que seu projeto teórico pode ter sido influenciado por suas estreitas ligações com uma das partes de grande número de processos judiciais. Por volta de 1950, Steward defendeu o ponto de vista de que o direito à propriedade só existia quando a forma de posse de terras se adequasse de maneira explícita às características da condição de proprietário de terras, conforme a definição do direito norte-americano. Segundo pesquisas contemporâneas, a história não termina aí. A posição de Steward sobre a doutrina da *terra nullius* também é objeto de questionamento no Canadá. Em julgamento de 1979 sobre os direitos dos inuítes do Lago Baker, as partes indígenas deviam demonstrar que viviam em uma sociedade "organizada" no período anterior à colonização. Apesar do empenho de alguns, como o ex-juiz Thomas Berger, da Suprema Corte da Colúmbia Britânica, nos casos canadenses atuais sobre direitos aborígenes a influência das ideias de Steward é evidente – uma interpretação dos fatos à qual um arqueólogo se referiu como "um mecanismo ideológico de acatamento de privilégios". Não há dúvida de que as ideias antropológicas exercem uma influência contínua que extrapola a disciplina, legitimando as premissas da ideologia jurídica colonial, apesar do empenho de antropólogos e juristas em reconfigurar os direitos dos povos indígenas.

O fato de que a apresentação da história da antropologia deva fazer distinção entre política interna e eventos extrínsecos é irônico, tendo em vista que o pensamento antropológico, sobretudo do modo como foi articulado na América do Norte, nasceu de uma tradição jeffersoniana de forte compromisso entre o cientista e o mundo exterior. Jefferson tinha interesse tanto pelas pessoas equivocadamente chamadas de "índios" quanto pelos afro-americanos e europeus que haviam migrado espontaneamente ou forçados para o Novo Mundo. Em suas *Notas sobre o Estado da Virgínia*, de 1785, Jefferson escreve: "É lamentável [...] que tenhamos levado tantas tribos indígenas à extinção [...] sem[...] [resgatar] os rudimentos gerais pelo menos das línguas que elas falavam."[37] Sob a liderança de Jefferson, a Sociedade Filosófica Americana, sediada na Filadélfia, tornou-se um importante repositório desses estudos, e, por meio de expedições do governo, grande quantidade de dados foi coletada durante o período anterior a 1840. Nem todas foram realizadas com fins exclusivamente científicos.

Seguindo a liderança de Jefferson, muitos dos primeiros etnólogos e antropólogos foram levados a agir devido às complexidades de uma fronteira em expansão, sobretudo porque elas diziam respeito à "questão indígena". Um novo e prolongado contato com o "outro", como hoje dizemos para nos referir a grupos menos conhecidos, garantiu a esses primeiros cientistas um lugar no debate governamental sobre as questões de assentamento, reassentamento, água, minérios e assimilação nas terras indígenas[38].

Sem dúvida, *quais* etnólogos conseguiriam a atenção e, em última análise, o dinheiro de administradores e políticos dessa época era algo que dependia de como eles achavam que a população indígena devia ser controlada e, por conseguinte, quais eram as teorias que aceitavam. A versão do evolucionismo de Henry Lewis Morgan, tida como progressista, foi usada para justificar o contínuo reassentamento de índios, em toda a parte final do século XIX e no século XX, pelos manda-chuvas do período de Teddy Roosevelt[39]. O evolucionismo progressista também era útil às ins-

---

[37] Citado em J. Mark, *Four Anthropologists: An American Science and its Early Years*, Nova York: Science History Publications, 2005.
[38] Edward Said, *Orientalism*, Nova York: Pantheon, 1978.
[39] O "evolucionismo progressista" de Henry Lewis Morgan é apresentado por seu biógrafo C. Resek em *Louis Henry Morgan: American Scholar*, Chicago: University of Chicago Press, 1960.

tituições de apoio da época, principalmente ao BAE, subordinado ao já criado Smithsonian Institution. John Wesley Powell, que fundou o BAE em 1879, estava determinado a usar obras de antropólogos para aprofundar o entendimento das populações indígenas e transformar o BAE no "braço informacional do Congresso e do povo americanos". O BAE foi responsável pela primeira pesquisa antropológica permanente patrocinada pelo governo[40]. Powell subestimou as complexidades do papel dos antropólogos, o que lhe trouxe alguns problemas[41]. Ele impediu a publicação de obras dos pensadores do BAE em desacordo com as teorias de Morgan, que eram usadas para justificar o reassentamento e a assimilação, iniciando, assim, uma longa história em que os confrontos dos antropólogos com as crenças sociais dominantes seriam evitados ou desvirtuados por outros antropólogos, editores ou agências governamentais. Por exemplo, os estudos do etnólogo Charles Royce sobre a concessão de terras indígenas nos Estados Unidos, concluídos em 1885, utilizavam teorias não evolucionistas para defender com veemência a remoção dos brancos dos territórios indígenas. Powell prometeu publicá-los, mas a obra permaneceu inédita até 1895[42]. Finalmente, foi publicada em 1895.

---

[40] Para um histórico sobre John Wesley Powell e a criação do Bureau of American Ethnology no Smithsonian Institution, em 1879, ver Curtis Hinsley, "Anthropology as science and politics: the dilemma of the Bureau of American Ethnology, 1874", em *The Uses of Anthropology* (W. Goldschmidt, org.), Washington, DC: American Anthropological Association, 1979, pp. 11-27.

[41] Powell parece ter se sentido incomodado com a obra de alguns etnólogos, entre eles Frank Hamilton Cushing, que questionou a ética de fechar os olhos às condições de vida das reservas do povo zuni, além de James Mooney, já mencionado, que foi censurado por seu papel como ativista. O comentário de Cushing sobre as condições de vida do povo zuni e/ou o incômodo de Powell são abordados em A. Tozzer, *Social Origins and Social Continuities*, Nova York: Macmillan, 1931.

[42] Charles Royce, "Indian land cessions in the United States", em *Eighteenth Annual Report of the Bureau of American Ethnology to the Secretary of the Smithsonian Institution 1896-97* (J. W. Powell, org.), 1899, pp. 521-997.

Powell representava a concepção dominante, que tinha a legitimidade como ponto de partida:

> Apesar dos casos lamentavelmente frequentes de injustiças pessoais e temporárias cometidas contra a raça mais frágil, em termos gerais as diretrizes políticas têm se orientado por um reconhecimento profundo dos princípios de justiça e direito de ambos os povos. [...] A justiça para com os peles-vermelhas se reveste, hoje, de uma benevolência muito maior do que aquela de uma década atrás.

Royce era uma voz dissonante:

> Há dois séculos, arrasta-se uma controvérsia sobre sua própria existência como povo, contra a rapinagem inescrupulosa da civilização anglo-saxã.

Antropólogos críticos, como Frank G. Speck, desmascararam as políticas de Teddy Roosevelt, que presidiu o novo desmantelamento de terras indígenas da época e que, como evolucionista, referia-se ao nomadismo dos povos indígenas[43]. Roosevelt e seus amigos, talvez legitimados (ainda que de modo involuntário) pelo evolucionismo de Morgan e, mais tarde, pelo de Julian Steward, representavam os índios como "nômades e mendigos", sem ligações com a propriedade privada, uma observação sem consistência alguma usada para justificar a pilhagem governamental. Os poderosos evolucionistas eram porta-vozes da corrente de pensamento dominante, e ainda hoje estão entre nós, disfarçados de neoliberais.

Com o surgimento do movimento "Red Power" na década de 1960, introduziram-se novos avanços econômicos nas reservas in-

---

[43] Mais informações sobre as críticas de Speck podem ser encontradas em H. A. Feit, "The construction of Algonquin hunting territories: private property as moral lesson, policy advocacy, and ethnographic error", em *Colonial Situations: Essays in the Contextualization of Ethnographic Knowledge* (G. W. Stocking, org.), Madison, WI: University of Wisconsin Press, 1993.

dígenas: os jogos de azar e o "emprego" dos americanos nativos como supervisores de lixo tóxico. Hoje identificamos prontamente uma linha divisória muito sutil entre coerção e consentimento informado, e o conhecimento antropológico, quando a serviço da pilhagem legalizada, pode torná-la ainda mais indistinta[44]. Por exemplo, os componentes institucionais das políticas federal, estadual e das reservas incluem a indústria do lixo nuclear, um protagonista que não tem visibilidade alguma nos textos etnológicos do passado.

Algumas questões se colocam quando analisamos os antropólogos como legitimadores e garantidores do consentimento a partir do momento em que os europeus dirigiram-se para o Novo Mundo. Na América do Norte, a disciplina recebeu uma nova configuração devido a condições específicas:

> Uma diferença profunda entre a história de nossa disciplina na Europa, por um lado, e no hemisfério ocidental, por outro, é intrínseca ao simples fato de que nossos objetos de estudo, nossos povos "primitivos", eram nossos vizinhos – nossos vizinhos maltratados e, na verdade, quase sempre perseguidos. Nesse caso, como em outros, a antropologia que praticamos é condicionada pela história e pelas características sociais da sociedade da qual nos originamos.[45]

A base histórica da antropologia norte-americana estava no próprio país. Para os ingleses e, em termos mais gerais, para os

---

[44] A exploração da relação entre antropologia e pilhagem é apresentada em J. Ou, "Native Americans and the monitored retrievable storage plan for nuclear wastes: late capitalism, negotiation, and controlling processes", em *Essays on Controlling Processes* (L. Nader, org.), Berkeley, CA: Kroeber Anthropological Society Papers, 1996. Ver também Winona LaDuke, *All Our Relations: Native Struggle for Land and Life*, Boston: South End Press, 1999; e Thomas R. Berger, *A Long and Terrible Shadow: White Values, Native Rights in the Americas*, Vancouver: Douglas & McIntyre, 1991.

[45] S. Mintz, *Sweetness and Power: The Place of Sugar in Modern History*, Nova York: Penguin, 1986.

europeus, a base histórica estava longe de casa. Os antropólogos ingleses na África também estudavam povos e recursos que eram objeto de pilhagem colonial. Max Gluckman escreveu sobre o processo judicial entre os barotses* – para enfatizar suas semelhanças com os sistemas jurídicos europeus, em particular com o Direito romano-holandês, deixando de examinar mais diretamente o impacto colonial sobre o Direito africano. Sua mensagem era clara: os nativos não são "selvagens"[46]. Sua necessidade política consistia em afirmar a semelhança. Muitos anos depois, coube a Martin Chanock, um historiador do Direito, mostrar que em geral o Direito consuetudinário é inventado pelo colonialismo missionário e político, contestando, assim, o significado da semelhança dentro de um desequilíbrio estrutural de poder[47]. Hoje, todo lugar é longe de "casa", mas a justificação intelectual da pilhagem continua, e a "semelhança", na forma de uma "convergência" evolucionária, típica das concepções universalistas de desenvolvimento e progresso jurídicos, ainda se esquece de levar em consideração os desequilíbrios de poder[48].

---

* Povo e país localizado no centro-sul do continente africano, antiga colônia portuguesa, depois britânica (a partir de 1891). Após diversos tumultos, une-se a outras nações, em 1963, para fundar o que hoje é a Zâmbia. (N. do R. T.)

[46] A obra de Max Gluckman, em que o autor enfatiza as semelhanças entre os sistemas jurídicos da África e da Europa como uma base implícita para uma afirmação das afinidades e equivalências entre africanos e europeus, encontra-se, *inter alia*, em M. Gluckman, *The Judicial Process among the Barotse of Northern Rhodesia*, Glencoe, IL: Free Press, 1955; e M. Gluckman, *The Ideas in Barotse Jurisprudence*, New Haven, CT: Yale University Press, 1965.

[47] Em seu livro *Law, Custom, and Social Order: The Colonial Experience in Malawi and Zambia*, Cambridge, UK: Cambridge University Press, 1985, M. Chanock (*Custom, and Social Order: the Colonial Experience in Malawi and Zambia*, Cambridge, UK: Cambridge University Press, 1985) descreve o Direito consuetudinário como produto do colonialismo missionário e político.

[48] Ver Ugo Mattei & Lucas Pes, "Civil law and common law. Towards convergence?", em *Oxford Handbook of Law and Politics* (K. E. Whittington, R. D. Kelemen & G. A. Caldeira, orgs.), 2008.

Em um ensaio sobre os direitos indígenas às terras tradicionais, o antropólogo Richard Reed conta a história da criação de um parque (ou reserva) nacional no Paraguai, onde, de início, os povos indígenas esperavam ter acesso a suas próprias terras para realizar suas atividades tradicionais e participar da administração e manutenção do parque. É um contexto de poder desigual. Nos termos da definição da Nature Conservancy*, os povos indígenas "aculturados" foram excluídos. Para os povos indígenas, esta agência é mais um *latifúndio* em uma longa história de grandes propriedades monocultoras pertencentes a estrangeiros. O futuro das florestas é mais importante do que as pessoas. Não obstante, foi a Nature Conservancy, que tinha relações importantes em Washington, que entrou com uma grande soma em dinheiro quando se procedeu à negociação das terras. Na pior fase dos conflitos acerca de recursos, as agências de proteção ambiental dispõem das armas econômicas e políticas que lhes permitem confrontar empresas poderosas e governos nacionais. Os novos desenvolvimentistas são os grupos de proteção ambiental. A luta feroz por terras continua, como a pilhagem de terras indígenas para fins privados.

Os antropólogos desempenharam muitos papéis em seu trabalho nos Estados Unidos, mas a autorreflexão, onde existe, concentra-se mesquinhamente na exclusão de grande número de relações, como a desapropriação de terras ou outros recursos, inclusive o conhecimento. Em resumo, o conhecimento antropológico é produzido por indivíduos com motivações diferentes, que desempenham uma multiplicidade de papéis. Esta multiplicidade pode incluir os papéis de intelectual, defensor (às vezes dos colonizadores, outras dos colonizados), negociador entre partes, tradutor

---

* *The Nature Conservancy* é uma agência internacional criada em 1951 e voltada para a conservação dos recursos naturais. (N. do T.)

de visões de mundo, educador preocupado com a superação de concepções preconceituosas, político ou cidadão a serviço da criação de diretrizes políticas, perito judicial (que comparece formalmente perante um tribunal) ou observador silencioso. A antropologia parece avançar de maneira autônoma, ainda que já tenhamos tido tempo suficiente para documentar o contrário. Trata-se de parte de um projeto profissional, até mesmo de uma estratégia, que permite que os antropólogos, na condição de praticantes de uma ciência neutra, prestem seus serviços aos legitimadores. Nada muito diferente, portanto, do Direito ou da Economia.

Os projetos de recolonização e império nas novas colônias do Afeganistão ou do Iraque podem ser compreendidos se os abordamos com todo o arsenal da antropologia, dando a devida atenção ao fato de que essas ferramentas foram desenvolvidas ao longo de uma muito antiga tradição na qual, como vimos, a censura e a intolerância cobraram seu preço. Ao fazer qualquer comparação, é preciso observar o silêncio em relação a grande parte do planeta comumente chamada de Oriente Médio ou Oriente Próximo. O mundo islâmico, em geral, e o mundo árabe, em particular, constituem uma parte do mundo que ainda se encontra entre as menos conhecidas do ponto de vista etnográfico, a respeito da qual a desinformação e os equívocos são imensos. Desde a Segunda Guerra Mundial, os antropólogos chegam a demonstrar certa predisposição em alimentar o silêncio e calar a opinião crítica sobre essa área. Alguns sugerem que trabalhar no mundo árabe não é uma boa estratégia profissional para acadêmicos ambiciosos. Isto se aplica particularmente à produção acadêmica sobre a Palestina. Um autor explicou que o silêncio se deve à enorme expansão das universidades públicas, querendo dizer que os intelectuais foram absorvidos pelo Estado, com a incapacidade concomitante, por parte dos intelectuais públicos, de avaliar de maneira crítica gran-

A PILHAGEM DE IDEIAS E OS LEGITIMADORES · 193

des eventos políticos, como a Guerra do Golfo de 1991[49]. Outro autor concluiu que a antropologia tem muito pouca contribuição a oferecer "em um mundo dominado pela *realpolitik*"[50].

Os mundos árabe e islâmico talvez sejam as únicas regiões do globo que carecem de antropólogos capazes de estabelecer relações. O que escrevemos sobre o impacto dos interesses econômicos ocidentais sobre o Golfo? O que escrevemos sobre as relações entre as nações fornecedoras de petróleo e o apoio ocidental a regimes ditatoriais? Alguém poderia pensar que um estudo da apropriação, por Israel, de água e solo arável do Líbano, interrompida aqui e ali pelo bombardeio esporádico de centrais elétricas, seria uma contribuição à antropologia do imperialismo. Quantos antropólogos que documentam as zonas de guerra em outras partes do mundo incluem o mundo árabe em seus trabalhos? Não pode haver um conhecimento sério sobre uma região do mundo em relação à qual os tabus prevaleçam e os mitos são abundantes. Em 2003, a paz foi o tema do encontro nacional dos antropólogos norte-americanos. Contudo, não houve debate algum sobre o Iraque, a guerra mal foi mencionada e, mesmo assim, somente a propósito da pilhagem de sítios arqueológicos. Por outro lado, houve certa justificação à política externa dos Estados Unidos e não se tratou nada que dissesse respeito a essa questão crucial, tão importante para a paz no Oriente Médio e na Palestina.

Recentemente, várias iniciativas de estudos sobre o Islã retomaram antigas questões sobre os muçulmanos. Essa retomada concentrou-se no estudo do ordenamento jurídico oriental e dos

---

[49] Patrick Wilcken, *Anthropologists, the Intellectuals and the Gulf War*, Cambridge, UK: Prickly Pear, 1994.
[50] Para uma visão das contribuições potenciais da antropologia, bastante derrotista e baseada nos pressupostos da *realpolitik*, ver Z. Mir-Hosseini, citado em Patrick Wilcken, *Anthropologists, the Intellectuals and the Gulf War*, Cambridge, UK: Prickly Pear, 1994.

seguidores de Max Weber, o fundador desse tipo de estudo. O uso por Weber de categorias ou tipos ideais faz lembrar o evolucionismo de Julian Steward. Sua taxonomia dos sistemas jurídicos com duas dimensões, composta de quatro partes – formal/substantiva e racional/irracional –, produz quatro categorias. A hierarquia está mais uma vez presente. O Direito europeu continental ajusta-se ao tipo ideal formal/racional, enquanto o Direito islâmico contém "preceitos tradicionais e tomadas de decisões arbitrárias, estas últimas atuando como substitutos de um regime de regras racionais"[51]. Apesar de aparentemente inócuo, o trabalho dos estudiosos que aplicam a tipologia de Weber na prática tem implicações que podem ser tudo, menos inócuas. Os cientistas sociais atuais continuam usando a caracterização weberiana do excêntrico juiz *qadi*, usando a metáfora do bazar para descrever um mundo caótico, insinuando a existência, entre os árabes, de apreço pela regularidade, pelo espaço e pelo tempo. A exploração de injustiças decorrentes de uma grande irracionalidade torna o Direito ocidental o paradigma de avaliação, preparando o terreno para os planos atuais da política externa norte-americana no Iraque e no Afeganistão. Imagina-se que, graças à imposição do moderno Direito euro-americano "moderno", neoliberal, a política externa dos Estados Unidos conseguirá livrar os países orientais da irracionalidade e ilegitimidade, bem como de sua longevidade contumaz. Neste caso, a usurpação será legalizada não pela *terra nullius*, mas pela *lex nullius*. A percepção de que esses países carecem de algo que o mundo civilizado possui transforma-se em uma justificativa para as invasões. E agora temos o rótulo de "terrorismo". Apesar de seu potencial genuíno, a miopia da antropo-

---

[51] Ver M. Weber, *Economy and Society: An Outline of Interpretive Sociology*, Berkeley, CA: University of California Press, 1968, p. 1041.

logia costuma ser a guardiã do convencionalismo proveniente dos juristas-antropólogos do século XIX. As exceções são relegadas a contextos periféricos ou evitam as questões prementes por meio de epistemologias abstratas ou, ainda, abandonam o campo de batalha[52].

---

[52] Para exceções notáveis, ver L. Nader, *op. cit.*, pp. 107-45, e R. Gonzalez, *Anthropologists in the Public Sphere: Speaking out on War, Peace, and American Power*, Austin, TX: University of Texas, 2004.

5

CRIANDO CONDIÇÕES PARA A PILHAGEM

A pilhagem de petróleo: Iraque e outros casos

> A pilhagem, tanto interna quanto externa, foi o meio mais importante da primitiva acumulação de capital, uma acumulação que, depois da Idade Média, possibilitou uma nova etapa da evolução econômica do mundo. Com o desenvolvimento da economia monetária, os estratos sociais e as regiões do mundo passaram a se ver cada vez mais envolvidos em uma troca desigual.[1]
>
> E. Galeano

Se a pilhagem atual nem sempre precisa fazer uso de violência explícita, recorrendo, em vez disso, ao Direito como fachada para seus negócios escusos, há casos em que ela lembra muito as condições primitivas de sua antiga versão colonial, assumindo a forma de uma verdadeira guerra de conquista.

---

[1] Eduardo Galeano, *Open Veins of Latin America: Five Centuries of the Pillage of a Continent* (tradução inglesa de Cedric Belfrage), Nova York: Monthly Review Press, 1973 (reimpresso em 1997), p. 28. Ver também N. Klein, "Bomb before you burp: the economics of war", *Seattle Journal for Social Justice*, primavera/verão 2004; e Lewis Lapham, que em uma análise perspicaz da Guerra do Iraque como um sucesso econômico afirmou: "a transformação de um deserto esquecido por Deus em um Jardim do Éden para fornecedores militares" (Lapham, "Lionhearts", *Harper's Magazine*, setembro de 2006).

Na atual fase do capitalismo empresarial, a presa de guerra não é necessariamente a pilhagem direta de valiosos recursos locais. Muitas vezes, como no Afeganistão contemporâneo, a presa de guerra libera a economia e introduz um Estado de Direito capaz de prover as necessidades das grandes empresas. Como já afirmaram observadores tão diferentes como Adam Smith e Karl Marx, as empresas capitalistas vivem em busca permanente de novos espaços e são implacáveis quando se trata de abri-los, em geral mediante a arregimentação de estados-nações.

Há bem pouca coisa nova sob o sol, inclusive, por exemplo, a Primeira Guerra do Ópio na China (1839-42). Em nome da liberdade de mercado, o governo britânico declarou guerra para manter o direito da Companhia das Índias Orientais de trocar ópio por chá chinês. De acordo com os britânicos, as autoridades chinesas não tinham o direito de proteger sua população contra a dependência de drogas ao declarar a ilegalidade do comércio de ópio. Da mesma maneira, segundo os Estados Unidos, os atuais governos europeus, países signatários da OMC, não têm o direito de proteger a saúde de suas populações ao proibirem as sementes geneticamente modificadas pela Monsanto. A Guerra do Ópio foi igual a muitas outras campanhas semelhantes que os governos britânico e norte-americano promoveram para proteger os interesses comerciais nacionais, representados por empresas como a United Fruit (mais do que bananas) ou a Union Carbide (gás, petróleo e minérios) em toda a América Latina. Ninguém expressou melhor a lógica dessas guerras do que o presidente norte-americano (e, em outra ocasião, presidente da Suprema Corte dos Estados Unidos) William H. Taft, em 1912: "O hemisfério todo será nosso de fato, uma vez que, em virtude da superioridade moral de nossa raça, já o possuímos moralmente [...]." Nos termos de determinada concepção, hoje parte do Consenso de

Washington, a política externa dos Estados Unidos "pode perfeitamente incluir a intervenção ativa que assegure, para nossas mercadorias e nossos capitalistas, a oportunidade de investimentos lucrativos"[2].

Hoje, como no passado, a ideologia – em uma variedade de formas e de modo mais ou menos verossímil – é utilizada tanto *ex ante* quanto *ex post* para ocultar a pilhagem, com graus variáveis de sucesso. O colonialismo também fez uso abundante da ideologia para justificar uma prática moralmente inaceitável. Modernização, civilização, harmonia e desenvolvimento têm sido explicados dessa maneira. É bem verdade que os Estados Unidos, em competição com as potências europeias, sempre desempenharam um papel anticolonialista, mas, quando se trata da prática de privar países estrangeiros de sua soberania, a diferença não é assim tão óbvia, pois há compartilhamento de boa parte da retórica e da utilização de dois pesos e duas medidas. Por exemplo, o Haiti nunca foi "colonizado" pelo governo norte-americano, mas foi ocupado por mais de vinte anos, durante os quais a segregação racial e o trabalho forçado foram reintroduzidos, trabalhadores insurgentes foram mortos aos milhares e houve, inclusive, a suspensão dos salários do presidente e de ministros enquanto eles não concordaram em transformar o Banco Nacional em uma subsidiária do New York City Bank[3]. Uma advertência aos governos do Afeganistão e do Iraque!

Portanto, enquanto o fundamental no Iraque é a recolonização, a forma de ideologia é mais criativa, começando com a deslegitimação intelectual das razões óbvias para a guerra. "Tudo gira em torno do petróleo" é algo que ninguém pode afirmar em

---

[2] Eduardo Galeano, *op. cit.*, p. 107.
[3] Eduardo Galeano, *op.cit.*, p. 108.

círculos intelectuais sofisticados se não quiser ser tachado de demagogo simplório. A revolta contra a estratégia justifica o título desta seção. Descobre-se então uma variedade de formas pelas quais a guerra, apesar de seus horrores e de sua natureza intrinsecamente não civilizada, é orgulhosamente apresentada como uma espécie de exposição de tecnologias. Além do mais, a recente formulação do "estado de exceção" permite que um grau de horror ainda maior seja rotulado de "maçã mais podre" de um mecanismo que, de outro modo, é funcional e, em última análise, eficiente. A tortura espetacular – e objeto de espetaculização – que foi praticada contra os prisioneiros iraquianos é apresentada como exceção, como forma de exorcismo e de transformação do assassinato de milhares de civis inocentes em algo relativamente "respeitável" (segundo estimativas conservadoras, cerca de 900 mil baixas civis diretas – inclusive aqueles mortos por esquadrões da morte, carros-bomba etc. – resultaram da Guerra do Iraque desde março de 2006)[4]. Portanto, a exposição pública do escândalo das torturas pela mídia corporativa estimula, de modo paradoxal, a ideia de uma atividade de outro modo benéfica na área. Os sábios repetem o absurdo de que a tortura é uma iniquidade, mas que, apesar de sua natureza homicida, sua utilização na "guerra em nome da democracia e do Estado de Direito" não compartilha o mesmo grau de imoralidade. A prova oferecida é o "processo constitucional" e o referendo sobre a Constituição é intrinsecamente melhor do que o regime de Saddam. O escárnio de um julgamento organizado pelas forças de ocupação contraria qualquer noção básica do devido processo legal, e a subsequente execução de Saddam Hussein e de seus principais assessores acrescenta

---

[4] Ver Institute for Policy Studies and Foreign Policy in Focus, *A Failed "Transition": The Mounting Costs of the Iraq War*, disponível em www.fpif.org/papers/049iraqtrans.html.

uma trágica nota de ironia ao papel da propaganda jurídica utilizada no Iraque.

Nos dias que se seguiram aos ataques de 11 de setembro, os americanos aliaram-se patrioticamente aos planos do presidente Bush de retaliação militar e a sua exortação para que aumentassem seus níveis de consumo por razões patrióticas. Contudo, poucos meses depois, na esteira da Enron, WorldCom e outros escândalos empresariais – que por fim levaram a certa perda de fé na natureza benigna do capitalismo empresarial –, muitos norte-americanos começaram a questionar se a retaliação era positiva para a segurança do país ou se era usada para acobertar objetivos diferentes. A pilhagem de petróleo passou a fazer parte dessas indagações.

De início, os olhares se voltaram para uma empresa petrolífera californiana, crucial para a construção de um grande oleoduto na região do Mar Cáspio – a Union Oil Company of California, Unocal –, cuja oferta fora anteriormente rejeitada pelo governo afegão em favor de concorrentes europeus. Esse oleoduto levaria petróleo do Mar Cáspio ao Mar de Omã, atravessando o Turcomenistão, o Afeganistão e o Paquistão. A Unocal foi recolocada rapidamente depois do 11 de setembro, ilustrando a estreita ligação entre interesses comerciais e a intervenção estrangeira dos Estados Unidos. Para estudiosos como Michael Klare[5], essa ligação entre negócios e política externa norte-americana era uma causa de transformações políticas – naquele momento, o acesso a recursos como petróleo e gás passou a ser considerado um aspecto fundamental da segurança dos Estados Unidos. Na verdade, tratava-se do ressurgimento de um velho modelo. O atual presidente do Afeganistão,

---

[5] M. Klare, *Resource Wars: The New Landscape of Global Conflict*, Nova York: Holt, 2002.

escolhido pela administração norte-americana e "democraticamente eleito" em outubro de 2004, havia trabalhado para a Unocal. Desde o século XIX, as empresas petrolíferas existem para extrair petróleo e transportá-lo a um lugar onde possa ser vendido com lucro. Nossa preocupação tem a ver com a utilização de dinheiro público para sustentar os lucros da indústria petroleira, por meio de subsídios diretos, estimados em 11,9 bilhões de dólares por ano, e de subsídios indiretos, estimados em 36,2 bilhões de dólares por ano, para a defesa militar de regiões ricas em petróleo que vão do Golfo Pérsico à Colômbia. Governo e empreendimento comerciais estão interligados em uma política de consumo. Os Estados Unidos representam 4,5 por cento da população mundial, ao mesmo tempo em que consomem 25 por cento do petróleo existente. Até pouco tempo, quando entraram em cena países de maiores dimensões, como a Índia e a China, o palco era ocidental. O petróleo era o símbolo do progresso e a produção e o desenvolvimento dos recursos energéticos, o meio de fortalecer a superioridade ocidental, tendo como suporte mais de 700 bases militares norte-americanas em cerca de 130 países do mundo.

Embora as sociedades industriais sempre tenham dependido muito do petróleo e do gás e a produção de petróleo claramente alimente a degradação ambiental, coloca-se agora uma ameaça específica ao planeta: o "aquecimento global". O quadro se complica ainda mais porque, no passado, a segurança nacional era mantida por meio de sistemas de alianças abrangentes. Hoje, o poder dos Estados Unidos é associado a um poderoso efetivo militar e ao unilateralismo, o que invariavelmente leva à proliferação daquilo que se tem descrito como *guerra por recursos*[6]. A segu-

---

[6] M. Klare, *Blood and Oil: The Dangers and Consequences of America's Flowing Petroleum Dependency*, Nova York: Metropolitan Books and Holt, 2004.

rança econômica, e não política, é o que leva à proteção de recursos por Estados industrializados de olho na pilhagem. Os pesquisadores do Banco Mundial descobriram que países com "recursos potáveis" significativos "sofrem quatro vezes mais risco de enfrentar guerras do que um país com produtos primários"[7].

Às vezes, as emoções por trás desses "recursos potáveis" desmascaram toda uma conversa sobre segurança e patriotismo. A rainha Noor, da Jordânia[8], relata um encontro entre o rei Hussein e o presidente George H. W. Bush em Kennebunkport, no Maine, quando Bush expressou o direito dos "povos civilizados" a apropriar-se do petróleo. Falando sobre Saddam Hussein, ele disse: "Não permitirei que esse ditadorzinho controle 25 por cento do petróleo do mundo civilizado." Sem dúvida, para os árabes, as palavras-chave são, nesse caso, "mundo civilizado", um rótulo cuja linhagem colonial remonta a um passado muito distante. Sob tais circunstâncias, para os norte-americanos as considerações de segurança nacional sempre prevalecerão sobre os acordos negociados, que poderiam ser interpretados como renúncia a interesses nacionais cruciais. Quando a economia domina os conflitos políticos ou ideológicos, a incidência de guerras unilaterais certamente se torna maior. Basta pensarmos nos ataques norte-americanos ao Afeganistão e nas duas guerras contra o Iraque a partir de 1991.

Afirma-se que a ligação direta entre petróleo e política militarista teve início com a transição do carvão para o petróleo nos navios ingleses na Primeira Guerra Mundial e como resultado dos veículos de combate movidos a gasolina, também usados para

---

[7] Paul Collier & Anke Hoeffler, "Justice-seeking and loot-seeking in war", texto inédito, Banco Mundial, 17 de fevereiro de 1999, p. 15.
[8] Rainha Noor, *Leap of Faith: Memoirs of an Unexpected Life*, Nova York: Miramax Books, 2003.

manobras de reconhecimento e logística. O petróleo como necessidade vital para o combate, que, depois do chamado "embargo árabe ao petróleo" de 1973-74, deu mais impulso ainda à ideia de usar a força para proteger fontes vitais de suprimento de petróleo em tempos de paz. A associação entre lucro e poder converteu-se no complexo industrial-militar mencionado pelo presidente Eisenhower em seu discurso de despedida. A ascensão da presidência imperial e do Pentágono, bem como o advento do Estado guerreiro, significaram que política e economia haviam se transformado em uma coisa só.

Os norte-americanos foram divididos pelo petróleo – sua superabundância e sua suposta escassez –, bem como pelo poder sobre as fontes da China, Índia e Japão. A contestação ao uso contínuo de fundos públicos para financiar e fomentar a indústria do petróleo e do gás conduz o debate a um uso mais racional dos dólares dos contribuintes, a uma transição dos combustíveis fósseis para fontes de energia renovável e mais limpa. Outros defendem o consumo desenfreado de gasolina como algo patriótico, e os proprietários de utilitários esportivos se viram no fogo cruzado de argumentos e demonstrações entre os defensores e opositores da Guerra do Iraque.

Como os executivos do setor petrolífero e os diretores gerais de empresas e organizações acham-se tão profundamente integrados na administração Bush, a alguns pode parecer que, sob George W. Bush, a busca por petróleo é um dos fundamentos da política externa. Não é preciso dizer que isso não começou com Bush. Com Clinton, tivemos o Plano Colômbia, aparentemente para proteger o oleoduto Caño Limón, um duto que transporta petróleo colombiano até a costa caribenha para a Occidental Petroleum, empresa com sede em Los Angeles, e outras companhias. Uma vez mais, a lição é clara: a extração transnacional de recursos naturais do Terceiro Mundo promove não a estabilidade econômica ou política, mas a violência e a ilegalidade. Para ninguém isso fica tão claro quanto para os povos indígenas. A resistência indígena à extração de petróleo na Colômbia oferece um claro exemplo. O líder indígena do povo u'wa, Roberto Perez, afirma sem meias palavras:

> Eles dizem que você não pode se opor à exploração do petróleo. É um modo ocidental de pensar [...], e as empresas transnacionais que eles nos impõem em nosso próprio território, mas o desenvolvimento por eles mencionado não trará benefícios aos camponeses, mas sim aos setores públicos. Os únicos beneficiados são alguns grupos que detêm o poder econômico [...]. Se o povo colombiano tivesse sido beneficiado, não estaríamos presenciando a injustiça social em que vivemos na Colômbia [...]. Esses irmãos indígenas cometem um erro ao negociar, pois o governo nunca cumpre suas promessas. Reunimo-nos com membros do governo em duas ocasiões, mas, enquanto expúnhamos nossos pontos de vista, eles davam às empresas a permissão para prosseguirem com suas atividades de exploração do petróleo.[9]

As mesmas reclamações aparecem no Peru, México e Equador. No Peru: "Em meio ao processo de proteger nossos direitos [...], 12 mil quilômetros quadrados de Madre de Dios foram entregues à Mobil, Exxon e Elf para exploração de petróleo." E no México: "Vinte anos atrás, a Pemex chegou e invadiu nossas terras [...]. Chegamos antes da Pemex. Nossos documentos o comprovam."

---

[9] Rainforest Action Network, *Drilling to the Ends of the Earth: Voices from the Old Frontier*, San Francisco: Rain Forest Action Network, 1998, p. 20. Patricia Urteaga--Crovetto, *Identities and Hydrocarbons: Territorial Claims in the Southwestern Peruvian Amazon*, tese de doutorado, Berkeley, CA: University of California, 2005. Suzanne Sawyer, *Crude Chronicles – Indigenous Politics, Multinational Oil, and Neoliberalism in Ecuador*, Durham, NC: Duke University Press, 2004.

E no Equador: "Já sabemos o que está acontecendo com nosso território [...]. Não precisamos que nenhuma empresa nos informe a respeito. Ao contrário, somos nós que precisamos dizer a vocês o que está se passando."[10]

A Venezuela é o terceiro maior fornecedor de petróleo aos Estados Unidos e, juntamente com a Colômbia e o Equador, fornece mais petróleo ao país do que o próprio Golfo Pérsico. Todavia, as guerras ocorrem no Oriente Médio. Pelo menos até o momento, uma tentativa de golpe, e não uma guerra, esteve na linha de frente das relações com o presidente Chávez. No "triângulo estratégico" – do Golfo Pérsico, no Ocidente, ao Mar Cáspio, no Norte, e ao Mar do Sul da China, no Oriente – encontram-se as maiores concentrações de petróleo do mundo, cujo controle no futuro é ainda mais crucial do que sua extração no presente. O próprio Golfo Pérsico possui aproximadamente 65 por cento das reservas petrolíferas mundiais de que se tem conhecimento. Com todas as dificuldades que envolvem as atividades política e comercial, não surpreende que a Guerra do Iraque ocupe uma posição central e, apesar da satisfação decorrente da bárbara execução do presidente Saddam Hussein, o fim disso tudo não se encontre à vista.

A crença da administração Bush de que o petróleo importado é uma ameaça à segurança nacional é alimentada pela Independent Petroleum Association of America, Ipaa, com afirmações como: "Nossa economia está nas mãos de governantes estrangeiros" (*La Zeaby*, 2000) e "Saddam Hussein continua sendo o regulador de mercado, capaz de manter os mercados petrolíferos mundiais como reféns" (*Oil Online*, 29 de março de 2000). Isso foi antes da invasão do Iraque pelos Estados Unidos em 2003. Desde a invasão, houve propostas e prognósticos. Um ex-executivo da

---

[10] *Id.*

Chevron Corporation (E. C. Chow, 2003) não admite a espera pelo momento de financiar os megaprojetos de extração de petróleo no Iraque, na expectativa das rendas petrolíferas que daí podem advir. Ele prefere que as empresas petrolíferas internacionais invistam na exploração de novos campos e na construção de novas instalações. Contudo, conclui seus argumentos com uma observação impressionante: um investimento desse tipo só seria viável se houvesse um sistema político estável (e amigável?) no Iraque, um sistema político que respeitasse o *Estado de Direito!*

Porém, como bem observa Tariq Ali, a história ensina: "A força, e não o Direito, é o que sempre determinou as relações entre o Ocidente e o mundo árabe. E a imposição de novas leis e tratados sempre teve por fundamento o uso da força ou a ameaça de sua aplicação"[11]. Neste caso, os eventos passados constituem o melhor indicador do que está por vir.

O interesse ocidental pelos recursos petrolíferos do Oriente Médio começaram nos primórdios do século XX. A Anglo-Persian Oil Company já vinha extraindo petróleo do Irã antes da Primeira Guerra Mundial. No começo da Segunda Guerra, o Iraque também era um dos maiores exportadores, com concessões feitas à Turkish Petroleum Company (posteriormente Iraq Petroleum Company). O conhecimento do petróleo do Oriente Médio inspirou as potências ocidentais a ajudar a configurar a região. Na fase inicial da produção, as empresas estrangeiras privadas aproveitaram-se do poder absoluto das famílias dominantes para obter acordos de concessão que terminaram por resultar em um equilíbrio desigual de poder financeiro e político. As concessões incluíam direitos de exploração, produção, refino e exportação em grandes áreas e por longos períodos, sujeitas ao pagamento de

---

[11] Tariq Ali, *Bush in Babylon: The Recolonization of Iraq*, Londres: Verso, 2003, p. 134.

royalties irrisórios aos governos hospedeiros, e o fornecimento de quantidades limitadas de petróleo para seu próprio uso[12]. Todas as cartas estavam nas mãos das maiores empresas petrolíferas. Yosuf Sayigh, importante economista árabe e especialista em petróleo, observa que o peso combinado de todos esses componentes de dominação deu às empresas o poder de colonizar, intimidar e influenciar o funcionamento dos governos árabes no Golfo, uma situação que, em grande parte, permaneceu inalterada até meados da década de 1950 – cerca de trinta anos após a assinatura do primeiro acordo.

Na década de 1950, com o despertar do movimento nacionalista pan-arabista, houve pressões no sentido de que os países produtores tivessem reconhecidos seus direitos de verdadeiros proprietários dos recursos petrolíferos, cabendo-lhes também, portanto, o direito de receber uma maior receita bruta. Depois da fundação da Organização dos Países Exportadores de Petróleo, Opep, nos anos 1960, houve uma nova contestação da supremacia das grandes empresas petrolíferas, o que levou a um período de confrontos, principalmente entre o Iraque e as empresas petrolíferas. Em 1972, a Iraq Petroleum Company foi nacionalizada, e pouco depois seguiu-se a nacionalização do petróleo na Líbia e na Argélia. Os árabes viam a luta travada pelas empresas petrolíferas e seus governos como prova da voraz exploração de recursos pertencentes ao Oriente Médio e, a partir de 1973, o Ocidente começou a dedicar uma atenção cada vez maior ao petróleo médio-oriental em relação às necessidades ocidentais. Não é preciso dizer que o uso árabe do petróleo como arma na Guerra Árabe-Israelense de 1973

---

[12] Gerard Butt, "Oil and Gas in the UAE," em *United Arab Emirates: A New Perspective* (Peter Hellyer, Ibrahim Al-Abed, orgs.), UAE: Trident Press, pp. 231-48. Também Rashid Khalidi, *Western Footprints and America's Perilous Path in the Middle East*, Boston: Beacon Press, 2004.

terminou em fracasso, deixando o povo árabe sem poder revolucionário e igualmente privado de qualquer distribuição apropriada das riquezas geradas pelo petróleo. No Golfo, os interesses das elites dominantes voltavam-se preferencialmente para o mundo ocidental. A década que se seguiu a 1973 testemunhou a voracidade das companhias ocidentais por contratos lucrativos. Como de costume, a pilhagem estrangeira contava com os préstimos das elites locais.

O motivo oficial para os Estados Unidos declararem guerra ao Iraque em 2003 foi a eliminação das armas iraquianas de destruição em massa. Ao não se encontrar nenhuma delas, a justificativa para a guerra passou a ser a necessidade de pôr fim à ditadura de Saddam Hussein para levar a democracia e o Estado de Direito ao país e à região. Na linguagem de duplo sentido, agressão transforma-se em libertação, uma tática comum ao velho estilo do colonialismo europeu[13]. Atualmente, os cálculos são transparentes. A privatização dos poços de petróleo iraquianos ajudaria a enfraquecer a Opep. Estão em andamento os planos para impor a privatização do petróleo iraquiano graças a um governo pró-americano fantoche, em Bagdá, o que é apresentado ao mundo como um processo constitucional bem-sucedido. A instalação de um regime fantoche em Bagdá pode, porém, ser mais difícil do que em Cabul, mas os fundamentos do Estado de Direito já foram preparados pelos decretos de Paul Bremer, que totalizam cerca de quinhentas páginas. Algumas dessas leis, cujo espírito rege a legislação autônoma subsequente, são de grande importância para o processo por meio do qual se legaliza a pilhagem.

---

[13] Para uma comparação com Napoleão, ver Al-Jabarti, *Al-Jabarti's Chronicles of the First Seven Months of the French Occupation of Egypt, June-December 1798* (trad. inglesa de S. Moreh), Leiden, Holanda: E. J. Brill, 1975.

A invasão política e econômica e, agora, a ocupação do Iraque pelos militares e por empresas norte-americanas, com o pleno apoio da administração Bush, viabiliza-se em forma de cem decretos impostos por Paul Bremer, chefe da hoje extinta Autoridade Provisória da Coligação antes da "retirada que não houve"[14]. Os decretos de Bremer davam preferência às empresas norte-americanas no desenvolvimento da economia iraquiana, que pretendia transformar o país de uma economia de planejamento central em uma economia de mercado. Para nossos objetivos aqui, é importante notar que o Decreto 39 não se constrange em afirmar abertamente esse objetivo: determinações econômicas que buscam estabelecer a estrutura jurídica fundamental para o funcionamento de uma economia de mercado, com reformas nas áreas de "reforma fiscal, reforma do setor financeiro, comercial e jurídico", além de mudanças nos modelos de regulamentação e privatização.

Uma amostra de alguns dos decretos mais importantes pode começar com o número 39, que permitiu a privatização de todas as empresas públicas iraquianas, a posse de 100 por cento dos negócios iraquianos por empresários estrangeiros, o "tratamento nacional" de empresas estrangeiras, a irrestrita remessa não tributada de todos os lucros e outros fundos e licenças de propriedade com validade de quarenta anos. O Decreto 40 transfere o setor bancário do sistema estatal para o de mercado, permitindo que bancos estrangeiros comprem até 50 por cento dos bancos iraquianos. O Decreto 17 dá aos empreiteiros total imunidade contra as leis iraquianas. As partes lesadas devem instaurar processo nos tribunais dos Estados Unidos, sob as leis do país, como na época do Tribunal Norte-Americano para o Distrito da

---

[14] Antonia Juhasz, "Foreign policy in focus", *FPIF Policy Report*, julho de 2004. Ver também A. Juhasz, "Whose oil is it, anyway?", *New York Times*, 13 de março de 2007.

China* ou de acordos semelhantes no Egito colonizado. Em termos corriqueiros, os decretos de Bremer negam ao Iraque a capacidade de dar preferência às empresas ou aos trabalhadores iraquianos na reconstrução. De fato, as empresas iraquianas estatais estão proibidas de participar de licitações. Permite-se que produtos estrangeiros inundem o mercado iraquiano, o que forçou os produtores locais a abandonar suas atividades comerciais. No que diz respeito ao petróleo iraquiano, um decreto emanado do Poder Executivo dos Estados Unidos, de número 13.303, de maio de 2003, posteriormente reafirmado, revogava a proteção ambiental para o vazamento de petróleo e outros desastres ecológicos, assegurando imunidade geral às empresas norte-americanas que adquirem a posse ou o controle de petróleo ou produtos iraquianos.

Os decretos de Bremer eram ilegais, de acordo com o Direito internacional, porque violavam os regulamentos de Haia de 1907 (equivalentes àqueles das convenções de Genebra de 1949, ambas ratificadas pelos Estados Unidos). Para o Direito internacional, uma nação ocupante não pode moldar uma sociedade derrotada à sua própria semelhança. E, como se tudo isso não bastasse, sabe-se que nenhuma lei ou decreto presidencial conferiu tal autoridade a Bremer, que foi pessoalmente indicado pelo presidente Bush. Em seguida, o secretário-geral da ONU, Kofi Annan, resumiu a situação (21 de setembro de 2004) com um ataque surpreendentemente enérgico à decisão norte-americana de ir à guerra sem a aprovação da ONU: "Aqueles que procuram conferir legitimidade devem, eles próprios, incorporá-la, e os que invocam o Direito internacional devem, eles também, submeter-se a ele. [...] Precisamos partir do princípio de que ninguém está acima da lei

---

* Corte do Poder Judiciário americano que funcionou de 1906 a 1943 com competência para julgar civil e criminalmente os americanos residentes na China, nas Filipinas e na ilha de Guam. (N. do R. T.)

e de que a ninguém se deve negar sua proteção."[15] Não obstante, por volta de fevereiro de 2007, uma comissão de ministros iraquianos aprovou um projeto de lei que mudaria o equilíbrio de poder da administração do petróleo e do gás do país, transferindo-o do governo central para as diferentes regiões. Também incluiria acordos de partilha de produção com empresas petrolíferas internacionais, vistos por alguns como essencialmente privatizadores, uma mudança radical na produção petrolífera do setor público iraquiano. Segundo Rashid Khalidi, esse projeto de lei "inverte tudo que aconteceu no Oriente Médio desde 1901"[16].

De novo, a continuidade com relação ao modelo de Direito colonial é surpreendente: "Em sua maior parte, a história jurídica do contato indígena/colonial descreve este modelo: em seu nível mais simples, os povos indígenas têm suas terras tomadas pelo direito colonial [...] e são vítimas de todo tipo de violência jurídica, fraude e roubo."[17] Não obstante, o Estado de Direito é hoje considerado por muitos um legado civilizador do colonialismo[18], apesar do fato de um texto muito admirado, a *Recopilación de Leyes de los Reynos de las Indias*, que proíbe expressamente a violação dos direitos indígenas, estar em vigor na época em que somente

---

[15] Kofi Annan, *British Columbia News*, 21 de setembro de 2004.
[16] David R. Francis, "Why Iraq's new oil law won't last", *Christian Science Monitor*, 5 de março de 2007.
[17] Sydney Harring, *White Man's Law: Native People in Nineteenth Century Canadian Jurisprudence*, Toronto: University of Toronto Press, 1998, p. 10. A propósito das primeiras nações no Canadá, o mesmo autor vai direto aos fatos: "Para ser bem claro, o Direito canadense é com frequência ilegal. Há, por exemplo, uma extensa bibliografia sobre a interpretação jurídica da linguagem dos tratados, e nela se requer que essa linguagem seja interpretada a favor das tribos [...] as primeiras nações. A história jurídica está cheia de exemplos de ilegalidade no tratamento dispensado pelo Canadá a seus povos indígenas" (*ibid.*, p. 275).
[18] W. J. Mommsen & J. A. De Moor (orgs.), *European Expansion and Law: The Encounter of European and Indigenous Law in the 19th and 20th Century Africa and Asia*, Oxford: Berg Press, 1992.

no Cerro Rico de Potosí imaginava-se haver cerca de 8 milhões de mineiros indígenas "protegidos" pelas leis. Em 1685, o arcebispo Linan y Cysneros negou o genocídio, explorando a ligação ideológica entre liberdade e Estado de Direito como justificativa para a pilhagem: "A verdade é que eles se escondem para não pagar tributos, abusando da liberdade de que desfrutam e que jamais lhes foi concedida pelos incas"[19]. Essa é a mesma liberdade jurídica que, segundo a opinião dominante, os iraquianos nunca tiveram com Saddam, ainda que no país houvesse liberdade de ensino e assistência médica.

A nova ordem mundial da pilhagem

Convém dizer algumas palavras sobre a ordem política global instaurada após o fim da Guerra Fria, o pano de fundo da pilhagem atual. Com o "inimigo número um" derrotado, tornou-se evidente, quase de imediato, que o socialismo não era a única alternativa radicalmente incompatível com os contextos institucionais ocidentais. Apesar das tentativas coloniais, o Islã nunca foi eliminado como concepção fundamentalmente diferente da sociedade, do desenvolvimento e da moral. Portanto, o fim dos confrontos associados à Guerra Fria abriu uma caixa de Pandora de tensões que a descolonização havia reprimido apenas de modo superficial. Uma vez mais, a política externa norte-americana não precisou passar por grandes mudanças. Sua presença tecnológica[20] ainda era necessária aos seus aliados europeus, cujo cenário político

---

[19] Citado em Eduardo Galeano, *op. cit.*, p. 39.
[20] Essa estrutura mental é refletida por paradigmas "realistas" no Direito internacional. Para um aprofundamento da questão, ver Richard Falk, "Re-framing the legal agenda of world order in the course of a turbulent century", em *Transnational Legal Processes* (Michael Likosky, org.), Nova York: Cambridge University Press, 2002, disponível em http://www.wws.princeton.edu/~rfalk/papers/in.

interno voltava-se aos poucos para a direita[21]. Nos primeiros anos da década de 1990, os socialistas foram derrotados na França, Itália, Espanha e Grécia. Nos países escandinavos, a experiência social-democrata, justificada como o foi pelas situações de confronto inerentes à Guerra Fria, viu-se diante de uma tremenda e talvez irreversível crise. Na Rússia, os comunistas foram literalmente forçados a aceitar um confronto eleitoral espetacular, no qual eles não teriam como adquirir as aptidões técnicas e o auxílio internacional com os quais seus opositores podiam contar[22].

Os conceitos de "terceira via" ou "novo trabalhismo" foram criados quando o panorama político europeu passou a apresentar grandes afinidades com seu equivalente norte-americano. Nos Estados Unidos, pelo menos em comparação com a "grande sociedade" da década de 1960, eliminou-se o diferencial de representação de classes entre os democratas e os republicanos.

O presidente Clinton e o primeiro-ministro Blair tornaram-se ícones do *establishment* político, e a longa duração da revolução conservadora Reagan/Thatcher foi muito além da plataforma política dos *tories* e republicanos que lhe deram origem. Uma cultura de exclusão e arrogância começou a caracterizar a política interna e externa ocidental praticada nos Estados Unidos e, seguindo sua liderança, também na Europa[23]. Como afirmou um analista africano:

---

[21] Ver J. Gray, "The passing of social democracy", em *The Global Transformations Reader* (David Held & Anthony McGrew, orgs.), Cambridge, UK: Polity Press, 2000, p. 328.

[22] Consultores internacionais reagiram às chances de vitória de Ziuganov, o candidato comunista, com a criação de um líder nacionalista, o general Lebed.

[23] Ver L. Bosniak, "Critical reflections on 'citizenship' as a progressive aspiration", em *Labour Law in an Era of Globalization: Transformative Practices and Possibilities, Part V*, Oxford: Oxford University Press, 2002. Ver também C. Joppke, "Sovereignty and citizenship in a world of migration", em M. Likosky (org.), *Transnational Legal Processes*, Nova York: Cambridge University Press, 2002, disponível em http://www.wws.princeton.edu/~rfalk/papers/in.

CRIANDO CONDIÇÕES PARA A PILHAGEM · 215

O Muro de Berlim caiu. O imperialismo aproveitou a onda triunfal para reabilitar-se. Douglas Hurd, à época secretário de Relações Exteriores da Inglaterra, soltou um suspiro de alívio: "Aos poucos, vamos deixando para trás um período da história em que o Ocidente não podia expressar um interesse legítimo pelos países em desenvolvimento sem que o acusassem de neocolonialismo."[24]

No começo do novo milênio, a Rússia parecia ter se transformado de inimigo em cúmplice fundamentalmente maleável, interconectado em termos econômicos e só eventualmente relutante, com o presidente Putin compartilhando o interesse pela nova onda de opressão do mundo islâmico inaugurada pela nova administração dos Estados Unidos. De forma gradual e dramática, a Otan mudou sua natureza. Em 2002, uma reunião de cúpula com o presidente Putin estabeleceu as bases de uma nova aliança estratégica e beligerante para uma maior expansão do mercado livre global. Os líderes da Otan e seu ex-inimigo agora compartilham um "inimigo" comum, criando um vínculo que talvez seja mais forte do que as eventuais divergências políticas internacionais. A noção de atividade terrorista fundamentalista, de origem islâmica, exemplificada pela resistência chechena e palestina, justificou a "guerra contra o terror", que até o momento foi empreendida contra o Afeganistão e o Iraque, e por procuração etíope na Somália, além das ameaças ao Irã, ao Sudão, à Síria, ao Iêmen e à Coreia do Norte. Os ataques da Otan à Bósnia, a primeira Guerra do Golfo ("Tempestade do Deserto"), a missão norte-americana na Somália

---

[24] Issa G. Shivji, "Law's empire and the empire of lawlessness: beyond the Anglo-American law", *Law, Social Justice and Global Development* (revista eletrônica de Direito), 2003: http://www2.warwick.ac.uk/fac/soc/law/elj/lgd/2003-1/shivjiz/shivjiz.rtf.

("Restaurar a Esperança"), o Afeganistão ("Liberdade Duradoura") e a segunda Guerra do Iraque, o bombardeio israelense do Líbano em 2006 e a guerra por procuração contra a Somália são os exemplos mais visíveis nos quais a *Pax Americana* posterior à Guerra Fria teve oportunidade de comprovar sua força. Milhares de inocentes foram mortos enquanto a opinião pública e a propaganda da mídia se concentravam no restabelecimento dos direitos humanos internacionais, na libertação da tirania e na retomada do Estado de Direito, que supostamente seriam garantidos pelos bombardeios[25]. Alguns juristas internacionais definiram por fim ações como os ataques da Otan à Bósnia, apoiados por vários governos de esquerda, como ilegais[26].

No governo Clinton, a trágica aventura somali que culminou com o abate de dois helicópteros *Black Hawk* foi esquecida, e os somalis voltam a ter negadas sua paz e sua autodeterminação. Se a administração Clinton corria atrás de uma legitimidade internacional de fachada, a política isolacionista e unilateralista da administração Bush daria visibilidade plena a essa imagem. O Direito internacional, que outrora era pelo menos invocado e aceito sempre que capaz de servir ao interesse de um poder hegemônico ainda em busca de algum consenso, vê-se na época atual abertamente ignorado e desprezado pela única potência imperial do mundo e seus ideólogos neoconservadores, apesar do ressurgimento de uma resistência débil e quase

---

[25] Ver S. D. Murphy, *Humanitarian Intervention: The United Nations in an Evolving World Order*, Filadélfia: University of Pennsylvania Press, 1996.

[26] Apesar do fato de a ilegalidade ser a regra e não a exceção, devido a sua linguagem lacônica a Carta das Nações Unidas que condena as guerras de agressão sempre foi considerada utópica e irrealista. Como exemplos de literatura utópica, ver M. Mills & J. Real, *The Abolition of War*, Nova York: Macmillan, 1963; G. Clark & L. B. Sohn, *World Peace Through World Law: Two Alternative Plans*, 3ª ed., Cambridge, MA: Harvard University Press, 1966; Richard Falk, *A Study of Future Worlds*, Nova York: Free Press, 1975.

sempre hipócrita por parte dos democratas no Congresso norte-americano[27].

Na verdade, a atitude dos Estados Unidos com relação ao Direito internacional já é hipócrita há muito tempo. Por exemplo, em um retrospecto das relações entre a atividade judicial da Suprema Corte e a política externa do governo, no século XIX, "a Corte mencionou reiteradamente o Direito internacional como uma força legitimadora do governo dos Estados Unidos, mas não o reconheceu como fonte de repressão"[28]. A hipocrisia é melhor do que o isolacionismo explícito e despudorado, em conluio com a brutalidade unilateral nas relações internacionais. Por exemplo, o papel desse país na organização de golpes fascistas contra líderes legítimos de países latino-americanos, do assassinato de Augusto Cesar Sandino, na Nicarágua (1934) ao golpe de Fulgencio Batista em Cuba (1952), passando pela eliminação espetacular dos presidentes Jacobo Arbenz Guzmán, da Guatemala (1954), e Salvador Allende, do Chile (1973), bem como pelo golpe muito recente, e pouco noticiado, contra o presidente Jean-Bertrand Aristide, do Haiti, e pela tentativa de golpe contra o presidente Hugo Chávez, da Venezuela, é acompanhado por certa política de desmentidos. Conquanto hipócritas e muito pouco dignos de crédito, esses desmentidos são preferíveis às plataformas políticas claramente favoráveis a essas ações ilegais e imorais. Ainda que possamos considerar hipócrita a recente onda de casos em que diversos réus fascistas da América Latina foram levados à Justiça norte-

---

[27] Ver J. Goldsmith & R. Posner, *The Limits of International Law*, Oxford: Oxford University Press, 2005. Um texto crítico de grande perspicácia pode ser encontrado em P. Schiff-Berman, resenha de livro, *Texas Law Review* 84, p. 1265.
[28] Ver S. H. Cleveland, "Powers inherent in sovereignty: Indians, aliens, territories and the nineteenth century origins of the plenary power over foreign affairs", *Texas Law Review* 81, 2002, p. 1.

-americana em nome do Direito internacional, continuamos preferindo a hipocrisia à impunidade absoluta.

Nessa perspectiva, a segunda guerra contra o Iraque – conquanto apenas confirme o efeito funesto da anterior, sobretudo sobre as crianças iraquianas, das "sanções legais internacionais" da administração Clinton e ignore por completo a firme oposição da ONU – constitui uma escalada inequívoca de arrogância imperial. Agora vemos o uso abertamente opressivo do Estado de Direito. Sem dúvida, as noções clássicas de Direito internacional, como a inviolabilidade das fronteiras, podiam ser usadas para justificar a primeira Guerra do Iraque, mas as noções de intervenção humanitária para proteger os direitos humanos tiveram de ser aprimoradas em defesa da ação nos Bálcãs e na Somália. No caso da guerra no Afeganistão, a retórica do Estado de Direito não tinha credibilidade em alguns círculos, de modo que a noção de "mudança de regime" precisou fundamentar-se em um Estado de exceção, como a chamada guerra ao terror ou o medo das armas de destruição de massa[29].

Os atos de pilhagem se ocultam por trás da criação de um novo inimigo. Hoje, a exemplo do que ocorria no projeto colonial, a intervenção imperial segue em frente, tomando como alvo países cujo sistema jurídico não lhes permite tornar-se membros efetivos da "família das nações civilizadas", regidas pelo Direito internacional. Os sistemas visados caracterizam-se por uma concepção de legalidade "radicalmente distinta", tanto hoje quanto no período colonial, descrita como *falta do Estado de Direito*: o orientalismo ocidental[30]. Todas essas intervenções têm por alvo

---

[29] Ver, neste mesmo capítulo, a discussão das ordens de Paul Bremer.
[30] Para uma taxonomia dos sistemas jurídicos baseados na distinção entre predomínio do Direito profissional, predomínio do Direito político e predomínio do Direito tradicional, ver Ugo Mattei, "Three patterns of law: taxonomy and change in the world's legal systems", *American Journal of Comparative Law* 45, 1997, p. 5.

sociedades nas quais a concepção ocidental do Estado de Direito não existe ou só existe de modo superficial. São sociedades em que a democracia e o Estado de Direito, como produtos da civilização/colonização ocidentais, são profundamente estranhos às condições locais, além de malvistos como uma dispendiosa, absurda e inútil reverência às exigências simbólicas do imperialismo. O Direito islâmico, por outro lado, foi capaz de reivindicar legitimidade por meio dos circuitos de legitimação típicos de sociedades não ocidentais[31]. A esse respeito, alguns aspectos descritivos podem ser úteis.

A Somália e o Afeganistão têm muito em comum, além de sua proximidade estratégica com o petróleo. São duas sociedades tradicionalmente descentralizadas. Ambas entraram em contato com o Islã há muito tempo. Ambas elaboraram, ao longo dos séculos, interpretações locais do Direito islâmico, para adaptá-lo a um Direito consuetudinário muito antigo e tradicional, além de extremamente descentralizado. As duas sociedades foram de maneira drástica atingidas pela colonização e pelos confrontos da Guerra Fria, e ambas passaram por um processo mais recente de total imersão no Islã, de maneiras mais radicais. Cada país encontra-se internamente dividido em grupos étnicos, mas, ao mesmo tempo, ambos criaram identidades nacionais fortes e agressivamente independentes. Nenhum deles valoriza noções de legitimidade com base no governo da maioria. Ao contrário, o princípio de unanimidade, típico de sociedades politicamente descentralizadas, e o princípio da guerra como fator de legitimação dos líderes são fatores fortes e irredutíveis da liderança contra a importação de concepções ocidentais de democracia, Estado de Direito

---

[31] O Direito islâmico tem se revelado bem-sucedido no fornecimento de "bens públicos" como segurança, beneficência e educação em muitos lugares nos quais a noção ocidental de Estado simplesmente fracassou.

e direitos humanos individuais³². Sua elite jurídica ocidentalizada é tradicionalmente fraca.

Quanto ao Iraque, trata-se de país que convive de forma harmônica com concepções de liderança e legitimidade profundamente arraigadas, baseadas em uma dialética com o Islã que às vezes é objeto de forte contestação. Por ora, cabe-nos apenas observar que, conquanto nos sejam apresentadas como exceções dignas de intervenção, a estrutura de poder e as bases da legitimidade do sistema jurídico desses países ambicionados pelo poderio ocidental constituem, na verdade, a regra. A concepção ocidental de Estado de Direito – dominada por uma retórica corporativa dos meios de comunicação e apresentada como universal – é utilizada, quando muito, como uma estrutura fundamental de governo pelos norte-americanos (301 milhões de pessoas: 4,6 por cento da humanidade) e pelos europeus (455 milhões de pessoas: 7 por cento da humanidade). Mesmo acrescentando o Japão (120 milhões de pessoas: 2,1 por cento da humanidade), ainda assim veremos que a exceção é o Ocidente, e não o resto do mundo. A observação desses dados concretos não configura nenhum excesso de relativismo cultural. Tampouco é alheia às noções ocidentais de igualdade de tratamento perante a lei a reflexão sobre o modo unilateral como o Direito internacional é aplicado³³.

---

³² Outras comparações podem ser encontradas em Ugo Mattei, "Foreign inspired courts as agencies of peace in troubled societies, a plea for realism and for creativity", *Global Jurist Topic* 2 (1), Artigo 2.202, disponível em http://www.bepress.com/gj/topics/vol2/iss1/art1. Ver também Anna Simons, "The Somalia trap", *Washington Post*, 15 de agosto de 1993.

³³ Para uma análise crítica dessa atitude, ver Noam Chomsky, *The New Military Humanism: Lessons from Kosovo*, Monroe, ME: Common Courage Press, 1999. Ver também Richard Falk, "Re-framing the legal agenda of world order in the course of a turbulent century", em *Transnational Legal Processes* (Michael Likosky, org.), Nova York: Cambridge University Press, 2002, disponível em http://www.wws.

Não só o Iraque: pilhagem, guerra e ideologias jurídicas intervencionistas

Como o Iraque atualmente demonstra, as grandes potências ocidentais estão sempre em busca de estratégias capazes de legitimar a intervenção. A função dessas estratégias consiste em reduzir os custos políticos e militares de intervenção e controle, objetivando, portanto, a transformação do poder em hegemonia mediante a introdução de níveis de aceitação da pilhagem por parte de suas vítimas, tanto interna quanto externamente[34]. Durante as Cruzadas, uma intensa propaganda deflagrada pelo papa Urbano II representava os árabes como selvagens merecedores de um banho de sangue. Da mesma maneira, práticas como o sacrifício humano foram escolhidas para negar a humanidade dos incas, justificando, assim, a selvageria da pilhagem levada a cabo por Pizarro. Hoje, em um extraordinário padrão de continuidade, a imposição da burca, a circuncisão feminina ou outras alegadas violações aos direitos humanos são usadas para criar a justificativa de mais uma onda de pilhagem ocidental. Essas estratégias discursivas são usadas para abordar as questões morais inerentes à pilhagem. Assim, por exemplo, o saque às moradias palestinas em seguida à "Nakba" ("Catástrofe") de 1948 (que levou à fuga aterrorizada de 750 mil palestinos) não só foi justificado pela aprovação, em Israel, de leis como a Lei das Propriedades de Pessoas Ausentes, como também, em diversas ocasiões, pela prática discursiva de negar o fato de que, na verdade, aquelas mora-

---

princeton.edu/~rfalk/papers/in. Sobre os riscos que, no Direito internacional, envolvem um papel de liderança internacional de tamanha duplicidade de caráter, ver T. L. Knutsen, *The Rise and Fall of World Orders*, Manchester: Manchester University Press/St. Martins, 1999.

[34] Ver William I. Robinson, *Promoting Polyarchy: Globalisation, US Intervention and Hegemony*, Cambridge, UK: Cambridge University Press, 1996.

dias haviam sido habitadas anteriormente. Foi assim que muitos compradores israelenses, que talvez tenham agido de boa-fé, terminaram aceitando a propriedade de casas roubadas dos palestinos[35].

Devido à intervenção para fins de pilhagem, a ordem jurídica internacional formal, com base na territorialidade e na igualdade dos Estados soberanos, que se originou no século XVII (1648) com a Paz de Vestfália, encontra-se em estado de confusão e desordem[36]. O lento caminho para a construção de uma legalidade baseada em procedimentos de processo decisório formal, iniciado em San Francisco em 1949 com a fundação da ONU, foi abandonado. A invasão do Iraque pelos Estados Unidos, a carnificina e barbárie que se seguiram e a nova legislação imposta pelo Estado de Direito só podem ser interpretadas como pilhagem intocada pelo Direito internacional ou pelo nacional[37]. Não obstante, a resistência atualmente ativa no Iraque, Afeganistão, Somália e Palestina contra as forças de ocupação, a ONU, a mídia e até as organizações não governamentais pôs em evidência a questão geral da legitimidade de todas as intervenções.

Para ir além da crítica política e adentrar o domínio do necessário e do natural, o intervencionismo ocidental, incapaz de se afirmar pelos meios jurídicos usuais, viu-se forçado a buscar muitas justificativas mais elevadas, como a proteção aos direitos humanos,

---

[35] Ver George E. Bisharat, "Right of return to a Palestinian home", *San Francisco Chronicle* Section D, 18 de maio de 2003; e G. Bisharat, "Land, law and legitimacy in Israel and the Occupied Territories", *American University Law Review* 43, 1944, p. 467.

[36] Ver Ugo Mattei, "A theory of imperial law: A study on US hegemony and the Latin resistance", *Indiana Journal of Global Legal Studies* 10, 2003, p. 383; Global Jurist Frontiers, disponível em www.bepress.com. Ver também M. Goodale, "Empires of law, discipline and resistance within the transnational system", em *Social and Legal Studies*, 14(4), 2005, pp. 553-83.

[37] Tariq Ali, *op. cit.*, p. 134.

de modo que a pilhagem pudesse ficar, mais uma vez, ao abrigo da discussão e da crítica abertas.

A observação comparativa de uma variedade de contextos jurídicos de países alvo, do ponto de vista da intervenção internacional, permite-nos dar um passo além no entendimento da natureza do Estado de Direito e de sua relação com a pilhagem. A intervenção internacional é uma das mais estarrecedoras iniciativas de uma sociedade imperialista. Como qualquer outra iniciativa política do gênero, leva o Direito a um impasse terrível. Em consequência, a intervenção é um daqueles eventos políticos e sociais dramáticos, como as emergências, a agitação, a revolução ou a guerra, que podem ser percebidos como pressão externa sobre o fenômeno de organização social a que se dá o nome de Direito. Eventos dramáticos atuam sobre o tecido social da mesma maneira que o fazem no mundo físico, onde, por exemplo, a tensão produzida de modo artificial por um acelerador nuclear é capaz de perturbar um equilíbrio estável que tende a ser moderado. Em um meio assim turbulento, o observador pode entender muito melhor a estrutura interna do Direito, identificando aspectos como sua relação com a pilhagem que, em tempos de paz e equilíbrio, não seriam passíveis de observação, ou seriam mais dificilmente observáveis, pelo fato de se encontrarem em estado de latência.

Não obstante, uma característica estrutural latente não se encontra de modo algum ausente. Ao contrário, está presente, silenciosamente ativa e é potencialmente muito perigosa, como uma chama adormecida no interior de um sistema jurídico. O impacto dos acordos de Yalta, que dividiram a influência do mundo entre as potências vitoriosas depois da Segunda Guerra, na ex-Iugoslávia, outro teatro recente da intervenção internacional, pode ser um ótimo exemplo. Os acordos de Yalta, assinados por Churchill, Stalin e Roosevelt em 1944, escondiam uma longa história de tensão nos Bálcãs. Contudo, a diminuição da pressão política que se seguiu ao fim da Guerra Fria mostrou que a etnicidade nunca deixou de ser um problema e que, como problema jurídico, estava latente, não resolvido. A atenta observação da estrutura política e jurídica da ex-Iugoslávia revela um padrão oculto de discriminação que incluía cotas de emprego, distribuição desigual de bens públicos e representação desproporcional nos poderes político e judiciário, favorecendo etnias do Norte em detrimento do grande contingente de sérvios mais pobres, o que já ocorria desde a época do general Tito. Esses padrões ocultos e complexos de discriminação, de mistura com as divisões religiosas e étnicas, refletiam-se no Direito da ex-Iugoslávia. As políticas de limpeza étnica, presumivelmente conduzidas pelo governo sérvio durante o desenrolar da guerra civil, podem então ser interpretadas como uma retaliação explosiva a tais discriminações, uma vez posto a descoberto o disfarce contido na caixa de Pandora dos acordos de Yalta. A tensão estava latente, não resolvida, na vigência do modelo original de legalidade social de Tito.

Na então Iugoslávia, a tradicional porta de comunicação entre o Islã e o cristianismo (e entre o cristianismo católico-romano e o ortodoxo) criou sólidas instituições seculares descentralizadas sob o governo do marechal Tito[38]. A legitimidade nunca se baseou em eleições, mas sim na liderança dentro do partido político. A concepção ocidental de Estado de Direito, disseminada na área por um complexo padrão de codificação do direito civil clássico, foi cruzada com concepções originais de legalidade socialista no período pós-Guerra Fria. Na ex-Iugoslávia, os circuitos de legitimidade do poder situavam-se mais em noções de liderança

---

[38] Para uma discussão comparativa muito esclarecedora, ver G. A. Benacchio, *La Circolazione dei Modelli Giuridice tra gli Slavi del Sud (Sloveni, Croati, Serbie)*, Pádua: Cedam, 1995.

militar (os partidários de Tito) e de política partidária do que em qualquer outro lugar. A ascensão do presidente Milosevic ao poder e o sonho pansérvio não podem ser explicados sem um conhecimento profundo dos modelos de legitimação radicalmente diferentes do ideal ocidental de democracia eleitoral e Estado de Direito. A proverbial complexidade dos Bálcãs e o crucial papel pós-acordos de Yalta da ex-Iugoslávia, como uma fronteira da Guerra Fria (e, desse modo, com todas as intervenções ocultas justificadas), não podem ser apagados ou simplificados por uma história de violações aos direitos humanos que exijam a intervenção internacional. A tentativa de decidir essa história em um tribunal de justiça, tanto nos Estados Unidos quanto em âmbito internacional, não passa de mais uma comprovação da arrogância ocidental em sua tentativa de justificar-se, *ex post facto*, utilizando uma versão anêmica do Estado de Direito.

Situações de extrema dificuldade, que permitem um melhor entendimento da pilhagem, não são de modo algum difíceis de observar na vida real do Direito. Só em 2002, oito grandes conflitos adotaram medidas concretas para chegar a alguma solução, e desde então outros tiveram início. Na República Democrática do Congo, em 17 de dezembro de 2002, um tratado de paz pôs fim oficialmente à guerra iniciada em 1998, que matou 2 milhões e meio de pessoas. Em 3 de dezembro, um cessar-fogo foi assinado no Burundi, onde há relatos oficiais de 300 mil vítimas da guerra iniciada em 1993. Em 16 de abril de 2002, a Etiópia e a Eritreia concordaram em acatar um acordo de arbitragem e demarcação de fronteiras para pôr fim a um conflito iniciado em 1998, que matou pelo menos 100 mil pessoas e, no momento, está prestes a recomeçar depois que a Somália foi invadida, em 2007, por forças etíopes recrutadas pelos Estados Unidos. Um cessar-fogo também foi assinado no Sudão em 15 de outubro de 2002, em uma tentativa fracassada de encerrar uma trágica guerra civil (em grande parte alimentada pela intervenção ocidental) que começou em 1983 e já fez cerca de um milhão de vítimas. Em janeiro de 2002, um tratado de paz assinado em Serra Leoa fez cessar um conflito que, desde seu início, em 1991, havia feito cerca de 50 mil vítimas. A paz foi obtida em Angola em abril de 2002, pondo fim a uma guerra de agressão conduzida pela África do Sul e pelos Estados Unidos, a qual já havia matado cerca de um milhão de pessoas desde seu início, em 1975. Além disso, um tratado de paz na província indonésia de Aceh acabou com uma guerra que, de 1976 até então, havia feito 12 mil vítimas. Em 23 de fevereiro de 2002, um cessar-fogo no Sri Lanka pôs fim a hostilidades que, iniciadas em 1980, já haviam matado cerca de 80 mil pessoas. Embora as perspectivas desses "tratados de paz" sejam instáveis e incertas por quase toda parte, as vítimas e a pilhagem são infalíveis, variando apenas em número.

Nos anos que se seguiram ao colapso da União Soviética, a guerra confirmou-se como uma característica quase endêmica da humanidade. Iraque, Somália, Bósnia-Herzegovina, Afeganistão, Serra Leoa, Kosovo, o Chifre da África, Palestina, Libéria e Líbano são apenas alguns dos lugares mais conhecidos em que a população civil viu-se recentemente exposta aos horrores da guerra. Claro está que, tanto do ponto de vista político e estratégico quanto da perspectiva de sua importância internacional, esses e outros conflitos apresentam dramáticas variações.

Não obstante, um aspecto comum a todos esses conflitos em escala mundial sobressai: eles foram diretamente produzidos, ou exacerbados, por influências e intervenções tendo em vista a pilhagem, tanto no passado colonial quanto na ordem internacional corrente. Seja na forma do comércio internacional de armas ou de diamantes, do tráfico de drogas ou da extração de petróleo e criação de infraestruturas para o seu transporte (oleodutos), as políticas intervencionistas são invariavelmente determinadas pela pilhagem; o Estado de Direito e a justiça desempenham, na melhor das hipóteses, a função de atenuar a resistência e evitar a responsabilidade histórica. Na verdade, as necessidades de reconstrução na esteira das hostilidades oferecem um argumento retórico em favor de mais "intervenção", o que às vezes constitui o terreno de indivíduos que, por razões de justiça, tentam restaurar a paz, a ordem e o Estado de Direito. Ainda assim, mesmo nesse caso a pilhagem predomina em uma variedade de formas e é em particular importante nos "negócios de reconstrução", com frequência contratando os serviços de ativistas dos Direitos Humanos mais ou menos ingênuos para desempenhar esse papel.

Qualquer guerra deixa grande número de pessoas sofrendo necessidades desesperadoras. A guerra não destrói apenas infraestrutura e tecnologia. Quase sempre, ela acaba com sistemas institucionais que exigiram décadas, quando não séculos, para serem construídos[39]. O conflito destrói – ou pelo menos abala gravemente – o sistema jurídico, tanto o formal quanto o informal. Não obstante, para atenuar o sofrimento e cuidar, pelo menos em parte, dessas necessidades sociais dramáticas, transações muito complexas fazem-se necessárias[40]. A teoria da "falta" – segundo a qual os contextos visados sempre são apresentados como carentes de alguma coisa que só pode ser oferecida por países

---

[39] Ver Douglas North, *Institutions, Institutional Change and Economic Development*, Cambridge, MA: Cambridge University Press, 1990.

[40] Basta pensar nos seguintes aspectos: (1) a distribuição da ajuda internacional; (2) os problemas decorrentes do retorno, a seus lugares de origem, dos contingentes populacionais dispersos; (3) os problemas do atendimento ao grande número de órfãos que deverão ficar sob cuidados dos setores privado ou público; (4) os problemas de redistribuição; e (5) os problemas relativos à pacificação definitiva das desordens internas, ou mesmo à maneira de lidar com crimes de guerra etc.

mais civilizados[41] – encontra, aqui, um terreno muito fértil. A falta pode incentivar a intervenção, tanto por razões de justiça quanto de pilhagem.

Nas sociedades devastadas pela guerra, como em toda parte, as necessidades sociais requerem respostas institucionais. O Direito é um importante aspecto de um contexto institucional em que sociedades traumatizadas procuram respostas para suas necessidades dramáticas[42]. Embora os problemas sociais possam, em grande parte, ser semelhantes e ditados pelas necessidades básicas da população, as respostas institucionais não são de modo algum universais; ao contrário, são extremamente específicas de cada contexto[43]. As forças externas, coloniais e neocoloniais, tendem a generalizar e a abstrair seu entendimento do contexto local, fazendo-o por meio de uma estratégia que nega tanto a especificidade quanto a natureza sofisticada dos ajustes locais[44]. Por exemplo, práticas culturais tão diferentes quanto as circuncisões suna* e faraônica** são classificadas como violações aos direitos humanos, descritas de modo explícito como mutilações que de-

---

[41] Ver Laura Nader, "The americanization of international law", em *Mobile People, Mobile Law: Expanding Legal Relations in a Contracting World (Law, Justice and Power)* (F. von Benda-Beckmann, K. von Benda-Beckmann & Griffiths, orgs.), Londres: Ashgate, 2005, pp. 199-213.

[42] Uma teoria do Direito do usuário do sistema legal é apresentada em Laura Nader, *The Life of the Law*, Berkeley, CA: University of California Press, 2002.

[43] Seria um erro pressupor que "o Direito" pode atingir níveis semelhantes de eficácia e ser usado como uma panaceia. Trata-se de um erro por trás de boa parte das políticas de "intervenção", tanto nas situações de grande tensão e sofrimento quanto ao longo de seus desmembramentos posteriores.

[44] Ver Laura Nader & Elisabetta Grande, "Current illusions and delusions about conflict management", *Law and Social Inquiry* 27 (3), 2002, pp. 573-94.

* Clitorectomia ou clitoridectomia. Também conhecida como "circuncisão simples", consiste na extirpação parcial do clitóris ou do prepúcio do clitóris; integra o conjunto de costumes locais da ortodoxia muçulmana. (N. do T.)

** Infibulação, que consiste na extirpação de todos os genitais externos e na costura de quase todo o orifício vaginal. É praticada na África oriental. (N. do T.)

vem ser erradicadas, com total desrespeito não só por variações e condições profundamente locais, mas também pela importante função agregadora jurídica e social a que às vezes se prestam[45]. Práticas chanceladas por leis locais e reduzidas à categoria de violações aos direitos humanos – como a circuncisão feminina, descrita em termos horrendos, ou a chamada "imposição" da burca –, são na época atual usadas para justificar a intervenção e a guerra. A violência prospera nesse meio hipócrita no qual dois pesos e duas medidas são usados para valorizar a civilização e a legislação do "outro".

A falta de instituições como condição para a pilhagem: verdade ou mentira?

A intervenção legal sempre adota uma abordagem de cima para baixo, em que os sistemas jurídicos intervenientes veem a si próprios (e quase sempre são percebidos da mesma maneira pelas elites locais) como fornecedores de um modelo superior, uma sofisticada receita para o progresso. Essa abordagem foi desmascarada como imperialismo jurídico, mas de modo algum foi abandonada devido a essa crítica[46]. Já nos referimos ao uso hegemônico do conceito de "falta", com ênfase nos atributos de que o contexto subordinado carece (instituições, civilização, direitos humanos, recursos, eleições, força de trabalho, tecnologia, habilidades etc.), a fim de legitimar as práticas e a pilhagem opressivas, tanto coloniais quanto neocoloniais.

---

[45] Ver Elisabetta Grande, "Hegemonic human rights and African resistance: the Issue of female circumcision in a broader comparative perspective", *Global Jurist Frontiers* 4 (2), 2004, disponível em http://www.bepress.com/cgiviewcontent.cgi?article=1145&context=gj.
[46] Ver James A. Gardner, *Legal Imperialism: American Lawyers and Foreign Aid in Latin America*, Madison, WI: University of Wisconsin Press, 1980. Ver também L. Nader, "Law and the theory of lack", em *Hastings International and Comparative Law Review* 28 (2), 2005, pp. 191-204.

As receitas e diretrizes políticas intervencionistas, aparentemente propostas para estimular o desenvolvimento ou diminuir a pobreza nos países mais fracos, obedecem à mesma lógica. Um exemplo dramático é a já mencionada privatização da ferrovia Dakar-Bamako (ver Capítulo 2), uma das altas prioridades da política do Banco Mundial na área, justificada pela "falta" de transportes e capacidade gerencial apropriados e incluída na condicionalidade de ajuste estrutural (atual "desenvolvimento abrangente") para a área. Com o tempo, essa veneranda ferrovia, uma das primeiras construídas na África ocidental, gerou grande número de mercados locais nos arredores das diversas estações existentes em seus dois extremos. Produtos locais eram comercializados com viajantes e transportados a um preço relativamente baixo para as cidades em cuja economia local podiam entrar. A nova empresa privada, operada pelos Estados Unidos (Savage Co.), que recebeu generosos subsídios governamentais (malianos e senegaleses) para administrar a ferrovia de acordo com seus critérios de eficiência econômica, privilegia o transporte de matérias-primas (sobretudo de algodão) produzidas no Mali para o porto de Dakar e as importações que chegam a Dakar para o mercado de Bamako. Consequentemente, fechou muitas estações ao longo do trajeto, reduziu o transporte de passageiros, aumentou de modo substancial os preços e demitiu centenas de trabalhadores. Ao banir esses mercados locais do sistema econômico, essa escolha aumentou de maneira dramática a pobreza, levou ao desespero e até a suicídios. Em termos mais gerais, expulsou as pessoas que viviam nessas áreas de locais de trabalho, como os hospitais, uma vez que os trens deixaram de parar para pegá-las nas estações. O dualismo econômico e jurídico, com um setor informal sem comunicação com o setor formal, é uma das mais antigas preocupações dos países em desenvolvimento. Em vez de resolver a "falta" de meios de comunicação e de transporte em Mali, a corporatização da ferrovia Dakar-Bamako serviu apenas para tornar o problema muito pior, torpedeando as estruturas adaptativas informais que, ao longo do tempo, tinham sido criadas por essa ferrovia (um legado do colonialismo francês, construído com arregimentação compulsória de mão de obra africana). O Banco Mundial não teve consideração alguma pelas circunstâncias locais, em total desprezo pelo setor informal que a ferrovia havia ajudado a criar, e, ironicamente, ao contrário do que determinavam suas próprias diretrizes políticas, impossibilitou a comunicação com a economia geral do país.

O universalismo das prescrições políticas (típico das instituições financeiras internacionais e da ajuda proveniente dos Estados Unidos e da União Europeia, bem como aquele de economistas e cientistas políticos ligados ao pensamento dominante em suas áreas) nega as diferenças e complexidades nas regiões sob intervenção, o que resulta na construção de um "outro" naturalmente inferior. Essas estratégias discursivas revelam simplicidade de espírito diante da complexidade, diversidade e sofisticação imensas dos contextos e culturas locais[47]. Por exemplo, na Conferência de Bonn, entre países doadores para o reerguimento do Afeganistão devastado pela guerra, o governo italiano assumiu a responsabilidade de redigir um código de processo penal. Uma fração (mas ainda assim 50 milhões de euros) de um gigantesco orçamento posterior à guerra – 80 por cento do qual foi gasto em contratos militares ocidentais para combater o "terrorismo" – foi concedida a outra alta prioridade: o desenvolvimento do Estado de Direito, tradicionalmente "em falta" no Afeganistão[48]. Os poucos intelec-

---

[47] Ver Laura Nader & Elisabetta Grande, op. cit., pp. 573-94.

[48] Faiz Ahmed, "Judicial reform in Afghanistan: a case study in the new criminal procedure code", Hastings International and Comparative Law Review 29 (1), 2005, pp. 93-134.

tuais ocidentais que estudaram com seriedade o sistema jurídico e político afegão sabem muito bem que uma das coisas das quais o Afeganistão não tem falta é de cultura jurídica e política. O que falta é a capacidade de os juristas internacionais entenderem uma lógica e um conjunto de princípios (de maneira algum informais) diferentes dos seus próprios; princípios estes que, antes da feroz competição colonialista, sempre se mostraram extremamente eficazes para o desenvolvimento comparativo dessa região, centro de uma antiga e grandiosa civilização. No Afeganistão, como em qualquer sociedade descentralizada, a exigência de unanimidade cria incentivos para que os indivíduos, ainda muito jovens, desenvolvam habilidades de negociação e de exercício político de extrema sofisticação. Os mecanismos de aplicação dessa cultura jurídica da unanimidade seguem o modelo clássico de uma sociedade de comunicação direta, centrada em grupos, à qual não se aplica a distinção ocidental entre direito civil e direito penal. Nesse contexto, portanto, a imposição de um código ocidentalizado de processo penal (a Itália foi escolhida devido à americanização que seu processo penal havia sofrido, uma demonstração de lealdade e admiração pela potência imperial) para introduzir o "Estado de Direito" equivale a uma tentativa arrogante de violenta centralização do poder em benefício das elites pró-Ocidente de Kabul. Essa tentativa (destinada ao fracasso) está sendo feita com total desconsideração pelas relações entre descentralização e democracia verdadeira no Afeganistão, bem como pela função de manter sob controle o poder arbitrário de um governo centralizado, um papel tradicionalmente desempenhado pelas estruturas jurídicas e institucionais, apesar da devastação provocada por muitas tentativas fracassadas de centralização colonial de poder. Essa mesma falta de compreensão das estruturas jurídicas locais, que levou ao fracasso as primeiras tentativas de associação entre Direito e desenvolvimento na América Latina e na África, vem sendo reproduzida pelos italianos no Afeganistão, com o agravante adicional de que, quase meio século depois, ninguém pode reivindicar boa-fé.

"Política de dois pesos e duas medidas" e pilhagem

A guerra, as violações "bárbaras" aos direitos humanos e as "faltas" nas estruturas institucionais locais não constituem, de modo algum, as únicas condições legitimadoras da intervenção ocidental que prepara o caminho para a pilhagem. As instituições locais, quer políticas, jurídicas ou econômicas, costumam ser descritas como "instáveis", "abaladas" ou mesmo "falidas" por tomadores de decisões internacionais, como o FMI, o Banco Mundial, a ONU ou as agências classificadoras de riscos, por exemplo, a Moody's. Nessas circunstâncias, a intervenção também é seletiva e não segue modelos baseados em princípios. Por exemplo, não se encontraram razões para a intervenção internacional, apesar das dramáticas violações aos direitos humanos, nos casos do Tibete, da Palestina e da Chechênia – para mencionar apenas alguns lugares onde violações horríveis aos direitos humanos acontecem todos os dias. No caso de Cuba, ao contrário, uma lei norte-americana, a Helms-Burton Act, intervém com sanções não apenas contra os cubanos, mas também contra qualquer um de seus parceiros comerciais. Nos Estados Unidos, as medidas judiciais cubanas contra a violenta infiltração praticada pelo país – ainda que eventualmente brutais – são consideradas uma violação aos direitos humanos de extrema gravidade, apesar de cometidas por um governo legítimo, na tentativa de se defender de uma situação de cerco ilegal e no contexto de um histórico de tentativas de ataques, dentre as quais a da Baía dos Porcos (1962) foi a mais espetacular. É preciso comparar a política judicial de Cuba com a dos Estados Unidos no caso dos cinco cubanos atualmente em prisões norte-

-americanas, em dramática violação ao devido processo legal, acusados de infiltração na comunidade cubano-americana da Flórida, o que os tornaria espiões. No Iraque, um embargo implacável imposto durante a administração Clinton desmantelou a estrutura social e jurídica iraquiana, inclusive um sistema de bem-estar social, educação e emancipação feminina considerado um dos mais avançados, não apenas na região, mas no mundo todo. Cerca de 500 mil crianças morreram como resultado da Guerra do Golfo e das privações impostas pelos Estados Unidos por um período de dez anos (1991-2001); pelo menos um intelectual norte-americano acredita que, para os padrões do Direito internacional, essa intervenção foi um genocídio[49].

Com efeito, a seletividade é um aspecto habitual da política de dois pesos e duas medidas que caracteriza as relações entre as potências hegemônicas e seus subordinados. A política econômica, como aquela defendida pela OMC, também se baseia claramente em um esquema de duplo padrão. Ao mesmo tempo que impõem políticas abertas aos países mais fracos, os Estados Unidos e outros ricos países ocidentais defendem com unhas e dentes suas políticas protecionistas. Essas políticas equivalem a uma intervenção econômica com o objetivo de "abrir" mercados ao comércio, tendo como consequências a morte, o desperdício e a devastação, em nada diferentes daquelas impostas pela pilhagem colonial. Por exemplo, o leite em pó produzido nos Estados Unidos e subsidiado a 137 por cento foi vendido, na Jamaica, por um preço menor do que o do mercado interno, literalmente expul-

---

[49] Ver G. Bisharat, "Sanctions as genocide", *Transnational Law and Contemporary Problems* 11, 2001, pp. 379-425; e G. E. Bisharat, "Right of return to a Palestinian home", *San Francisco Chronicle* Section D, 18 de maio de 2003. Ver também Barbara Nimri Aziz, *Swimming Up the Tigris: Real Life Encounters with Iraq*, Gainesville, FL: University Press of Florida (2007).

sando do mercado o setor de laticínios da ilha, já muito carente de recursos. Exatamente nos mesmos dias, a administração Clinton dava entrada em uma ação junto à OMC para considerar ilegal diretrizes políticas europeias que haviam sido acordadas em Lomé. Estas políticas tinham por objetivo prover as ex-colônias de um mercado na Europa, tendo em vista uma quantidade fixa de bananas como "compensação" por práticas coloniais do passado. A vitória dos Estados Unidos na famosa guerra das bananas da OMC teve consequências catastróficas para esse mercado no Caribe[50].

Mas também há características de arrocho da OMC contra trabalhadores norte-americanos e europeus, dados os salários miseráveis pagos nos países periféricos, que diminuem de modo inexorável seu poder de negociação com os empregadores empresariais.

Além disso, os Estados Unidos não podem adotar uma atitude de benfeitores das ex-colônias, tendo em vista as condições escandalosamente vantajosas que obtiveram para si próprios nos recentes acordos de parceria econômica, obtendo uma nova série de acordos de livre comércio que, desde 2008, passaram a substituir o sistema de Lomé, de acesso preferencial aos países da ACP (África, Caribe e Pacífico). O protecionismo é necessário ao desenvolvimento industrial, pelo menos em suas etapas iniciais, e todos os países industrialmente avançados usaram-no e continuam a usá-lo.

Uma vez mais, podemos perceber que a política econômica de dois pesos e duas medidas, típica da atual globalização neoliberal, tem uma longa linhagem na história da pilhagem. Embora pudéssemos citar muitos exemplos, desde a África até a América Latina, faremos agora uma breve retomada do exemplo da colonização de Bengala, na Índia.

---

[50] Ver o filme *Life+Debt* (2001), de Stephanie Black, em que se discutem os programas de ajuste estrutural e a política neoliberal na Jamaica.

As leis de 1700 e 1720 protegiam a nascente indústria têxtil inglesa contra a concorrência da Índia, onde o algodão era produzido, manufaturado e tingido por uma vigorosa indústria local, significativamente mais avançada do que a indústria europeia contemporânea. As leis proibiam a importação de tecidos de algodão da Índia, Pérsia e China. Qualquer algodão importado em contravenção era confiscado e reexportado. Além disso, ao penalizar de maneira injusta a indústria de Bengala, o sistema tributário colonial terminou por expulsar a indústria local do mercado, obrigando a Índia a importar produtos de pior qualidade que eram feitos na Inglaterra, com o algodão produzido em Bengala. Embora essa política tenha literalmente matado de fome toda uma classe de artesãos, em 1793 a Lei de Colonização Permanente privatizou as terras, transferindo-as para suas protegidas colônias e, desse modo, transformando Bengala em uma economia de exportação de safras para fins comerciais. A estratégia, reconhecida por lorde Bentink, governador-geral da Índia, consistia em criar no país uma pequena nobreza rural com um profundo interesse pela dominação inglesa. Em seu clássico *History of British India*[51], publicado em 1826, Horace Wilson reconhece plenamente, com realismo, aquilo que hoje é negado por historiadores como Niall Ferguson: essas políticas eram inevitáveis para o desenvolvimento do capitalismo britânico. Se não tivessem sido implementadas, as fiações de Paisley e Manchester teriam interrompido sua atividade, esmagadas pela melhor qualidade e pelos menores preços dos têxteis indianos. A indústria britânica foi criada graças ao sacrifício da indústria indiana (como afirmou ninguém menos que um observador do porte do primeiro-ministro Jawaharlal Nehru).

---

[51] James Mill (org.), *Classics of British Historical Literature*, Chicago: University of Chicago Press, 1976.

Isso é verdade não só no que diz respeito à indústria têxtil, uma vez que, em meados do século XVIII, a indústria naval indiana havia sido uma das mais avançadas do mundo em tecnologia.

Hoje, como no passado, essas políticas de dois pesos e duas medidas são responsáveis por desemprego maciço, sofrimento humano, morte e tensão social, produzindo uma demanda constante de forças de segurança, organizações paramilitares e prisões no mundo "em desenvolvimento". Tendo em vista que o mercado pode suprir a "lei e a ordem", e devido ao abandono de outros serviços por países privatizados, submetidos a ajustes estruturais, uma nova rodada de negociações tem tentado privatizar os serviços (polícia, prisões, escolas, assistência médica etc.) desmantelados pelo setor público empobrecido e ainda não reivindicados pelo capital empresarial internacional. Na rodada de negociações realizada em 2003, em Cancún, essa política econômica de dois pesos e duas medidas foi por fim exposta pelos países de Terceiro Mundo que conseguiram rejeitar, pelo menos por certo tempo, uma nova onda de políticas de "aberturas de mercado" notoriamente discriminatórias. Delegações desses países simplesmente se retiraram das negociações que visavam a essa liberalização dos serviços (Acordo Geral em Comércio e Serviços – General Agreement on Trade and Services, Gats) –, mas que, na verdade, equivalem a uma política de intervenção jurídica e econômica apresentada como liberalização do mercado para fins de pilhagem.

Pobreza: justificativa para a intervenção e consequências da pilhagem

Um trabalho sério investiga as causas da pobreza sem acusar os países de serem incapazes de realizar até mesmo as tarefas mais simples, como administrar uma ferrovia eficiente ou produzir uma estrutura jurídica "simples", necessária ao desenvolvimento.

Essa estratégia de censurar e culpar diminui as pessoas locais, fortalece atitudes racistas da opinião pública (amplamente considerada) acerca das potências hegemônicas e pode terminar enfraquecendo a resistência à pilhagem.

A pobreza torna-se importante para fins de intervenção diante do risco de inadimplência, por parte de nações pobres, das obrigações monetárias internacionais que a criaram. Essa atitude diante de países ricos em recursos naturais, como Argentina, Bolívia ou México, justifica a conclusão de que a pobreza (assim como a reconstrução depois de uma guerra de agressão), por ter justificado uma intervenção "secundária", foi na verdade criada, em primeiro lugar, pela intervenção e pela pilhagem econômicas neocoloniais. Na criação desses contextos ideais para a pilhagem, o papel do FMI, controlado pelos Estados Unidos, torna-se particularmente questionável. Na América Latina, onde a Doutrina Monroe deu aos Estados Unidos mais de um século de vantagem sobre a concorrência neocolonial, a pilhagem foi quase sempre a regra, e não a exceção. Nas palavras da bela e dramática abertura em prosa da obra-prima de Eduardo Galeano[52]:

> A divisão do trabalho entre as nações consiste em que algumas se especializam em ganhar, e outras em perder. Nossa parte do mundo, atualmente conhecida como América Latina, foi precoce: especializou-se em perder desde os tempos longínquos em que os europeus renascentistas se aventuraram pelo Oceano e cravaram os dentes na garganta das civilizações indígenas. Séculos se passaram, e a América Latina aperfeiçoou seu papel. Não estamos mais na era das maravilhas, quando os fatos superavam a fábula e a imaginação era humilhada pelos troféus da conquista – montes de ouro, montanhas de prata. Nossa região, porém, ainda desempenha o papel de lacaio. Continua a existir a serviço das

---
[52] Eduardo Galeano, *op. cit.*

necessidades alheias, como fonte e reserva de petróleo e ferro, de cobre e carne, de frutas e café, as matérias-primas destinadas aos países ricos, que lucram mais com seu consumo do que a América Latina o faz com sua produção. Nós perdemos; foram outros os vencedores. Mas eles só venceram graças a nossa perda; como afirmou alguém, a história do subdesenvolvimento da América Latina é parte integrante da história do desenvolvimento do capitalismo mundial; [...] o subdesenvolvimento não é uma etapa do desenvolvimento, mas sua consequência.

A *maximização da riqueza* (também conhecida como eficiência de Kaldor-Hicks), o critério de eficiência econômica usado na avaliação política pelas instituições financeiras internacionais, talvez considere eficiente essa "divisão do trabalho" entre as nações, que chamamos de pilhagem (trata-se do conceito já discutido de vantagem comparativa). Afinal, há uma classe média florescente na Índia e na China. Segundo esse modelo bastante usado, a eficiência é obtida quando os vencedores lucram mais do que os perdedores; o suficiente para compensá-los *potencialmente* (jamais realmente!) por suas perdas. Portanto, a intervenção econômica internacional praticada pela potência mais forte pode ser considerada eficiente, apesar do desastroso aumento – e não diminuição – da pobreza.

Na Argentina, por exemplo, negócios realizados pelo presidente Dualde (conhecido como El Gringo) com o FMI incluíam a privatização do banco central e a revogação da lei contra a "subversão econômica". Essa lei, abolida por um decreto de 19 de junho de 2002, fornecia a única base legal para que o Judiciário pudesse determinar a responsabilidade dos bancos privados na saga que levou o país à bancarrota e provocou o empobrecimento de cerca de 60 por cento da população (ver discussão sobre o assunto no Capítulo 2).

Na Bolívia, o ocaso político do presidente Gonzalo Sánchez de Lozada (forçado à renúncia e ao exílio devido a um levante popular) foi provocado, em grande parte, pela percepção popular de que a privatização da indústria do gás, entregue às empresas multinacionais Pacific LNG e Sempra, era um "negócio pessoal" do presidente. O povo boliviano foi historicamente despojado de sua prata, seus sais minerais e seu estanho. Sua pobreza desesperadora e a renovada consciência étnica, sob a presidência de Evo Morales, conseguiram derrotar as intervenções econômicas lideradas pelos Estados Unidos, resultando na extração "eficiente" de um recurso primário como a água. Em certos contextos, portanto, a pilhagem atual pode exigir mais alto grau de sofisticação para ser praticada com eficiência, talvez com o mais amplo uso do Estado de Direito e da retórica da "falta".

No México, a proximidade ainda maior com os Estados Unidos merece atenção. A política indígena, estreitamente associada à questão da pobreza, passa por transformações ao associar-se à política econômica, e alterações significativas no Direito facilitam ainda mais a prática da pilhagem. Os sucessivos fracassos das políticas desenvolvimentistas do governo haviam estimulado os grupos indígenas, devido às riquezas existentes em seu subsolo, a se recusarem a ser vistos como "marginais" ou índios miseráveis. A etnicidade reivindicava um *status* superior àquele das condições econômicas e sociais, mesmo em um contexto sombrio em que os grupos indígenas se veem confinados a trabalhar em atividades de livre iniciativa, como o turismo, a mineração ou a extração de petróleo. Em 1990, lançou-se um novo programa intitulado Fondos Regionales para el Desarrollo de los Pueblos Indígenas. O presidente Salinas criou o Solidaridad, como o projeto foi chamado, com o objetivo de ampliar o programa nacional mexicano de combate à pobreza. Em seu governo, o processo de desenvol-

CRIANDO CONDIÇÕES PARA A PILHAGEM · 241

vimento seria "democratizado". Os programas de desenvolvimento rural anteriores a 1990, com investimentos de cima para baixo, foram substituídos pelo desenvolvimento do tipo "faça você mesmo". Em tal sistema, *solidariedade* significava dinheiro para os povos indígenas que criavam seus próprios planos de desenvolvimento *desde que* não se definissem como organizações indígenas fundamentalmente étnicas ou políticas.

Enquanto isso, segundo um relatório de 1992 do Instituto Nacional Indigenista[53], uma nova lei "elimina quinze exigências anteriores para a aprovação federal de investimentos privados e permite novos projetos no país, com autorização federal". Um relatório Lloyd de 1993 descreve a conclusão da venda de indústrias controladas pelo governo, um programa de alienação de investimentos iniciado pela administração Salinas em 1988. O relatório também alude aos grandes objetivos federais, que incluíam a necessidade de "melhorar a qualidade do ar e da água e recuperar bosques e florestas tropicais devastados pelo homem". Uma vez mais, um plano que aparentemente favorece o desenvolvimento dos recursos indígenas, mas, na verdade, não passa de uma nova onda de políticas neoliberais que pretendem assumir o poder e o controle.

Hoje, as grandes potências mundiais, e não os mexicanos, estão organizando os agricultores do país por meio da agroindústria. As empresas transnacionais desempenham um papel cada vez maior no financiamento, produção, distribuição e *marketing* da agricultura mexicana, acompanhado pelo maior uso de produtos petroquímicos e outras formas de tecnologia, substituindo os produtores autônomos, que plantam para o próprio consumo e vendem seus excedentes. Embora os administradores da agricultura

---

[53] Instituto Nacional Indigenista, *Perspectives for the Development of Indian Peoples of Mexico*, México, DF: Caligrato Digital, 1992.

transnacional não trabalhem a terra, eles detêm o controle de todas as variedades cultivadas. A dinâmica dos problemas agrários passa do contexto nacional, em que o agricultor é um indígena sem recursos, para um contexto transnacional, em que o agricultor é um agente frágil ou, talvez, um imigrante que introduz técnicas agroindustriais, como o uso de herbicidas nas plantações locais.

Além da agroindustrialização, existem acordos comerciais como a Área de Livre Comércio das Américas (Alca), e a cadeia de eventos que levam à pobreza torna-se cada vez mais visível. Desde que esse acordo entrou em vigor, há treze anos, as importações de milho norte-americano para o México aumentaram cerca de dezoito vezes, de acordo com o Ministério da Agricultura dos Estados Unidos. Neste país, bilhões de dólares anuais subsidiam os produtores, e a maior parte desse dinheiro vai para o agronegócio, reduzindo o preço do produto e levando-o a ser introduzido no México a um preço até 30 por cento inferior ao seu custo de produção nos próprios Estados Unidos. Esses fatos puseram em risco o futuro de produtores de milho mexicanos. Do lado do México, a Alca eliminou os subsídios e preços mínimos e, em 2008, os Estados Unidos terão condições de exportar todo o seu milho para o México com isenção de tarifas, uma vez que a Alca prevê a eliminação, até essa data, da tarifa sobre o que exceder as cotas (que era de 206 por cento em 1994). O México, autossuficiente em milho por quase cinco mil anos, atualmente importa dos Estados Unidos um quarto do que consome. Os produtores de milho mexicanos migram para o Norte, em busca de trabalho nos campos da Califórnia, de Iowa e outros lugares. Por último, uma consequência imprevista de tudo isso é a perda de antigas variedades de milho. Além da tragédia da erosão genética, genes das importações norte--americanas que foram submetidos a processos de bioengenharia invadiram antigas variedades no estado de Oaxaca[54]. Com um número cada vez maior de terras desocupadas, a legislação intervém para viabilizar a aquisição, por capital estrangeiro, de grandes extensões de terra para o agronegócio, recorrendo ao Artigo 27 da Constituição do México, que permite a privatização do *ejido*, tipo de propriedade rural tradicionalmente de uso coletivo.

Em 1992, o Congresso Mexicano aprovou reformas dramáticas do Artigo 27 da Constituição, pondo fim a mais de setenta anos de compromissos com o setor indígena (e camponês). Essas reformas foram parte do movimento que buscava adaptar o Direito agrário à integração econômica com a América do Norte, promovido, do lado mexicano, pela administração Salinas. Em 1994, em Chiapas, houve um ressurgimento dos movimentos camponeses independentes[55]. Seguiram-se confiscos de terras, e as tentativas de retomá-las dos proprietários privados levou o movimento camponês independente a pedir ao governo que usasse seu direito de expropriar as terras para fins de redistribuição[56]. Atualmente, a distribuição de terras em Chiapas encontra-se em um impasse.

Devido a todos esses acontecimentos (e a muitos outros), as condições propícias à pilhagem normalizaram-se. Apesar dos registros deletérios deixadas pela Alca, a América Central tem em mira o Acordo de Livre Comércio dos Estados Unidos com a América Central e a República Dominicana, além de acordos bilaterais

---

[54] David Quist & Ignacio Chapella, "Transgenic DNA introgressed into traditional maize landacres in Oaxaca, Mexico", *Nature Magazine* 414, 2001, disponível em http://www.botanischergarten.ch/debate/QuistChapelaNature011129.pdf.

[55] G. A. Collier, *Basta! Land and the Zapatista Rebellion in Chiapas*, Oakland, CA: Food First Books, 1994.

[56] Laura Randall (org.), *Changing Structure of Mexico: Political, Social and Economic Prospects*, Columbia University Seminar Series, Armonk, NY: M. E. Sharpe, 1996.

com os Estados Unidos, que atraíram líderes progressistas em outros contextos, como Tabaré Vasquez, do Uruguai, ou Lula, do Brasil. No México, o preço das *tortillas* já sofreu um significativo aumento depois da recente troca de abraços no encontro em que Lula e Bush discutiram o uso do combustível *diesel* produzido a partir de vegetais como o milho e a cana.

6

DIREITO IMPERIAL INTERNACIONAL

Instituições reativas de pilhagem imperial

Até aqui, discutimos o modo como a pilhagem floresce em contextos de grave desequilíbrio de poder. A injusta distribuição de recursos praticada pelos fortes à custa dos fracos, que constitui uma definição perfeita da pilhagem, encontra no Estado de Direito sua retórica de legitimação. Esta retórica condensa o próprio sentido da palavra "pilhagem", a ponto de incorporar, legalizar e, em última análise, negar a escandalosa disparidade de alocação de recursos, acompanhando muitos processos sociais em contextos de desequilíbrio de poder. Portanto, o Estado de Direito constrói a pilhagem e a nega, conferindo legitimidade a uma ordem mundial extremamente injusta.

Este é o momento de discutir em mais detalhes a dinâmica da difusão da estrutura e da ideologia do Estado de Direito como instrumento de incorporação do poder histórico e atual e da disparidade de riqueza. Enquanto a dominação colonial explorava noções de superioridade e civilização, dentre as quais o Estado de Direito era presença marcante, a atual dominação neoliberal utiliza o discurso desenvolvimentista. Seu objetivo é estruturar globalmente um modelo de Estado de Direito que atenda aos interesses dos poderosos, de modo que congele os aspectos e crie a estrutura jurídica capaz de alavancar a expansão do capitalismo, provocando, assim, aumento ainda maior das desigualdades. Nessa perspectiva, que chamamos de *Estado de Direito imperial*, os praticantes da pilhagem são garantidos por "instituições reativas" (como os tribunais) contra a restituição de bens usurpados. Desse modo, a pilhagem é legalizada e qualquer redistribuição possível de recursos que favoreça a maioria empobrecida torna-se impossível. Os perdedores e as vítimas da pilhagem aprendem que a única redistribuição legal para além daquela prevista pelo *status quo* são os lucros ainda maiores para os vencedores, nos termos da ideologia de mercado. Este capítulo acompanha a transformação do ideal ocidental de Estado de Direito, sob a liderança dos Estados Unidos, para um Estado de Direito imperial baseado nas instituições reativas que legalizam a pilhagem e impossibilitam a redistribuição (que poderia compensar os mais fracos).

Segundo a concepção e a mitologia do Estado de Direito, o poder político, que pode favorecer a maioria em detrimento da minoria, não é ilimitado: deve submeter-se a modelos profissionais de controle. Esse controle, a cargo dos tribunais e dos profissionais do Direito, serve a uma variedade de funções, dentre as quais a mais importante é a proteção do direito de propriedade individual contra a possível usurpação pela maioria no poder. Os tribunais constituem o espaço em que os agentes privados ou públicos podem se defender das violações dos direitos individuais e (em menor grau) dos coletivos. Contudo, o meio jurídico acadêmico também cuida do controle profissional do processo político. Seus membros reproduzem a elite jurídica e, desse modo, conferem ao Estado de Direito a legitimidade e o prestígio decorrentes do conhecimento. Além disso, também se prestam à função crítica de esmiuçar o resultado do processo político do ponto de vista de sua compatibilidade com os valores jurídicos fundamentais da sociedade.

Como resultado dessa função institucional, essas duas instâncias de profissionalismo são, elas próprias, dotadas de considerável poder político. Por sua natureza, esse poder, decorrente da confiança depositada nesses agentes pelo Estado de Direito, serve a dois propósitos. O Poder Judiciário pode tornar-se instrumento de opressão quando se submete ao poder político a tal ponto que renuncia a sua função de proteger os direitos. Quando Earl Warren (o falecido presidente da Suprema Corte dos Estados Unidos e defensor insuperável dos direitos individuais era o governador republicano da Califórnia), ordenou que todos os norte-americanos de ascendência japonesa fossem enviados para campos de concentração, devido ao temor de que pudessem atuar como espiões inimigos. Essa ordem, em evidente violação ao valor da responsabilidade individual e da não discriminação por razões étnicas, foi contestada e chegou à Suprema Corte. Quando a Corte, no conhecido caso *Korematsu*, considerou a ordem do governador constitucionalmente aceitável, produziu um dano ainda maior ao Estado de Direito, legalizando essa prática opressiva.

Entre os juristas do meio acadêmico, há numerosos exemplos de traição de sua função crítica – por medo ou por oportunismo –, a tal ponto que somos levados a nos perguntar se seu papel crítico é a regra ou a exceção. Robert Cover, um historiador já falecido da Faculdade de Direito de Yale, apresenta uma descrição equilibrada dessas falhas diante dos horrores das Fugitive Slave Acts* de meados do século XIX[1]. Carl Schmitt, talvez o maior

---

* Leis que obrigavam o governo federal a empregar seus recursos para devolver os escravos fugitivos a seus proprietários. (N. do T.)

[1] Robert Cover, *Justice Accused: Anti-Slavery and the Judicial Process*, New Haven, CT: Yale University Press, 1975.

jurista alemão do século passado, continuará a ser lembrado pela posteridade tanto por suas brilhantes teorias sobre a soberania quanto por ter sido cúmplice do regime nazista. Repetindo: se o prestígio dos juristas da academia for usado para legitimar, ou mesmo legalizar – em vez de criticar – iniquidades políticas como a tortura e a pilhagem, o caráter ambíguo do Estado de Direito se tornará cada vez mais evidente.

Apesar de muito significativo, o poder político dos profissionais do Direito é diferente daquele dos setores políticos do governo. Essa diferença é em geral descrita por meio da metáfora da bolsa e da espada. Enquanto o Legislativo tem a bolsa, decidindo sobre a dotação das verbas públicas, e o Executivo, com sua autoridade sobre os militares e a polícia, tem a espada, o Judiciário (e, em termos gerais, a advocacia) não tem nem uma nem outra. Devido a essa falta de bolsa e de espada, o poder político dos profissionais do Direito acaba sendo explicado por uma filosofia reativa. Na verdade, eles são comprados e vendidos. Como já vimos, o Estado de Direito tem raízes na proteção à propriedade[2].

O controle profissional do processo político só intervém depois que os direitos foram violados e quando os "usuários" do sistema jurídico aceitam acriticamente tal intervenção. Nessa concepção de Estado de Direito, os tribunais, como instituições reativas, não podem efetuar nenhuma ação afirmativa. Por exemplo, Alexander Bickel, importante figura do Direito constitucional norte-americano do século XX, em um famoso livro com o título significativo de *O poder menos perigoso*[3], afirma que os tribunais

---
[2] James W. Ely, *The Guardian of Every Other Right: A Constitutional History of Property Rights (Bicentennial Essays on the Bill of Rights)*, Oxford: Oxford University Press, 1997.
[3] A. Bickel, *The Least Dangerous Branch. The Supreme Court at the Bar of Politics*, 2ª ed., New Haven: Yale University Press, 1986.

devem guiar-se por "virtudes passivas", abstendo-se de qualquer intervenção redistributiva. Ao longo da história do Direito ocidental, nas poucas ocasiões em que os tribunais (sancionados por muitos acadêmicos) tentaram criar planos afirmativos de aplicação de direitos, eles foram particularmente criticados por abrirem uma bolsa que não tinham o direito de usar. Foi o caso do transporte de crianças no processo de integração das escolas públicas na esteira do histórico caso *Brown vs. Board of Education*. E também o caso dos tribunais que tentaram introduzir alguns critérios humanitários nas prisões dos Estados Unidos, "governando-as" por mandados judiciais. Em termos mais gerais, quando os profissionais do Direito abordam usuários potenciais do sistema jurídico, em vez de esperarem passivamente que clientes privados de seus direitos apareçam em seus escritórios (ou nas instituições acadêmicas de assistência jurídica sem fins lucrativos), os críticos redobram sua desconfiança. Nos Estados Unidos, os profissionais que atuam em casos de violações de direitos são apresentados como "advogados de porta de cadeia" e, na maioria dos países europeus, a propaganda dos serviços de advocacia é considerada "imoral" e proibida por lei*.

Na estrutura política das democracias ocidentais, portanto, a postura institucional dos tribunais como agentes institucionais não redistributivos e passivos é garantida por circuitos formais e informais. Membros do Poder Executivo ou do Legislativo, e não dos tribunais, engajam-se na política de distribuição de recursos, se e quando necessário, por meio da tributação. Quando se transpõe essa concepção para o contexto colonial, sem emancipação política, o resultado é o chamado "*laissez-faire* colonial". Por um

---

* Também no Brasil, a propaganda da atividade advocatícia é bastante restrita pelo Código de Ética da advocacia. (N. do R. T.)

lado, basicamente, isto significava a ausência de uma (dispendiosa) política de bem-estar social (para os colonizados); por outro, implicava a existência de um sistema frágil de tribunais como aplicadores passivos dos direitos. Assim, a estrutura institucional resultante era ideal para os empresários colonialistas e seus protegidos das etnias locais, que podiam prosperar nos negócios e engajar-se na pilhagem sem nenhuma necessidade de arcar com os custos sociais que suas práticas impunham à sociedade. Embora a dialética entre instituições governamentais regulatórias e reativas tenha produzido, ao longo do tempo, o Estado assistencial para todos os cidadãos europeus (e, em âmbito menor, para os cidadãos norte-americanos), nenhum desenvolvimento semelhante pode ser observado no universo periférico das colônias, onde, uma vez explorados até o limite, os indivíduos mais frágeis da sociedade – os idosos ou os inválidos – são relegados aos cuidados das redes informais rotuladas de "primitivas".

Embora deixem esse estado de coisas quase sempre inalterado na periferia, a globalização e o neoliberalismo produzem profundas transformações no centro. Em particular, por um lado, a constitucionalização das políticas neoliberais, levada a efeito pelas instituições financeiras internacionais, restringiu de modo significativo o poder de distribuição de recursos dos países, provocando o declínio do Estado assistencial no centro. Por outro lado, as instituições estruturadas segundo o modelo reativo, como os painéis da OMC, os tribunais *ad hoc* e as autoridades independentes, são hoje os únicos agentes jurídicos do cenário internacional, transformando a filosofia reativa e a impossibilidade estrutural de redistribuição na atitude global dominante na esfera do Direito.

Enquanto isso, os tribunais norte-americanos, ancorados no imenso poderio econômico dos Estados Unidos, ampliaram seu poder para muito além dos limites jurisdicionais, convertendo-se nos tomadores de decisões mais eficazes e cujas decisões nas questões jurídicas são as mais temidas. Esse modelo de jurisdição extraterritorial deriva da dominação oitocentista, quando a abordagem norte-americana se opunha ao modelo de ocupação territorial típica das potências europeias. Em 1906, por exemplo, os Estados Unidos, ressentindo-se do colonialismo europeu, criaram – por tratado – um tribunal distrital norte-americano para a província da China, que só foi extinto em 1943. Esse tribunal, sucedâneo de tribunais extraterritoriais que já haviam sido criados em 1844, tinha jurisdição exclusiva sobre os norte-americanos na China e com frequência ampliava bem seus poderes jurisdicionais, permanecendo, contudo, muito distante do modelo de ocupação territorial e de reivindicação territorial usado pelas potências europeias tradicionais[4]. Da mesma maneira, o art. 3º da chamada Emenda Platt, aprovada pelo Senado norte-americano em 1901, foi nesse mesmo ano inserido como parte da Constituição cubana "independente" que recusava de modo enfático a colonização – mas afirmava com ironia que "o governo de Cuba permite que os Estados Unidos exerçam o direito de intervir, tendo em vista a preservação da independência cubana, a manutenção de um governo adequado à proteção da vida, da propriedade e da liberdade individual [...]."[5]

No atual panorama do mundo pós-colonial, esse estilo de dominação jurídica por meio de diferentes alternativas à colonização pura e simples constitui a essência do imperialismo jurídico dos Estados Unidos, tanto cultural quanto judicial. É a regra,

---

[4] Ver T. Ruskola, "Law's empire: the legal construction of 'America' in the 'District of China'", disponível em http://papers.ssrn.com/sol3/papers.cfm?abstract_id=440641.
[5] Olga Miranda Bravo, *Inconvenient Neighbors: The Guantanamo Base and the US Cuban Relationship*, Havana: José Martí Press, 2001.

e não a exceção, que costumava ser antes da abolição formal do colonialismo. A concepção de Estado de Direito imperial procura explicar as mudanças pós-Guerra Fria no processo geral de norte-americanização do pensamento jurídico. O Estado de Direito imperial, ligado de modo estreito à pilhagem, é hoje um segmento dominante do sistema jurídico mundial. É produzido, no interesse do capital internacional, por grande número de instituições públicas e privadas, todas elas compartilhando uma lacuna na legitimidade política que alguns chamam de "déficit democrático"[6]. Um processo espetacular, tendo em vista a criação de consenso para fins de dominação e pilhagem hegemônicos, dá forma ao Estado de Direito. O Estado de Direito imperial subordina a legalidade local em todas as partes do mundo, reproduzindo, em escala global, o mesmo fenômeno de dualismo que, até o momento, caracterizava o Direito nos países em desenvolvimento. Assim, os países se veem privados de poder discricionário, presos às exigências impostas pelo Estado de Direito imperial. O que em geral permanece na esfera de ação do Estado é um nível degradado de legislação, produzindo um sistema jurídico local que só pode preencher os espaços cada vez menores, ainda não ocupados pelo Estado de Direito imperial e pela pilhagem corporativa. O Direito local passa então a expressar-se nas línguas locais, passa a ser o objeto de trabalho dos operadores do Direito locais e atua como mera instância executiva das diretrizes jurídicas imperiais. As instituições jurídicas locais não são fortes o bastante para detectar e contestar a pilhagem, pois o Estado de Direito imperial incorpora e legaliza essa prática quando levada a efeito por agentes empresariais fortes, servidos por poderosos escritórios de advocacia. A

---

[6] Ver Alfred Aman, *The Democracy Deficit*, Nova York: New York University Press, 2006.

pilhagem é o veículo e, por sua vez, o beneficiário do Estado de Direito imperial.

De maneira irônica, apesar de sua absoluta falta de legitimidade, o Estado de Direito imperial é imposto por meio de práticas discursivas que apresentam as regras imperialistas como se fossem regras do "Estado Democrático de Direito", impondo, como necessidade natural, a filosofia jurídica reativa, que tem por função retirar a legitimidade de qualquer doutrina ou decisão que defenda a distribuição de riqueza baseada na solidariedade social, fragilizando ainda mais o Direito local e os processos políticos que pressupõem a responsabilidade dos governantes perante os governados[7]. O Direito norte-americano, transformado e adaptado depois da revolução Reagan/Thatcher, ocupa posição central no Estado de Direito imperial, o que facilita a pilhagem, mediante a infiltração nos espaços abertos depois do fim da Guerra Fria. Portanto, um estudo do Estado de Direito imperial requer uma discussão criteriosa dos aspectos ligados à difusão da consciência jurídica dos Estados Unidos em âmbito mundial, além de uma análise cuidadosa das transformações ocorridas tanto no contexto dominante (centro) quanto no subordinado (periferia). Também é preciso aprofundar o exame dos fatores relativos à resistência.

---

[7] Não discutiremos aqui o tipo de redistribuição (favorável aos vencedores) que é estimulado pela globalização econômica e por sua violenta reestruturação do capitalismo. A melhor e mais recente discussão sobre esse tipo de redistribuição encontra-se em William K. Tabb, *The Amoral Elephant: Globalization and the Struggle for Social Justice in the Twenty-First Century*, Nova York: Monthly Review Press, 2001. Toda transformação profunda nos processos de produção ao longo da história implica que, nas classes sociais, a redistribuição de riqueza se faça em favor dos vencedores. Ver o clássico de Karl Polanyi, *The Great Transformations: The Political and Economic Origins of Our Time*, Nova York: Beacon Press, em convênio com Rinehart: Schwerin, 1944. Neste capítulo, porém, abordaremos a modalidade de redistribuição que favorece a solidariedade social, aquela que tem por objetivo a maior igualdade entre as pessoas.

O Estado de Direito norte-americano: formas de dominação global

No período que se seguiu ao fim da Segunda Guerra Mundial, ocorreu uma mudança dramática no padrão do desenvolvimento jurídico ocidental. Concepções jurídicas importantes, outrora criadas no continente europeu e exportadas para o mundo colonizado, se produzem agora, pela primeira vez, em um ordenamento jurídico de *common law*: os Estados Unidos. Sem dúvida, o atual predomínio mundial dos Estados Unidos foi, de início, econômico, militar e político, e só recentemente passou a jurídico, de modo que uma pronta explicação da hegemonia jurídica pode ser encontrada em uma simples concepção do Direito como produto da economia[8]. Não obstante, a questão da relação entre hegemonia jurídica, política e econômica talvez não se explique nos termos de um paradigma de causa e efeito. Enfim, a análise dessa questão constitui uma área muito importante da pesquisa jurídica de base, uma vez que revela alguns aspectos gerais do Estado de Direito como instrumento de governança global e contextualiza sua relação atual com a pilhagem.

Em princípio, podemos diferenciar dois modos de imposição do Estado de Direito nos países periféricos: um é produto da dominação e outro decorre da adoção, pelo país subjugado, do modelo legal da potência hegemônica. No primeiro caso, um sistema jurídico estrangeiro é imposto à nação subjugada como um mecanismo coercitivo que afirma o poder político e econômico, às vezes até mesmo a soberania, sem que se faça qualquer empenho no sentido da criação de consenso. Ao contrário, a ideia de hegemonia revela o desejo, por parte do sistema jurídico dominador, de

---

[8] Ver Karl Marx, *Capital: A Critique of Political Economy* (J. M. Cohen, org.), Londres: Penguin Classics, 1992.

ser "admirado" pela periferia, obtendo, assim, certo consenso junto à nação dominada.

Na prática, não fica clara a predominância de um desses modos de imposição do Estado de Direito. O Direito é um mecanismo minucioso e complexo de controle social, que não pode funcionar sem alguma cooperação dos diferentes indivíduos que trabalham para as instituições jurídicas. Em geral, estes indivíduos pertencem a uma elite profissional que já existe na nação dominada, ou é criada por estruturas externas de poder. Esta elite provê a aceitação das ideias jurídicas estrangeiras, aceitação necessária para que possa haver qualquer transferência de sistema jurídico. É isso que explica o fato de que a distinção entre a transferência jurídica produzida pela dominação e aquela produzida pela hegemonia só pareça uma questão de grau, e não de estrutura. Por exemplo, mesmo no Iraque atual, onde a dominação militar é a única face do poder, a retórica da democracia e do Estado de Direito não se encontra totalmente ausente, ainda que sua credibilidade esteja em seu ponto mais baixo. Para entender a natureza da atual hegemonia jurídica, é preciso assimilar o modo como o Direito funciona a fim de obter determinado grau de consenso (ou de resistência) no modelo atual de dominação econômica e política internacional.

Um mecanismo cultural fundamental usado para a criação de consenso é a retórica do Estado Democrático de Direito, utilizado pelo modelo imperial de *governança*, em substituição a *governos* de Estado, que triunfou no mundo todo, juntamente com o modelo neoliberal de capitalismo. Os últimos vinte anos do século XX produziram um triunfo da governança global por instituições reativas, isentas em termos políticos de qualquer prestação de contas (como os tribunais), sobre aquelas que devem fazê-lo (como os órgãos da administração direta dos governos).

Esse declínio da legitimidade política no processo de tomada de decisões produziu uma crescente retórica do Estado de Direito que não aceita o questionamento do modelo de instituições reativas. Os instrumentos empregados nesse processo incluem grande número de conceitos considerados intrinsecamente bons.

Democracia e Estado de Direito não são as únicas palavras de ordem que visam à produção de consenso em tempos neoliberais. Como já assinalamos, os conceitos de ajuste estrutural, desenvolvimento abrangente, boa governança, direitos humanos internacionais e intervenção humanitária têm funções persuasivas semelhantes. Esses conceitos, inclusive o de "falta", são hoje elementos-chave de uma forte retórica de legitimação do poder empresarial internacional, determinando a disseminação de instituições opressoras cujo objetivo é a pilhagem: o Estado de Direito imperial. Trata-se de conceitos "naturalizados" na prática discursiva global, e a eles se dá o nome de "Consenso de Washington". Seu uso acrítico produz um estado de negação do modo como o Estado de Direito, com frequência servindo de escudo à blindagem, é criado e desenvolvido por elites profissionais "geradoras de consenso". As consequências dessa negativa são a criação de um panorama jurídico no qual o Direito renuncia "de modo natural" ao seu papel de refrear o comportamento oportunista dos agentes do mercado. Esse processo resulta no desenvolvimento de regras e instituições baseadas na aplicação de dois pesos e duas medidas, que se prestam perfeitamente bem aos interesses do capital empresarial e aumentam, de maneira dramática, as desigualdades sociais.

Por exemplo, é em nome da *boa governança* que os ex-países socialistas desmontam a participação na economia, terceirizando e vendendo bens públicos. Esses processos, presididos por normas jurídicas *ad hoc*, transferem recursos públicos para um número muito restrito de poderosos oligarcas econômicos. Da mesma forma, é em nome dos *direitos humanos internacionais* que práticas culturais há muito existentes, ou estruturas de parentesco, na África ou no mundo islâmico, são idealizadas e escolhidas para fins de erradicação, desmantelando estruturas sociais centradas em grupos, com a consequente produção de mobilidade e individualização sociais.

O cenário jurídico encontra-se em transição, passando de um contexto político (o Estado local) para outro contexto (a governança mundial), no qual instituições reativas estruturadas nos Estados Unidos, tanto litigiosas (judiciário, por exemplo) quanto de arbitragem e mediação (como os painéis de debates nos acordos sobre litígios internacionais e nas resoluções alternativas de litígios), se afirmam como detentoras de legitimidade, e legitimam, por sua vez, decisões de alcance social livres de qualquer controle político que poderia ser exercido pelo Estado local. O Estado de Direito imperial enfraquece o controle político ao colocar as poderosas instituições reativas globais fora do alcance do processo político; a pilhagem acompanha o desaparecimento de uma sólida noção de legalidade.

O Estado de Direito imperial, portanto, é produto de uma aliança entre um número limitado de agentes políticos de muita força (a União Europeia, a Otan, o G8 e outros países poderosos, atualmente subordinados aos Estados Unidos), as instituições financeiras internacionais, uma variedade de grandes agentes empresariais e até mesmo organizações não governamentais internacionais (ONGs) –, um jogo no qual um número muito limitado de participantes compete ou colabora entre si[9]. Da mesma maneira que, no passado colonial, os capitalistas da iniciativa privada (Com-

---

[9] Ver Susan George, *Remettre l'OMC a sa Place*, Paris: Mille et Une Nuits, 2001.

panhia das Índias Orientais, Hudson Bay Company etc.) e os soberanos europeus colonialistas estavam unidos em uma aliança para fins de pilhagem, legitimada por poderosos asseclas intelectuais, na época atual, a elite do poder global está ligada ao comércio transnacional em seu empenho global de pilhagem. Na época do colonialismo, essa luta política pela hegemonia internacional era levada a cabo basicamente pelo uso explícito da força e pela violência política (de tal modo que o conflito decisivo entre as superpotências era inevitável). Nos dias de hoje, a violência política embutida no Estado de Direito cristalizou-se em um poder monopolista – os Estados Unidos – que, enquanto domina inimigos, aliados e instituições globais, é dominado, como ocorre com toda democracia à moda ocidental, por agentes empresariais transnacionais.

Globalização do modelo norte-americano

A estrutura fundamental da atual versão do Estado de Direito origina-se de forma direta dos Estados Unidos. Esse sistema altamente especializado, que se congratula por ter conseguido a "separação" entre Direito, política e religião (mas que, de modo curioso, tem em grande apreço a integração entre Direito e economia), como já sabemos, resulta de importações da Europa que foram em momentos posteriores expandidas pelos Estados Unidos.

Outra estrutura fundamental do Direito norte-americano – uma reação pós-colonial direta contra o sistema inglês, centralizado de forma extrema – ajusta-se com perfeição a um projeto expansionista e hegemônico como o do neoliberalismo: seu alto grau de descentralização. Esse talvez seja o aspecto mais original da estrutura fundamental do Direito norte-americano. Nenhum outro sistema jurídico do mundo desenvolveu um sistema judiciário federal tão completo, sofisticado e complexo quanto o dos

Estados Unidos. É esse exatamente o tipo de complexidade que, no cenário jurídico norte-americano, introduz imensas vantagens para os agentes econômicos de grande poder e para suas megafirmas de Direito empresarial com intenções de pilhagem. A administração de um sistema jurídico muito complexo requer uma classe de advogados forte, organizada e cara. A complexidade pode servir aos interesses dos agentes empresariais mais fortes, os únicos que podem arcar com os custos da justiça. A pilhagem não apenas se beneficia de maneira direta da complexidade do Direito (ironicamente, beneficia-se também da simploriedade do pensamento econômico); ela também pode usar a complexidade para desmobilizar possíveis usos contra-hegemônicos do Direito. A resolução alternativa de conflitos, quase sempre um processo misto de mediação, negociação e arbitragem em que os fortes e poderosos invariavelmente saem vencedores, costuma tornar-se palatável como reação a tal complexidade. Hoje, a mediação, em vez de ser entendida como mais uma estratégia conciliadora que permite a distribuição em favor dos agentes mais fortes, é apresentada como um mecanismo que, por assegurar o acesso menos oneroso à justiça, acaba mostrando-se favorável aos mais fracos[10].

A coexistência de grande número de tribunais federais e estaduais transformou as questões de competência dos tribunais e escolha da legislação aplicável na principal preocupação da advocacia norte-americana. São as mesmas questões que se colocam aos advogados que precisam lidar com problemas jurídicos "transnacionais". Por conseguinte, os advogados norte-americanos já desfrutam de uma cultura e um discurso jurídico mais amplos do que os limi-

---

[10] Ver dados mais recentes em Ugo Mattei, "Access to justice: a renewed global issue?," em *General Reports to the XVII Congress of the International Academy of Comparative Law* (Katharina Boele-Woelki & Sjef van Erp, orgs.), Utrecht: Eleven International Publishing-Bruylant, 2007, p. 383.

tes jurisdicionais. Nesse panorama, a "anexação" teórica ou prática de uma ou mais jurisdições, quer localizadas no Afeganistão, na Europa Oriental ou no Iraque, não introduz alterações específicas no raciocínio essencialmente funcionalista dos advogados norte-americanos. É por esse motivo que esses advogados, quando a serviço do Banco Mundial, do FMI ou da Ordem dos Advogados dos Estados Unidos (American Bar Association), podem elaborar uma constituição ou uma lei de falência durante uma visita de fim de semana a algum remoto canto do mundo, sem nenhum conhecimento específico do sistema jurídico local, que é simplesmente ignorado. Na verdade, advogados norte-americanos devidamente treinados podem, com maior ou menor grau de perspicácia, discorrer sobre quaisquer questões jurídicas apenas com um conhecimento básico do Direito local, valendo-se da sedutora cultura jurídica americana como modo de convencer operadores do Direito das mais diversas origens.

Além disso, a própria estrutura do processo judicial norte-americano descentraliza o poder e privatiza a atividade, criando, assim, novas vantagens para os ricos e poderosos e maior adaptabilidade ao cenário globalizado. Nos sistemas jurídicos europeus, uma vasta gama de atividades na esfera do processo judicial, como a "citação" (procedimento usado para convocar alguém a apresentar-se a juízo), a "exibição de documentos" (levantamento de provas nas mãos do oponente ou de terceiros) ou a instrução probatória (interrogatório de testemunhas e obtenção de laudos e pareceres de peritos e especialistas), que são chamadas de "especiais" (e, por este motivo, convocadas e pagas pelo Estado), constituem questões privadas no Direito norte-americano, no qual ficam a cargo de advogados sem nenhum custo para o setor público, mas muito caros para os litigantes. Esse aspecto do Direito norte-americano certamente põe a eficiência no lugar da igualdade, pois, enquanto o litigante de um país que segue o sistema do Direito romano canônico *(civil law)* pode ser defendido de maneira adequada, mesmo quando não conta com um advogado muito competente (uma vez que quem cuida da maioria dos problemas é o juiz, que também garante a imparcialidade do julgamento), em um modelo privatizado, como o dos Estados Unidos, a presença de um advogado muito bom e caro é essencial.

Em consequência, até mesmo esse aspecto da consciência jurídica norte-americana ajusta-se bem melhor a um modelo privatizado como aquele dos litígios globais, que não dispõem de um Estado soberano e monopolista para garantir a justiça e a igualdade de oportunidades, além de cuidar da questão dos desequilíbrios de poder.

Nos litígios transnacionais, com frequência decididos perante tribunais de arbitragem internacionais, ou nos quais as questões de competência territorial das Cortes e escolha da legislação aplicável são de extrema importância, os advogados menos habituados às estratégias de um sistema judicial de confrontação das partes não sobrevivem porque não há ali aquela coisa chamada "ativismo judicial", em que quase tudo fica a cargo do juiz. Como resultado, cada litigante deve ter um advogado realmente bom (e caro) se quer ser bem representado. A poderosa combinação de forças adaptativas mencionada torna a estrutura do Direito norte-americano bem conhecida o suficiente para não ser excessivamente temida; ambígua e flexível o suficiente para ser bem-sucedida no cenário jurídico internacional; e, o que é mais importante, faz que os advogados com formação nos Estados Unidos sejam bem mais sintonizados com as características do panorama jurídico global.

Além disso, como sempre acontece, quanto maior o grau de privatização do procedimento, maior a vantagem para os agentes econômicos ricos e poderosos, que encontram nas complexidades e nos custos do litígio internacional a melhor instância de proteção à pilhagem levada a cabo no mundo todo.

Outro aspecto crucial da hegemonia norte-americana nesse panorama global é a equação entre democracia e eleições, que uma vez mais concede uma vantagem definitiva aos agentes empresariais ricos e poderosos. O princípio de "ao vencedor, tudo", que nos Estados Unidos priva do privilégio do voto pelo menos a metade dos seus cidadãos, só parece natural e óbvio quando o comparamos e confrontamos com seu absurdo oposto, aquele do princípio minoritário. "Contudo, se pensarmos quão numerosos e variados podem ser os meios de fazer que um grupo tenha uma vontade única, perguntaremos se H. S. Maine não estava certo ao afirmar que o princípio majoritário é o mais artificial dentre todos os disponíveis."[11] O princípio majoritário, conforme as eleições o exprimem, institucionalizou nos Estados Unidos – e, devido a sua liderança, em muitos outros países – a concepção de um mercado de votos que traz consigo, como consequência estrutural, uma seleção das lideranças que em sua maior parte é determinada pelo controle da mídia e pela disponibilidade de grandes somas em dinheiro.

A concepção de um mercado de votos, conforme a formularam economistas conservadores, defensores da teoria da escolha pública – como o prêmio Nobel James Buchanan –, introduz um alto grau de cinismo na teoria política. Institucionaliza também, em seu nível mais básico, a subversão nas relações entre o processo político e o mercado dominado pelas grandes empresas. O processo político (e as leis que dele decorrem) não é mais considerado um mecanismo de controle e delimitação do mercado. Ao con-

---

[11] Ver Edoardo Ruffini, *La ragione dei più: ricerche sulla storia del principio maggioritario*, Bolonha: Il Mulino, 1977; e H. Summer Maine (org.), *Études sur l'histoire des institutions primitives*, Paris: Ernest Thorin, 1880.

trário, é o mercado que controla e determina o processo político e o Direito. Portanto, os resultados eleitorais são vistos como retornos de investimentos, e a consequência é que só aqueles que "investem" em política têm condições reais de influenciar o Direito. Sem dúvida, os grandes agentes empresariais são os maiores investidores políticos, superando os investidores individuais, os sindicatos ou as ONGs em mais de dez vezes. Além disso, os grandes investidores políticos recorrem a estratégias de doações bipartidárias para garantir o retorno, pouco importando quem se eleja. O resultado desse círculo perverso, considerado "natural" pelos economistas e cientistas políticos da linha da escolha pública, é, no que diz respeito às questões de importância geral, que candidatos de diferentes partidos apresentam plataformas muito parecidas, o que, por sua vez, leva a maioria das pessoas a considerar irracional preocupar-se com um processo político que já lhes chega com cartas marcadas. A isso se costuma dar a explicação ligeira de mera apatia. A "naturalização" da relação corrupta entre o mercado e o Direito produz cidadãos extremamente apáticos e resultados eleitorais muito limitados.

Observe-se que a teoria segundo a qual o Direito é um "retorno" natural de investimentos não se restringe à legislação e regulamentação diretas. No modelo norte-americano, ela chega à atividade judicial. Em um sistema privatizado e de confrontação das partes, os que investem mais no processo (advogados mais caros, peritos judiciais com melhores currículos, processo mais sofisticado de escolha de jurados, detetives, psicólogos etc.) podem ter a expectativa de melhores resultados, aumentando a probabilidade de ganho de causa. Ainda que, no passado, essa prática tenha sido vista como um problema de desigualdade de oportunidades, uma vez que a parte mais forte tem mais capacidade de "investimento" do que a mais fraca, alguns teóricos do Direito e da economia já começaram a considerá-la eficiente na década de 1970[12]. Hoje, essa concepção cínica é apresentada, nos discursos acadêmicos dominantes, como a única realista e, portanto, não ingênua.

Assim, diversos fatores institucionais básicos que favorecem os agentes econômicos mais fortes e oferecem cobertura jurídica à pilhagem foram internacionalizados pela dominação hegemônica do Direito norte-americano, levando o modelo reativo a expandir-se para muito além de seu contexto de produção. O Direito norte-americano conseguiu tornar-se o "extremo Ocidente" da tradição jurídica ocidental. Sua configuração básica mostra-se clara e estruturalmente incompatível com ideias alternativas, como "legalidade socialista" ou "teoria do Direito islâmico", e é atacada de modo implacável por elas e também por concepções de Estado assistencial semelhantes às da moderna Europa continental. Os países que assumem ou assumiram essas posições alternativas situam-se na "periferia" do mundo livre, e o Direito imperial exige que eles se livrem de suas estruturas jurídicas incompatíveis.

É interessante notar que, no processo de construção da governança global, até mesmo países europeus tradicionalmente situados no centro do espectro político foram de modo gradual empurrados para a periferia por um desgaste inexorável dos papéis ativistas e redistributivos de seus Estados soberanos. Basta pensarmos no Direito trabalhista, em que anos de evolução civilizadora em favor dos sindicatos e dos trabalhadores foram esquecidos em nome da eficiência, tanto pelos governos europeus de direita quanto por aqueles supostamente de esquerda. O desenvolvimento incipiente de instituições descentralizadas, por exemplo, foi

---

[12] Ver Paul H. Rubin, *Why was the Common Law Efficient?* Emory Law and Economics Research Paper nº 04-06, disponível em SSRN: http://ssrn.com/abstract=498645 ou DOI: 10.2139/ssrn.498645.

classificado como "falta", um fator problemático no contexto europeu. A nova periferia, quase tanto quanto a tradicional, mantém baluartes de resistência, certos fatores tradicionais como o envolvimento ativo de um juiz em busca da verdade que são uma contrariedade para uma consciência jurídica global de inspiração norte-americana.

Na esteira da Segunda Guerra Mundial, ficou evidente que as noções de soberania e Estado soberano, do modo como foram desenvolvidas pela tradição europeia continental, estavam expostas a sérias críticas estruturais. A noção, cultuada na filosofia hegeliana, de que o Estado era um órgão empenhado na defesa de seus interesses soberanos, ontologicamente diferentes do conjunto dos direitos individuais de seus cidadãos – e, em alguns momentos, incompatíveis com eles –, foi considerada por muitos grupos responsável pela deterioração do Estado de Direito na Europa fascista. A ideia de que o Estado nada mais era que "o governo no poder" era típica da tradição pragmática anglo-americana. Essa tradição considera que o interesse do Estado deve coincidir com o conjunto de interesses individuais expressos pelo processo eleitoral do tipo "ao vencedor, tudo". Os direitos econômicos adquiridos do indivíduo, que naturalmente preexistem ao Estado, devem, por conseguinte, limitar a atividade deste. O modelo anglo-americano podia afirmar-se como uma concepção de soberania alternativa, mais avançada e "livre".

Estavam lançadas, portanto, as raízes da "naturalização" do estilo empresarial norte-americano e de sua contestação fundamental da relação hierárquica entre o processo político e a liberdade (de mercado). Esse processo de naturalização do contexto institucional do "mundo livre" começou, nos Estados Unidos, com a plataforma política conservadora que, em 1952, derrotou o Fair Deal ("Acordo Justo") do presidente Truman. Ao longo da

Guerra Fria, a polêmica em torno do socialismo fortaleceu essa concepção, contestando as políticas ativistas redistributivas e a intervenção governamental na economia em favor dos pobres. Apesar da exceção de Lyndon Johnson, determinada pelas necessidades de pacificação no período da Guerra do Vietnã, essa "naturalização" como proteção da propriedade e da iniciativa privada nunca deixou de ser fator decisivo na política norte-americana. Por meio de sua influência, a mesma concepção antirredistributiva determina a atual postura das instituições financeiras internacionais. Com início na administração Nixon, nos últimos trinta anos, qualquer política redistributiva nos Estados Unidos foi a favor dos super-ricos. Hoje, cerca de 24 mil indivíduos controlam a mesma quantidade de bens e riquezas que possuem 90 milhões de seus concidadãos norte-americanos menos favorecidos. Esse minúsculo segmento da população detém o pleno controle dos (eficientes) processos políticos e judiciais, não apenas para manter o *status quo*, mas também para fins de redistribuição em seu próprio favor: pilhagem no exterior, mas também em casa[13].

Apesar desse e de outros horrores do direito discriminatório praticado nos Estados Unidos (como o incrível número de minorias inocentes, encarceradas e exploradas em prisões administradas por grupos empresariais), a produção acadêmico-intelectual do país difundiu o Direito norte-americano entre profissionais do mundo todo, de modo que a liderança desse Direito se tornou um fato inquestionável. Os anos de Guerra Fria e a extinção dos melhores aspectos da legalidade ocidental, que caracterizavam a maioria dos regimes comunistas na órbita de influência da ex-União Soviética, só fizeram confirmar a consciência dos benefícios dos

---

[13] Ver David Cay Johnston, *Perfectly Legal: The Covert Campaign to Rig Our Tax System to Benefit the Super Rich – and Cheat Everybody Else*, Nova York: Penguin Group, 2003.

três símbolos fundamentais do Estado de Direito norte-americano: eleições espetaculares (uma espécie de grande e cara peça publicitária da democracia), um Poder Judiciário independente (com intervenções extremamente visíveis na vida política do país) e uma crítica acadêmica livre e criativa dos processos político e judicial. Nada disso caracterizava a experiência soviética (nem aquela das atuais China e Cuba, as alternativas socialistas tão diferentes, e quase sempre esquecidas, ao fim da história ocidental). Portanto, a imposição ao mundo todo dessas características fundamentais converteu-se na receita para as transformações que se seguiram à queda da União Soviética.

Uma instituição ideológica de governança global: o Direito internacional

Desde os julgamentos de Nuremberg, as concepções ocidentais de legalidade têm caracterizado o Direito ocidental. Na construção do domínio jurídico ocidental, o Direito internacional desenvolveu-se lenta e gradualmente, passando de um sistema descentralizado de nações soberanas para um sistema internacional mais centralizado, no qual o Conselho de Segurança das Nações Unidas reivindicava alguma preponderância. Nesse processo, o Direito internacional ofereceu uma retórica capaz de justificar o uso da força por instituições repressoras de governança global. Desempenhou também o papel de instituição ideológica responsável pelas ideias de que a violência contra pessoas inocentes pode ser "legal", de que uma guerra de destruição pode ser "justa" ou até mesmo que é possível admitir a confiabilidade das chamadas "operações de manutenção da paz"[14].

---

[14] Ver M. Walzer, *Just and Unjust Wars: A Moral Argument with Historical Illustrations*, Nova York: Basic Books, 1998. A concepção imaginária de um responsável pela tomada de decisões pode ser encontrada também em J. Moore, *Hard Choices*:

O artifício retórico usado no processo de coibir os comportamentos desviantes e afirmar, como universais e inevitáveis, as modalidades ocidentais de organização social e desenvolvimento econômico centradas no individualismo e na fragmentação social, costuma ser um conceito explicitamente jurídico: "direitos humanos internacionais". No interesse desses direitos, uma doutrina de "soberania limitada" tem ameaçado a natureza tradicional do Direito internacional como sistema descentralizado, baseado na territorialidade, e tem defendido a necessidade de descentralização, a fim de torná-lo mais parecido com qualquer outro sistema do Direito nacional ocidental. O Tribunal Penal Internacional é o posto mais avançado dessa iniciativa. O Tratado de Roma, que criou esse tribunal, pode ser visto como o apogeu do processo de centralização do Direito internacional no período que se seguiu à guerra.

Sem dúvida, o declínio e a derrocada do Direito internacional, produzidos pelos Estados Unidos no começo do milênio, foram muito mais rápidos que a longa batalha pela formulação de seus princípios. Os tribunais *ad hoc*, como o que foi usado contra o falecido ditador da Iugoslávia, Slobodan Milosevic, para não mencionar aquele que julgou o também falecido ex-presidente do Iraque, Saddam Hussein (ainda que, oficialmente, se tratasse de um tribunal iraquiano), são produtos de um uso ainda mais explicitamente ideológico do Direito internacional como uma legitimação *ex post facto* da guerra. É possível, portanto, identificar aí um interessante desenrolar da situação.

Depois da descolonização formal, que foi significativamente estimulada por concepções de autodeterminação fundamentadas

---

Moral Dilemmas in Humanitarian Intervention, Lanham, MD: Rowman & Littlefield, 1998.

no Direito internacional, o governo dos Estados Unidos inaugurou uma estratégia moderada de enfraquecer a legalidade internacional, ao mesmo tempo que criava um embrião de centralização institucional. Na fase atual, como os acontecimentos no Iraque deixam absolutamente claro, essa legalidade internacional enfraquecida já comprovou ser muito fácil de ignorar.

O momento crucial da primeira fase, baseada na rigorosa criação da soberania formal dos ex-Estados coloniais, foi a "União para Soluções de Paz" (Uniting for Peace Resolutions), por meio da qual a Assembleia Geral das Nações Unidas condenou o ataque anglo-francês ao Egito de Nasser após a nacionalização do Canal de Suez em 1956. Portanto, o que certamente constituiu um ataque imperialista neocolonial foi derrotado por medidas típicas do Direito internacional, com base em noções explícitas de soberania interna[15]. A segunda fase, a do poder moderado, caracteriza-se pela assinatura de tratados por demais simbólicos (apesar de inúteis, em sua maioria), como o Protocolo de Kyoto para a redução dos gases que agravam o efeito estufa e a concomitante ampliação da Otan e das regras que isentam os militares desse organismo da responsabilidade legal por seus atos em combate. O movimento internacional de defesa dos direitos humanos, composto por simpatizantes idealistas de todo o mundo, ofereceu apoio internacional para isentar legalmente a Otan pelo bombardeio indiscriminado que arrasou certas áreas da ex-Iugoslávia.

Na fase atual, simbolizada pela recolonização do Afeganistão e do Iraque – que nos permite ver, de forma nostálgica, até mesmo a hipocrisia anterior de ocultar a pilhagem sob o manto do Estado de Direito como uma consciência de limites –, a centrali-

---

[15] É preciso assinalar que a União para Soluções de Paz foi criada exatamente para superar a questão dos vetos do Conselho de Segurança, não tendo sido ativada desde então.

zação do "governo internacional" (o Conselho de Segurança da ONU) e até o improvável uso contra-hegemônico do Tribunal Penal Internacional são concorrentes potenciais do Estado de Direito imperial de dominação norte-americana. Como consequência, essas instituições – consideradas como um possível obstáculo à pilhagem – foram ridicularizadas ao serem reduzidas, respectivamente, a "comitês consultivos" irrelevantes (o Conselho de Segurança da ONU) ou a tribunais com jurisdição insignificante (o Tribunal Penal Internacional, boicotado pelos Estados Unidos).

Ao observar o processo de centralização que se seguiu ao estabelecimento das Nações Unidas em 1949, hoje compreendemos que o Direito internacional não é Direito natural, mas sim positivo; suas fontes principais são tratados e normas de Direito consuetudinário que precisam de poder para serem aplicados, como em qualquer outro segmento do sistema jurídico. Alguns observadores atuais afirmam que o Direito internacional é um sistema jurídico mundial baseado na uniformidade e nos ideais norte-americanos de lei e ordem. A natureza e a realidade do Direito internacional e sua relação com a pilhagem atual parecem fundamentadas em contradições. Por um lado, os códigos, tribunais e prisões internacionais já começam a reivindicar reconhecimento e instituição gerais (há um tribunal em Arusha, na Tanzânia, para julgar os não ocidentais considerados responsáveis pelo genocídio em Ruanda, e uma prisão em Bamako, no Mali, para encarcerar os condenados). Muitos analistas já abordam questões de política internacional como se tal sistema jurídico internacional e centralizado já estivesse formalmente instituído. Com um sistema desses em vigor (admitindo-se que, de fato, o esteja), a transformação de guerra em poder de polícia segue seu curso como se fosse natural. Por conseguinte, as tentativas de exercer a soberania de base estatal sempre podem ser feitas como um desvio da norma da legalidade fundamentada em concepções ocidentais hegemônicas de direitos humanos internacionais. A realidade de uma inaceitável duplicidade de padrões não interessa. Seja uma tentativa de desenvolver a capacidade de defesa nuclear no Oriente Médio (com a exclusão da potência nuclear israelense), seja a defesa de ideias de sociedades religiosas incompatíveis com as concepções secularistas ocidentais ou, ainda, o uso da violência para fins de afirmação política, trata-se de atividades consideradas violadoras do Direito internacional sempre que praticadas por soberanias não imperiais. A possibilidade de usar a retórica do Direito internacional como "deveria ser" é mais do que suficiente para a ordem imperial internacional. No Ocidente, muitos indivíduos honestos e cumpridores das leis, alcançados pela propaganda da mídia e moderadamente contrários à pilhagem quando se dão conta de sua existência, acreditam piamente que uma resolução das Nações Unidas poderia ter influenciado a recolonização do Iraque, transformando uma brutal guerra de conquista imperial em uma operação humanitária de proteção aos direitos de uma minoria e em parte de um processo de manutenção da paz e da reconstrução. Muitos desses crédulos mais ou menos honestos (inclusive o Congresso norte-americano sob liderança democrata) consideram as tentativas atuais de colonização do Afeganistão fundamentalmente diferentes das do Iraque, devido ao *imprimatur* da ONU!

O instrumento usado para obter consenso, a doutrina dos direitos humanos internacionais, é realmente muito poderoso. Ela é defendida por agentes motivados tanto pelo lucro quanto pela justiça e iniciou o processo de transformação da própria concepção de Direito internacional desenvolvida depois do nascimento do moderno Estado-Nação. As concepções de direitos humanos e intervenção humanitária internacional subverteram o modelo de soberania plena, nos assuntos internacionais, do Estado que serve aos interesses de sua comunidade nacional dentro de seu território, segundo os princípios da Paz de Westfália. Embora a primeira guerra do Iraque ainda pudesse usar o argumento da violação da soberania do Kuwait para justificar sua legalidade internacional, isso não ocorria nas guerras dos Bálcãs que se seguiram a ela. A intervenção em nome da "mudança de regime", ilegal para o sistema tradicional de soberania, passou a fundamentar-se na retórica das violações dos direitos humanos, perpetradas por *soberanos legítimos* como Slobodan Milosevic, o mulá Omar ou Saddam Hussein.

Hoje, o poder inquestionável que decorre da soberania do Direito internacional só pode ser afirmado pelo soberano imperial e talvez por mais alguns de seus lacaios mais fiéis, ou de seus inimigos potenciais (como a China), em relação aos quais há temores concretos, e por ninguém mais. A soberania territorial dos Estados coadjuvantes vê-se, assim, suprimida por necessidades imperiais.

O conceito de direitos humanos internacionais, porém, é problemático, porque oferece uma justificação seletiva da intervenção nas questões políticas internas de todos os países não culturalmente alinhados com o Estado de Direito ocidental ou imperial. Na era de ordem jurídica imperial e de pilhagem brutal em que vivemos, seria ingênuo esperar outra coisa do Direito internacional.

Portanto, o Direito internacional tem uma relação ambígua com o Estado de Direito imperial. Embora pudéssemos pensar que seu desenvolvimento e sua centralização tivessem o poder de limitar a soberania imperial e, assim, instituir a legalidade; na verdade o que se institui é a prática de dois pesos e duas medidas e a desobrigação de prestar contas de sua práxis política. O processo de criação de instituições internacionais centralizadas acaba reproduzindo, em escala global, modos de pensar e até mesmo estruturas institucionais muito semelhantes àquelas dos Estados Unidos sem as válvulas de segurança da Constituição e da Declaração de Direitos e Garantias daquele país.

Aos poucos, o Direito internacional passou de um sistema descentralizado de soberanos estrangeiros a um sistema jurídico cada vez mais centralizado e desobrigado da prestação incondicional de contas, etnocêntrico em seus valores e governado por elites profissionais que atuam nos tribunais internacionais e em outros órgãos de governo. O "profissionalismo jurídico", talvez o aspecto central da experiência jurídica norte-americana e, sem dúvida, um perfeito reflexo da identidade ocidental, vê-se reproduzido, na esfera internacional, como a maneira neutra, objetiva e universal de lidar com problemas de importância mundial. Ao reproduzir esse modelo, o Direito internacional tornou-se um sistema institucional politicamente impotente, no qual os tribunais e outros órgãos decisórios sem legitimidade política criam leis que só podem ser aplicadas por um soberano imperial, que age de maneira seletiva. O resultado disso é um sistema político sem a obrigatoriedade de prestar contas a quem quer que seja, formado por agentes que só podem ser fortes com os fracos, e fracos com os fortes. Esse sistema de Direito internacional simplesmente não tem poder algum contra o soberano imperial e seus aliados e, quando muito, trata de justificar a dominação exercida contra os agentes mais fracos e a pilhagem. Isso é exatamente o contrário da justificativa moral do Estado de Direito, isto é, a ajuda aos mais fracos contra os fortes, conforme o exemplifica o direito de responsabilidade civil dos Estados Unidos.

Portanto, o sistema jurídico internacional reproduziu, em escala global, uma ideologia jurídico-profissional de neutralidade, democracia e Estado de Direito, alegando possuir uma fachada de legitimidade para exercer, em âmbito mundial, o poder político sem precedentes dos Estados Unidos. Por tradição, neste país, as doutrinas internas sobre separação dos poderes, questões políticas e imunidade soberana concedem ao setor executivo (que empunha a espada) um grau de poder ilimitado e inquestionável, uma vez que os tribunais internos se submetem a ele quando os problemas políticos não podem ser convertidos em questões jurídicas. Da mesma maneira, o Direito internacional regido por tribunais (o modelo de Nuremberg), que depende dos soberanos nacionais mais poderosos para ter eficácia, submete-se necessariamente aos desejos desse Estado (atualmente, os Estados Unidos) e produz a fachada de legitimidade necessária ao exercício da soberania imperial. Por exemplo, o tribunal *ad hoc* que julgou o falecido presidente iugoslavo Slobodan Milosevic desempenha, *ex facto*, a função de mostrar que o uso da Otan para fins de mudança ilegal de regime mostrou-se judicioso, escrevendo, portanto, a história dos vencedores. As decisões de outros tribunais internacionais, como aquele que condenou a construção do muro em Israel, ao contrário – por não serem do agrado da potência imperial –, simplesmente ficam à margem de qualquer função ou decisão prática.

Uma vez estabelecidas, as instituições jurídicas podem resultar em contra-hegemonia, o que explica a relutância, por parte do governo dos Estados Unidos, em fazer parte do Tribunal Penal Internacional. Nos últimos tempos, em particular em reação a certa independência demonstrada pelo Conselho de Segurança da ONU, a opção pelo desmonte (chamado de "reforma") vem ganhando aceitação. A irrestrita concentração de Poder Executivo nos Estados Unidos tem sido declarada sem rodeios e, como segmento paralelo do Direito internacional, o "unilateralismo", em vez do poder conciliador, tem sido exercido como doutrina preferencial. O Direito imperial talvez não precise mais do Direito internacional, nem mesmo como servo fiel.

Nos últimos tempos, a política unilateral do governo norte-americano interrompeu de repente a aplicação do Direito internacional que caracterizou o período posterior à Segunda Guerra Mundial e ignorou a ONU como agente centralizado e internacional de tomada de decisões políticas. É interessante notar que os tribunais norte-americanos assumiram uma postura imperialista semelhante no nível descentralizado. Nesse processo, podem-se observar mudanças significativas na postura tradicional desses tribunais, que de algum tempo para cá passaram a desempenhar um papel proativo ao extremo, afirmando-se como juízes nacionais da esfera internacional. Embora as tendências ainda sejam contraditórias e pouco claras a esse respeito, é fato que os litigantes cuja pretensão tradicionalmente não é passível de apreciação judicial afluem para os Estados Unidos, atraídos pela esperança de terem seus direitos defendidos (como no caso das vítimas indígenas da catástrofe de Bhopal, dos militantes políticos torturados na América Latina ou dos sobreviventes do Holocausto) –, muitas vezes atraídos pela atitude proativa dos advogados que representam os autores de ações judiciais nos Estados Unidos. O fenômeno é digno de atenção, pois aumenta a responsabilidade política da advocacia nesse país em nível global, cujo papel, uma vez mais, tanto serve a Deus quanto ao diabo.

Precisamos, portanto, examinar as consequências hegemônicas de um discurso universal sobre os direitos imposto por um sistema de tribunais fortes[16]. Insistiremos também na questão da pilhagem facilitada pela difusão da "filosofia reativa", já discutida

---

[16] Para informações gerais, ver C. N. Tate & T. Vallinder (orgs.), *The Global Expansion of Judicial Power*, Nova York: New York University Press, 1995.

aqui, em contextos em que os tribunais estrangeiros e a advocacia – devido a um menor poder institucional, à falta de recursos financeiros ou a diferenças nas culturas locais (as "faltas", segundo o jargão hegemônico) – não funcionam com a mesma eficácia encontrada nos Estados Unidos.

Processos judiciais com base no Holocausto: de volta ao futuro

Em uma tarde de domingo, alguns anos atrás, um dos autores deste livro, que também é advogado (Ugo Mattei), recebeu um telefonema. Do outro lado da linha estava uma advogada muito gentil. Depois de apresentar-se como sócia de um grande escritório de advocacia de San Francisco, ela perguntou se estava falando com alguém "que conhecia alguma coisa sobre o Direito italiano". Depois de receber uma resposta afirmativa, perguntou se seria possível marcar um encontro para discutir a possibilidade de emissão de um parecer técnico para uma "classe" que estava processando uma importante seguradora italiana. A "classe", disse ela, era formada por sobreviventes do Holocausto. Depois de uma breve discussão, foi acertado que os documentos relativos ao caso seriam entregues em Berkeley para serem examinados antes do encontro.

No dia seguinte, chegou um pacote pelo correio, com um impresso contendo a petição inicial e algumas petições subsequentes. Sua leitura foi uma experiência insólita para um advogado formado no continente europeu. De repente, aquele que lia as alegações iniciais sentiu que estava mergulhando de volta no espaço e no tempo. Era como se estivesse lendo um livro de história social que descrevia algumas das atrocidades que haviam abalado a Europa nas décadas de 1930 e 1940. De acordo com os documentos, a atitude de proteger-se contra todos os riscos era uma longa tradição da comunidade judaica da Europa central. Não apenas os comerciantes judeus eram tradicionalmente segurados; também as pessoas de baixa renda, alheias à atividade comercial, recorriam a sistemas de seguros em que investiam uma quantidade limitada de dinheiro para que pudessem ter um dote para as filhas que viessem a se casar. Devido a uma legislação *ad hoc*, aparentemente introduzida para agradar as seguradoras que apoiavam o regime nazista, nunca se pagara dinheiro algum pelos acontecimentos da Kristallnacht, quando centenas de comerciantes judeus foram sistematicamente atacados e pilhados por uma multidão nazista.

A leitura dos autos do processo produziu uma reação dúbia. Por um lado, as atrocidades neles descritas clamavam por uma reação, levando o leitor a ficar do lado da vítima. Não obstante, havia ali tantas coisas que pareciam estranhas! Como podia um tribunal norte-americano julgar um caso que citava réus estrangeiros por fatos ocorridos a milhares de quilômetros de distância das fronteiras dos Estados Unidos, há mais de sessenta anos?

Há um princípio compartilhado por vários sistemas jurídicos segundo o qual as ações judiciais estão sujeitas aos chamados "prazos prescricionais". Isso significa que, se uma ação não for iniciada dentro de determinado período de tempo depois do delito, não poderá mais ser impetrada e, com isso, perder-se-á o direito à reparação legal. Esse período de tempo em geral é inferior a dez anos e em raras circunstâncias chega ao dobro disso, mas jamais a sessenta anos! Os fundamentos lógicos da norma de prescrição são muito claros e perfeitamente compreendidos por qualquer aluno. Para começar, os litigantes não devem "deixar para amanhã" a luta por seus direitos (*dormientibus non succurrit jus* – o direito não socorre os que dormem). Em segundo lugar, os tribunais não são instâncias para o julgamento da história. Depois de tanto tempo, as testemunhas podem estar mortas, provas podem estar perdidas ou ter sido destruídas, e a lembrança dos fatos já não estará tão clara.

Os tribunais não sofrem apenas restrições de tempo, mas também de espaço. Na terminologia dos advogados, eles precisam ter "jurisdição", competência. Essa noção, que dá tanta dor de cabeça aos estudantes, é de extrema complexidade na prática, mas relativamente simples em seus princípios e fundamentos lógicos. Para começar, os tribunais devem ter algum "contato" com o caso que têm em mãos. Os fatos, por exemplo, devem ter ocorrido, ao menos em parte, nos limites territoriais presididos por determinado tribunal. A competência também se fundamenta em noções de justiça para com o réu. Embora seja possível processá-lo em "seu" tribunal – por exemplo, no lugar onde ele mora –, em geral não se considera justo que o requerente só precise atravessar uma rua para chegar ao tribunal onde pretende processar alguém que vive muito longe. O réu, inocente até prova em contrário, não deve ser obrigado a percorrer longas distâncias para se defender.

Na ação contra a seguradora italiana, o processo seria aberto contra uma ré com domicílio a milhares de quilômetros, os fatos não diziam absolutamente respeito algum à Califórnia e os acontecimentos já estavam muito distantes no tempo. Não obstante, a probabilidade de um tribunal dos Estados Unidos poder julgar o caso estava clara tanto para os litigantes quanto para os advogados norte-americanos da ré. O que determinava tal possibilidade?

A reunião com os advogados ocorreu nos luxuosos escritórios de algo que parecia ser um importante escritório de advocacia especializado em grandes ações coletivas. Para um advogado europeu, eram surpreendentes tanto o alto grau de especialização da advocacia norte-americana quanto os lucros desproporcionais que podem ser auferidos pelo advogado que representa um querelante nos Estados Unidos e que obtém vitória ou acordo em ações coletivas. Na sala de espera, onde um café foi imediatamente servido, havia um folheto descrevendo o envolvimento da firma, surgida não fazia muito tempo, com todos os processos espetaculares do momento, sobre questões que iam do amianto ao tabaco. O simples fato de estar sentado ali criava uma aura de poder, algo que ia aos poucos levando a pessoa a se esquecer das questões de competência judicial e prescrição há pouco descritas. Existia uma clara sensação de que, em uma organização com tamanha eficiência, as questões de justiça, substantiva ou procedimental, soariam quase como coisas obsoletas. Uma organização dessas deveria ser capaz de atrair qualquer réu possível nos Estados Unidos. Ao contratar qualquer tipo de especialista – de advogados estrangeiros a historiadores – e pagar-lhe honorários tão tentadores, uma organização dessas certamente podia convencer qualquer juiz de que o processo contencioso norte-americano conseguiria trazer à tona qualquer verdade, pouco importando há quanto tempo e a que distância haviam acontecido os fatos. Os tribunais americanos, os foros onde uma advocacia organizada com tanta eficiência travaria uma batalha em busca da "verdade", precisam ser, quase naturalmente, os tomadores de decisões "globais". Como se havia chegado a esse ponto?

A história dos tribunais como órgãos hegemônicos da ordem jurídica global começa a desenvolver-se a partir da Segunda Guerra Mundial e atinge seu ponto máximo na teoria do Direito pós-Guerra Fria. O Holocausto desempenhou um papel direto nessas duas fases[17]. Na sequência imediata da Segunda Guerra, o tribunal de Nuremberg (que julgou e condenou alguns oficiais nazistas por crimes contra a humanidade) plantou as sementes de

---

[17] Ver Michael J. Bazyler, *Holocaust Justice*, Nova York: New York University Press, 2003.

uma ideia de legalidade internacional baseada nos tribunais, em um espírito de fé no Judiciário e com o objetivo de explicar por que os sistemas jurídicos da Europa continental tinham sido incapazes de organizar qualquer resistência contra o poder autoritário do Estado fascista. Embora a concepção de direitos humanos universais, passíveis de aplicação por tribunais, tenha, sem dúvida, suas raízes nos julgamentos de Nuremberg, a ideia de que o sistema nacional de tribunais norte-americanos possa desempenhar esse papel em âmbito mundial surgiu nos Estados Unidos pós-Guerra Fria. Os processos judiciais associados ao Holocausto constituem sua essência[18].

O litígio de Direito securitário discutido no escritório de advocacia de San Francisco era apenas mais um dentre muitos processos ajuizados em tribunais estaduais e federais dos Estados Unidos a propósito de algo que ficou conhecido como "Reivindicações do Holocausto". Nessas questões relativas a fatos associados à Segunda Guerra Mundial, os litigantes afirmam que os delitos alegados – que incluem contas bancárias secretas, confisco de bens, pilhagem de obras de arte, apólices de seguros – serão mais bem julgados em tribunais dos Estados Unidos, porque os diversos mecanismos processuais do sistema judicial norte-americano permitem uma resolução eficiente das pretensões. Como ficou claro, o que se esperava do "especialista italiano" era que comprovasse essa alegação de eficiência comparativa e demonstrasse que, naquele caso, o sistema jurídico italiano não teria condições de fazer justiça.

Cada caso gira em torno de histórias relatadas por litigantes ainda vivos, sobre eles mesmos, sobre amigos ou familiares, ou

---

[18] A seção seguinte tem por base um texto de Ugo Mattei & Jeffrey Lena, "U.S. jurisdiction over conflicts arising outside of the United States: some hegemonic implications", *Hastings International and Comparative Law Review* 381, 2001, p. 24; e *Global Jurist Topics*, 201, disponível em www.bepress.com.

dizem respeito à sujeição aos horrores nazistas durante a guerra (queixas sobre bens saqueados e trabalho escravo) ou à negativa inescrupulosa de acesso a seus direitos legais depois da guerra (queixas sobre seguros e contas bancárias). Comissões foram criadas e financiadas (Bergier na Suíça, Matteoli na França, Eizenstat nos Estados Unidos) para tratar essas questões mesmo sem interferência das partes interessadas. A atividade jurídica não se restringe ao teatro de operações europeu durante a Segunda Guerra. Também há reivindicações protocoladas em tribunais dos Estados Unidos, tanto por norte-americanos quanto por estrangeiros, a respeito de trabalhos forçados e escravidão sexual impostos pelos japoneses no teatro de guerra do Pacífico.

A apropriação do Direito internacional pelo Direito norte-americano

Para compreender a pretensão dos tribunais norte-americanos de serem mediadores globais, é preciso proceder a um exame do Direito norte-americano. A hegemonia é, em última análise, uma autoafirmação de poder, de modo que seria ingênuo examinar as fontes globais que a estabeleceram. A Constituição dos Estados Unidos, redigida em 1787, reflete as crenças do direito natural que predominavam na teoria do Direito do século XVIII. Um princípio fundamental dessa crença é o reconhecimento, a preservação e a defesa dos direitos individuais, tanto nos Estados Unidos quanto em qualquer outra parte do mundo. Os patriarcas e a primeira geração que os seguiu consolidaram essa crença, em parte pela ideia de que o Direito internacional podia ser visto como um sistema consuetudinário de proteção desses direitos. Isso se refletiu no artigo 3º da própria Constituição, amplamente interpretado de modo que reservasse ao Judiciário federal a competência sobre ações de Direito internacional baseadas não só em tratados, mas também no Direito consuetudinário. O Congresso expandiu a jurisdição para os tribunais federais do país por meio de grande número de leis, inclusive da chamada Lei das Ações de Responsabilidade Civil Movidas por Estrangeiros (Alien Tort Claims Act), no final do século XVIII, atualmente muito usada para atrair casos internacionais para os Estados Unidos.

As origens dessa lei permanecem um tanto obscuras, e ninguém a usou durante quase dois séculos. De repente, porém, ela surgiu com muita força no caso *Filartiga vs. Pena-Irala*, 630 F.2d 876 (2º Circuito 1980), em que o tribunal considerou que o suposto delito em questão – a tortura de um cidadão paraguaio por um militar paraguaio – violava o "direito das gentes" e que, de acordo com o artigo 3º da Constituição norte-americana, esse direito fora diretamente incorporado pelo *common law* federal. Afirmava-se, portanto, o potencial embrionário, porém muito claro, de que os tribunais norte-americanos podiam julgar delitos praticados em qualquer parte do mundo e, desse modo, proteger os direitos naturais do indivíduo. Essas violações dos direitos naturais em conflito com normas claramente estabelecidas do Direito internacional podem ocorrer, e de fato ocorrem, no mundo todo, transformando, em teoria, os Estados Unidos em um foro de todas as reclamações mundiais.

A partir de 1996, a grande explosão de litígios relativos ao Holocausto deu visibilidade mundial a esse fenômeno[19]. Na verdade, muitos advogados europeus que representam grande número de empresas sediadas na Europa, muito ativas nas áreas de seguros, bancos e indústrias, ou mesmo entidades estatais euro-

---

[19] Ver Michael J. Bazyler, "Nuremberg in America: litigating the Holocaust in United States courts", *University of Richmond Law Review* 34, 2000, p. 1. Esse mega--artigo de 283 páginas apresenta em detalhes os diferentes casos sobre o Holocausto, embora o faça claramente a partir do ponto de vista dos querelantes.

peias (Áustria, Vaticano etc.), processadas nos Estados Unidos, estão atualmente envolvidos em algum tipo de litígio nas costas leste e oeste desse país, com centenas de reivindicações baseadas em fatos ocorridos mais de meio século atrás. Para os Estados Unidos, devido à distância do Holocausto no tempo e no espaço e à natureza das regras que tratam da discussão judicial de atos praticados em outros países, ao abrigo de leis e diretrizes políticas estrangeiras, os litígios do Holocausto constituem o episódio mais extremo e emblemático de uma tendência mundial nos litígios internacionais, nos quais os tribunais norte-americanos posicionam-se como juízes *de facto* da história mundial. Há que se recorrer a algumas explicações para saber como isso é possível.

A postura dos tribunais norte-americanos é atualmente malvista como um grande fenômeno de imperialismo jurídico, devido à maneira como esse país impõe seus padrões não apenas de direito substantivo (que, pelo menos a propósito desses acontecimentos horrendos, são em grande parte compartilhados por todas as nações do mundo), mas também de direito processual e de cultura jurídica. Como paradoxo, enquanto oferecem remédios jurídicos contra episódios extremos de pilhagem histórica, os tribunais norte-americanos desempenham importante papel na construção da hegemonia jurídica de seu país (difundida globalmente como o projeto reativo) que legaliza a pilhagem atual.

Muitos fatores técnicos explicam a razão pela qual os tribunais dos Estados Unidos atraem autores e réus estrangeiros para litigar no país. Tendo em vista que esses fatores explicam bem o modo como a noção norte-americana de Estado de Direito transformou-se em uma concepção global, cabe aqui uma breve descrição deles.

Já nas etapas iniciais de uma ação judicial, os litigantes pedem ao tribunal que lhes faculte o que nos Estados Unidos se chama *discovery*. No jargão dos advogados, isso significa a atividade judicialmente supervisionada por meio da qual eles podem obter informações da parte contrária. A *discovery* ou "produção antecipada de provas" inclui a coleta de documentos, inclusive os que tiveram importância muito tempo atrás, e de interrogatórios (feitos por advogados agressivos) das partes e suas testemunhas, que são obrigadas a responder. O enorme alcance da produção antecipada de provas norte-americana é um dos fatores mais importantes que explicam a atual hegemonia do Direito dos Estados Unidos nos litígios mundiais. Esse procedimento, com frequência interpretado pelos réus como uma busca injusta de informações que possam favorecer a acusação, não costuma ser visto com bons olhos fora dessa nação, pois é invasivo e incompatível, na prática, com a presunção de inocência. Sob esse ponto de vista, o procedimento à maneira norte-americana revela a hipocrisia de um sistema que, apesar de alardear no exterior a presunção de inocência como um dos aspectos fundamentais do Estado de Direito, deixa os réus (tanto civis quanto penais) em seus tribunais à mercê do poder esmagador de seus oponentes. Nesse modelo de confrontação das partes, só os réus ricos e poderosos têm de fato condições de se defender dos promotores públicos ou dos escritórios que representam litigantes poderosos, "investindo" dinheiro suficiente no trabalho desses profissionais. Contudo, mesmo que provem sua inocência, nunca recuperarão o dinheiro investido e, se culpados, porém ricos, poderão gastar mais que os autores e ganhar a causa: um "mercado de justiça" extremamente propício à legalização da pilhagem corporativa.

Esse fator econômico explica, por si só, por que motivo os réus estrangeiros sem recursos (por exemplo, supostos torturadores latino-americanos ou africanos) quase sempre são condenados à revelia nos tribunais dos Estados Unidos, ao mesmo tempo que as empresas endinheiradas conseguem resistir. Os casos do primeiro tipo, objeto de intensa propaganda, fortalecem o movimento em defesa dos direitos humanos internacionais e da exportação, pelas ONGs, das concepções norte-americanas sobre o Estado de Direito; os do segundo tipo abrem as portas para a legalização da pilhagem. Uma vez mais, pilhagem e Estado de Direito caminham de mãos dadas, tendo em vista a manutenção desse *status quo* hegemônico que tem por base o prestígio do Judiciário dos Estados Unidos.

Já a partir de sua fase inicial, o litígio internacional travado em um juízo norte-americano é complexo, demorado e muito caro. Por exemplo, em um litígio internacional complexo sobre questões de Direito estrangeiro, pode-se convocar um grupo relativamente grande de peritos judiciais. Além da obrigatoriedade de as questões de Direito serem tratadas em pareceres técnicos, as questões de fato, que também devem ser do conhecimento do tribunal, podem requerer pareceres dispendiosos (historiadores, banqueiros e especialistas em práticas comerciais, por exemplo, costumam ser contratados e pagos). Além disso, os advogados precisam assimilar em profundidade as implicações que o Direito estrangeiro pode ter para o caso, além de estar preparados para defender sua causa por meio de petições escritas ou de sustentação oral perante o tribunal. Uma vez que cada questão de Direito é objeto de instrução detalhada – que, nos casos importantes, exige ampla pesquisa de jurisprudência em busca de precedentes favoráveis –, emprega-se grande número de advogados de diferentes especialidades, com honorários que em geral vão de 200 a 500 dólares por hora. Não é exagero imaginar que até mesmo a defesa contra uma acusação totalmente espúria, que envolva um complicado processo judicial internacional nos Estados Unidos, pode custar a um réu não menos de 1 milhão de dólares por ano. Esse fator – o alto custo do processo – explica, em grande medida, o elevado índice de acordos extrajudiciais.

Existem outras dificuldades, além da produção antecipada de provas, de modo que os processos nos tribunais norte-americanos impõem pesados custos e, às vezes, pressões injustas a réus que talvez sejam inocentes. Para começar, o sistema de remuneração advocatícia, pelo menos nos casos de responsabilidade civil, é muito atraente para os litigantes e seus advogados, conforme o testemunha a impressionante riqueza das bancas contratadas pelos litigantes. Em geral, esses profissionais são remunerados por contratos de honorários advocatícios cotalícios, o que significa que só serão pagos em caso de vitória, quando então receberão uma porcentagem substancial dos proventos da causa em demanda (em geral, mais de 30 por cento). Por outro lado, os advogados de defesa costumam ser pagos por hora, o que é menos lucrativo, em comparação com os casos de litigantes que se dão bem, mas representa uma forma mais segura de remuneração. Para o querelante, como a "classe" de sobreviventes do Holocausto no caso de San Francisco, o processo em um tribunal norte-americano é um empreendimento "sem risco, sem adiantamento de dinheiro". Isso seria simplesmente impossível em qualquer outra jurisdição, devido a restrições à legalidade dos contratos de honorários advocatícios cotalícios. Os sistemas jurídicos diferentes daqueles em vigência nos Estados Unidos temem o espírito empresarial dos advogados e, por esse motivo, tentam limitar a possibilidade de que eles se organizem como uma "empresa comercial", investindo dinheiro em um litígio na expectativa de obter ganhos substanciais.

O direito de responsabilidade civil nos Estados Unidos também é tradicionalmente cordial com as vítimas, tendo desenvolvido algumas doutrinas para ampliar a responsabilidade dos processados pelos danos. Um bom exemplo disso talvez seja a chamada "responsabilidade civil atrelada à participação no mercado", empregada pela primeira vez em ações coletivas contra a indústria farmacêutica. De acordo com essa doutrina, na impossibilidade de afirmar qual fabricante provocou o dano, a responsabilidade deve ser assumida pelas diversas empresas, em porcentagens correspondentes à participação de cada qual no mercado. Outra característica que atrai os litigantes é a possibilidade da indenização punitiva*, o que dá aos indivíduos lesados e a seus advogados a esperança de ganhar uma quantidade imensa de dinheiro. Em terceiro lugar, há o uso do júri para determinar responsabilidades e indenização. Por último – e talvez a vantagem mais óbvia –, o instrumento da ação coletiva em si, que permite que litigantes "representativos" movam a ação em nome de uma "classe de litigantes" formada por vítimas anônimas do mesmo dano, constitui um dos mais poderosos atrativos de um foro norte-americano.

Às vezes, o litígio nos Estados Unidos é o único meio disponível para a reivindicação de direitos. E essa é, na verdade, uma das mais fortes explicações retóricas da hegemonia do Direito norte-americano no contexto internacional. A ação coletiva é um mecanismo técnico que permite que os interesses de um número

---

* Os danos punitivos – ou indenização punitiva (*punitive damages*) – são instituto de responsabilidade civil típico do Direito norte-americano. Nos Estados Unidos, o culpado além de ser condenado a reparar o dano material ou moral, como acontece no sistema brasileiro, pode receber, de acordo com o caso concreto, uma "punição civil", instituto que permite ao juiz elevar o valor da condenação. Estas indenizações, em geral fundadas em danos decorrentes das relações de consumo, têm a finalidade de punir de modo exemplar o culpado para que não cometa o mesmo erro de novo (*exemplary damages*). Em alguns casos, tribunais norte-americanos foram acusados de exagerar nessas cifras, tanto que já se criou uma espécie de "Oscar" das indenizações bizarras, denominado Stella Awards – em "homenagem" a Stella Liebeck, uma senhora que ganhou indenização altíssima da rede McDonalds por ter queimado os lábios em uma xícara de café. No Direito brasileiro, o consenso dominante vê como ilegal a utilização da responsabilidade civil com caráter punitivo. O reflexo disso é que, em regra, aplicam-se valores bastante tímidos em ações de indenização (material e/ou moral). (N. do R. T.)

relativamente pequeno de indivíduos, que jamais teriam como custear um processo, se juntem e, assim, constituam um grande e estruturado interesse, forte o bastante para atrair advogados para a defesa de suas causas. Invariavelmente, a estratégia vencedora para convencer os juízes norte-americanos a reconhecer a própria competência consiste em mostrar como o interesse em litígio, em forma de ação coletiva nos Estados Unidos, jamais teria acesso a qualquer outro tribunal do planeta, devido à "falta" do Estado de Direito no exterior. É importante assinalar que esses aspectos do processo judicial norte-americano, conhecidos inclusive pelo grande público do país, são os únicos que não são compartilhados por nenhum outro sistema jurídico do mundo. O resultado geral é a migração para o país de grandes litígios internacionais, o que leva muitos profissionais do Direito norte-americano à crença de que são os únicos a atuar dentro de um sistema "verdadeiro" de Estado de Direito.

Na banca de San Francisco, por exemplo, ficou claro que o especialista italiano precisava declarar, sob pena de estar cometendo perjúrio, que o sistema jurídico da Itália era desarticulado; que, devido à "falta" de ações coletivas e de uma forte classe de advogados de litigantes, teria sido impossível defender os direitos das vítimas do Holocausto; e que, de qualquer maneira, tendo em vista a inexistência do instituto da indenização punitiva, teria sido inútil intentar a ação por responsabilidade política naquele país. Sem dúvida, já se dispunha de uma declaração totalmente diferente de outro professor italiano, sustentando que um tribunal italiano seria o foro mais apropriado para decidir essas questões, devido ao alto nível da civilização jurídica italiana e ao excepcional desenvolvimento do Estado de Direito na Itália. Como costuma acontecer, tratou-se de uma "briga de assassinos de aluguel", a perfeita tradução, para a linguagem jurídica, do "mercado de justiça" que produz "eficiência", essa coisa tão cantada em prosa e verso por boa parte da literatura econômico-jurídica.

Devido à força de atração que os tribunais norte-americanos exercem sobre os litigantes em nível internacional, e por conta da tradicional relutância desses tribunais (motivados pela retórica dos direitos humanos internacionais e por concepções de Estado de Direito) em abrir mão de sua jurisdição em favor de tribunais estrangeiros, um fenômeno muito interessante pode ser percebido. Conceitos e concepções intrinsecamente norte-americanos tornam-se parte do vocabulário e da cultura comuns à prática jurídica, até mesmo entre operadores do Direito de outros países com sistema legal diferente, fortalecendo ainda mais a advocacia dos Estados Unidos em âmbito global.

Por exemplo, quando se pede a um tribunal de qualquer lugar para decidir questões ocorridas em países estrangeiros, ou que tenham "contatos" com um sistema jurídico estrangeiro, coloca-se a questão sobre qual direito deverá ser aplicado. Essa área bastante complexa do Direito é chamada de "conflito de leis" ou "Direito internacional privado". Por trás disso há a ideia de que, embora o julgamento ocorra depois do fato, os tribunais devem, ainda assim, decidir sobre a legalidade ou ilegalidade de determinada atividade no momento em que ela se realizou, de acordo com as leis que vigoram no lugar onde aconteceu. Um exemplo simples: embora dirigir do lado esquerdo da rua constitua uma imprudência nos Estados Unidos, na Inglaterra trata-se de algo perfeitamente legal. Por conseguinte, se um tribunal dos Estados Unidos for chamado a julgar um acidente de carro envolvendo um motorista norte-americano em férias na Inglaterra, para esse tribunal, o fato de dirigir pela esquerda – que é ilegal para as leis estadunidenses – terá de ser considerado perfeitamente legal. Uma vez mais, enquanto os fundamentos lógicos são simples, os detalhes dessa área do Direito são de uma complexidade desconcertante. A escolha do Direito substantivo a ser aplicado em um litígio é fator crucial para decidir onde terá lugar o processo, porque, devido à diversidade jurídica, um réu poderia ser inocente para uma modalidade de Direito e culpado para outra. As regras norte-americanas para a escolha da legislação aplicável são consideradas muito avançadas e os advogados dos Estados Unidos são considerados mestres mundiais no campo do Direito internacional privado, pois a questão da escolha da legislação aplicável sempre foi parte integrante da prática cotidiana do Direito em um sistema federal. O sistema norte-americano de conflito de leis baseia-se na ideia fundamental de que, por seu contato mais intenso com os fatos em debate, o sistema jurídico de cada estado deve prevalecer. Contudo, também é muito sensível à ideia de que as semelhanças entre os sistemas jurídicos devem ser exploradas de modo que se leve em consideração uma ideia de economia judicial. Em consequência, um traço funcionalista muito forte sugere que não devemos insistir em esquadrinhar os fundamentos do Direito estrangeiro quando os resultados de sua aplicação não se mostram tão diferentes dos que seriam obtidos pela aplicação do Direito norte-americano. Os alunos de Direito de outros países não estudam de modo sistemático essa área do Direito. O curso sobre conflitos de leis não é obrigatório, como ocorre nas faculdades de Direito dos Estados Unidos, e muitos advogados não têm familiaridade com o tema, o que significa mais poder, no cenário global, para aqueles com formação nesse país.

Fortalecidos por esses diferentes fatores, o Estado de Direito à maneira norte-americana foi aos poucos transformado em um Estado de Direito internacional, e os advogados que atuam em grandes bancas nos Estados Unidos quase sempre desempenham papel central em grandes empreendimentos neoliberais globais que equivalem à pilhagem. Por exemplo, o oleoduto do Mar Cáspio, que atravessa o Azerbaijão, a Geórgia e a Turquia ao longo de milhares de quilômetros, estabelece novos direitos de soberania a um consórcio empresarial liderado pela British Petroleum, demonstrando, na prática, as excepcionais habilidades globais dos advogados norte-americanos em prever, em âmbito mundial, qualquer consequência jurídica futura que possa sobrevir à transação. Esse negócio bilionário foi quase em sua totalidade intermediado por escritórios de advocacia norte-americanos, representando todos os interesses em questão, inclusive os dos outros países. Ao fazê-los renunciar expressamente à imunidade soberana, os tribunais norte-americanos garantiram sua jurisdição contra litigantes estrangeiros potenciais caso surgisse algum problema. Os termos desse acordo, tanto no nível contratual quanto no dos convênios entre Estados, tornam impossível, do ponto de vista constitucional, que governos futuros dos países participantes possam rescindi-los, ao mesmo tempo que conferem a esse consórcio liderado pela indústria petrolífera o poder de revogar suas obrigações mediante notificação de apenas seis meses de antecedência.

Sob a vigência desse recém-nascido "Direito internacional ao livre escoamento da produção de petróleo", um aspecto fundamental da soberania – aquele da "apropriação de domínio iminente" – foi assegurado ao consórcio em uma faixa de terra de milhares de quilômetros de extensão, por quase 20 quilômetros de largura, que vai de Baku à costa turca. É evidente que essa privatização forçada equivale à pilhagem legal das terras das comunidades locais desvalidas que vivem nas imediações do oleoduto, para não mencionar os graves problemas ambientais e de direitos humanos. Esse contrato de corretagem legalizado, no mais puro estilo dos escritórios de advocacia norte-americanos, preparou o terreno para grandes contratos de aplicação do Direito empresarial (à atividade de mercenários) ao longo do oleoduto, em um renovado empenho comercial em benefício da indústria de armamentos, já muito ativa nessa área na qual pelo menos seis guerras civis foram fomentadas durante a preparação do projeto do oleoduto: pilhagem[20].

O poder econômico e os tribunais dos Estados Unidos como agentes imperiais

Apesar de ser às vezes apresentado, por razões estratégicas, como semelhante à maioria dos sistemas jurídicos das "nações civilizadas", a verdade é que o Direito norte-americano é muito diferente de todos os outros. Trata-se do único sistema com ações coletivas*, com júris civis**, com honorários advocatícios cotalícios***, com organização judiciária dúplice (federal e esta-

---

[20] Ver A. Reyes, "Protecting the freedom of transit of petroleum: transnational lawyers making (un)international law in the Caspian", *Berkeley Journal of International Law* 24, 2007, pp. 842-80.

* Embora diversos países tenham um sistema de ação coletiva, como o Brasil, a *class action* norte-americana possui um alcance e abrangência maiores, em especial no tocante ao direito do consumidor. Isto porque o sistema da *class action* permite que o prejuízo que uma empresa cause a seus consumidores ou empregados transforme-se em "negócio" pelos grandes escritórios de advocacia, uma vez que nos Estados Unidos qualquer advogado pode propor ação para proteção de interesses transindividuais. No Brasil, a proteção processual de uma das espécies de direitos transindividuais, os chamados "individuais homogêneos" (tipicamente de consumidores), depende da prévia existência de uma associação com finalidade específica de proteção do consumidor atingido. Por isso, um advogado qualquer e o Ministério Público não podem ajuizar ações desta natureza – o que é admissível no sistema norte-americano. (N. do R. T.)

** A instituição do Tribunal do Júri, no Brasil, tem aplicabilidade restrita aos crimes dolosos contra a vida (art. 5º, XXXVIII, *d*, da Constituição Federal), não se admitindo o julgamento popular em ações civis. (N. do R. T.)

*** No Brasil, embora lícitos, os honorários cotalícios (em que o advogado somente recebe em caso de sucesso na demanda, no chamado pacto *quota litis*) não são bem vistos, exatamente por se entender que o advogado não deve se "associar" ao cliente. (N. do R. T.)

dual)* e onde o curso de Direito é dado em nível de pós-graduação – para ficarmos apenas em algumas de suas características. É praticamente o único sistema a adotar os chamados danos punitivos no âmbito da responsabilidade civil e a pena de morte, além de conceder enorme poder político à Suprema Corte. Com exceção da Somália, é o único país que não ratificou a Convenção Internacional dos Direitos das Crianças. Portanto, o conceito norte-americano de Estado de Direito deve ser visto como uma anomalia no Direito ocidental.

De particular interesse para nossos propósitos, convém assinalar que a complexa atividade litigiosa dos Estados Unidos na arena do Direito internacional constitui algo tão distante dos padrões da maioria das jurisdições de outros países que é muito improvável que qualquer tribunal do mundo reconheça a maioria dos processos abertos nesse país contra réus de outras nacionalidades, por fatos ocorridos no exterior. Por que motivo, então, tantos réus preferem ser julgados nos Estados Unidos?

O motivo principal diz respeito ao poder econômico. No mundo globalizado, muitos réus possuem bens consideráveis no país e querem tirar proveito de oportunidades de negócios nele. Em alguns casos, portanto, a jurisdição dos tribunais norte-americanos é, em certo sentido, "voluntariamente" aceita pelos réus por razões econômicas, quando não jurídicas. Se o Lesoto ou a Colômbia usassem o mesmo sistema jurídico vigente nos Estados

---

* O sistema judiciário brasileiro também é formado por duas justiças comuns, a federal e a estadual. No entanto, há uma diferença crucial: não há aqui regras de competência concorrente. Assim, nosso sistema jurisdicional não admite que as partes levem uma causa para um estado em que as leis sejam mais benéficas para um dos litigantes. Por outro lado, nosso ordenamento jurídico é preponderantemente federal, o que implica pouca relevância, para a maioria absoluta dos casos, do fato de um processo ser ajuizado em um ou outro estado da União. Já nos Estados Unidos, a legislação estadual prepondera, e o que é lícito em um estado-membro pode ser considerado ilícito em outro. (N. do R. T.)

Unidos, aos negócios transnacionais não pareceria vantajoso defender-se ali.

Como já afirmamos, a reação às práticas hegemônicas tem o potencial de tornar-se contra-hegemônica. Na verdade, esses usos do sistema jurídico nos Estados Unidos atuais são abundantes. As práticas de trabalho injustas no exterior, em estabelecimentos comerciais escravizantes aos quais a grande indústria internacional terceiriza sua produção, bem como as questões ambientais que preocupam a humanidade, são com frequência atraídas pelo sistema jurídico norte-americano, graças à atuação *pro bono* de tantos grupos de ativistas sociais. Não obstante, essa louvável atividade, sem dúvida realizada por motivações de justiça, acaba por enfatizar com mais força ainda a ideia de que os tribunais dos Estados Unidos são os mediadores naturais e efetivos dos agravos mundiais e podem servir de alternativa à luta política e às atividades revolucionárias que têm por objetivo criar um mundo melhor. É muito improvável que um Poder Judiciário intrinsecamente conservador venha a ter uma atuação voltada para fins progressistas[21]. Os tribunais norte-americanos podem acabar se convertendo em órgãos de supervisão de governos estrangeiros, mantendo-os presos a modelos muito diferentes daqueles que praticam em casa[22].

É preciso admitir, porém, que em nenhuma parte do mundo os tribunais são órgãos tão eficazes de aplicação de direitos quanto nos Estados Unidos. A maioria dos sistemas jurídicos tende a evitar a arbitragem privada para lidar com questões de interesse

---

[21] Essa questão será abordada adiante, no Capítulo 7.
[22] A partir de uma perspectiva europeia, o histórico norte-americano de direitos humanos é bastante pobre. A pena de morte e a prisão de Guantánamo são ícones dessa postura de dois pesos e duas medidas. Além disso, a saga da recontagem dos votos na Flórida torna difícil acreditar que os observadores norte-americanos possam pleitear a realização de eleições justas em qualquer parte do mundo.

público. O Direito público e a regulamentação administrativa, fortalecidos de maneira proativa por ministérios e outros órgãos e agências administrativos, são usados, por exemplo, para impedir a disseminação de produtos potencialmente perigosos, como medicamentos ou organismos geneticamente modificados, por entenderem que os indivíduos prejudicados têm a possibilidade de ser indenizados pelo setor privado. Em tempos de imposição internacional de políticas de privatização neoliberal, o financiamento apropriado desses órgãos públicos pelos governos nacionais é "estruturalmente proibido". Por conseguinte, os modelos alternativos de reação à pilhagem, de natureza judicial, ou de natureza privada, como órgãos de proteção proativa de direitos individuais "de interesse público", tornam-se simplesmente inviáveis.

Tendo em vista que os tribunais se sobrepõem ao setor privado, a privatização dos interesses públicos, como assistência médica, previdência social e sistemas de transportes, amplia a esfera de ação dos tribunais. O resultado é que a atividade administrativa direta e proativa, regida pelo Direito público e por instituições financiadas pelo setor público, se retrai diante do Direito privado e de sua filosofia reativa, de viés predominantemente econômico.

Quando, durante o processo de privatização/corporatização, a responsabilidade é transferida de um sistema de administração pública, regido pela lógica da regulamentação *ex ante*, para o sistema privado, regido pela lógica da atividade judicial *ex post*, o papel dos tribunais torna-se crucial para a organização da sociedade. Se eles não forem claros e eficientes em compensar os danos causados por atividades não restritas e supervisionadas *ex ante*, a consequência será a ilegalidade. O que prospera é o domínio do agente mais forte do mercado, pois os órgãos administrativos não o supervisionam (e talvez não o tributem) *ex ante*, tampouco os tribunais fiscalizam sua atividade *ex post*, uma vez ocorrido o dano. É exatamente o que acontece em todas as partes do mundo onde não existem mecanismos eficazes em favor do réu. Por exemplo, a Union Carbide não foi controlada de forma eficiente e supervisionada antes do desastre de Bhopal pelos órgãos indianos de Direito público, que eram ineficazes e irrisoriamente financiados, o que permitiu que um vazamento de gás resultasse em milhares de vítimas. O sistema indiano de atividade judicial tampouco foi capaz de indenizar de modo adequado as vítimas da tragédia. Bhopal é apenas um exemplo de um padrão global muito comum. Em tempos de política neoliberal, em quase toda parte há órgãos administrativos estatais demasiado fracos e mal financiados para detectar e impedir a pilhagem corporativa. Os tribunais são muito fracos e ficam nas mãos de réus muito ricos, capazes de "investir" em litígios, para que possam proteger as vítimas que a pilhagem deixa para trás.

A globalização do Estado de Direito norte-americano e sua filosofia reativa, que na esfera internacional atribui papel mais importante à atividade judicial do que à política ou à administração direta, transforma a periferia (isto é, qualquer outro país, com exceção dos Estados Unidos) no mercado ideal para a pilhagem pelo capital predador internacional. Se o aparelho administrativo dos Estados locais já é por demais desestruturado e mal financiado para poder garantir o comportamento responsável dos agentes econômicos locais, que dizer de sua eficácia contra a pilhagem corporativa internacional? A atividade judicial local também é ineficiente. A conclusão lógica é que o capital empresarial internacional tem um comportamento muito mais cuidadoso nos Estados Unidos do que em outros países. Enquanto, em nível interno, ele sempre pode ser acionado judicialmente e corre sérios riscos de precisar pagar altas indenizações, quando sua atividade abusiva for praticada no exterior a possibilidade de ser acionado se tornará remota por conta de restrições jurisdicionais, limitações de procedimento probatório, ausência de ações coletivas e de punições por decorrência de danos, bem como de uma cultura jurídico-profissional menos agressiva. Qualquer ação intentada será ineficaz, a menos que os tribunais norte-americanos tenham a "generosidade" de lhe dar acolhimento. Assim, a maioria dos litígios transnacionais quase nunca chega ao ponto final de uma decisão sobre as questões substantivas, aquilo que os advogados chamam de "méritos". A verdadeira batalha consiste em saber se os tribunais dos Estados Unidos vão decidir a questão. Seja qual for a procedência dos litigantes, eles tentarão instaurar o processo nesse país. Os réus (em geral, entidades corporativas) vão investir em advogados de alto nível que, por sua vez, tentarão manter o caso bem longe das fronteiras norte-americanas. Uma vez que a questão jurisdicional seja decidida em favor do litigante, é muito comum que se façam acordos, pois a empresa-ré fará o possível para evitar um julgamento nos Estados Unidos. Contudo, se o problema relativo à jurisdição for decidido em favor dos réus empresariais (como o atesta o dramático caso Bhopal), o demandante ficará quase totalmente à mercê do transgressor mais poderoso, o qual talvez pague uma soma irrisória para evitar a publicidade negativa decorrente da percepção pública da pilhagem.

O resultado dessa complexa dinâmica de lei e poder é que fica a critério dos tribunais norte-americanos decidir se querem ou não envolver-se no caso. Eles detêm o poder de intervir, mas fazem-no de modo seletivo por meio de um hábil jogo de "cortesia internacional" (isto é, de respeito pela jurisdição de outro país), quando não lhes interessa oferecer um foro eficaz aos litigantes. Portanto, os tribunais dos Estados Unidos são os verdadeiros soberanos nesse campo em que se decidem os grandes certames jurídicos internacionais. Como resultado, seus advogados, afeitos a esses tribunais, desfrutam de grande vantagem em comparação com seus equivalentes estrangeiros e se tornam, assim, os verdadeiros mestres dos litígios internacionais. Eles não são apenas os falantes nativos da linguagem da prática transnacional, são também os falantes nativos da linguagem jurídica. Suas habilidades como clientes dos foros dos Estados Unidos familiarizam-nos com os tipos de questões que são decisivas nos litígios internacionais, questões com as quais seus equivalentes estrangeiros têm muito menos familiaridade. Isso explica, em grande medida, a difusão mundial das firmas de Direito norte-americanas capazes de oferecer um trabalho "melhor" (e mais caro) do que aquele de seus concorrentes locais.

Assim como, nos tempos coloniais, o Comitê Judicial do Conselho Privado (Committee of the Privy Council) de Londres era o tribunal de última instância para todas as ramificações do império britânico, decidindo até sobre o que pretendia decidir, hoje os tribunais norte-americanos desempenham esse papel no contexto mundial. Assim como, nos tempos coloniais, os advogados ingleses determinavam as práticas a serem adotadas pelas colônias, também hoje o fazem seus sucessores norte-americanos na Europa, na América Latina e no Sudeste asiático. Depois da queda do império britânico, por muito tempo e até bem recentemente, o Conselho Privado manteve jurisdição sobre países distantes como a Austrália, o Canadá e a Nova Zelândia. Isso se deveu, em grande parte, ao prestígio de que o Direito inglês ainda desfrutava entre as ricas elites locais que haviam estudado em Londres. Assim como, nos tempos coloniais, os filhos das elites locais frequentavam as Inns of Court* para obter uma formação jurídica que lhes

---

* As Inns of Court são associações seculares e aristocráticas existentes na Inglaterra (e, mais recentemente, nos Estados Unidos) que congregam operadores do Direito.

permitisse retornar a seus países de origem e se estabelecer neles como advogados de prestígio, também hoje eles afluem para os Estados Unidos, fomentando o negócio dos diplomas de Direito e de outras titulações acadêmicas semelhantes ao alcance dos advogados estrangeiros. As semelhanças continuam a existir.

Dentro da associação, os membros são divididos em três classes, em razão de seu prestígio ou formação acadêmica. Juízes, promotores e advogados participam dessas associações, que oferecem alguns serviços, como hospedagem, pesquisas jurisprudenciais e cursos de especialização (pós-graduação). O ingresso é por indicação ou apadrinhamento e a ascensão às classes mais prestigiosas se dá por eleição ou indicação dos membros da cúpula. (N. do R. T.)

7

HEGEMONIA E PILHAGEM: O DESMONTE DA LEGALIDADE NOS ESTADOS UNIDOS

Os agentes empresariais de mercado e seus aliados políticos vêm modificando com rapidez os aspectos do Estado de Direito que podem desencorajar a pilhagem. A intenção desses agentes é ter controle sobre os pontos centrais do Estado de Direito imperial, garantindo imunidade aos réus empresariais. Esse desejo de criar um "sistema jurídico em sintonia com a pilhagem" explica muitas das alterações recentes no Direito norte-americano, da reforma do Direito de responsabilidade civil à indústria da resolução alternativa de conflitos e a tetos para as punições em decorrência de danos, que os bem remunerados ideólogos do direito imperial anunciam como movimentos voltados para produzir ainda mais "Direito em sintonia com o mercado". Em artigo hoje clássico sobre a análise econômica do Direito, publicado no conceituado periódico *Harvard Law Review*, dois desses ideólogos conservadores, importantes figuras da área, afirmam enfaticamente a ineficácia de punir as grandes empresas pela ocorrência de danos e, ao mesmo tempo, agradecem à Exxon, ré em um multibilionário processo por derramamento de petróleo no Alasca, por seu generoso apoio financeiro![1]

---

[1] Ver A. Mitchell Polinsky-Steven Shavell, "Punitive damages: an economic analysis", *Harvard Law Review* 111, 1998, p. 869.

Estratégias para subordinar o Estado de Direito à pilhagem

A implantação do Estado de Direito sempre apresenta vantagens e desvantagens. Por um lado, os profissionais do Direito – os agentes do Estado de Direito – podem dar legitimidade à pilhagem. Por outro, o Estado de Direito pode se impor de maneira importante, fortalecendo os hipossuficientes, ao proteger seus direitos contra a pilhagem. Nos Estados Unidos, os negócios em grande escala lutam para modificar o Direito (criando o chamado "ambiente favorável ao mercado"), a fim de transformar o país em um lugar de responsabilidade jurídica de baixa intensidade. Para tanto, os agentes empresariais precisam enfraquecer o papel dos tribunais como limitadores potenciais à pilhagem. A ação política corporativa, voltada para a hegemonia do Estado de Direito imperial, assume uma variedade de formas. Algumas das estratégias políticas são mais sutis e difíceis de detectar, explorando a própria necessidade de acesso à justiça que serve de motivação à luta por responsabilidade jurídica. Um movimento já examinado neste livro, a resolução alternativa de conflitos, hoje transformado em uma verdadeira indústria, é um dos componentes dessas estratégias de limitação do Direito, tentando impedir, em última análise, que os litigantes em processos contra a pilhagem façam valer seus direitos.

Às vezes, a ação antidireito é mais explícita, como no caso de boa parte da reformulação do Direito de responsabilidade civil – veja-se o que ocorreu mais recentemente no Texas –, em que as indenizações punitivas e outros aspectos cruciais da estrutura do sistema de justiça civil foram mutilados devido à cooptação do processo político. Sem dúvida, mesmo em casos assim, a pilhagem não é uma força transparente por trás das mudanças jurídicas, e as reformas defendidas sempre se fazem acompanhar por grande número de estratégias ideológicas. Portanto, a ideologia cria diferentes razões de "boa política", raramente sustentadas por dados empíricos virtuosos, como as restrições impostas à "voracidade" dos advogados dos litigantes (classificados como uma classe de parasitas) ou aos prêmios de seguros que obrigam os médicos a praticar a "medicina defensiva", tudo parte da ideia mais ampla de criar um sistema jurídico "favorável ao mercado", que, na verdade, bem se poderia considerar "favorável à pilhagem".

Exatamente porque os tribunais não dispõem de poder sobre o orçamento público e sobre a partilha de recursos financeiros, não sendo, portanto, órgãos de distribuição de riqueza, explica-se seu sucesso mundial como instituições reativas (ver Capítulo 6), mas também é fato que, nos tribunais em que seja vigente o sistema de confrontação das partes, como os do *common law*, podem-se defender os direitos dos fracos perante os fortes. Desse modo, as Cortes desempenham, ainda que com limites, um papel distributivo baseado em concepções de justiça. É o caso dos tribunais que garantem direitos aos empregados demitidos injustamente, ou que defendem os direitos de consumidores contra agentes empresariais ou os direitos de vítimas de acidentes contra empresas de seguros. Todas essas decisões são constrangedoras para os agentes empresariais porque, quando os mecanismos de reparação são eficazes, eles podem ter grandemente reduzidos seus lucros obtidos com a pilhagem.

As estratégias corporativas para evitar esses riscos potenciais podem variar em lisura, eficiência e sutileza. Dentre essas estratégias, devemos pelo menos mencionar o patrocínio da cruzada acadêmica em favor da eficiência na atividade judicial (ver Capítulo 4), argumentando que a justiça distributiva deve ser da competência da tributação, e não da atividade judicial (com isso, a tributação fica de modo intrínseco reduzida à condição de ganho político no curto prazo, de modo que, uma vez atendido o aparelho militar, não há mais dinheiro a ser distribuído para fins de bem-estar social). A indicação de juízes sintonizados com os negócios para a magistratura (em geral, versados na análise econômica do Direito) seria mais uma dessas estratégias. Nas décadas de neoliberalismo, muitas delas foram reforçadas de modo uniforme e gradual, às vezes contrariadas, mas nunca de modo firme e categórico.

Uma opção mais radical e subversiva da ordem constitucional estabelecida é o uso de seguidores políticos para um ataque frontal à legitimidade do braço judicial do governo. Esses ataques também assumem uma variedade de formas. A mais evidente consiste em limitar a jurisdição ou o prestígio dos tribunais, de modo que os potenciais usuários do sistema jurídico não tenham acesso a eles ou simplesmente não abram processo contra ninguém, movidos pelo sentimento de desesperança criado por um padrão de comportamento judicial reacionário. Ambos os padrões têm uma antiga linhagem na tradição jurídica ocidental. O primeiro deles é endêmico ao desenvolvimento do sistema jurídico inglês, no qual a luta, no século XVI, entre a Coroa e o Parlamento quase sempre tinha por estratégia o afrouxamento da jurisdição dos tribunais do *common law*, poderosos aliados do Parlamento. O segundo padrão é bem conhecido nos Estados Unidos, onde os tribunais, com frequência nas mãos de juízes reacionários, engajaram-se abertamente em uma política repressiva e, com isso, perderam prestígio. Basta pensar em casos como *Dred Scott*, no período anterior à Guerra de Secessão, em que a Suprema Corte negou a condição humana dos escravos; ou no caso *Korematsu*, em que ela aprovou o plano e as práticas do confinamento de norte-americanos de ascendência japonesa em campos de concentração na Califórnia. Contudo, mesmo sem levar em conta esses episódios extremos, sabe-se que há forte pressão para indicar aliados políticos do poder empresarial para o Judiciário.

Na tradição do *common law*, em que os juízes são os agentes profissionais mais poderosos, os ataques frontais a seu papel podem ser menos comuns (nos Estados Unidos, os movimentos pela reforma do Direito de responsabilidade civil são mais comuns, inclusive nos últimos tempos). Na Itália, por exemplo, o ex-primeiro-ministro conservador (e réu habitual em processos criminais) Silvio Berlusconi provocou grande polêmica ao afirmar publicamente que só um lunático pode pensar em ser juiz! Em termos mais gerais, os ataques ao Judiciário como um poder comunista, sempre que os direitos dos trabalhadores são reconhecidos e interesses comerciais são contrariados, têm sido uma prática tradicional da política conservadora nos últimos vinte anos. Nos Estados Unidos, os conservadores deslegitimam os juízes ao chamá-los de "ativistas".

A pilhagem é beneficiária dessas práticas. Os ataques ao Judiciário, a indicação de juízes extremistas ou aliados, o ataque ao sistema de responsabilidade civil, a imposição da resolução alternativa de conflitos, a limitação da jurisdição contra réus poderosos são práticas que visam enfraquecer a potencial fiscalização jurídica dos atos de pilhagem.

No sentido de controle e domínio, pelos agentes empresariais, dos aspectos relativos à delegação de poder do Estado de Direito, a pilhagem manifesta-se de infinitas maneiras. O fim do equilíbrio da Guerra Fria testemunhou a lenta porém inexorável erosão do poder do Estado de Direito (resolução alternativa de conflitos, reforma do direito de responsabilidade civil, afluência de juízes extremistas para os tribunais) e de outros aspectos semelhantes, tornando o Direito norte-americano atraente para as jurisdições periféricas em muitos sistemas do mundo inteiro. De maneira inesperada, ao iniciar-se o novo milênio, sobreveio um desmonte ainda mais radical dessas características do Estado de Direito, com o objetivo de tornar ainda mais consensual o papel hegemônico dos Estados Unidos. No momento, é difícil continuar vendo a universidade e o Judiciário norte-americanos como agentes fiscalizadores de um processo político democrático que se caracterize pela separação dos poderes e pela responsabilidade civil. O Judiciário mostra-se cada vez mais submisso a um processo político dominado por *lobbies* específicos. Os juízes, em geral menos qualificados do que haviam sido na tradição do *common law*, tornaram-se incapazes de contrariar tendências partidárias, em gratidão por suas indicações. Em decorrência, o segmento mais conceituado do governo norte-americano tomou o caminho mais fácil depois do ataque espetacular aos direitos humanos em 11 de setembro de 2001. Além disso, devido a uma retórica fundamentada em um Estado de exceção, o Poder Legislativo cedeu quase todo o seu poder ao Executivo, simplesmente aprovando sem discussão uma variedade de leis que, em poucos meses, fez atrasar o relógio da história em décadas, tornando a exportação do Estado de Direito muito mais abertamente semelhante àquela dos tempos coloniais. Até mesmo a conservadora Associação dos Advogados dos Estados Unidos (American Bar Association), sob a liderança de Michael Greco, atualmente envolvido em uma cruzada mundial em favor do Estado de Direito que tem Condoleezza Rice e Hilary Clinton entre seus defensores[2], afirma, em seu relatório anual, que o uso excessivo de declarações de promulgação*

---

[2] Ver *Berkeley Journal of International Law*.

* No original, *signing statements*: declarações do presidente dos Estados Unidos, publicadas com a promulgação da lei, que definem qual é a interpretação da norma que o Executivo entende mais adequada. Na prática, esse instituto permite ao Executivo negar vigência e aplicação a leis aprovadas pelo Congresso sempre que, no seu entender, isso se fizer necessário por razões de "segurança nacional". (N. do T.)

pelo presidente viola a Constituição norte-americana, solapando o papel da aprovação de leis pelo Congresso.

É difícil, mesmo para um público internacional fascinado pelo estilo de vida norte-americano, não atentar para essas mudanças dramáticas que ocorrem aos olhos de um meio jurídico-acadêmico praticamente emudecido. A maioria dos analistas norte-americanos ainda está ocupada em atuar como legitimadores, contribuindo para uma ideologia do Estado de Direito que apresenta horrores como os campos de concentração de Guantánamo (para pessoas sem acusação formada, em sua maioria suspeitos presos ao acaso, em operações de rotina), o uso irresponsável e caro da pena de morte e o desrespeito brutal ao Direito internacional, *quando muito*, como exceções a um Estado de Direito norte-americano que, em outras circunstâncias, é íntegro, justo e digno da admiração mundial de que desfruta.

No início do novo milênio, os intelectuais e acadêmicos dos Estados Unidos estão, eles próprios, experimentando um declínio de seu prestígio internacional. Sua ideologia do Estado de Direito, propagandeada em todo o mundo, sem menção à pilhagem e ao que se passa internamente, pode bem ser produto de uma atitude de boa-fé com frequência motivada pela justiça (como no movimento pelos direitos humanos internacionais). Não obstante, a simploriedade que se segue a décadas de liderança intelectual, a atitude de sempre falar e nunca ouvir, de sempre ensinar e nunca aprender – em uma só palavra, o alto grau de paroquialismo – começaram a cobrar seu preço. Os modelos jurídicos norte-americanos, apesar de fomentados por instituições como o Banco Mundial, o FMI e a Associação dos Advogados dos Estados Unidos, não mais consegue convencer a vanguarda do discurso intelectual internacional, devido a sua evidente ingenuidade cultural e política.

Os pensadores internacionais capazes de realizar análises pessoais, independentes de versões locais tendenciosas, hoje se dão conta do papel declinante do universo acadêmico-jurídico como fiscalizador poderoso e independente do processo político nos Estados Unidos. Para entender o frágil papel crítico da academia e, em termos mais gerais, do discurso intelectual norte-americano, basta examinar as centenas de páginas dedicadas, em qualquer livro sobre o processo penal publicado no país, ao elogio das garantias procedimentais do devido processo judicial. Infelizmente, nunca se dá atenção ao fato de que só uma ínfima minoria de réus (menos de 2 por cento) terminará indo a julgamento e poderá, assim, desfrutar de tais garantias. Os outros, em sua maioria, esmagados pelo imenso poder dos promotores públicos e sem meios para defender-se, entrarão em negociações sobre a pena e, desse modo, contribuirão para o aumento da população carcerária formada por inocentes sem recursos, para o estímulo ao trabalho mal remunerado e à maior lucratividade dos negócios carcerários da pilhagem corporativa[3].

Transformado em uma retórica insossa, o Estado de Direito não constitui, de modo algum, um escudo eficaz contra a pilhagem corporativa e a opressão, tanto internamente quanto no exterior.

Pilhagem de alto escalão: o caso Enron e suas consequências

A palavra "pilhagem" evoca piratas, soldados mercenários e bandidos violentos. Incêndios criminosos, guerras e agressão militar formam seu cenário típico. Não obstante, multidões enfurecidas brandindo armas rudimentares não constituem um elemento necessário da pilhagem. Na verdade, agentes muito diferentes, que

---

[3] Ver Elisabetta Grande, *Il terzo strike: La prigione in America*, Palermo: Sellerio, 2007.

ocupam altas posições, podem ser descritos como adeptos ou incentivadores dessa prática. Quando é este o caso, uma grossa camada de ideologia deve estar em ação para impedir, pelo máximo de tempo possível, a detecção e a percepção da pilhagem e da ganância. Em termos gerais, desenvolve-se um denso padrão ideológico em torno das instituições econômicas e jurídicas, facilitando a pilhagem. Somente a ideologia, produzida à custa de muita propaganda e estratégia de marketing, pode manter a pilhagem corporativa por longos períodos de tempo.

O mundo reluzente de Wall Street, formado por uma variedade de agentes "conceituados" e ricos (bancos de investimentos, agências classificadoras de riscos, consultores econômicos, megaescritórios de advocacia, auditores etc.), desempenha um papel ideológico semelhante, dando cobertura a práticas de pilhagem como aquelas descritas no caso da inadimplência argentina (ver Capítulo 2). Essas práticas, aliadas à ideologia da "eficiência" das altas finanças e dos mercados globais[4], fizeram muitas vítimas em seu caminho – talvez não diretamente assassinadas, como no caso dos embargos, da imposição dos direitos de propriedade industrial de medicamentos, do sistema de saúde do tipo "paga ou morre" ou dos soldados mercenários financiados por grandes empresas –, todas elas prejudicadas pela consequente brutalidade da pilhagem, disfarçada sob a aparência respeitável das sólidas instituições do capitalismo empresarial em sua atuação segundo os ditames do seu Estado de Direito.

As vítimas dessa pilhagem ideologicamente oculta situam-se tanto no centro quanto na periferia do mundo globalizado, e, sem dúvida, a quantidade de sofrimento é proporcional à fragilidade

---

[4] Para o sofisticado invólucro que reveste o cerne dessa ideologia, ver R. La Porta, C. Pop Eleches, F. Lopez de Silanes & A. Schleifer, *The Guarantees of Freedom*, Cambridge, MA: Harvard University Institute of Economic Research, 2002.

do ponto de partida. O escândalo da Enron é a ponta de um *iceberg* que inclui os casos WorldCom e Arthur D. Andersen, o escândalo dos Fundos Mútuos, a bolha da bolsa de valores, a quebra em fins da década de 1990 e até mesmo as crises energéticas produzidas pela privatização e pela política neoliberal, que nos oferecem exemplos de pilhagem bem no coração dos Estados Unidos, dos fundos de pensão saqueados, dos empregos decepados e dos anos de poupança perdidos de muitas pessoas inocentes. Estas são as pessoas às quais jamais ocorreria que, por trás do respeitável mundo de Wall Street, haveria um grau de ética comercial semelhante à que rege o mundo dos piratas. Os mesmos norte-americanos que cumprem as leis e acreditam nas virtudes do capitalismo foram vitimados por seus heróis. Do nosso ponto de vista, não é o escândalo em si que é digno de atenção. Muito mais interessante é a grossa camada de ideologia jurídica que serve aos interesses da pilhagem atual e futura, da espécie que tem de ser tolerada diariamente por clientes de empresas de telecomunicações, por quem viaja de avião, tem hipotecas, contas bancárias e apólices de seguros, ao custo de bilhões de horas de espera por ano e da inexistência de respostas. Hoje, todos os norte-americanos são vítimas da pilhagem corporativa.

No caso Enron, a necessidade de encontrar um bode expiatório para apresentar como excepcional e ilegal aquilo que, na verdade, constitui a estrutura da pilhagem legalizada, tornou-se tão premente que a ação penal (e os consequentes "acordos judiciais"*)

---

* No original, *deferred prosecution*, que no processo penal americano é um acordo – utilizado em crimes ligados a fraudes empresariais – no qual o acusado assume a culpa, além de outros encargos, como cooperação com as investigações de terceiros envolvidos, pagamento de pesadas multas, ressarcimento de valores a acionistas e à própria companhia. Feito o acordo, o processo penal é suspenso e, cumpridas as obrigações assumidas, o acusado recebe em troca a manutenção de sua primariedade (a acusação não constará nos seus registros de antecedentes criminais). (N. do R. T.)

foi um evento sem precedentes. Com tanta exposição pública, é evidente que as oportunidades profissionais para os promotores públicos são abundantes. De qualquer modo, até mesmo alguns criminosos de colarinho branco, intocáveis sob outros aspectos, como o sr. Fastow (aqueles que podem arcar com os milhões de dólares necessários para uma defesa criminal feita por advogados que ganham 500 dólares ou mais por hora), na verdade acabaram indo para a cadeia. Além disso, a Arthur D. Andersen, historicamente a mais conceituada das grandes empresas de contabilidade internacionais, desapareceu do setor depois de ter destruído documentos que comprovavam seu envolvimento com a pilhagem praticada por fraudadores de colarinho branco. Em consequência, todos os seus poderosos sócios no mundo inteiro tiveram de enfrentar o dilema de procurar trabalho em uma das ex-"concorrentes" da Arthur Andersen. O fato de terem obtido com rapidez novos empregos foi um dos mais claros e interessantes exemplos de fusão empresarial não oficial em um contexto de oligopólio em serviços globais, em que as Seis Grandes se transformaram simplesmente nas Cinco Grandes.

O Congresso dos Estados Unidos, ao qual pertencem os representantes eleitos pelas pessoas trapaceadas, aprovou em pouco tempo uma lei, a Sarbanes-Oxley Act, elogiada pela mídia e pelo governo como prova da seriedade usada na abordagem desses incidentes. As sanções criminais aumentaram de maneira significativa; restrições e novas divulgações, que consumiram grande quantidade de novos textos, documentos, provas etc., foram impostas a qualquer agente econômico disposto a operar nos Estados Unidos. Empresas estrangeiras foram as mais visadas, como se a Enron ou a WorldCom não constituíssem ícones de um país do mais exuberante corporativismo. Uma nova instituição, o Conselho de Supervisão das Empresas de Auditoria (Accounting Profession

Oversigh Board), demonstra ter a mesma firmeza usada pelo presidente Franklin Delano Roosevelt para lidar com a grande depressão econômica de 1929 (criação da Comissão de Valores Mobiliários e Câmbio – Securities and Exchange Commission, SEC). Essa reação firme, porém baseada no restabelecimento do Estado de Direito violado, é sobretudo simbólica e voltada para a criação de um "Estado de exceção" que faz a pilhagem prosperar.

A Enron não foi vista como um componente estrutural do capitalismo financeiro, resultado de um conflito de interesses endêmico que levou a uma falha de mercado talvez tão devastadora quanto as externalidades ou o monopólio. Ao contrário, foi apresentada como a maçã podre em um cesto de maçãs frescas, cuja descoberta e falência são provas concretas da natureza profundamente íntegra do mercado financeiro e do Estado de Direito norte-americano. Essa teoria, formulada, entre muitos outros, pelo guru conservador e juiz de segunda instância Richard Posner, convidado por seus admiradores a falar em uma conferência realizada em 2003 no Ministério da Economia da Itália, foi acompanhada por outras ilações, como os riscos de distorções no funcionamento uniforme do mercado, produzidas pela introdução de sanções penais.

Não obstante, o problema parece diferente. Em particular, as práticas desonestas de entidades corporativas voltadas para a pilhagem constituem a regra, e não a exceção, segundo denúncias de incontáveis relatórios de advogados de consumidores, promotores públicos e membros do governo. Em segundo lugar, o problema não tem a ver com a criação de leis escritas, mas sim com seus padrões de aplicação. Nos Estados Unidos atuais, a SEC, como ocorre com todas as agências administrativas em tempos de neoliberalismo, ainda não é bem financiada nem conta com bons quadros profissionais, o que torna irrealista pensar que possa lidar com o gigantesco volume de trabalho que se exige de uma agência de monitoramento e controle em um mercado complexo. Por último, o conflito de interesses atinge os controladores, e não apenas os controlados. Esse grave problema surgiu de forma dramática durante a saga que foi a eleição do primeiro presidente do Conselho de Supervisão das Empresas de Auditoria, cujo *lobby* conseguiu detonar os candidatos de alto nível, porém considerados muito independentes. Pouco tempo depois, a administração Bush nomeou William Donaldson, fundador do banco de investimentos Donaldson, Lufkin, and Jenrette, de Wall Street, presidente da SEC. Donaldson, ex-presidente e diretor-executivo da Bolsa de Valores, também havia sido subsecretário de Estado de Richard Nixon.

Apesar da retórica destinada a demonstrar a seriedade das intenções de reformular o mercado financeiro, tendo em vista o interesse dos consumidores e investidores, depois da Enron pouca coisa realmente mudou na estreita relação entre pilhagem e Estado de Direito. Os mesmos grupos que antes controlavam o jogo continuam firmes em seus postos, e suas iniciativas continuam tão globalizantes quanto se possa imaginar. Na verdade, embora alguns limites à excessiva ganância doméstica sejam introduzidos pelos aspectos – já discutidos – do sistema jurídico norte-americano, que favorece a vítima do dano civil, não se percebe limite algum quando o jogo ocorre em países nos quais os sistemas jurídicos simplesmente não têm poder suficiente para fiscalizar as empresas contra as quais se movem ações judiciais. É interessante observar que a retórica do Estado de Direito e da pilhagem como exceção mostrou-se bem-sucedida. Quando casos semelhantes surgem em países europeus (Parmalat, na Itália, Vivendi, na França), muitos observadores locais logo se põem a louvar a resposta rápida e eficiente do Estado de Direito norte-americano, levando-o, assim, a recuperar, pelo menos entre a elite jurídica, um pouco de seu decadente prestígio. Todos esses casos europeus, extremamente lucrativos em termos profissionais, são na época atual julgados nos Estados Unidos.

Pilhagem de primeiro escalão: política eleitoral e pilhagem

O conceito norte-americano de capitalismo empresarial, que permite o tipo de pilhagem praticado pela Enron, bem como o mito da democracia eleitoral (outro ingrediente chave da hegemonia mundial dos Estados Unidos), sofreu um duro golpe no início do novo século. Contudo, assim como a retórica do Estado de Direito protegeu o capitalismo das consequências ideológicas de muitos escândalos semelhantes ao da Enron, a retórica da democracia eleitoral, outro baluarte da pilhagem corporativa, sobreviveu com brilho a um escândalo político da mais alta envergadura: *Bush vs. Gore* (531 U.S. 98, 2000).

Essa primeira crise política global do novo milênio já contém algo de pós-moderno: a tensão entre a pequenez local e a amplitude global. Na verdade, ela se desenrola em uma cidadezinha quase desconhecida: Tallahassee, a capital do Estado da Flórida. Esse drama essencialmente local, com uma disputa pela recontagem de alguns votos, teve início em 7 de novembro e terminou em 12 de dezembro de 2002, naquilo que se pode considerar um episódio espetacular de pilhagem eleitoral sancionada pela Suprema Corte dos Estados Unidos.

O modo como o político mais poderoso do mundo foi escolhido apareceu descrito em muitos lugares como uma conspiração, e sem dúvida pode ser visto, no mínimo, como uma fraude política infeliz, organizada e afetada pelo nepotismo e por outras práticas menos transparentes ainda. Além de George W. Bush, papéis muito importantes dessa saga foram desempenhados por seu irmão "Jeb" Bush, governador da Flórida; por Katherine Harris, secretária de Estado da Flórida, nomeada por ele; e por cinco juízes da Suprema Corte: o presidente William Hubbs Rehnquist, Clarence Thomas, Antonin Scalia, Anthony Kennedy e Sandra Day O'Connor, alguns indicados por George Bush pai, outros por seu antecessor[5], a quem estava ligado por estreitas relações. Como já se escreveu muito sobre o processo, faremos aqui apenas um resumo. O fato aconteceu na Flórida, tradicionalmente um estado capaz de decidir uma eleição graças aos 25 votos a que tem direito no colégio eleitoral – que, por sinal, determinaram o resultado da eleição presidencial de 2000. A votação foi muito apertada, em parte porque muitos pobres, na maioria negros, foram privados de seu direito ao voto por várias estratégias comumente usadas na política eleitoral dos Estados Unidos e bastante conhecidas do eleitorado desiludido. Essa estratégia de enquadramento dos grupos tidos como eleitores fiéis do partido adversário foi posta em prática muito antes da campanha de 2000 e encontra-se hoje muito bem documentada na literatura.

De um ponto de vista global, o que surpreende é a diferença insignificante, de apenas 537 votos, com que Harris confirmou como oficial a vitória [de Bush] antes de a Suprema Corte decidir a questão, por meio de uma manobra judicial agressiva, sem precedentes no país. Alguns afirmam que Gore venceu na Flórida, e o fato é que Bush recebeu menos votos do que Gore no país todo, uma característica estrutural do colégio eleitoral baseada no modelo "ao vencedor, tudo" (outra característica do Direito norte-americano exportada para o resto do mundo). A importante consequência global dessa eleição foram novas ondas de pilhagem e atos de violência. Na verdade, não estamos afirmando aqui que a eleição de Albert Gore teria representado alguma diferença im-

---

[5] Um deles, Ronald Reagan, foi seu chefe, e o outro, Richard Nixon, havia nomeado Bush pai como diretor da CIA.

portante[6]. Muitas das atividades terroristas patrocinadas pelo Estado e voltadas para a pilhagem, em flagrante desrespeito ao Direito internacional e ao sofrimento humano, já estavam em plena atividade durante a administração Clinton: do Iraque aos Bálcãs, da Somália ao Plano Colômbia. Não houve nenhuma mudança significativa na política externa norte-americana, baseada, como de hábito, em infiltrações da CIA, no oportunismo estratégico e nos interesses militares. O fim da Guerra Fria concedeu aos Estados Unidos o monopólio da força, mas a pilhagem corporativa não foi uma invenção de George W. Bush. Não é de hoje que o fato de o capital empresarial escolher as mais altas autoridades (inclusive o presidente) dos Estados Unidos constitui uma distorção da política do país. É inegável, porém, que o estilo mudou, com o súbito abandono de grande número de estratégias voltadas para a natureza consensual da hegemonia, em favor de uma concepção mais unilateral da dominação internacional. Para os fins que nos propomos aqui, o que interessa são algumas questões específicas que discutiremos a seguir.

Em primeiro lugar, o processo de pilhagem eleitoral comprometia William Hubbs Rehnquist, presidente da Suprema Corte, como um mediador ativista que abriu mão de sua postura reativa tradicional, amplamente louvada como "virtude passiva". Em Washington, os juízes da Suprema Corte intervieram, chamando a si uma decisão que devia ser do sistema judiciário da Flórida, e, sem nenhuma autoridade para fazê-lo, decidiram o caso de maneira claramente política. Ao agir como um órgão submisso em

---

[6] De fato, no debate sobre política externa durante a campanha presidencial de 2000, Gore apresentou pontos de vista ainda mais arrogantes do que os de seu adversário, afirmando que os Estados Unidos tinham o dever de mostrar ao mundo o caminho certo (o seu próprio) mediante a imposição da democracia, do Estado de Direito e dos direitos humanos ao resto do mundo.

termos políticos, a Suprema Corte manchou não apenas sua própria reputação, mas também a de todo o Poder Judiciário. A essa altura, devemos acrescentar que a jurisprudência posterior ao caso *Bush vs. Gore* confirmou essa atitude da Corte de agir como serviçal de interesses poderosos. Por exemplo, na decisão já aqui discutida[7] da Sonny Bono Copyright Extension Act, também conhecida, de modo significativo, como Mickey Mouse Copyright Extension Act, na qual os juízes defenderam os interesses comerciais da Walt Disney Corporation, a Suprema Corte continuou a arruinar a reputação global do Judiciário norte-americano como órgão forte e independente, capaz de decisões corajosas em defesa dos direitos.

Em segundo lugar, um presidente eleito de maneira tão controversa *precisa* buscar legitimidade fora da política eleitoral tradicional. Como em muitos contextos, na África e em outras partes, que se caracterizam por sistemas não eleitorais, a guerra se converte na característica legitimadora tradicional de um chefe não eleito. Isso explica a pressa em declarar guerra ao terror, possivelmente mais do que – ou em conjunto com – qualquer outra explicação. A sensação de perda do prestígio da presidência dos Estados Unidos, produzido pela Suprema Corte, talvez tenha encontrado sua melhor expressão nos quadrinhos do cartunista italiano Vauro. Neles, "observadores bósnios" chegam a Tallahassee para fiscalizar a lisura das eleições norte-americanas!

Em terceiro lugar, a pilhagem produziu na oposição e, em particular, em um amplo setor da esquerda do país um sentimento de urgência em derrotar o líder não legitimado, pouco importando qual candidato fosse capaz de fazê-lo – em síntese, "qualquer um, menos Bush". Esse pragmatismo cínico, que terminou derrotado

---

[7] Ver Capítulo 6 deste livro, nota de rodapé n. 7.

nas eleições de 2004, impede a observação crítica imparcial dos antecedentes históricos do Partido Democrata. Pelo menos em política internacional, quase tudo que Bush fez já pertencia à tradição do imperialismo norte-americano. A ideia de guerra preventiva pode ser uma retórica desagradável, mas já estava latente pelo menos desde a Doutrina Monroe, em primórdios do século XIX. Alguns aspectos de continuidade estrutural só dependem, de modo muito limitado, da personalidade ou do partido do presidente. Os mesmos agentes empresariais interessados na pilhagem originária da expansão irrestrita dos mercados dominados pelos Estados Unidos no mundo inteiro talvez sejam as únicas forças verdadeiramente bipartidárias do país.

Não é difícil, portanto, descobrir o que prevalece na fase atual da política norte-americana, se os aspectos de continuidade ou os de mudança. O presidente Clinton pode não ter sido diferente de Bush em política internacional, mas era mais aceito nos países não diretamente visados por suas intenções militaristas. Durante sua administração, intensificou-se o papel hegemônico dos Estados Unidos, devido à capacidade presidencial de exercer o poder com aparente moderação. As atitudes das duas administrações perante o Direito internacional, como nos casos do protocolo de Kyoto sobre as emissões de gases de efeito estufa e do Tribunal Penal Internacional, foram diferentes em seu uso da retórica. Enquanto o presidente Clinton estava seguro de que a hegemonia jurídica do seu país terminaria por levar o país a impor suas ideias e seus valores políticos na abordagem dessas questões, mesmo que contrárias àquelas do Tribunal Penal, a administração Bush fez que predominasse o temor da contra-hegemonia.

A pilhagem eleitoral no caso *Bush vs. Gore*, bem como a personalidade e os interesses econômicos de Bush e de sua equipe, provocaram o começo de um declínio bastante rápido do componente consensual da hegemonia norte-americana, e a atitude de sua administração perante a ONU e o Direito internacional contribuiu para esse desfecho. Do ponto de vista dos juristas internacionais, no caso *Bush vs. Gore* a Suprema Corte perdeu boa parte do prestígio residual que vinha dos dias de glória em que fora presidida pelo juiz Warren. A composição e a filosofia jurídica da Corte de Warren nunca deixaram de ser louvadas nos círculos acadêmicos.

O presidente Bush, com o apoio de mais ou menos 25 por cento do povo norte-americano – isto é, com menos de um por cento dos povos do mundo –, passou a agir, desde então, como o responsável pelas decisões globais de guerra e paz, optando pela pilhagem gerada pelo poder militar. O mais incrível é que sua política internacional de terror (choque e terror) acabou sobrevivendo ao teste de legitimidade global *porque ele foi eleito*. Apesar das lições do século XX, tanto na Europa quanto em outras partes do mundo, nas quais ditadores cruéis chegaram ao poder por meio do voto, as eleições – por mais corruptas ou fraudadas que sejam – ainda são consideradas, em última análise, como o único aspecto importante da democracia, como os povos iraquiano e afegão têm aprendido por experiência própria, ao mesmo tempo que enfrentam um cotidiano de morte e pilhagem.

Pilhagem da liberdade: a guerra ao terror

O 11 de setembro de 2001 é um daqueles momentos considerados revolucionários na história de uma ordem constitucional. O filósofo e constitucionalista Bruce Ackerman, de Yale, descreve a história constitucional dos Estados Unidos como um caminho interrompido por "momentos revolucionários" que produziram a Constituição, como a Guerra de Secessão ou a era dos direitos civis. Nesses momentos, o tecido constitucional de uma nação passa por uma mudança resultante da história, e a ordem e a estrutura anteriores são substituídas por outras. Embora Ackerman use essa ideia para descrever os avanços constitucionais nos Estados Unidos, a história da pilhagem global também se beneficia dessa percepção analítica.

Por mais comoventes que tenham sido os acontecimentos daquele dia dramático para o povo norte-americano, a reação do processo político dos Estados Unidos foi tão violenta e furiosa que, em apenas algumas semanas, a grande solidariedade internacional que (pelo menos no Ocidente) se seguira à destruição das torres gêmeas perdeu boa parte de sua intensidade. Pouco empenho intelectual foi utilizado na tentativa de entender a complexidade das razões que podem ter provocado eventos da magnitude e importância estratégica dos ataques. Tampouco houve empenho em explicar os diferentes modos de perceber, em diferentes partes do mundo, esses mesmos acontecimentos trágicos, que poderiam contribuir para a percepção da pilhagem como uma das causas da catástrofe internacional em que estamos mergulhados. Basta dizer que as explicações ainda predominantes no mundo árabe, como o envolvimento do Mossad, ou mesmo um ferimento autoinfligido, foram exorcizadas e banidas do rol das hipóteses, inclusive sem levar em consideração tudo aquilo que poderia tê-las originado[8].

---

[8] A primeira análise completa, que oferece uma chave crítica para o entendimento do ódio às empresas norte-americanas como uma minoria "dominadora do mercado" que controla muito mais do que sua cota justa dos recursos globais, encontra-se em Ami Chua, *World on Fire: How Exporting Free Market Democracy Breeds Ethnic Hatred and Global Instability*, Nova York: Anchor Books, 2003. A teoria da "autoinflicção" vem ganhando aceitação nos Estados Unidos, e o Departamento de Estado tem tentado neutralizá-la. Ver também "US reports seek to counter conspiracy theories about 9/11", *New York Times*, 2 de setembro de 2006, p. A11.

Talvez tenha havido tão pouco tempo para refletir porque, em poucas horas, a administração Bush declarou a "guerra ao terror", desviando, assim, a atenção para longínquos teatros de guerra. Essa declaração foi articulada em duas doutrinas, a externa e a doméstica. Na política externa, a chamada doutrina Bush de "ataque preventivo" levou os Estados Unidos a invadirem de imediato primeiro o Afeganistão e pouco depois o Iraque – dois países governados por líderes que haviam sido aliados dos norte-americanos nos confrontos com a ex-União Soviética e o Irã, respectivamente. Embora saibamos que a pilhagem vem prosperando nesses países, buscando uma nova legitimidade no restabelecimento da democracia e do Estado de Direito, somente um grau inédito de resistência por parte da opinião pública norte-americana e internacional, de alguns governos poderosos do planeta, em particular França, Alemanha, Rússia e China, e por fortes demonstrações de uma sangrenta resistência interna foi capaz de impedir um ataque a outros países incluídos no "eixo do mal" (Coreia do Norte, Sudão, Irã e Síria), assim classificados pelo presidente Bush em um messiânico discurso à nação.

Na política interna, a guerra ao terror transformou-se sem demora naquilo que Nat Hentoff (em um livro que deveria ser leitura obrigatória no Ensino Médio) chamou de *A Guerra à Declaração dos Direitos e Garantias* (*The War on the Bill of Rights*)[9]. As mudanças internas fundamentais no Estado de Direito, à luz de seu efeito negativo sobre a reputação internacional dos Estados Unidos, são importantes para o modo como a pilhagem atual e a futura podem vir a usar o Estado de Direito em busca de legitimidade. Essas mudanças internas, introduzidas por leis como a Patriot Act, a Homeland Security Act (Lei de Segurança Nacional) e

---

[9] Nat Hentoff, *The War on the Bill of Rights*, Nova York: Seven Stories Press, 2003.

diversos decretos presidenciais, declarações de promulgação (*signing statements*) e medidas de aplicação prática de tais políticas em seguida à promulgação desses decretos, constituem um "momento revolucionário" no cenário global. As transformações estruturais do sistema jurídico dos Estados Unidos provocam a perda de significativo grau do apelo institucional que explica, ao menos em parte, sua hegemonia internacional. Devido ao papel dominante que o Direito norte-americano conseguiu conquistar no mundo inteiro depois da Segunda Guerra Mundial, afirmamos que essa revolução interna no Estado de Direito não se restringe, em absoluto, aos Estados Unidos. Em âmbito internacional, o Estado de Direito encontra-se hoje ligado de modo tão estreito ao imperialismo e à pilhagem que ficou praticamente impossível vê-lo de outra maneira que não seja como uma mera ideologia sem contornos definidos. Transformou-se em uma falsa consciência.

Como já discutimos, depois da Segunda Guerra Mundial, o componente ideológico da hegemonia norte-americana tinha por base sobretudo uma concepção de Estado de Direito chamada "legalismo de confrontação" ou "modelo de governança reativa", ou simplesmente controle das liberdades públicas (e da própria administração pública) pela "via judicial". Este controle pela via judicial, como uma teoria e uma práxis da governança, foi em tempos recentes abandonado, transformando o Estado de Direito em um Estado de Direito imperial. Apesar de sua ligação com a pilhagem nunca ter sido frágil, a atitude da administração Bush demonstrou tamanho desprezo por qualquer aspecto impeditivo do Estado de Direito que a pilhagem parece ter passado a outro nível, talvez mais próximo do modelo expresso de obtenção brutal de lucros que caracterizava a fase colonial em suas origens. A esse respeito, ninguém foi mais claro do que o subprocurador geral dos Estados Unidos, Michael Chertoff, ao afirmar: "Quando estamos falando sobre impedir atos de guerra contra nós, o modelo judicial não funciona."[10]

Ao declarar guerra ao terror e acrescentar que essa guerra não terá fim enquanto o último terrorista com ligações internacionais estiver em atividade, a administração Bush decretou a morte do Estado de Direito. O modelo de controle pela via judicial, baseado em freios e contrapesos e na divisão do poder, foi substituído por um modelo de governança que concentra todo o poder que realmente importa nas mãos do Executivo. Um "sistema jurídico alternativo" ou uma "constituição paralela", capazes de excluir a supervisão judicial em todas as questões importantes em termos políticos começaram então a ser criados no sistema jurídico norte-americano pós-11 de setembro. Os estudiosos da história jurídica europeia estarão lembrados de que, durante o Terceiro Reich, os tribunais encontravam-se em plena atuação e eram extremamente respeitados na Alemanha. A teoria jurídica florescia. Adolf Hitler usou apenas dois expedientes na sequência do incêndio do Reichstag. O primeiro foi assegurar imunidade absoluta à Gestapo. O segundo foi prover os tribunais penais (com jurisdição sobre questões politicamente sensíveis) de amigos do regime, concedendo a esses juízes um considerável poder discricionário na interpretação do Direito penal.

Talvez a principal razão do prestígio adquirido pelo sistema do *common law* (e pelo Direito norte-americano em particular) em toda a Europa, depois da Segunda Guerra Mundial, tenha sido sua grande capacidade de resistir às intromissões violentas do poder político na esfera dos direitos e das liberdades individuais, como aquelas ocorridas na Alemanha, na Itália e em outras jurisdições continentais. Os tribunais, com grande apoio de advoga-

---

[10] Citado em Nat Hentoff, *op. cit.*, p. 97.

dos e juristas extraordinariamente independentes, sempre impediram o advento da tirania – ou, pelo menos, é assim que o tem percebido a tradição do *common law*, aceita de forma ampla nos círculos jurídicos.

Em decorrência dessas raízes históricas, é perfeitamente natural que o abandono do modelo de controle pela via judicial tenha sido uma decisão muito onerosa em termos de prestígio internacional para os Estados Unidos. Quando um país que consome muito além de sua justa cota de recursos mundiais e extrapola tanto sua produção de armamentos e sua geração de poluição deixa de se preocupar com o consentimento dos outros, abandonando de modo brutal até mesmo a fachada de legalidade produzida pelo Estado de Direito, estamos diante de um momento revolucionário. Quando o exercício do poder internacional voltado para o consumo de recursos deixa de ser consensual, ainda podemos encontrar aspectos de continuidade na pilhagem, mas a hegemonia transformou-se em dominação.

Portanto, o sistema político norte-americano torna-se um modelo aberto de "capitalismo de compadrio", desinteressado em adquirir consenso internacional e exclusivamente interessado em dominar os mercados globais pela força das armas, favorecendo pequeno número de pessoas ou empresas bilionárias que controlam o Poder Executivo em seu próprio interesse. Nesse tipo de sistema, o poder político suborna setores políticos, econômicos e midiáticos, facilitando a pilhagem por meio de contratos lucrativos, redução de impostos, privatizações e outras diretrizes políticas voltadas para a abertura dos mercados ainda disponíveis.

Não surpreende que esse modelo de governança, cujas características são hoje muito evidentes nos Estados Unidos, reflita as práticas de dominação colonialista. Já foi documentado e estudado como um retrocesso para a democracia em contextos tão variados quanto Serra Leoa, Indonésia, Filipinas, Quênia e Equador. Em seu livro *Mundos em chamas* (*World on Fire*), Ami Chua, professora de Direito de Yale, documenta de modo exaustivo os resultados do capitalismo de compadrio como uma tragédia para a própria minoria que domina o mercado e obtém lucros com suas operações.

Ninguém definiu a ideia de dominação sem hegemonia melhor do que George Kennan, ex-embaixador na União Soviética. Escrevendo em 1948 (quando o padrão de disparidade a favor dos Estados Unidos era muito menos notável do que hoje), ele afirmou:

> Temos 50 por cento da riqueza do mundo, mas apenas 6,3 por cento de sua população. [...] Em tal situação, não há dúvida de que nos tornaremos objeto de inveja e ressentimento. Nos tempos que se avizinham, nossa verdadeira tarefa consistirá em criar um padrão de relacionamentos que nos permita manter essa disparidade [...]. Precisamos parar de falar sobre elevação dos padrões de vida, direitos humanos e democratização. Não está longe o dia em que teremos de lidar com conceitos de poder incondicional. Quanto menos nos deixarmos levar por sentimentos idealistas, melhor.[11]

Talvez demore um pouco para que as elites intelectuais, inclusive advogados e juristas do mundo todo, se deem conta de que a eleição presidencial norte-americana de 2000 inaugurou a doutrina do "poder incondicional" descrita por George Kennan. Devemos nos lembrar da importante acumulação de capital político produzida pelo desempenho do Estado de Direito contra a tirania durante a Segunda Guerra Mundial – capital político do qual a administração Bush tentou recentemente tirar proveito (sem

---

[11] Citado em W. I. Robinson, *Promoting Polyarchy: Globalization, U.S. Intervention and Hegemony*, Cambridge, UK: Cambridge University Press, 1996.

sucesso) para obrigar seus relutantes aliados europeus a entrar na guerra de agressão contra o Iraque.

Ao longo de todo o século XX, ademais, a retórica que cercava o Estado de Direito nunca deixou de florescer, dificultando muito a percepção de um novo relacionamento entre a pilhagem e o Estado de Direito na nova era de "poder incondicional". Um alto grau de hipocrisia acompanhou a política norte-americana durante toda a Guerra Fria, de modo que acontecimentos como o 11 de setembro e o sangrento golpe, em 1973, contra o presidente chileno Salvador Allende, democraticamente eleito, passam a ser aceitos pelos círculos dominantes como desvios menores, uma vez que o envolvimento político da CIA sempre foi dissimulado. Nas relações internacionais e na busca da pilhagem, a hipocrisia costuma ser mais eficiente do que a honestidade cínica do poder incondicional.

Foi preciso que a administração Bush deflagrasse sua explosão de atividades políticas inconstitucionais (inclusive na esfera legislativa), na sequência do 11 de setembro, para que, no exterior, leigos e profissionais mudassem seu ponto de vista acerca da benevolência do poder hegemônico global. Mais de meio século depois da cínica previsão de Kennan, a doutrina do poder incondicional estava institucionalizada não apenas no relacionamento com Estados e governos de outros países, mas também com estrangeiros que viviam, trabalhavam ou tentavam viajar para os Estados Unidos. Como se poderia prever, embora o declínio da *cultura* do Estado de Direito nesse país tenha resultado em um tratamento duro para com os estrangeiros, os cidadãos norte-americanos também sofreram as consequências da deturpação da Constituição de seu país.

É sintomático que não se verifique nenhum declínio na retórica do Estado de Direito quando o que está em jogo são as relações internacionais. A introdução da democracia e do Estado de Direito ainda é usada como justificativa (cada vez menos verossímil) para manter a intromissão nos assuntos de outros países, com frequência para fins de pilhagem. O espetáculo da criação de uma Constituição no Afeganistão e no Iraque é uma cínica farsa diante dos assassinatos e das violações brutais dos direitos humanos, incluindo a tortura, perpetrados pela aliança nem um pouco sagrada entre criminosos de guerra, saqueadores e mercenários a serviço de empresas gigantes disfarçadas de pacificadoras.

Muitos observadores se ressentem desse retrocesso jurídico. Um deles é William Schultz, diretor executivo da Anistia Internacional, em um livro intitulado *Tainted Legacy: 9/11 and the Ruin of Human Rights* [Legado maculado: o 11 de setembro e o fim dos direitos humanos]. Ele conta a história de um rapaz de 20 anos, Cheik Melainine ould Belai, que foi preso pelo FBI. Belai era filho de um diplomata mauritano e estava nos Estados Unidos para visitar a família e amigos. Por cerca de quarenta dias, foi levado de um centro de detenção secreto para outro, sem contato com parentes ou advogados. Foi tratado com dureza e humilhado, e nunca lhe disseram por que tinha sido preso. Depois de quarenta dias, foi libertado e deportado. Tinha uma última coisa a dizer: "Eu gostava dos Estados Unidos. Queria aprender inglês, mas agora não pretendo jamais falar essa língua." Como Schultz comenta, "provocar a hostilidade de pessoas que antes viam os Estados Unidos com admiração e respeito, que queriam seguir nossas tradições e aprender a língua inglesa – eis uma atitude que jamais contribuiria para transformar o mundo em um lugar mais seguro para os norte-americanos. Não é assim que se conduz uma guerra contra o terror".

Embora essas práticas permitidas pela legislação posterior ao 11 de setembro possam dar a impressão de nada ter a ver com a pilhagem (embora não seja difícil perceber a pilhagem da liberdade), na verdade tal ligação existe. Como nossa discussão diz respeito à relação entre pilhagem e Estado de Direito, e como este constitui, em grande medida, a retórica da legitimação, sua credibilidade declinante nos Estados Unidos é de grande importância. Na falta da legitimação do Estado de Direito, a pilhagem se transforma em poder incondicional. Além disso, a pilhagem no exterior se beneficia do clima de medo que passa a existir internamente, e o desmonte do Estado de Direito como medida necessária e excepcional, dadas as circunstâncias, é um poderoso veículo de controle da opinião pública. A prática de deter centenas de suspeitos, mantidos incomunicáveis em lugares secretos, sem acusação formada e sem acesso a advogados ou parentes, resultou no grande número de *los desaparecidos* na época das ditaduras fascistas na América Latina. Hoje, nos Estados Unidos, essa prática atinge sobretudo os estrangeiros, mas também se volta contra cidadãos norte-americanos como Yaser Esam Hamdi e José Padilla, casos que acabaram sendo decididos pela Suprema Corte. Em 2004, a Corte alegou incompetência para declarar ilegal a detenção de Padilla, submetendo-se, assim, à vontade do Executivo, ao mesmo tempo que oferecia um simulacro de apoio à inviolabilidade do Estado de Direito. Em 2006, no que parecia constituir um círculo interminável de transferências de responsabilidade, sem nenhum resultado prático para os detentos, a Suprema Corte determinou, no caso *Hamdan vs. Rumsfeld* (126 S.ct 2749, 2006*), que os tribunais militares organizados pela administração Bush violaram a legislação militar dos Estados Unidos e o art. 3º da Terceira

---

* Salid Ahmed Hamdan, natural do Iêmen, foi capturado no Afeganistão por tropas americanas. Neste caso, a Suprema Corte reafirmou sua competência para analisar os casos de detenção "de guerra", derrubando alguns pontos da Military Commissions Act e restaurando, em parte, as garantias de *habeas corpus*. (N. do R. T.)

Convenção de Genebra. Determinou-se também que o Congresso não deveria privar a Suprema Corte de sua autoridade para decidir se as comissões militares especiais violavam a legislação federal. Em apoio às práticas ilegais atuais, o Congresso aprovou a Lei de Comissões Militares (Military Commissions Act) de 2006, que estabeleceu procedimentos mais explícitos para essas comissões e também procurou impedir que os tribunais examinassem os pedidos de *habeas corpus* com base nas Convenções de Genebra. Nesse ínterim, Padilla "reapareceu" – depois de três anos em prisões secretas nas quais afirmou ter sido torturado – para ser julgado em um tribunal regional de Miami, quando foi "anexado" ao processo penal pendente de outros dois acusados, estes nativos do Oriente Médio e suspeitos de conspiração terrorista. Em 16 de agosto de 2007, um júri popular, instruído a aplicar uma pena ilimitadamente ampla e sem precedentes em caso de conspiração criminal (965A U.S.C.), declarou-o culpado. Padilla foi condenado à prisão perpétua por ter se "candidatado" a participar de um campo de treinamento, o que o transforma em um conspirador no Jihad global.

Portanto, a prática de permitir a detenção de "combatentes inimigos" sem nenhuma acusação formal, mantendo-os em condições desumanas na base militar de Guantánamo, parece ter sido legalizada *ex post facto*, apesar das confusões e expectativas geradas pela subsequente intervenção dos tribunais da justiça comum. Além disso, atualmente a tortura é permitida na base naval Diego Garcia, quando não terceirizada a serviços secretos amigos, como os do Marrocos e da Síria. Todas essas práticas são de conhecimento geral e foram contestadas, em termos jurídicos, em diversas ocasiões, mas são substancialmente aceitas por um Judiciário norte-americano mais uma vez mergulhado em detalhes técnicos para tentar recuperar uma fachada de legalidade.

Alguns meses e centenas de cadáveres norte-americanos depois, o debate sobre a tortura foi instigado pela maior rede de TV do país, a CBS, que apresentou imagens de torturas praticadas por soldados norte-americanos e ingleses na prisão iraquiana de Abu Ghraib. Enquanto Bush e Blair – adeptos fiéis da guerra sem violência – expressavam, como primeira reação, seus sentimentos de repugnância, o chargista italiano Elle Kappa foi quem melhor explicou a situação, ao descrever os eventos nos seguintes termos: "Torturas humanitárias, infligidas para não deixar os iraquianos com muita saudade de Saddam!" É interessante observar que, não muito depois de o escândalo ter estourado, pelo menos dois professores de direito constitucional, Alan Dershowitz e John Yoo, de Harvard e Berkeley, vieram a público justificar em termos constitucionais a prática da tortura em circunstâncias excepcionais, o que deixou o então procurador-geral Alberto Gonzalez totalmente convencido da legalidade dessas práticas.

Não obstante, no que diz respeito aos fundamentos jurídicos da pilhagem da liberdade que descrevemos, é evidente que não há muito a encontrar na ordem constitucional. Não sobre a tortura, sem dúvida, nem mesmo sobre a detenção por prazo indefinido e sem acusações, devido à cláusula do devido processo legal da Constituição norte-americana. Porém, tendo em vista que o presidente dos Estados Unidos também é o comandante-em-chefe das Forças Armadas, ele emitiu um "decreto" de alcance geral (mais tarde substituído pela Lei de Comissões Militares – Military Commissions Act) visando à criação de tribunais especiais, com quadros formados por pessoal militar. Nesses tribunais, em que estrangeiros suspeitos de terrorismo podem ser julgados, todas as referências das famosas garantias do processo penal norte-americano, inclusive o *habeas corpus*, foram extintas. Provas testemunhais de segunda mão, provas secretas e provas obtidas por meio de tortura são admitidas; não existe o privilégio advogado-cliente; e a presunção de culpa substituiu a presunção de inocência, como no caso dos negros na época do *apartheid*.

Os próprios tribunais especiais, dotados do poder de aplicar a pena de morte (sem a garantia genuína de um júri), ainda não foram utilizados. Em termos estritos de poder, a manutenção de *los desaparecidos* em prisões secretas mostrou-se mais eficaz e, no que diz respeito à sentença, concluiu-se que melhor seria matar diretamente os "combatentes inimigos" pela explosão de seus carros, conforme o modelo seguido pelo ex-primeiro-ministro israelense Ariel Sharon e por seu sucessor, apoiados por líderes da oposição política. Foi o que aconteceu com o cidadão norte-americano Kamal Derwish, mais tarde chamado de assassino e terrorista, embora não tivesse antecedentes criminais. Kamal foi morto no Iêmen com outras cinco pessoas, duas delas suspeitas de serem membros da Al Qaeda. A primeira página do *New York Times* trazia, com grande destaque, uma reportagem em que se lia: "A administração Bush preparou uma lista de terroristas que a CIA está autorizada a matar quando a prisão for impraticável e a operação contribuir para minimizar a morte de civis." A manchete não teve grande repercussão[12]. Na verdade, o discurso sobre "matar" terroristas e inimigos foi bastante usado por John Kerry, candidato a presidente pelo Partido Democrata na campanha de 2004, sem nenhum empenho em explicar a fundamentação jurídica desse desejo tão primitivo e perturbador de trocar sangue por votos.

A prática de recorrer a decretos militares para restringir o acesso aos tribunais de direito regulares por meio da suspensão

---

[12] James Risen & David Johnston, "Threats and responses: hunt for Al Qaeda; Bush has widened authority of CIA to kill terrorists", *New York Times*, 14 de dezembro de 2002, p. A1.

do *habeas corpus* não é novidade da administração Bush. Na verdade, o presidente Lincoln fez o mesmo durante a Guerra de Secessão. Depois de seu assassinato, porém, a Suprema Corte norte-americana, no caso paradigmático *Ex parte Milligan* (1866), declarou de modo enfático: "A Constituição dos Estados Unidos é a lei para o governante e para o povo, tanto na guerra quanto na paz, e cobre, com o manto de sua proteção, todas as classes de homens, em todas as circunstâncias." Hoje, a administração Bush afirma que, ao estigmatizar uma pessoa com o rótulo mágico de "combatente inimigo", ou ao mantê-la "além-mar", é possível abolir os limites impostos pela mais antiga e admirada Constituição do mundo (e também pela Convenção dos Prisioneiros de Guerra). Nem todos os juízes dos Tribunais de Apelação do Segundo e Nono Circuitos* têm a mesma opinião (sobre os casos Padilla e Guantánamo, respectivamente). Outros juízes, do Quarto Circuito, concordam com a administração (caso Hamdi). Infelizmente, a divergência se dá sobretudo em termos partidários. A Suprema Corte chamou a si a questão e proferiu três sentenças, muito aclamadas pela imprensa mundial como prova da permanente vitalidade do Estado de Direito norte-americano. Sem dúvida, a retórica utilizada pelo tribunal foi a do Estado de Direito. Sob essa perspectiva, o estado de guerra não permite que se passe um "cheque em branco" ao Poder Executivo. O juiz Antonin Scalia, da Suprema Corte, um dos ícones da política judicial reacionária e leal paladino do ex-presidente Bush nas questões jurídicas, emitiu uma opinião divergente que convenceu muitos analistas do mundo in-

---

* As Circuit Courts são, *mutatis mutandis*, o equivalente aos Tribunais Regionais Federais no Brasil. São os tribunais de segunda instância da justiça federal norte-americana. Os Estados-membros foram divididos em onze "circuitos" ou circunscrições federais (da First até a Eleventh Circuit Court of Appeals), mais a circunscrição da capital (U.S. Court of Appeals, também chamada de Federal Circuit Court of Appeals). (N. do R. T.)

teiro de que a decisão tomada pela Suprema Corte em 2004 havia de fato limitado o poder do Executivo e, desse modo, enfraquecido a administração Bush.

Não obstante, se procurarmos enxergar para além da retórica predominante, veremos que: (1) o tribunal não libertou nenhum dos detidos; (2) o tribunal não considerou ilegal a atividade da administração Bush; (3) o tribunal utilizou um detalhe técnico, afirmando que Padilla errou ao apontar a autoridade coatora em seu *habeas corpus*; e (4) o tribunal considerou como garantia suficiente para os prisioneiros de Guantánamo uma pálida versão do devido processo legal — a análise de um grupo dotado de independência aparente (abaixo do padrão de independência de um tribunal federal ordinário). Essas decisões muito brandas foram tomadas quase ao mesmo tempo que outra decisão muito elogiada, associada de forma mais direta à pilhagem (de terras) em termos incondicionais de poder. Nessa decisão, a Suprema Corte de Israel criticou (também com excessiva moderação) a construção de um muro pela administração Ariel Sharon, aparentemente para proteger o território israelense da infiltração terrorista e anexando, de modo definitivo, partes consideráveis de terras palestinas. A construção desse muro foi criticada pelos graves problemas que traria a muitas moradias palestinas situadas em seus limites imediatos. Mais uma vez, a mídia elogiou a decisão do presidente da Suprema Corte de Israel, Aharon Barak, como prova da robustez do Estado de Direito no país. Todavia, a linguagem da ilegalidade não voltou a ser usada, de modo que, ao fim e ao cabo, essas decisões só vêm reforçar, e não enfraquecer, o uso opressivo do Estado de Direito, ao participar da criação de uma ideologia acrítica no seu entorno[13].

---

[13] É interessante notar que o único tribunal a fazer o discurso da ilegalidade foi o impotente Tribunal Internacional de Justiça de Haia, que condenou o muro por considerá-lo ilegal.

A práxis pós-11 de setembro está renunciando à maioria das razões pelas quais o modelo norte-americano é mundialmente admirado, apesar de sua aberração fundamental na questão da pena de morte. Contribuiu para a transformação de um sistema que se orgulha de ser o sustentáculo do Estado de Direito em um modelo dissimulado e autoritário de governo. Sem dúvida, a prática não surgiu do nada. Foi estimulada pelo clima político, sacrificando os direitos civis em nome da "segurança" que viu no Patriot Act* o símbolo da deterioração do modelo norte-americano, transformado em Estado policial e mais próximo de uma realidade sombria do que muitos que nele vivem estão dispostos a admitir. As palavras de Benjamin Franklin estão muito vivas em nossos dias: "Quem troca a liberdade por segurança não merece nem uma coisa nem outra."[14]

Com se sabe no mundo inteiro, o clima de um Congresso que assina cheques em branco para o Executivo, respaldados em fundos não inscritos no orçamento do Estado, teve início com a votação sobre o ataque ao Afeganistão. O que aconteceu nesse caso foi uma guerra de agressão, ilegal *per se* nos termos do Direito internacional e da Carta da ONU, ainda que o Conselho de Segurança da ONU a tivesse autorizado (o que ele com certeza não fez). Contudo, com a única exceção de Barbara Lee, deputada por Oakland-Berkeley, o Congresso dos Estados Unidos deu ao presidente o

---

* Aprovada logo após os ataques de 11 de setembro, a Lei Patriota (Patriot Act) deu poderes quase ilimitados ao Poder Executivo, em vista do combate ao terrorismo, equivalendo praticamente a um estado de sítio. (N. do R. T.)

[14] O uso de nomes de forte viés político-ideológico era típico do estilo legislativo soviético. Cabe notar que o USA Patriot Act significa Uniting and Strengthening America by Providing Appropriate Tools Required to Intercept and Obstruct Terrorism Act (Lei sobre a União e o Fortalecimento dos Estados Unidos e pela Provisão dos Instrumentos Apropriados para Interceptar e Obstruir o Terrorismo). Essa semelhança é observada por T. Varady, "Notes on ideological precepts as formants of private law in Central-Eastern European countries", em *Opening up European Law* (M. Bussani, U. Mattei, orgs.), Durham: Carolina Academic Press, 2007, p. 132.

poder de declarar guerra. A votação do Patriot Act, uma lei muito complexa e longa, com mais de quatrocentas cláusulas, havia sido igualmente apressada.

Uma lei bipartidária anterior concedia ao governo o poder de grampear computadores de suspeitos sem autorização. Essa legislação, proposta pela senadora Dianne Feinstein, da Califórnia, e pelo senador Orrin Hatch, de Utah, foi aprovada em 13 de setembro de 2001, em vinte minutos, pelo voto do plenário. O Patriot Act foi aprovado na íntegra em 25 de setembro, no Senado, com a única oposição da senadora Russ Feingold, democrata do Wisconsin. Na Câmara dos Deputados, a lei foi aprovada por 356 votos a favor e 66 contra. Não faria muito sentido aprofundar a crítica dessa lei, que só pode ser entendida como um dos maiores episódios de pilhagem da liberdade. Basta mencionar algumas normas do Departamento de Segurança Nacional dos Estados Unidos e do Patriot Act que sedimentaram a guerra contra os de opinião adversa ao governo, prejudicando bibliotecas, famílias, estrangeiros, imigrantes e norte-americanos nativos, mesmo aqueles que cada vez mais se impõem o comedimento em suas críticas e opiniões.

Conforme determina o § 215 do Patriot Act, o Departamento de Justiça e os agentes do FBI podem acessar os registros de usuários de bibliotecas. A lei também considera ilegal que os bibliotecários até mesmo informem a seus usuários que seus registros foram examinados por esses agentes. A Associação Americana de Bibliotecas (American Library Association, ALA) se opôs a cláusulas da lei que facilitariam aos agentes governamentais o exame desses registros. O Centro de Pesquisas em Biblioteconomia (Library Research Center) da Universidade de Illinois constatou que 545 bibliotecas tinham sido investigadas pelos agentes da lei no período de um ano, depois dos atentados de 11 de setembro. Isso incluía 178 vistorias feitas por agentes do FBI.

A preocupação com os registros foi além das bibliotecas. As agências encarregadas da aplicação da lei pressionaram as empresas de telecomunicações a entregar os registros voluntariamente, "sob o pretexto de que elas estariam agindo com falta de patriotismo se insistissem em só entregá-los mediante ordem para depor e apresentar os documentos em juízo"[15]. E havia também as investigações furtivas nas casas de pessoas, que só eram trazidas a público dias depois de se considerar que a investigação estava concluída. Desse modo, o § 213 do Patriot Act infringe os princípios do *common law* de que os agentes da lei precisam "bater à porta e anunciar-se". A lei também priva os estrangeiros do devido processo legal e dos direitos que a Primeira Emenda lhes concede, ampliando as justificativas para a detenção e deportação. Igualmente permitidas são as incursões *black bag* (mala preta), nas quais agentes do governo podem invadir casas e escritórios privados e se apropriar do que quiserem. Só depois de três meses, período durante o qual uma pessoa pode pensar que sua casa foi arrombada e saqueada por assaltantes, é que ela será informada de que foi vítima de ação policial. Além disso, o *carnivore* (hoje conhecido como DCS 1000) pode ser instalado em nossos computadores. Esse dispositivo pode ler qualquer *e-mail* que tenhamos enviado, ou mesmo (usando o programa "Lanterna Mágica") ler mensagens que escrevemos, mas não enviamos. Se formos suspeitos de práticas terroristas, tudo que digitarmos será registrado.

Sob o Patriot Act, os estrangeiros estão sendo privados de suas proteções constitucionais. Agora, o procurador-geral tem o direito de prender os suspeitos de "atividade terrorista" enquanto seu processo de deportação ainda está pendente. Desde o 11 de setembro,

---

[15] Nancy Chang, *Silencing Political Dissent: How Post-September 11 Anti-Terrorism Measures Threaten our Civil Liberties*, Nova York: Seven Stories Press, 2002, p. 50.

centenas de suspeitos (sobretudo os árabes e muçulmanos) foram detidos. O número exato não é conhecido, mas um relatório sugere que, por volta de 2002, já era superior a 2 mil, e há quem acredite que passe de 4 mil[16]. *O local onde* essas pessoas ficam detidas não é divulgado, porque esta informação não é considerada pública. Ainda está em debate nas Cortes se o estrangeiro tem direito de acesso à assistência e representação jurídica. Terrorismo, organizações terroristas e atividades terroristas são coisas que podem ser amplamente definidas, e isso tem levado ao aumento do grupo de estrangeiros sujeitos à deportação. Nancy Chang, do Centro de Direitos Constitucionais de Nova York, observa que "a expressão 'atividade terrorista' é em geral compreendida como algo restrito à violência premeditada e politicamente motivada que se volta contra uma população civil"[17]. Nos termos do Patriot Act, a expressão foi ampliada a ponto de se tornar irreconhecível, e tem aplicação retroativa. Além disso, o serviço de imigração agora pode deter um estrangeiro por até sete dias sem acusação de violação criminal ou imigratória. Para além dessas interpretações imprecisas do Estado de Direito encontra-se quase sempre o desrespeito flagrante a ele próprio por parte daqueles que estão incumbidos de aplicá-lo.

Além de todas essas aberrações, é importante observar que as definições do Patriot Act são tão imprecisas que praticamente dão um cheque em branco ao governo norte-americano, permitindo-lhe incluir qualquer pessoa na lista dos terroristas. Uma pessoa co-

---

[16] Ver, em www.aclu.org/safeandfree/, relatórios e atualizações. Para o recente apelo de um importante advogado e filósofo político liberal a que as pessoas não se submetam à lógica da exceção, ver Bruce Ackerman, *Before the Next Attack: Preserving Civil Liberties in an Age of Terrorism*, New Haven: Yale University Press, 2006.

[17] Uma lista atualizada das iniciativas tomadas em todos os Estados Unidos em prol da restauração das liberdades públicas pode ser encontrada no *website* do Comitê de Defesa da Declaração de Direitos e Garantias (Bill of Rights Defense Committee), www.bordc.org.

mete um ato de terrorismo interno se, "dentro dos Estados Unidos, envolve-se em atividades que impliquem perigo para a vida humana, que infrinjam as leis dos Estados Unidos ou de qualquer Estado e que aparentemente pretendam 1) intimidar ou coagir a população civil; 2) influenciar a política de um governo por meio de intimidação ou coerção; 3) atentar contra a conduta do governo por meio de destruição em massa, assassinato ou sequestro".

Deixando de lado a ironia fácil de que essa definição combina com a conduta internacional desse país, permitindo-nos verificar claramente que os atos de terror, como a pilhagem, na verdade são considerados legais ou ilegais dependendo de quem os pratica, o relatório da União Americana pelas Liberdades Civis resume muito bem a situação:

> Por ser muito abrangente, essa definição de terrorismo incluiria pessoas que participam de protestos políticos, desde que seus atos pusessem a vida humana em risco. As pessoas ligadas a organizações como a Operação Resgate e a Frente de Libertação Ambiental, bem como os participantes de protestos contra a OMC, participam de atividades que as sujeitariam a ser processadas como terroristas [...]. Uma vez que o governo decida que determinada conduta é terrorismo doméstico, os agentes da lei estão autorizados a incriminar quem quer que ofereça proteção a esses ativistas, ainda que essa proteção se resuma a oferecer-lhes abrigo. Esses agentes estariam autorizados a grampear os telefones dos que oferecessem esse tipo de ajuda.[18]

É fácil perceber que, no caso das atividades beneficentes muçulmanas, por exemplo, até mesmo o fato de doar dinheiro a

---

[18] Ver David Cole, *Enemy Aliens*, Nova York: The New Press, 2003. Ver também David Cole, "Profiles in legal courage", *The Nation*, 20 de dezembro de 2004, pp. 28-9; e David Cole & James Dempsey, *Terrorism and the Constitution: Sacrificing Civil Liberties in the Name of National Security*, Nova York: New Press, 2006.

uma organização, sem ter consciência da extensão de suas atividades nem de seu registro no governo dos Estados Unidos, pode expor alguém ao alto risco de ser investigado por suspeita de terrorismo.

Para os fins que nos propomos, há pouco mais a ser acrescentado. O que expusemos já é mais do que suficiente para explicar por que grande número de advogados e intelectuais do mundo inteiro, outrora admiradores dos Estados Unidos, começam a ver o país como uma espécie de velho Oeste selvagem no que diz respeito a sua cultura jurídica, apesar do prestígio profissional de que ainda desfrutam as megafirmas de Direito de Nova York e o meio acadêmico norte-americano.

Em nome do equilíbrio e da imparcialidade, porém, é preciso observar que, nos Estados Unidos, há um importante movimento de resistência por parte do eleitorado rural e das pequenas comunidades, como as centenas de municípios e governos locais que aprovaram resoluções em defesa dos direitos da Primeira Emenda contra a pilhagem da liberdade, ou a inflexível oposição das associações de direitos civis a esse estado de coisas. Cerca de quatrocentas cidades, pequenos municípios e condados em mais de quarenta estados, e os poderes legislativos de oito estados aprovaram resoluções em defesa das liberdades civis de seus cidadãos, tendo em vista a vigência do Patriot Act. Infelizmente, do ponto de vista global, o que conta mais é o espetáculo. E o rompimento da administração Bush com o empenho anterior em manter a hegemonia por unanimidade foi espetacular. Toda a resistência interna passou praticamente despercebida pela maior parte da mídia (ela própria dominada pelos aliados empresariais que apoiam essas políticas autoritárias), de modo que a opinião pública mundial não se deu conta da intensidade da oposição a essas medidas nos Estados Unidos[19]. Além do mais, muitos norte-americanos parecem alheios ao grau de resistência no mundo inteiro, ou ao grau de sofrimento e pilhagem infligidos por seu governo a populações inocentes.

Como grupo profissional, os advogados não vivem em um mundo totalmente apartado de seu contexto social. Portanto, é natural que sua percepção profissional seja, pelo menos em parte, produto da percepção social em termos gerais. Para muitos, a perda da fé no "modelo americano" e a sensação de terem sido traídos por ele encontram-se mais disseminadas na época atual, pelo menos entre as elites intelectuais europeias, das quais os advogados são um componente importante. Escândalos como o da Enron e soluções jurídicas de mínimo alcance, como a Lei Sarbanes-Oxley*, estão cobrando seu preço pelo capital residual do prestígio do Estado de Direito norte-americano no mundo e do modelo de capitalismo do qual ele se supõe fiador. Enquanto a resistência intelectual é intensa em autores como Noam Chomsky, Howard Zinn ou Gore Vidal, advogados e antropólogos (com poucas exceções) estão inacreditavelmente à margem das vozes dissidentes. Como profissionais, eles conferem legitimidade a agentes políticos mais fortes e não são intelectuais públicos com acesso à mídia.

Pilhagem contínua: o discurso do patriotismo

Escolhemos a Patriot Act, e não qualquer outra lei castradora da liberdade no pós-11 de setembro, como uma legislação emblemática do abandono do Estado de Direito pelos Estados Unidos – o centro do poder mundial –, e nossa escolha se deve ao fato de a pilhagem ter chegado à esfera da liberdade, um dos valores mais

---

[19] Ver Nancy Chang, *op. cit.*, p. 62.

* Lei que endureceu as penas aos crimes cometidos no mercado de capitais, depois do escândalo Enron. (N. do R. T.)

profundos do imaginário norte-americano. O próprio nome dessa lei revela uma política que pretende calar ou marginalizar a oposição política e criar um ambiente que permita a pilhagem declarada.

Em um texto brilhante, Eric Feldman, da Universidade da Pensilvânia, examina as estratégias japonesas "tradicionais" usadas para evitar a afirmação de direitos e do Estado de Direito nessa sociedade que continua sendo, em sua essência, autoritária. Feldman coloca a mediação praticamente inevitável e a legislação repressiva como as duas características principais do modelo japonês de controle social. Ao discutir a situação no começo do século XX, ele afirma:

> A promulgação de leis repressivas foi outro modo de limitar tanto os direitos quanto a afirmação desses direitos. Isso foi facilitado pela associação entre dissidência política com falta de patriotismo. O Japão não conhecia nenhum conceito de oposição leal. Portanto, os defensores dos direitos se opunham ao Estado ou, no mínimo, desobedeciam a ele, o que permitia que fossem considerados indivíduos desleais.[20]

Apesar do orgulho por seu sistema processual e seu sistema de garantia dos direitos, os Estados Unidos não têm se mostrado imunes, vez por outra, a fases igualmente autoritárias. Algumas delas já ocorreram no passado. Das Leis sobre Estrangeiros e Sedição (Alien and Sedition Acts) de 1789 à prisão de dissidentes e suspensão do *habeas corpus*, determinadas por Abraham Lincoln, ao desprezo de Woodrow Wilson pela Primeira Emenda na Primeira Guerra Mundial, ao chamado "medo vermelho" (*red scare*) de 1920, quando J. Edgar Hoover deportou centenas de "radicais"

---

[20] Ver E. Feldman, *The Ritual of Rights in Japan*, Cambridge, UK: Cambridge University Press, 2002.

e "bolcheviques" presos em várias partes dos Estados Unidos, à histeria de Joseph McCarthy, a obsessão em rotular dissidentes como antipatriotas e antiamericanos tem caracterizado certas fases políticas do país.

O público tem presenciado um número cada vez maior de casos envolvendo cidadãos norte-americanos. Para Nancy Chang,

> [...] a recusa da administração Bush em reconhecer a diferença entre discurso político primordial, que desfruta da proteção plena da Primeira Emenda, e crime de traição gerou um ambiente no qual os que questionam a integridade da reação de nosso governo aos eventos do 11 de setembro tiveram de lidar com visitas do FBI, ameaças de morte e outras consequências nefastas.[21]

Isso levou o deputado Dennis Kucinich, de Ohio, a observar: "Parece que estamos sendo transformados, passando de uma sociedade de informação para uma sociedade de informantes."[22] Nancy Chang fez um relato de muitos incidentes, inclusive aqueles que envolvem casos de desobediência civil e são considerados terrorismo doméstico. Os ativistas políticos que participam de protestos pacíficos arriscam-se a ter seus dossiês incluídos em um banco de dados no qual podem ser acessados por órgãos do governo. Há infiltrações nos processos pacíficos. Pessoas que participam de grandes comícios são entrevistadas e filmadas. Em Denver, duas importantes organizações, o Comitê de Serviço de Amigos Americanos (American Friends Service Committee) e a Anistia Internacional, estão processando judicialmente os órgãos de governo que grampearam seus computadores.

---

[21] Ver Nancy Chang, *Silencing Political Dissent: How Post-September 11 Anti-Terrorism Measures Threaten our Civil Liberties*, Nova York: Seven Stories Press, 2002, p. 94.
[22] Ver Nancy Chang, *op. cit.*, p. 94.

A administração norte-americana introduziu uma concepção direitista de patriotismo que contou com a ativa participação do presidente Bush e dos meios de comunicações do país. A necessidade de dissidência legítima foi rejeitada em favor da transmissão de informações "equilibradas". As posições divergentes são consideradas "ofensivas, irresponsáveis e impatrióticas" pelas autoridades do governo. Essa tática de calar a oposição favorece a pilhagem, tanto internamente quanto no exterior. Em âmbito doméstico, evita que se descubram novos casos constrangedores, como os da Enron, WorldCom, Tyco etc., quando a pilhagem ocorre nas altas esferas, apesar de acobertada pelo Direito e muito bem servida por advogados empresariais muitíssimo bem pagos. Portanto, a imposição do silêncio protege a suposta "natureza benigna" do capitalismo empresarial, triunfante depois do fim do comunismo soviético e baseado na democracia e no Estado de Direito, que precisam de uma sociedade sem dissidentes, politicamente alienada e frequentadora contumaz de *shopping centers*. No exterior, onde a pilhagem e o assassinato são hoje patentes nas novas colônias do Afeganistão e do Iraque, o silenciamento de testemunhas oculares é crucial. Com o número cada vez maior de cadáveres de soldados norte-americanos, a opinião pública – apesar de ter se transformado em uma multidão bastante cínica e solitária – poderia finalmente incomodar-se com a ocultação de certos aspectos da ocupação. No cinema, obras como o documentário *Iraq for Sale* contribuem para mostrar a verdade dos fatos[23].

Sempre foi difícil defender a liberdade de investigação e de expressão em tempos de guerra. Este é um dos motivos pelos quais as guerras favorecem a pilhagem. E é este o motivo pelo qual a declaração de "guerra", tanto real quanto simbólica, tem se revelado

---

[23] Robert Greenwald, *Iraq for Sale*, RYKO, 2006.

um meio tão propício à imposição do estado de exceção ao Estado de Direito. Basta pensar na "guerra às drogas" – que tem a utilidade de abarrotar mais prisões corporativas – ou, sem dúvida alguma, a "guerra ao terror". Como as Leis sobre Estrangeiros e Sedição de 1789, o Patriot Act nasceu acobertado pela bandeira dos Estados Unidos e apoiado pelo medo dos riscos à segurança nacional. Quando o país é varrido por surtos de discurso e fervor patrióticos, há uma necessidade imediata de identificação com as exortações governamentais à segurança nacional. O patriotismo, porém, pode tornar-se violento e feio, além de ter consequências duradouras por muito tempo depois de terminadas as crises. Pode, inclusive, transformar-se no maior aliado da pilhagem quando o Estado de Direito perde credibilidade e deixa de atuar como uma influência legitimadora.

Os Estados Unidos foram fundados por dissidentes. No século XIX, os abolicionistas eram os únicos que se predispunham a criticar as potências da época e a exigir o fim da escravidão. As sufragistas eram dissidentes, e hoje as mulheres têm direitos políticos. Na década de 1960, os dissidentes forçaram o governo a repensar a Guerra do Vietnã, ao mesmo tempo que o movimento pelos direitos civis pretendia concluir o trabalho iniciado no século XIX em favor da igualdade de direitos a despeito de cor, sexo ou classe. Enquanto isso, o movimento em defesa dos consumidores combatia as fraudes e os riscos à segurança e ao bem-estar, e os movimentos ambientalistas procuravam alertar para os perigos que ameaçam a segurança do planeta. Desde a década de 1960, contudo, um movimento para desestimular questionamentos disseminou-se pela sociedade norte-americana, tanto nas escolas quanto nos hospitais ou na arena política, inaugurando um movimento consensual que transforma a América em um país de consumidores alienados. Vale a pena repetir: a pilhagem pode prosperar, imperturbável, sempre que a oposição social é silenciada.

Sejamos específicos. Em primeiro lugar, na esfera da *mídia*, dois casos muito conhecidos são o de Peter Arnett e o de Geraldo Rivera, que ousaram ir além do conteúdo de seus roteiros televisivos. Arnett, da NBC (National Broadcasting Corporation) e da National Geographic, foi demitido por ter aparecido na televisão iraquiana expondo os mesmos argumentos dos "especialistas" da TV, ou seja, que a guerra não estava transcorrendo como se esperava devido à resistência inesperada. Ele não mencionou que essa resistência se voltava contra a pilhagem e a recolonização. Mas o que disse foi suficiente. Geraldo Rivera, da conservadora Fox News, foi acusado de pôr em risco as vidas de soldados norte-americanos ao fornecer detalhes de uma operação militar quando trabalhava como jornalista integrado às tropas. Ao comentar aquilo que chamou de "patriotismo descontrolado" depois do 11 de setembro, o âncora da CBS Dan Rather comentou que "nunca houve uma guerra norte-americana, pequena ou grande, em que o acesso tenha sido tão dificultado como nesta"[24]. Talvez a explicação seja que nunca houve uma guerra norte-americana tão diretamente inspirada pela pilhagem e tão difícil de legitimar quanto essa. Dois repórteres da mídia impressa foram demitidos por terem criticado Bush por esconder-se depois do ataque às Torres Gêmeas – Dan Guthrie, do *Grants Pass Daily Courier*, do Oregon, e Tom Gutting, do *Texas City Sun* –, em um claro recado aos jornalistas para tomarem cuidado com o que dizem.

Um segundo exemplo notório de intimidação, em outubro de 2001, envolveu uma influente organização sediada em Washington, o Conselho Americano de Curadores e Ex-Alunos (American

---

[24] Ver Nancy Chang, *op. cit.*, p. 97.

Council of Trustees and Alumni, Acta). O Acta publicou um documento intitulado Defending Civilization (Em Defesa da Civilização), um texto com cerca de quarenta páginas em que se descreviam mais de cem incidentes supostamente antipatrióticos, ocorridos em *campi* universitários[25]. No processo, mais de quarenta professores foram acusados por envolvimento com o que a Acta chamava de "atividades antiamericanas". Foram selecionados e publicados, fora de contexto, comentários que sugeriam a total falta de patriotismo do meio acadêmico. O relatório parece uma lista negra, mas evidentemente contém a dose apropriada de dois pesos e duas medidas. Por um lado, afirma que os professores têm o direito de expor suas opiniões, mas condena os que o fazem como "pouco patriotas" – tudo muito parecido com a política de caça às bruxas do senador Joseph McCarthy, que perseguiu comunistas na década de 1950, antes do Comitê de Investigação de Atividades Antiamericanas (Committee on Um-American Activities).

O "medo vermelho", como observa um cartunista, foi substituído pelos medos vermelho, branco e azul. O antropólogo Hugh Gusterson, primeiro professor citado no relatório do Acta, está certo ao chamar de tática de controle o uso que nesse texto se faz da intimidação, da busca de bodes expiatórios e da propaganda. Gusterson também chama a atenção para as ligações históricas entre guerra e repressão a dissidentes. Afinal, Mark Twain foi considerado traidor por se opor à política norte-americana de colonização e pilhagem nas Filipinas, na virada do século XIX. Gusterson lembra-nos que "as universidades não são apêndices do governo dos Estados Unidos [...] e, neste país, o objetivo delas não consiste em aplaudir qualquer diretriz política adotada pelo governo nor-

---

[25] Ver www.goacta.org/publications/reports/defciv.pdf. "Defending Civilization: How Our Universities are Failing America and What Can be Done About It".

te-americano [...], mas sim em buscar o conhecimento e estimular as pessoas a desenvolverem o pensamento crítico"[26].

O chamado "efeito paralisante" é o resultado inevitável da espionagem de vidas norte-americanas, ao mesmo tempo que se fecham as portas à informação governamental, e a participação na autocensura isola os verdadeiros patriotas, aqueles que estão tentando preservar algum sentido do Estado de Direito e, por extensão, da Declaração de Direitos e Garantias. Hoje, a pilhagem praticada nos Estados Unidos faz-se acompanhar por uma vasta gama de práticas legitimadoras cujo objetivo final consiste em impedir os possíveis usos contra-hegemônicos do Estado de Direito: do acesso limitado aos tribunais à obrigatoriedade da resolução alternativa de conflitos, à legislação autoritária, à estigmatização dos dissidentes como impatrióticos e "terroristas".

O medo (e o dinheiro) têm sido usados para convencer os membros do Congresso a renunciar rapidamente a suas prerrogativas de controle e a dar ao Poder Executivo um cheque em branco que lhe permita impor um estado de guerra permanente. E, apesar de mostrar-se contrária à invasão do Iraque por meio de um voto simbólico, até mesmo a atual maioria democrática não impediu o refinanciamento das hostilidades, por medo da acusação de não estar solidária com os soldados ou por ter interesses comuns nos florescentes negócios militares. O medo, que leva à autocensura, tem sido usado em conjunto com a mídia conservadora – transformando até seus órgãos mais conceituados em instrumentos de propaganda nas mãos dos capitalistas empresariais, e não em vozes críticas. E provavelmente as escolas de Direito

---

[26] A entrevista dada por Hugh Gusterson para Sharon Brasco, de onde foi retirada a frase citada, está publicada na seguinte obra: R. Gonzalez (ed.), *Anthropologists in the Public Sphere: Speaking out on War, Peace, and American Power*, Austin, TX: University of Texas, 2004, p. 247.

também estejam com medo, o que explicaria por que a educação jurídica vem transcorrendo como se o desmantelamento do Estado de Direito não tivesse ocorrido.

Vale a pena repetir aqui as palavras de Judith Grant, professora de Direito da Universidade da Califórnia do Sul:

> Atualmente, venho passando pela experiência que os juristas chamam de "efeito paralisante", algo que senti, na verdade, como um calafrio percorrendo minha espinha – meio segundo de angústia, de uma angústia quase subconsciente, a partir do momento em que soube que o Patriot Act havia sido aprovado. Voltei a sentir esse calafrio quando me dei conta de que, agora, faço uma pausa antes de escrever quase qualquer coisa. Fico pensando na maneira como uma autoridade governamental interpretaria meus escritos se ela (ou ele) estivesse tentando mover uma ação (totalmente injustificada) contra mim. Fiquei preocupada até mesmo ao escrever esta última frase e, na sequência imediata, preocupei-me com minha preocupação. Algum funcionário do Departamento de Justiça poderia perguntar: por que ela ficaria preocupada se não estivesse fazendo nada de errado?[27]

Se o Estado de Direito submeteu-se ao império da pilhagem e à ilegalidade, que futuro podemos esperar para o mundo civilizado?[28]

---

[27] Citado em Nat Hentoff, *op. cit.*, p. 135.
[28] Ver, de Philippe Sands, *Lawless World – America and the Making and Breaking of Global Rules from FDR's Atlantic Charter to George Bush's Illegal War*, Nova York: Viking Publishers, 2005.

PARA ALÉM DE UM ESTADO DE DIREITO ILEGAL?

Resumo: pilhagem e transformação global do Direito

> Suportar a luta global entre as superpotências é ruim. Viver sob o domínio hegemônico total de uma delas é pior.
>
> F. Castro Ruz

Uma vez que iniciamos nosso estudo do Estado de Direito por contextos claramente coloniais, poderíamos ter escolhido ao acaso grande número de exemplos – espanhol, português, holandês, inglês, francês, alemão, italiano – que seguem, todos, um modelo semelhante no qual a pilhagem e o genocídio eram a norma. Os sistemas jurídicos coloniais desenvolveram-se a partir de contextos competitivos, com vários Estados-nação reivindicando a condição de império. A lei, outrora usada para justificar o direito de propriedade "original" dos conquistadores, desenvolveu-se de modo que formou um instrumento complexo de dominação, mas surgiu também o seu uso contra-hegemônico.

Historicamente, o capitalismo ocidental evoluiu e disseminou-se por meio da pilhagem extrativa, que deixou um rastro de custos sociais por onde passou. Esses "detalhes externos" talvez constituam a mais estudada das falhas do mercado. O capitalismo empresarial moderno usa o Direito ativamente, não só para atender à distribuição dos lucros, mas também para aumentar a redistribuição de recursos às partes mais fortes. Como Karl Polanyi mostrou em seu estudo sobre as grandes transformações[1], nenhuma estrutura institucional foi forte o bastante para se opor a uma distribuição de recursos que, de modo avassalador, beneficia os indivíduos mais fortes da sociedade. Na verdade, o Estado de Direito nunca se contrapôs de modo efetivo a esse estado de coisas. Ao contrário, foi responsável pelo fortalecimento da disparidade favorável aos ricos, em detrimento dos pobres, porque a proteção da propriedade privada está na origem do Direito ocidental, seja nos Estados Unidos (Federalist Papers), na Inglaterra (Sir Edward Coke) ou no Direito romano antigo (profissionalismo jurídico). As elites dominantes na Europa e nos Estados Unidos impuseram, e ainda impõem, os custos sociais de seu próprio desenvolvimento aos povos mais fracos, internamente e no exterior, e o Estado de Direito, com eficácia e elegância, atende aos interesses dessa prática. Em termos comparativos, na época atual o mundo ocidental não seria rico se não tivesse alimentado seu próprio desenvolvimento com a pilhagem, um gigantesco arco de produção de economias externas legalizadas. Muitos bilionários norte-americanos não o seriam se não tivessem usado o sistema fiscal, o Direito e o discurso público em seu benefício, deixando a classe média e os pobres de seu próprio país – e muito mais ainda os de fora – pagarem por seus hábitos de consumo obscenos.

O uso ideológico do Estado de Direito como protetor da propriedade privada, como se isto fosse um aspecto positivo da civilização humana *per se*, foi muito bem-sucedido. Na verdade, tão bem-sucedido que hoje até mesmo os grandes contingentes populacionais subjugados em toda parte do mundo veriam a imposição

---

[1] Karl Polanyi, *The Great Transformations*, Nova York: Ferrar & Rinehart, 1944.

de uma alíquota de imposto de 90 por cento sobre cada dólar ganho, depois de determinado limite (pouco importa qual limite!), como uma iniciativa socialista radical, ignorando o caso de que isso aconteceu durante a administração Eisenhower na década de 1950, nos Estados Unidos[2].

Do modo como é concebido hoje, infelizmente o Estado de Direito constitui um limite eficaz a qualquer contestação do *status quo*. Isto porque seu uso confere um grau de respeitabilidade ética e aceitabilidade moral à resistência egoísta dos mais fortes e ricos em restituir aos mais fracos e pobres uma parte da injusta quota de recursos globais por eles acumulada por meio da pilhagem. A retórica do Estado de Direito impede que muitos entendam que, na estrutura do desenvolvimento capitalista, *os ricos são ricos porque os pobres são pobres*, e que a redistribuição radical de recursos e um drástico abandono da estrutura institucional que permite esse modelo de desenvolvimento suicida talvez sejam necessários, a esta altura, para a defesa de nosso planeta. Os ricos, e não os pobres, possuem hábitos insustentáveis de consumo. Os ricos, e não os pobres, estão levando nosso planeta à destruição.

Portanto, a essência do Estado de Direito parece voltada para a proteção dos "privilegiados" contra os "desvalidos", impedindo que governos "internacionalmente respeitáveis" se aliem aos pobres, e não aos ricos. É difícil deixar de ver o Estado de Direito como o componente mais poderoso dessa retórica dominante que seleciona experiências generosas, em circunstâncias dramaticamente difíceis – como aquelas geradas pelo bloqueio contra

---

[2] Ver D. C. Johnston, *Perfectly Legal: The Covert Campaign to Rig our Tax System to Benefit the Super Rich – and Cheat Everyone Else*, Nova York: David Cay, Portfolio, 2003. Ver também Russell Mokhiber e Robert Weissman, *On the Rampage: Corporate Power and the Destruction of Democracy*, Monroe, ME: Common Courage Press, 2005.

Cuba –, para um ataque sob alegações falsas[3]. Pior ainda, as potências imperiais utilizam essa retórica para legitimar ataques violentos a essas experiências sociais, como aqueles contra Arbenz, na Guatemala (1954), e Allende, no Chile (1973), bem como as tentativas de assassinato (fartamente documentadas) de Fidel Castro, em Cuba. Na verdade, tanto ontem como hoje, a justificativa para essa intervenção política violenta tem sido a proteção dos "interesses dos Estados Unidos", ávidos por manter o Estado de Direito na condição de conceituada garantia de condições das pilhagem.

Não obstante, também temos visto que a última rodada de descolonização formal, sobretudo aquela dos países africanos, foi produto de uma nova e sinistra competição durante a Guerra Fria, decorrente do fortalecimento da contra-hegemonia – ela própria com sólidas raízes no Estado de Direito. Embora o Direito justifique formalmente a pilhagem e favoreça os "barões do roubo" de nossa época, os que procuram diminuir as desigualdades inerentes ao império também subverteram o Direito para usá-lo em benefício próprio. As concepções de democracia, liberação e justa distribuição surgiram, então, da dialética entre socialismo e capitalismo no período que se seguiu à Segunda Guerra Mundial.

Como vimos em capítulos anteriores, o advento da era norte-americana no século XX resultou da transformação do Estado de Direito em uma instituição poderosa e original, capaz de convencer o mundo de suas vantagens comparativas. O Estado de Direito tem podido servir como uma sólida estrutura institucional

---

[3] Sobre a legalidade do regime internacional corrente no que diz respeito a Cuba, ver Olga Miranda Bravo, *Undesirable Neighbors: The U.S. Naval Base at Guantanamo*, Havana: Editorial José Martí, 2001. O livro contém uma discussão muito esclarecedora acerca da pilhagem histórica da ilha por espanhóis e norte-americanos, que culminou no tratado de paz de Paris, em 1898, e da imposição da Emenda Platt (27 de fevereiro de 1901) à Constituição "independente" de Cuba.

a favor da expansão do capitalismo empresarial, permitindo que os mercados cresçam e globalizem seu alcance. Contudo, a tensão entre mercado e democracia, entre os "privilegiados", que se beneficiam do primeiro, e os "despossuídos", que deveriam se beneficiar da segunda, foi também objeto de nossa atenção porque, por algum tempo, o socialismo esteve disponível como uma alternativa possível.

No Ocidente, a tentativa de atenuar as terríveis consequências das desigualdades geradas pelos mercados a fim de refrear os ímpetos revolucionários e a utilização contra-hegemônica potencialmente eficaz do Direito implicou a criação de instituições capazes de alguma redistribuição a favor dos pobres: o Estado de Bem-Estar Social e sua lógica de gastar tendo em vista a prosperidade social. Esse modelo institucional, baseado em um Estado ativista, desenvolveu-se mais na Europa do que nos Estados Unidos – em proporção à proximidade física e intelectual da alternativa socialista do Leste. Mesmo nesse país, não apenas os programas de bem-estar social patrocinados pelo governo, mas também os tribunais ativistas desempenharam um lendário papel em uma tentativa de integrar a minoria negra sacrificada, os perdedores na distribuição social de recursos gerados pela pilhagem, oferecendo integração racial em troca da renúncia aos sonhos revolucionários. O prestígio político e cultural internacional acumulado com o papel espetacular do Tribunal Warren (famoso em todo o mundo pelos casos de dessegregação) mostrou-se útil ainda por muito tempo depois do desaparecimento do Estado de Bem-Estar Social, como exemplo da benevolência do Direito norte-americano. Esta benevolência continua reconhecida até hoje, apesar do fato de que, nos últimos vinte anos, o encarceramento discriminatório, legalizado pelos tribunais, tem sido uma indefectível resposta às desvantagens raciais e econômicas nos Estados Unidos. Os dados sobre as desigualdades sociais produzidas pela pilhagem são estarrecedores não apenas na esfera internacional – onde países vitimados pela anterior ou atual colonização *de jure* ou *de facto* são impedidos, em termos estruturais, de obter indenização –, mas também nos Estados Unidos, onde o fato de ser pobre talvez seja pior do que em qualquer outro país do mundo ocidental[4].

Nessa nação, os grandes vencedores do jogo conhecido como capitalismo empresarial totalizam cerca de 24 mil norte-americanos extraordinariamente ricos. Essas pessoas caberiam todas em um pequeno estádio. Elas controlam uma riqueza semelhante àquela que está nas mãos de 90 milhões de seus concidadãos – um número equivalente ao de todos os habitantes de Iowa à Costa Oeste. Dados de 2005 mostram que mais de 300 mil norte-americanos declararam uma renda agregada superior àquela de 150 milhões de seus compatriotas. O grupo de 0,1 por cento tem mais do que os 50 por cento do patamar inferior. Sob o Estado de Direito, enquanto os 24 mil prosperam e ficam mais ricos, 50 milhões de norte-americanos vivem mergulhados em grande pobreza, e a classe média como um todo vem estagnando ou sofrendo um retrocesso em seus ganhos. A única redistribuição por tributação que funcionou, iniciada durante a administração Nixon e existente até hoje, é aquela que favorece a classe dos bilionários, envolvidos como estão na prática da pilhagem sob o Estado de Direito. O recuo da esfera social por parte do Estado facilitou os grandes negócios e levou à renovação das antigas condições da pilhagem colonial em escala mundial. Poderá o Direito ser usado para resti-

---

[4] Elisabetta Grande, *Il terzo strike*, Palermo: Sellerio, 2007; e Loïc Wacquant, *Punir les pauvres: le nouveau gouvernement de l'insecurité sociale*, Marselha, França: Agone, 2004 (*Punishing the poor, the new government of social insecutiry*, manuscrito inédito, 2005). Essas obras mostram que o encarceramento é usado nos Estados Unidos como estratégia para manter os pobres sob controle.

PARA ALÉM DE UM ESTADO DE DIREITO ILEGAL? · 355

tuir os bens usurpados mediante a demonstração de algum potencial contra-hegemônico, ou estará condenado a permanecer nos domínios do problema, e não da solução?

É impossível dar uma resposta clara e precisa a essa pergunta. Para avaliar se alguns aspectos do Estado de Direito são ilegais em um sentido fundamental, é preciso tomar como critério os padrões jurídicos locais, independentes da estrutura jurídica do Estado-Nação e das modernas estruturas jurídicas globalizadas. Daqui a pouco faremos um rápido exame desse conflito estrutural, mas primeiro examinaremos as dimensões do problema que se coloca. A pilhagem é um aspecto tão onipresente na história do capitalismo global que os lucros mal adquiridos que deveriam ser restituídos desafiam a imaginação. Há alguns anos, o economista E. Mandel tentou fazer um cálculo, acrescentando apenas alguns novos fatores: o valor do ouro e da prata roubados da América Latina até 1660, o valor da pilhagem realizada pela Companhia das Índias Orientais na Indonésia, entre 1650 e 1780, tudo que foi usurpado pelos franceses durante o comércio de escravos e os lucros de mais de cinquenta anos de pilhagem britânica na Índia. A quantia superava o investimento total em todas as empresas europeias operadas por energia a vapor em 1800[5]. Embora esses números confirmem a conclusão histórica de que o capitalismo se desenvolveu *por meio da pilhagem*, o julgamento legal desses crimes seria difícil de imaginar, inclusive em tribunais dos Estados Unidos que, como sabemos (ver Capítulo 6), não relutam em julgar a história[6]. Todavia, admitir o poder da pilhagem e sua

---

[5] E. Mandel, *Marxist Economic Theory*, Nova York: Monthly Review Press, 1968, v. 2, p. 443.
[6] Ver, no Capítulo 6, a discussão sobre os processos relativos ao Holocausto, em que os tribunais norte-americanos tentaram julgar fatos ocorridos na Europa durante a Segunda Guerra Mundial.

estreita relação com o Estado de Direito poderia ao menos libertar os observadores da retórica dominante dos vencedores. Podemos remontar às origens da pilhagem. O mistério é como sua brutalidade, fortalecida pelo Direito, faz que esse modo de ver a civilização pareça uma utopia na fase atual, caracterizada pela estreiteza de pensamento.

Ao longo de vinte anos, não se considera mais que as características fundamentais do Estado de Direito norte-americano tenham uma única via jurídica possível, capaz de coexistir com ordenações jurídicas alternativas dignas de respeito, compreensão e reconhecimento. Em vez disso, os modelos diferentes do padrão norte-americano foram abandonados, rejeitados ou interditados pela força irresistível do expansionismo jurídico dos Estados Unidos, fundamentado em uma filosofia em sintonia com a lógica de mercado, cujo único objetivo consiste na realização de negócios e na prática da pilhagem. O monopólio das instituições reativas na administração do Estado de Direito global mostrou-se demasiado frágil para oferecer qualquer contrapeso eficiente à pilhagem, tanto doméstica quanto internacional, quer aquela envolta no dispendioso manto do Direito, quer aquela claramente acobertada pelo poderio militar.

O desenvolvimento de um Estado de Direito imperial e opressivo no mundo dominado pelos Estados Unidos, exacerbado pelo lançamento de bombas múltiplas sobre áreas restritas, pela tortura e pelo genocídio, produz um clamor por alternativas concretas. Estas, por sua vez, não podem nascer do resultado de um processo eleitoral dominado pela minoria dos consumidores norte-americanos que, apesar de pouco significativos em termos numéricos, dominam os mercados, nem de tribunais que são parte integrante do problema. O capital empresarial polui o processo eleitoral, tornando-o insensível a uma vasta gama de preferências políticas.

PARA ALÉM DE UM ESTADO DE DIREITO ILEGAL? · 357

O próprio processo judicial, como já mostramos, vê-se igualmente cerceado. Forças compensatórias, por meio das quais o Estado de Direito pode adquirir novo significado, teriam de reafirmar um processo político capaz de conduzir a dinâmica econômica, desde a primazia da intenção de lucro até a primazia das razões de justiça[7].

Apesar das tentativas de instituições financeiras internacionais de apresentar o Estado de Direito como uma tecnologia política que pode ser importada e exportada, precisamos admitir que o Direito (sejam quais forem seu estilo e sua forma locais) faz parte da estrutura política e social interna de qualquer sociedade. Em quase toda a América Latina, longas décadas de hegemonia dos Estados Unidos sob a Doutrina Monroe permitiram a opressão da maioria da população dentro de sistemas jurídicos de Estados nacionais que facilitavam o capitalismo de compadrio para fins de pilhagem externa. Na África e na Ásia, o jogo de xadrez da Guerra Fria produziu tanto libertação quanto opressão. Por toda parte, as tentativas de desenvolver o Estado de Direito foram fracassos gigantescos. Não passaram de tentativas centro-ocidentais, por parte de professores motivados por ideais de justiça, de intervir no processo político sem poder, dinheiro ou legitimidade suficientes. As poderosas instituições de governança internacional, muitas vezes aqui mencionadas, sempre tiveram uma aguda consciência da natureza política do Direito, mas só depois da queda do muro de Berlim elas ousaram violar suas próprias cartas patentes contra a intervenção política, mediante a aplicação

---

[7] Apesar de sua natureza local, está em curso no Equador uma tentativa que expõe a necessidade de um "recomeço constitucional" para derrotar a pilhagem. O presidente Rafael Correa convocou um plebiscito para 15 de abril de 2007, tendo em vista a instalação de uma Assembleia Constituinte que rompa totalmente com um passado de neoliberalismo que, iniciado na década de 1980, atingiu seu ponto máximo na total "dolarização" da economia no ano 2000.

do Direito como mero componente de um sistema econômico do capitalismo. A despolitização do Direito e sua transformação em um componente neutro do sistema econômico foram necessárias porque os estatutos internos das instituições de Bretton Woods não admitiam a intervenção política[8].

Em contraste com essas proibições, temos presenciado toda uma série de iniciativas do Banco Mundial e do FMI envoltas na retórica do Estado de Direito que, ao pressionarem por um desenvolvimento jurídico "em sintonia com o mercado", continuam à frente da pilhagem corporativa indiscriminada. Por exemplo, dos 125 milhões de pessoas que vivem na Nigéria, um país rico em recursos naturais, mais de 70 por cento encontram-se hoje abaixo do nível de subsistência. A renda média do país é inferior a um dólar por dia. Esses números não mudaram depois da descoberta de petróleo (ao contrário das bem-sucedidas iniciativas anteriores de distribuição de dinheiro das petrolíferas estatais a cidadãos iraquianos), que foi saqueado pelo capital ocidental e por seus aliados locais. Segundo o conceito dominante do Estado de Direito, não só essa dinâmica social de exploração grosseira é perfeitamente legal como também deve ser estimulada por todas

---

[8] Ver, por exemplo, o art. IV, seção 10, do Acordo de Instituição do Banco Internacional de Reconstrução e Desenvolvimento – Bird, uma das cinco instituições que constituem o Banco Mundial. Tem por título "Political Activity Prohibited", e nele se afirma: "O banco e seus funcionários não interferirão nos assuntos políticos de qualquer um de seus membros; tampouco terão suas decisões influenciadas pelo caráter político do membro ou dos membros em questão. Somente considerações de ordem econômica serão importantes para suas decisões, e estas considerações serão avaliadas de modo imparcial, a fim de cumprir os objetivos estipulados no art. I." Estipulações semelhantes podem ser encontradas nos estatutos da Associação Internacional para o Desenvolvimento (International Development Association), outro membro do Banco Mundial. Ver http://siteresources.worldbank.org, para uma discussão que enfatiza a variedade de estratégias usadas para despolitizar o discurso sobre o desenvolvimento a fim de influenciar o Direito. Ver também Luca Pes, *Law and development*, tese de doutorado, Universidade de Turim, 2007, p. 170.

as políticas de privatização e de "ajuste estrutural", ou, como se diz de algum tempo para cá, de "desenvolvimento abrangente".

Contudo, pelo menos desde o século XIX tem se insinuado a ideia de que deve predominar o Direito, e não a força bruta, inserindo-se, assim, o Estado de Direito em um emaranhado de contradições. Não obstante, embora a pilhagem já tenha sido inserida no Estado de Direito desde os seus primórdios e talvez tenha contribuído com o mais poderoso impulso para o desenvolvimento do Direito dos Estados-Nação, o Direito não está irredutivelmente fadado a ser um instrumento da pilhagem. Porém, por maior que seja a tensão entre o Direito como instrumento de justiça, por um lado, e de pilhagem, por outro, tal tensão faz as coisas penderem com força para este último. A Guerra Fria reajustou-a por breve espaço de tempo, em favor de mecanismos jurídicos mais equitativos, como também o fizeram alguns períodos de descolonização ou alguns momentos revolucionários bem-sucedidos. Hoje, com a enorme complexidade e eficácia dos instrumentos jurídicos modernos a serviço da pilhagem, o problema que enfrentamos continua a ser o da correção desse desequilíbrio. Uma sociedade governada pelo diálogo e não pela guerra (fria ou quente) deve reformular esse estado de coisas, engajando-se, antes que seja tarde demais, na busca de uma sociedade global mais justa e de uma nova concepção do Estado de Direito, fundado na justiça social. Uma série de iniciativas pode começar a reorientar a trajetória do Direito, expondo os desdobramentos jurídicos que englobam todos os aspectos do Estado de Direito (como aqueles impostos pelas instituições financeiras institucionais), que hoje devemos ver como essencialmente ilegais no espírito e na prática e que são contrários – na totalidade de seu impacto – à justiça social, às necessidades básicas das pessoas e do planeta. Essas iniciativas – cuja concretização exige uma revolução cultural, se não política, voltada para o centro e a periferia – percorrem toda a escala que vai desde o fortalecimento dos direitos do pequeno acionista e daqueles que, embora não sejam investidores, são de forma direta ou indireta atingidos pela atuação das empresas, até a atribuição de responsabilidade aos custos externos que derivam da diminuição da qualidade do meio ambiente, passando pela reforma jurídica e tributária. Os regimes jurídicos para os quais o bem comum deve estar a serviço do interesse coletivo, bem como as leis que asseguram o livre acesso à educação, aos serviços de saúde, à habitação decente e à água potável, devem ser aplicados e financiados pelo dinheiro que, no momento, pertence a indivíduos e empresas que o obtiveram por meio da pilhagem. Em conjunto, essas reformas poderiam criar um novo conceito de legalidade que, fundamentado nas necessidades das pessoas, se tornaria um obstáculo ao "profissionalismo" interesseiro, ao imperialismo e à despolitização.

Estado de Direito imperial ou Estado de Direito do povo?

Nas democracias que os antropólogos descobriram em todos os continentes, os povos aplicam leis pertencentes a tradições locais sempre que identificam uma injustiça. Em seu conjunto, as tradições jurídicas locais talvez ofereçam a mais poderosa estrutura de que dispomos para julgar as ilegalidades inerentes ao Estado de Direito euro-americano – que na época atual é imperial. À medida que o mundo fica menor e as pessoas podem comunicar-se instantaneamente em qualquer parte do planeta, o Direito local é cada vez mais praticado em contextos cosmopolitas. Em todos os lugares, grande parte da população tem acesso à internet, o que pode favorecer a interação entre as tradições jurídicas locais e as preocupações globais. Em Sierra Madre de Oaxaca, cidadãos mexicanos em assembleia na prefeitura local decidiram proibir a atuação de mineradoras internacionais porque já conheciam sua fama de poluir o meio ambiente – além de praticar a pilhagem – na Nova Guiné, no Canadá, no Equador e no Peru. No interesse da saúde e da segurança, os munícipes de uma cidade no Estado norte-americano de Connecticut votaram contra a instalação de usinas de reprocessamento de lixo no local, também porque já haviam sido precedidas por sua fama de irresponsabilidade corporativa: enterrar lixo é basicamente externalizar custos*. No vale de Susa, no Norte da Itália, os habitantes se opuseram à construção de um túnel que atravessaria os Alpes para permitir o trânsito de trens de alta velocidade. A construção desse túnel, com subsídios da União Europeia, fora decidida pelos governos da Itália e da França, sem consultar as pessoas que seriam por ele prejudicadas, e liberaria fibras de amianto no ar da região, colocando a população diante do grave risco da incidência de casos de câncer. Movimentos semelhantes eclodiram em Vicenza, em 2007, onde o governo italiano, mais uma vez sem discussão prévia com a população local, prometeu ao governo dos Estados Unidos uma ampliação significativa da base militar Del Mulin. Devido a supostas obrigações da Otan (Organização do Tratado do Atlântico Norte), o governo nem mesmo ousou perguntar aos Estados Unidos que tipos de armas de destruição em massa poderiam ser mantidos ali. Em ambos os casos, as pessoas diretamente atingidas por esses projetos, que só foram justificados – se é que isso é possível – em um nível abstrato, protestaram contra o cerceamento da tomada de decisões locais em questões que diziam respeito à utilização de suas terras.

---

* *Externalized cost*, no original, é o termo usado para designar práticas empresarias irresponsáveis de diminuição de custos pela transferência de suas responsabilidades a terceiros, em geral à população como um todo. Exemplo: uma empresa que não trata os resíduos de sua produção industrial e simplesmente os lança na atmosfera, rios, oceanos ou em aterros transfere o custo do descarte adequado desses agentes poluidores para toda a sociedade. (N. do R. T.)

No Sul do Líbano, os xiitas tiveram de renunciar ao uso de um sistema jurídico baseado na solução mediada dos conflitos relativos à terra (inclusive do tratamento do lixo) e à água nos enfrentamentos com a invasão israelense de 1982 e nos anos de pilhagem do solo arável e da água que se seguiram. Nesse caso, como as tradições jurídicas locais não conseguiram impedir a pilhagem israelense, surgiu o Hizbolá para defender o Sul do Líbano da exploração e dos sequestros contínuos. A resistência dos xiitas à pilhagem foi chamada de terrorismo pela mídia corporativa internacional. Da mesma maneira, na Palestina, as tentativas de usar critérios locais de propriedade não conseguem deter a ocupação israelense da margem ocidental. Na China, o Estado de Direito local entra em conflito com os que poluem a água; na África, com os direitos dos tratamentos medicinais tradicionais; na Bolívia, o conflito diz respeito a saber quem possui a água – a Bechtel ou os cidadãos bolivianos; e, no Iraque, a questão é saber quem possui e controla o petróleo. Em Chiapas, no México, os habitantes organizaram-se em comunidades autônomas para reivindicar sua autonomia nas decisões sobre o uso da terra, entre outras questões. No Brasil, os caiapós recorreram a costumes reconhecidos pela estrutura do Estado de Direito para reivindicar direitos de propriedade intelectual; esforços semelhantes são feitos na Índia, em decorrência do choque entre os direitos locais e os direitos comerciais à árvore *neem* (considerada como "a farmácia dos vilarejos"), e o conflito entre as leis locais que regulam o acesso à água e a Coca-Cola. Na Argentina, os trabalhadores lutaram pela alteração de leis promulgadas pelo Estado e conseguiram reabrir fábricas. Um sólido senso de justiça e equidade embasa a aplicação das leis locais. Essas tentativas talvez pareçam inconsequentes em comparação com as gigantescas extrações permitidas pelos usos imperiais do Estado de Direito, mas constituem o núcleo de uma ideia diferente do que é e do que deve ser legal.

Alguns críticos têm afirmado que a globalização dos últimos tempos é uma força neoimperialista que deixou bilhões de pessoas em situação pior do que estavam há vinte anos. Nos Estados Unidos, dados recentes mostram que isso se aplica a 80 por cento das pessoas, ainda que, como nação, o país tenha um consumo *per capita* muito superior a sua justa cota de recursos deste planeta. Os norte-americanos consomem e poluem quase o dobro da quantidade dos segundos consumidores mais ativos do mundo, os europeus ocidentais[9].

O mundo tomou conhecimento do espetáculo dessa distribuição extremamente cruel e injusta de recursos econômicos com o surgimento, em dezembro de 1994, do movimento zapatista na região rural de Chiapas, no México, onde antes, por volta de 1992, o Estado (cedendo a pressões internacionais) introduzira profundas alterações no Direito agrário e trabalhista e privatizara empresas estatais. Estavam em jogo recursos humanos e naturais e, possivelmente, recursos petrolíferos. Os zapatistas deixaram de ser um aparente movimento de sublevação armada e passaram a criar municípios autônomos como um modelo de governo democrático, dando início a uma rede internacional – uma Ação Global dos Povos (People's Global Action, PGA) – para fins de apoio mútuo, sinalizando que seus problemas também eram de alcance global. Essa rede internacional incluía não apenas grupos indígenas, mas também grupos de ação direta e sindicatos trabalhistas,

---

[9] Dados comparativos são oferecidos pela *Energy Information Administration*. Os dados internacionais foram atualizados até 2004 e mostram um consumo *per capita* nos Estados Unidos de 342,7, contra 146,5 na Europa e 50,8 na América Latina, 15,7 na África, 38,5 na Ásia e Oceania, com uma média mundial de 70,1. A unidade é de um milhão BTU/pessoa. Ver www.eia.doe.gov/emeu/international/energy/consumption.html

em uma busca de novas possibilidades (inclusive de novos instrumentos jurídicos) para lidar com as desigualdades econômicas. Embora possa permanecer à margem dos relatórios dos poderosos, como o FMI e o Banco Mundial, o homem indefeso ainda existe, como afirmou um antropólogo.

Quando as ordens superiores deixam de ser previsões otimistas e se transformam em uma realidade terrível, seria bom aceitar novas possibilidades, elementos transformadores com frequência criados pelos que sofrem as consequências das decisões externas. A resposta, porém, vem em forma de "correção de rumo", de modo que hoje, depois de um arremedo de pedido de desculpas, os planos de ajuste estrutural, sem nenhuma mudança significativa em sua essência, passaram a ser chamados de "abordagens de desenvolvimento abrangente". Ainda são condicionalmente impostos, e apenas buscam adicionar uma nova respeitabilidade à triste retórica desenvolvimentista.

Na Argentina, a resistência à adoção forçada de diretrizes econômicas norte-americanas transformou-se nas *asambleas barreales* – uma rede de instituições alternativas que ocupava e dirigia fábricas controladas pelos operários. Como observamos no Capítulo 2, muitos argentinos sofreram as consequências de um Estado de Direito imperial que passa por cima do trabalho, das economias locais, dos consumidores e do meio ambiente. As ordens superiores, que se curvam servilmente à ideologia da supremacia dos chamados mercados "livres" e violam a soberania política e econômica dos países, parecem imunes às consequências de seus atos. Portanto, os trabalhadores argentinos buscaram suas próprias soluções – em seu caso, pelo uso contra-hegemônico de leis impostas pelo Estado.

Um exemplo de inovação jurídica local vem do México. Em agosto de 2006, a antropóloga Laura Nader, que é coautora deste livro, realizou uma viagem de campo a Sierra Madre, em Oaxaca, a fim de entrevistar moradores antigos sobre as mudanças que eles percebiam desde que a Comissão Papaloapan havia construído estradas na região durante as fantasias desenvolvimentistas da década de 1960. Neste período, construíam-se estradas supostamente para ligar vilarejos das montanhas à capital do Estado, de modo que seu considerável superávit agrícola pudesse ser escoado não apenas em âmbito regional, mas também para os mercados nacional e externo. Como já dissemos, a Alca permitiu a concorrência entre os produtos norte-americanos e os produtos locais. Em vez do envio desses produtos *para fora*, o que vimos foram vilarejos abarrotados de produtos vindos *de fora* – alimentos como milho, feijão, ovos e *junk food*, além de máquinas, computadores e música comercial. Também encontramos terras férteis abandonadas. Os jovens tinham deixado seus locais de origem que, menos de quarenta anos atrás, formavam comunidades autônomas e autossuficientes, e mandavam para casa um dinheiro que podia ser usado para as pessoas comprarem produtos de várias partes do mundo que haviam sido introduzidos na região. Os mais velhos, que haviam apoiado o "progresso", sentiam-se profundamente traídos. Desenvolvimento não pressupunha, necessariamente, perda de autonomia e maior dependência.

Oaxaca é um dos estados mais pobres do México, e talvez seja aquele que reúna a maior diversidade de povos e línguas indígenas. Ao longo do verão de 2006 e durante as reivindicações anuais do sindicato dos professores por aumentos de salário e melhorias nas escolas do estado, a Assembleia Popular dos Povos de Oaxaca (Appo) foi criada. Centenas de organizações, cada qual com problemas específicos, passaram a atuar em áreas de desenvolvimento comunitário, produção cooperativa, assistência médica, serviços sociais, direitos humanos, direitos das mulheres, direitos indígenas e sindicatos trabalhistas de ação política. O que as unia era o objetivo de tirar o governador Ulysses Ruiz do cargo por suposta apropriação indébita e mau uso dos recursos do Estado, além de uso de violência em reação às reivindicações dos professores. Embora esses grupos seguissem uma filosofia de não violência em sua atuação, entre maio e dezembro de 2006 a região estava mergulhada em caos e desordem. As pessoas começaram a pensar suas relações com o Estado com base no entendimento indígena oaxaca de responsabilidade coletiva e direito consuetudinário – quando o grupo entra em conflito com necessidades individuais "não apenas em bases de 'política de oposição', mas sim tendo em vista a refundação jurídica de uma nova modalidade de Estado"[10].

A rede contra a biopirataria, formada por articulações locais, tem outra forma e outro objetivo – um baluarte internacional contra a apropriação indébita do conhecimento tradicional. Como já afirmamos, as interações do Direito ocidental com sistemas jurídicos radicalmente diversos desafiam muitos pressupostos básicos do Estado de Direito, que permitem a legalização, o conhecimento antigo ou local e o pagamento de *royalties* por meio do direito de propriedade intelectual. Por exemplo, em 2000 e 2002, duas patentes foram concedidas nos Estados Unidos para *maca*, uma planta andina de grande altitude usada pelos povos indígenas do Peru e conhecida como "Viagra natural". Um grupo de trabalho

---

[10] Deborah Poole, "Political autonomy and cultural diversity", *Anthropology News* 48 (3), 2007, p. 10. Em 1995-98, criou-se a Lei dos Direitos Indígenas, uma plataforma para "o reconhecimento de identidades culturais, línguas, costumes e direitos". Embora a lei tenha sido pouco implementada, a exceção importante é o direito de eleger as autoridades municipais segundo os *usos y costumbres* tradicionais, o que significa que, ao assim se declararem, as "municipalidades autônomas" podem determinar seu próprio futuro no que diz respeito a terra, território e recursos. As comunidades autônomas têm uma longa história no México; cada comunidade indígena deveria ser uma unidade econômica independente, uma política da Coroa espanhola para equilibrar os poderes dela própria, dos colonizadores e dos indígenas.

foi criado por camponeses (*campesinos*) e cientistas para estudar as patentes associadas à *maca* que foram registradas nos Estados Unidos e descobrir maneiras de contestá-las. A Iniciativa Andino-Amazônica para a Prevenção da Biopirataria vai muito além das regiões andina e amazônica da América do Sul, incluindo parcerias com instituições no Brasil, Colômbia, Equador e Venezuela. Embora ainda hoje existam questões pendentes sobre quem deve se beneficiar da comercialização de conhecimentos nativos, a questão fundamental se resume simplesmente a pilhagem em forma de roubo ou pirataria. Em suas manifestações na Organização Mundial do Comércio, a Índia vem insistindo na implantação de um sistema que controlaria o modo como empresas, cientistas e outros podem usar conhecimentos antigos – plantas e animais nativos, a árvore *neem* (sua casca, tronco, frutos e sementes), ervas, chá e até mesmo posições de ioga – em relação ao direito de propriedade intelectual euro-americano[11]. Pesquisadores venezuelanos e indianos estão desenvolvendo bancos de dados confidenciais de plantas e animais que têm potencial comercial como alimentos e remédios. Alguns países, como a Costa Rica e as Filipinas, obrigam empresas a pagar milhões de dólares pelo direito à "bioprospecção" em suas florestas. Não se sabe como isso vai terminar, mas sabemos que o reconhecimento da pilhagem em relação ao conhecimento secular está bastante difundido. O Estado de Direito imperial, por meio do Acordo sobre os Aspectos dos Direitos de Propriedade Intelectual Relacionados ao Comércio (Agreement on Trade-Related Aspects of Intellectual Property, Trips) da Organização Mundial do Comércio, pode acabar se modificando graças ao Estado de Direito do povo, com base na jus-

---

[11] Ver Vandana Shiva, *Biopiracy – The Plunder of Nature and Knowledge*, Boston: South End Press, 1997.

tiça social, e não na definição corporativa de eficiência econômica, embora não esteja claro de que modo isso poderá acontecer. Cass Sunstein resumiu os efeitos que projetos coletivos e livres de direitos autorais, conhecidos como "de código aberto" (como a famosa enciclopédia Wikipedia), podem ter para ajudar a resolver problemas correntes:

> Os projetos de código aberto, alguns dos quais vêm surgindo na medicina e na biotecnologia, dispensam a proteção do direito de propriedade intelectual, de modo que inúmeros usuários podem ajudar a aperfeiçoá-los. No campo da saúde, projetos de biotecnologia de código aberto como o Bioforge.net talvez venham salvar muitas vidas, sobretudo – mão não exclusivamente – em países pobres. Os projetos que contam com grandes financiamentos e reivindicam a proteção do direito de proteção intelectual com frequência terão resultados bem inferiores aos daqueles mais baratos, que se beneficiam de uma colaboração proveniente de múltiplas fontes.[12]

O movimento de código aberto estimula a expansão rápida e muito difundida, possibilitando a coleta e utilização do QI coletivo de milhares de indivíduos. Os projetos de código aberto começaram a enfraquecer a tendência das leis de propriedade intelectual de criar condições monopolísticas para a pilhagem e podem levar a reformas significativas dessas leis, tendo em vista a concorrência criada quando o conhecimento coletivo pode ser acumulado para servir a todos.

Poucas batalhas sobre recursos têm a intensidade daquelas que dizem respeito à água potável. A pilhagem de recursos hídricos, estimulada pelo direito imperial, com frequência ocorre

---

[12] Cass R. Sunstein, "A brave new Wikiworld", *Washington Post*, 24 de fevereiro de 2007, p. A19. Cass Sunstein também é autor de *Infotopia: How Many Minds Produce Knowledge*, Oxford: Oxford University Press, 2006.

com a cumplicidade do Direito oficial dos Estados. Já houve protestos denunciando a privatização de recursos hídricos endossada pelo Banco Mundial, e grandes desvios de rios também têm mobilizado habitantes locais. A exploração exacerbada de lençóis freáticos é um aspecto crucial do problema da escassez de recursos hídricos. O caso da Coca-Cola na Índia é um exemplo do Direito local contra o Direito estatal. Neste caso, os *panchayat*, ou governos locais autônomos de Kerela (no Sul da Índia), autorizaram o uso de bombas elétricas de alta potência para extrair milhões de litros de água pura. A companhia perfurou mais poços do que fora autorizada a fazê-lo e o nível da camada freática caiu de forma drástica. Além disso, a Coca-Cola poluiu o pouco de água que deixou de roubar da comunidade, redirecionando aos poços e mananciais os resíduos da água utilizada e, assim, contaminando a água restante. As mulheres se organizaram em movimentos de protesto sobre o desvio do lençol freático e, mais tarde, um médico local declarou que o que sobrara de água era impróprio para o consumo. Os papéis do Direito estatal e local se inverteram. O *panchayat* retirou da empresa a licença para operar, mas a perda da licença não custou à Coca-Cola o apoio do governo do Estado. Os protestos das mulheres, porém, provocaram a solidariedade nacional e internacional. O principal ministro de Kerela determinou o fechamento da fábrica e, em dezembro de 2003, o juiz Balakrishnana Mairo estabeleceu que a Coca-Cola interrompesse a extração, já naquele momento ilegal, de água do lençol freático de Plachimada. Seu raciocínio jurídico foi importante para a criação de um Estado de Direito do povo:

> Nosso sistema jurídico, baseado no *common law* inglês, inclui a doutrina da confiança pública como parte de sua filosofia do Direito. [...] O Estado é o depositário de todos os recursos naturais.

[...] O público em geral é o beneficiário [...], de modo que, embora não existam leis que regulem especificamente a extração de água de lençóis freáticos, o *panchayat* e o Estado são necessários para impedir a exploração excessiva das reservas subterrâneas.

Dessa perspectiva, o tribunal deu à Coca-Cola um mês para interromper a extração de água e ordenou ao *panchayat* e ao Estado que garantissem o cumprimento dessa exigência. A batalha com a Coca-Cola disseminou-se por outras áreas nas quais tanto ela quanto a Pepsi vinham extraindo água subterrânea, e as autoridades públicas indianas reagiam às manifestações com violência[13].

Uma técnica usada na China é chamada por um estudioso de *resistência legítima* (*rightful resistance*), em que indivíduos e grupos prejudicados em seus direitos e impossibilitados de usar a legislação local contra grandes empresas ou instituições estatais recorrem aos princípios tradicionais para fundamentar sua oposição quando pretendem reivindicar direitos[14]. Na China, sempre que possível, é comum que os movimentos aconteçam por meios legais. Os protestos ambientais, as reclamações trabalhistas – segundo um relato, mais de duzentos protestos por dia – e o uso cada vez maior de sistemas jurídicos, nacionais ou cosmopolitas, sugerem uma crescente percepção da justiça com raízes na afirmação dos direitos contra o aumento das práticas capitalistas brutais defendidas pelo Estado. Embora a reforma jurídica tenha sido conduzida, em grande parte, por um movimento de modernização com fortes vínculos com o Estado de Direito imperial que, por sua vez, é extremamente receptivo ao capitalismo, fica claro que o

---

[13] Vandana Shiva, "Índia: soft drinks, hard case", *Le Monde Diplomatique*, março de 2005.
[14] Kevin O'Brien, "Rightful resistance", *World Politics* 49, outubro de 1996, p. 31. Ver também Nicholas D. Kristof, "Rumblings for China", *New York Times*, 2 de julho de 2006, p. 11.

uso do Direito é uma faca de dois gumes. Os danos causados pela poluição do rio Yangtzé, por exemplo, podem ter precedência sobre concepções mais abstratas de progresso.

Em um dos casos, o médico de um vilarejo organizou os agricultores contra uma indústria química que lançava poluentes em um rio das proximidades[15]. Embora o governo tenha sido ambíguo em sua sinalização de como se deveria lidar com a questão da poluição, ele premiou ativistas ambientais e deu publicidade ao fato em si. Os ativistas conhecem uns aos outros e trocam informações pela internet, mas ainda não foram bem-sucedidos em nível local, onde a poluição da água com frequência significa menos peixe e rios cheios de lodo. Em Xipeng, um médico iniciou uma campanha por meio de cartas juntamente com agricultores locais, inspirados no filme *Erin Brockovich*, de Hollywood. O Centro de Assistência às Vítimas da Poluição, em Beijing, ajudou os moradores a processar a indústria. Embora os acordos tenham sido insignificantes, o médico, que fora treinado pelo governo para ajudar pessoas distantes dos centros médicos, concluiu que estava fazendo exatamente aquilo que se esperava dele: proteger a saúde pública.

Eis aqui, portanto, um exemplo de moradores locais influenciados por um filme norte-americano sobre uma pessoa sem formação jurídica que ajudou os habitantes de uma cidade californiana a ganhar milhões como indenização por resíduos tóxicos lançados em sua água. O médico chinês também foi influenciado por sua missão como médico da zona rural, treinado durante o regime comunista anterior ao surto de prosperidade que o país experimentou depois de 1978. E, enquanto os Estados Unidos vêm censurando a China há muitos anos pela falta de um Estado de

---

[15] Shai Oster & Mei Fong, "In booming China, a doctor battles a pollution factory", *Wall Street Journal*, 19 de julho de 2006.

Direito, esse desafio ilustra a flexibilidade e o potencial para o crescimento assegurados pelas tradições jurídicas locais.

O abismo entre teoria e prática fica ainda mais claro no que diz respeito ao confisco de terras de camponeses na China. Em Shiqiao, os ativistas locais leram a legislação que rege as leis fundiárias e concluíram que elas protegiam seus contratos de uso da terra[16]. O problema do domínio eminente – cujo uso a favor do desenvolvimento empresarial chamou a atenção nos Estados Unidos, sobretudo desde que a decisão da Suprema Corte no caso *Kelo vs. New London* (545 U.S. 469, 2005) favoreceu notoriamente os fortes interesses empresariais contra proprietários individuais – também é um problema na China. Em princípio, o poder de desapropriar, situação em que se exerce aquilo que se conhece como poder de *domínio eminente* de uma autoridade pública, limita-se aos casos em que a propriedade servirá ao *uso público*, como a construção de um hospital ou de uma via pública. Nos Estados Unidos, uma crescente degradação da exigência de uso público, patrocinada pela disseminação do raciocínio econômico no Direito, chegou a seu ponto máximo no caso já mencionado *Kelo vs. New London*, no qual a Suprema Corte entendeu que transferências não voluntárias de propriedade entre particulares podem ser justificadas se o "expropriante privado" promete um benefício *público*, na forma de um "efeito cascata" – por exemplo, se o empreendimento cria a expectativa de gerar empregos ou mesmo arrecadações fiscais mais altas. Esse apoio legal ao desenvolvimento golpeia duramente o princípio fundamental segundo o qual grandes e pequenos interesses têm direito a igual proteção aos olhos do Direito. Essa evolução jurídica da desapropriação – em sintonia com a pilhagem – é bem-vinda por muitos países pe-

---

[16] Joseph Kahn, "When Chinese sue the state, cases are often smothered", *New York Times*, 28 de dezembro de 2005, p. A1.

riféricos ou mercados emergentes, como a China ou a Índia, onde os governos locais constantemente expropriam terras de camponeses a fim de transferi-las para multinacionais que prometem promover desenvolvimento para a população por meio de seus parques industriais. Nos lugares em que ocorre essa evolução "conduzida pela eficiência" (hoje dizemos "conduzida pela pilhagem"), as populações locais lutam por justiça. Quando milhares de agricultores chineses se sentiram ultrajados pelo confisco de propriedades rurais[17], os moradores recorreram à retórica do Estado de Direito nacional e conseguiram concessões importantes.

Diante das revoltas de camponeses, a China oficial declarou a prioridade habitual, tentando reduzir a utilização potencialmente contra-hegemônica do Estado de Direito: "uma sociedade harmoniosa". Hoje sabemos, graças à observação comparativa de contextos coloniais (ver Capítulo 4), o que isso significa como diretriz política: "A sociedade harmoniosa significa que ninguém se opõe a mim. Nada de ideias diferentes, os chineses não acreditam mais nessas palavras de ordem."[18] Para o governo, podia significar que ele chamava a si a responsabilidade pelas reclamações dos agricultores, jurídica ou de outra natureza, ou simplesmente que pregava uma harmonia de marketing como fachada de um sistema que impede que os pobres produzam sua própria riqueza. Infelizmente, a reação do governo às reclamações dos agricultores expropriados pode ser muito mais dura. Em diferentes contextos, a luta camponesa contra a injustiça tem sido tratada com uma violência opressiva, oferecendo ainda mais oportunidades de negócios aos negó-

---

[17] Edward Cody, "Officials held hostage by farmers in China", *Washington Post*, 10 de novembro de 2006, p. A26; e Edward Cody, "One riot breaks ground in China", *Washington Post*, 28 de junho de 2006, p. A14.

[18] Maureen Fan, "China's party leadership declares new priority: 'Harmonious society'", *Washington Post*, 12 de outubro de 2006, p. A18.

cios empresariais ligados à segurança, que já obtêm grandes lucros com a pilhagem em quase toda parte, sempre que o senso de justiça é derrotado e o Direito não está disponível para recuperá-lo.

Por exemplo, em 14 de março de 2007, em Nandigram – um vilarejo a leste de Midnapur leste, no estado de Bengala Ocidental –, ocorreu um banho de sangue dos pobres, entre os quais havia mulheres e crianças, quando 3 mil policiais fortemente armados e capangas enviados pelo CPI-M (Partido Comunista da Índia – Marxista) cercaram os vilarejos e abriram fogo contra os que protestavam. O número de mortos é desconhecido, de 14 a 100, segundo fontes distintas. Nandigram havia sido um ponto de convergência da luta, em Bengala Ocidental, durante os dois meses anteriores, depois de o ministro Buddhadeb Bhattacharya ter anunciado que milhares de hectares de terras cultiváveis seriam confiscados pelo governo para a construção de um polo químico e uma zona especial de comércio cujo proprietário seria Mohammad Salim, um comerciante indonésio. Infelizmente, Nandigram não constitui uma exceção em Bengala Ocidental, onde está em curso uma tentativa governamental de adquirir, pelo uso da força, terras férteis que pertencem aos camponeses. Em Singur, no Distrito Hooghly, quase quatrocentos hectares de terras estão sendo tomados dos camponeses para permitir que o empresário indiano Ratan Naval Tata construa uma pequena fábrica de veículos motorizados. É difícil resistir à pilhagem, e as cores oficiais dos partidos no poder são irrelevantes para as pessoas que lutam desesperadamente pela vigência do Estado de Direito[19].

Além dessa confusão com o Estado de Direito do povo, entram na briga as organizações não governamentais. Na verdade,

---

[19] Ver Supryo Mukherjee, *Nandigram: The Brutal Massacre of Peasants at the Hands of the Left Front Government*, disponível em www.marxist.com/india-nandigram--massacre-paesants.

às vezes as ONGs globais são úteis à pilhagem da soberania dos países mais fracos e têm parte ativa no processo de despolitização do Direito que leva ao triunfo do Estado de Direito imperial. Suas alianças, porém, podem ser diversificadas. Em 2005, o Greenpeace lançou uma campanha global na China pela primeira vez[20]. Os alvos de sua luta eram as empresas que usam substâncias tóxicas em seus produtos, uma das principais consequências da modernidade. Para chamar a atenção para o problema do depósito ilegal de resíduos tóxicos, os ativistas do Greenpeace coletaram restos e refugos eletrônicos no maior aterro sanitário de resíduos tecnológicos da China e com eles ergueram uma estátua na Oitava Exposição Internacional de Alta Tecnologia. Ao mesmo tempo, os ativistas mandaram um caminhão cheio de lixo tecnológico de volta para a sede europeia da Hewlett Packard, em Genebra, Suíça. No ano 2000, a China proibiu legalmente a importação de lixo tecnológico. Contudo, quantidades enormes desses resíduos ainda se amontoam no país, em locais onde operários os fragmentam para que o metal possa ser revendido e reciclado. Este tipo de reciclagem resulta em graves riscos para a saúde dos trabalhadores e para as águas superficiais e de lençóis freáticos. A China não é o único lugar onde ocorre esse tipo de violação. Países como Tailândia, Filipinas, México e Somália – esta última um depósito global de resíduos tóxicos – e, muito possivelmente, inúmeros outros, enfrentam esses mesmos riscos à sua saúde. O objetivo é a conformidade com o Estado de Direito do povo, com base em um entendimento da justiça e da responsabilidade social que, por si só, pode dar vida ao Direito. Isso significa que as empresas devem assumir inteira responsabilidade por seus produtos em um mo-

---

[20] "Greenpeace slams hig-tech firms for 'e-waste' in China", Kyodo News Services, Japan, *Economic Newzwire*, 23 de maio de 2005.

mento em que, graças ao rastreamento de seu ciclo vital, a enorme abrangência dos custos ambientais de aparelhos e dispositivos eletrônicos começa a ser conhecida.

As decisões externas que viabilizam a pilhagem mobilizam os habitantes locais que têm noções de justiça e injustiça, quando não de sobrevivência. Eles podem ser povos indígenas, grupos pró-democracia ou movimentos em defesa de um problema específico. Nos exemplos anteriores, o Direito local fica fora do alcance do Direito estatal ou cosmopolita. Pode envolver alianças ou explorar a contra-hegemonia, mas continua sendo uma força diferente, sem fundamentos, como é o caso do Estado de Direito imperial, nas necessidades do desenvolvimento capitalista disfarçado de eficiência. As pessoas que tiveram seu senso de justiça desrespeitado ou foram ameaçadas em suas chances de sobrevivência (o que é quase sempre a mesma coisa) estão inventando, por meio de redes e grupos, maneiras jurídicas e pré-jurídicas de lidar com problemas nocivos à vida e, em última instância, com questões de distribuição de recursos. Seus esforços são legitimados pela necessidade social. A reestruturação jurídica inovadora pode ser aquilo que vai permitir que deixemos este planeta como legado a nossos netos.

O futuro da pilhagem

> [Uma] nova base para a segurança e a prosperidade pode ser estabelecida para todos. [...] O direito ao trabalho; o direito a ganhar o suficiente para prover adequadamente o alimento, o vestuário e o lazer. [...] O direito à assistência médica adequada e a oportunidade para obter boa saúde e dela desfrutar; o direito à devida proteção diante dos temores econômicos trazidos pela velhice, pela doença, pelos acidentes e pelo desemprego; o direito à boa educação.
>
> F. D. Roosevelt

[Um] governo não faz nada tão bem nem com tanta eficiência econômica quanto o setor privado da economia [...] aqueles que trocariam nossa liberdade por segurança tomaram o rumo desse percurso descendente...

R. Reagan

O Estado de Bem-Estar capitalista que surgiu durante o colonialismo de extração europeia só se difundiu minimamente para além da Europa. Sua versão norte-americana, sintetizada pela afirmação de Roosevelt antes citada, foi tradicionalmente coextensivo com paroxismos de pilhagem e violência globais. Ao referir-se ao Tratado de Reciprocidade Comercial, assinado em 1934 entre a "democrática" Cuba e os Estados Unidos, que muitos observadores consideram ainda mais desigual do que aquele assinado em 1902, um estudioso comentou: "Em 1934, teve início a época em que se tentou, com mais violência e selvageria do que nunca, reprimir os movimentos populares e revolucionários de Cuba, ao mesmo tempo que se escancaravam as portas aos monopólios norte-americanos para que pudessem saquear o povo e os recursos nacionais."[21] Podemos evocar outro apogeu da brutalidade global e de conquistas de bem-estar interno, a "Grande Sociedade" (Great Society) do presidente Lyndon Johnson durante a Guerra do Vietnã, e fazer algumas ligações entre as duas tendências.

Ao mesmo tempo, o Estado de Bem-Estar Social produziu um extraordinário conceito de inclusão no período que se seguiu à descolonização. Depois da Segunda Guerra Mundial, o "modelo social" europeu foi desenvolvido principalmente na Alemanha, nos países escandinavos, na Holanda, na França e na Suíça e no Japão. Em termos ideais, os aspectos positivos do modelo social

---

[21] Ver Olga Miranda Bravo, *op. cit*, p. 88.

incluíam: a intervenção estabilizadora do Estado; o forte papel dos sindicatos na criação de um mercado seguro e estável; um setor público de natureza assistencial, capaz de reduzir os custos da exclusão social; um sistema avançado de educação pública e pesquisa científica, que não penaliza áreas do conhecimento incapazes de atrair investimentos privados; e uma concepção da empresa comercial como uma instituição relacional duradoura que o Estado criou e protegerá, como recompensa pela proteção que essas instituições oferecem a seus cidadãos.

Nos Estados Unidos, o Estado de Bem-Estar Social foi radicalmente contestado e reduzido imediatamente após a crise do petróleo da década de 1970. Durante a era Reagan/Thatcher, um Estado de Direito imperial neoliberal converteu-se em algo que não obriga poderosos agentes de mercado a contabilizar seus custos. A "vitória" do Ocidente, liderado pelos Estados Unidos, na Guerra Fria criou a percepção de que os progressos globais podem ser controlados à margem do equilíbrio competitivo, tendo em vista o interesse quase exclusivo da pilhagem – uma vitória que nem mesmo exigiu os efeitos domésticos atenuantes do bem-estar social para deflagrar campanhas imperialistas de agressão no exterior.

Nos Estados Unidos e nos demais países, o controle das grandes empresas sobre as instituições políticas é parte daquilo que descrevemos como pilhagem, ou que o governo Franklin Delano Roosevelt via como fascismo em 1938. Hoje, como resultado dessas transformações, só 99 das 200 economias mais fortes do mundo são Estados, e a maioria delas é formada por empresas globais que não precisam prestar contas a ninguém e são movidas pelo lucro[22]. Além disso, discutimos avanços por meio dos quais o papel mais importante dos legisladores globais é desempenhado pelas

---

[22] Ver Noreena Hertz, *Silent Takeover, Global Capitalism and the Death of Democracy*, Londres: Arrow Books, 2001.

instituições financeiras internacionais não subordinadas a ninguém e controladas por grandes empresas.

Estudos recentes sobre a catástrofe de Bhopal demonstram, de modo dramático, o conjunto incrivelmente complexo de interesses e "problemas técnicos" que impedem que as instituições reativas sejam bem-sucedidas na internalização dos custos sociais no contexto global, na falta de legitimidade e do dever de prestar contas políticas. Por exemplo, o custo estimado da ação corretiva dos danos ecológicos produzidos pela Texaco no Equador, durante o processo de pilhagem de petróleo, é superior a 5 bilhões de dólares. Essa quantia equivale à metade da dívida externa do país. A questão, ainda que só levemos em conta uma minúscula fração do valor da pilhagem histórica nesse país andino tão brutalmente explorado, coloca-se naturalmente: Quem deve dinheiro a quem? Contudo, os tribunais locais estão mal preparados para forçar as empresas a compensar o dano ecológico, enquanto as instituições financeiras internacionais atormentam os governos para que paguem o serviço da dívida. Portanto, a elevação das instituições reativas ao papel de concepção única do Estado de Direito é uma estratégia para permitir a pilhagem corporativa, solapando as próprias características do sistema jurídico, capaz de enfrentar os efeitos nocivos, em vez de estabelecê-las segundo um modelo ao mesmo tempo eficiente e socialmente justo.

A pilhagem nem sempre é mal recebida ou contrariada. Em contextos de menos desespero ou de maior impotência, as ideias de sedução e apelo devidos aos personagens intrínsecos do novo modelo norte-americano – um histórico de riscos, jogatina e estilo de vida radiante – são necessárias para explicar o sucesso do neoliberalismo como uma das práticas de pilhagem. A propaganda ideológica talvez seja a única noção capaz de explicar de que modo o modelo econômico dos Estados Unidos pode oferecer um exemplo digno de admiração mundial – um modelo que deixa 50 milhões de pessoas mergulhadas em extrema pobreza e outros milhões muito perto disso (dados do *Census Bureau* de 2006, 12,7 por cento da população norte-americana) e um sem-teto agonizando dia sim, dia não, nas ruas de suas cidades mais ricas (San Francisco, 2002-3).

Segundo Guy Debord, no fim da Guerra Fria o "espetáculo integrado" em que vivemos – a síntese do capitalismo empresarial e do comunismo à moda soviética – permite a convivência, no mesmo corpo, de opostos aparentes: aventuras econômicas extremamente dramáticas, nas quais o espírito de liberdade se exalta, coexistindo com exercícios de repressão também extremamente dramáticos e espetaculares, nos quais as forças do todo-poderoso império se transformam em objeto de culto. Nessas condições, a resistência, longe de constituir uma força contra-hegemônica organizada, é um agregado aleatório de pensamento político e filosófico, de ação política e de protesto, com raízes em uma atividade política radicalmente crítica e revolucionária que é difícil ver como um "projeto."

O que deveríamos fazer se nos convencessem de que o Estado da pilhagem subjugou o Estado de Direito e o transformou em um instrumento de injustiça? Quais são os primeiros passos para libertarmos nosso mundo do império da ilegalidade? As pessoas podem tomar o Direito nas próprias mãos para escapar à barbárie? Os países que se recusam a "pactuar" terão condições de organizar e propor alternativas institucionais viáveis e dignas de crédito?

Desde o movimento grevista de 1995, a França tornou-se o primeiro país capitalista a rejeitar o modelo econômico norte-americano. Os franceses recusaram-se a iniciar o desmonte de seu Estado de Bem-Estar Social. Sob o acrônimo Mauss (Mouvement Anti-Utilitariste dans les Sciences Sociales), um grupo de intelectuais questionou as bases filosóficas do "livre mercado", os próprios alicerces do neoliberalismo global. Em meados da década de 1990, o Mauss transformara-se em uma rede de intelectuais – sociólogos, economistas, historiadores, antropólogos e filósofos (nem mesmo um único advogado!) da Europa, do Norte da África e do Oriente Médio. Sua resposta às exortações para que a França adotasse o modelo norte-americano e desmantelasse seu Estado de Bem-Estar Social consistiu em tornar público um conceito econômico originalmente proposto pelo revolucionário norte-americano Tom Paine: a *renda mínima* (quando presidente, Richard M. Nixon propôs uma ideia semelhante!). A reforma da política de bem-estar social não precisa começar com a retirada de benefícios sociais, mas poderia repensar a dívida de um Estado para com seus cidadãos. Neste caso, o poder está sendo repensado por intelectuais alertas às transformações e possibilidades históricas de desconstrução dos princípios econômicos que foram normalizados e entronizados pelo Estado de Direito imperial.

A indignação e a resistência relativas à indústria do tabaco revelam um uso contra-hegemônico eficiente do Estado de Direito. Por volta de 1995, na Ásia, 33 de 35 países tinham leis sobre o tabaco em seus livros. Em maio de 2004, quase 170 países haviam assinado a Convenção-Quadro para o Controle do Tabaco (Framework Convention on Tobacco Control, FCTC), uma demonstração de que, "trabalhando em conjunto, as nações do mundo podem proteger as pessoas contra uma prática corporativa irresponsável e letal". A Rede para a Responsabilização das Transnacionais do Tabaco (Network for Accountability of Tobacco Transnationals, Natt), que tem duzentos membros, também se empenhou em manter cláusulas fundamentais da Lei para o Controle do Tabaco (Tobacco Control Bill): "Este é um momento histórico para o movimento de contestação de ações irresponsáveis e perigosas em todo o mundo, [...] não é mais certeza para as grandes indústrias de tabaco que os negócios continuarão como sempre."[23]

Embora exista uma diferença entre assinar tratados e fazê-los cumprir, pode haver aqui algum exemplo a seguir, tendo em vista que a indignação tomou como alvo a propaganda e o marketing voltados para a emancipação feminina e os adolescentes.

Os exemplos anteriores apontam para uma nova modalidade internacional de ativismo praticado por intelectuais e cidadãos. No longo prazo, o efeito cumulativo pode ser o de habilitar as pessoas a distinguir entre os aspectos positivos e negativos do Estado de Direito, entre as sementes que começam a vicejar com as tradições jurídicas locais e depois crescem e se disseminam, como se viu no caso da indignação mundial diante do ataque unilateral dos Estados Unidos ao Iraque. Se for mais amplamente reconhecida por sua verdadeira natureza, a pilhagem poderá transformar-se em alvo da opinião pública e das contestações jurídicas. Dar a pilhagem a conhecer em todos os seus aspectos constitui uma força mobilizadora potencial, embora não haja garantia sem persistência, sem a formação de redes de contatos úteis, sem imaginação e reconhecimento das dificuldades inerentes à desconstrução do Estado de Direito imperial, em alguns lugares ainda considerado um bem social.

O exagero costuma ser visto como chave do sucesso nas relações públicas naquilo que diz respeito aos aspectos fundamentais do Direito ocidental: juízes contestando o poder político e reescrevendo a história de seu país e do mundo; direitos aplicados sem as restrições de fronteiras; advogados representados como sinônimo de sucesso; estudiosos engajados em exercícios intelectuais

---

[23] David Graeber, "Give it away", *InTheseTimes.com*, 21 de agosto de 2000. Ver também D. Graeber, *Fragments of an Anarchist Anthropology*, Chicago: Prickly Paradigm Press (distribuição da University of Chicago Press), 2004, p. 105.

extremamente criativos, com poucas limitações impostas por tecnicismos jurídicos; processos eleitorais organizados como demonstrações cronológicas de cultos à personalidade (a chamada "revolução colorida", que está americanizando muitos dos ex-países socialistas, demonstra o fascínio exercido por esse modelo espetacular); carros policiais reluzentes e extremamente fotogênicos; afirmação altamente visível do poder institucional da vida e da morte; o Direito representado em filmes, *bestsellers* e programas de TV. Todos esses aspectos nos falam do Direito transformado em uma força *pop*. O que se difunde, portanto, não é tanto o Direito norte-americano no que ele tem de mais essencial e verdadeiro, mas sim os seus aspectos espetaculares. Contudo, se você for vítima de pilhagem de terras, poluição de água potável ou perda de receitas petrolíferas estatais, se perdeu seu emprego ou suas economias, ou se for o pobre alvo de uma expedição empreendida com o objetivo de abarrotar as prisões privatizadas – eis aí o ponto em que o espetacular põe os pés na terra e o usuário do Direito começa a entender a diferença entre os aspectos positivos e negativos do Estado de Direito. Podemos nos opor ao império da ilegalidade com um protesto de um dia só ou com um processo bem articulado em uma Corte americana? Parece improvável.

A estratégia consiste em desenvolver instrumentos que exponham a variedade das estratégias coloniais ocidentais usadas para negar a história e elaborar uma crítica do etnocentrismo, tanto consciente quanto inconsciente. Não foi Cícero quem nos lembrou que "liberdade significa participação no poder"? Uma concepção que capitalize a experiência histórica oferece ideias baseadas em qualquer coisa digna de ser poupada em nome da justiça, venha de onde vier, no tempo e no espaço. O capitalismo ocidental tradicional e o socialismo europeu tradicional devem ser comparados em pé de igualdade. Com poucas exceções, nenhum deles tem histórias bem-sucedidas ao longo do tempo. Como Margaret Mead observou um pouco antes de sua morte, precisamos de "uma filosofia para nosso próprio tempo".

Ao discutirmos os continuísmos entre colonialismo e neoliberalismo, apresentamos abundantes comprovações de que o capitalismo tem força suficiente e que seus agentes possuem a capacidade de utilizar um impressionante conjunto de estratégias eficazes para superar momentos difíceis, criados por triunfos passageiros da legalidade. Tendo em vista o fato de que, em última análise, o Direito em ação diz respeito a política e poder, possivelmente mais do que a eficiência ou justiça, precisamos admitir a impossibilidade de transformar de modo significativo o Estado de Direito imperial em um Estado de Direito do povo, a partir de uma reestruturação fundamental do campo político. Essa tentativa, porém, precisa desmistificar muitos tabus, um dos quais é a necessidade intrínseca da experiência histórica que até o momento se conhece como Estado de Direito. Há uma necessidade renovada de contar a verdade histórica, não apenas para as instituições poderosas, mas também para o povo, para provar que a verdade é sempre revolucionária e poderosa quando politicamente organizada, rasgar o denso véu de mentiras que resguarda a pilhagem ocidental e a brutalidade histórica. É preciso rejeitar as ideias espetaculares e imperialistas do Ocidente sobre democracia e Estado de Direito. O que deve surgir, ao longo do tempo, é uma ideia muito simples, camuflada na época atual, apesar de toda a sua evidência, por uma falsidade ideológica multissecular: em um mundo com recursos escassos, há um limite de respeitabilidade à acumulação privada, e os ricos (países, empresas ou, em última instância, indivíduos) não podem ser ricos para além desse limite sem serem responsabilizados pelo fato de os pobres serem pobres. A ultrapassagem desse limite essencial equivale à pilhagem, independente do fato de o Estado de Direito, ao proteger os lucros e todos os "custos externalizáveis", imponha essas disparidades. Neste planeta, os recursos são escassos, mas, se os ricos forem legalmente obrigados a respeitar os limites da decência, haverá mais do que recursos suficientes para todos viverem bem. Ninguém admiraria e respeitaria uma pessoa que, em um bufê de almoço, devorasse de modo obsceno 90 por cento da comida, deixando que os outros convidados dividissem entre si uma quantidade insuficiente para um único deles. Em uma história mundial de capitalismo em que o Estado de Direito reproduziu esse exemplo em escala mundial, a admiração pelos ricos e poderosos, bem como pelos instrumentos que garantem a prática de um esquema tão perverso, parece, de fato, algo muito paradoxal. As pessoas devem ser livres para criar suas próprias economias.

Nada existe de inevitável nas estruturas atuais e em suas certezas dominantes e aceitas como verdadeiras. Na verdade, é possível que as atuais hegemonias jurídicas e políticas também sofram de um tipo de falta: a falta de cultura sobre o mundo e de realismo político global.

SUGESTÕES DE LEITURA

Esta breve bibliografia contém as fontes literárias essenciais utilizadas nesta obra. Foi compilada de modo que acompanhasse a organização dos materiais tratados no livro. As fontes são mencionadas na primeira vez em que assumem maior importância. Muitas delas, porém, são importantes em diversos momentos do livro.

CAPÍTULO 1
Uma anatomia da pilhagem

Sobre a história do Estado de Direito desde as origens mais remotas da expressão, a melhor abordagem continua sendo a de T. F. T. Plucknett, *A Concise History of the Common Law*, Boston: Little, Brown & Co., 1956, p. 48.

Quanto às diferentes concepções teóricas, inclusive o marxismo e as diversas variantes do naturalismo, pode-se consultar C. J. Friedrich, *The Philosophy of Law in Historical Perspective*, 2ª ed., Chicago: University of Chicago Press, 1963.

Uma discussão mais recente sobre o Estado de Direito como legado positivo do império britânico e uma excelente descrição de sua amplitude podem ser encontradas em Niall Ferguson, *Empire. The Rise and Demise of the British World and the Lessons for Global Power*, Nova York: Basic Books, 2003, pp. 359-64. Para uma abordagem crítica, M. Mann, "Torchbearers upon the path of progress: Britain's ideology of a moral and material progress in India: an introductory essay", em *Colonialism as Civilizing Mission: Cultural Ideology in British India* (H. Fisher-Tine & M. Mann, orgs.),

Londres: Wimbledon, 2004, pp. 1-26. Uma importante obra recente sobre o uso do Direito nos primórdios da colonização da América Latina, com ênfase específica no debate erudito que, na Europa, permeou a esfera do saber jurídico nos séculos XVI e XVII, voltado para a questão da legitimidade do Direito, encontra-se em Aldo Andrea Cassi, *Ultramar. L'invenzione europea del nuovo mondo*, Roma, Bari: Laterza, 2007.

A discussão essencial da política colonial na América Latina ainda se encontra em Eduardo Galeano, *Open Veins of Latin America: Five Centuries of the Pillage of a Continent* (tradução inglesa de Cedric Belfrage), Nova York: Monthly Review Press, 1997 (originalmente publicado em espanhol na Cidade do México, 1971).

Interessantes informações de bastidores sobre a mais recente intervenção militar liderada pelos Estados Unidos podem ser encontradas em A. Rashid, *Taliban: Militant Islam, Oil and Fundamentalism in Central Ásia*, New Haven: Yale University Press, 2000; e em Tariq Ali, *Bush in Babylon: the Recolonization of Iraq*, Nova York, Verso, 2003, p. 134.

Sobre a noção de império do modo como a empregamos neste livro, ver M. Hardt & A. Negri, *Empire*, Cambridge, MA: Harvard University Press, 2001. Quanto à noção de capitalismo, a obra clássica continua sendo V. I. Lenin, *L'Imperialismo: fase suprema del capitalismo*, Nápoles: La Città del Sole, 2001 (publicada pela primeira vez em São Petersburgo, 1916; tradução inglesa: *Imperialism: the Highest State of Capitalism*, Nova York: International Publishers, 1939).

Pilhagem, hegemonia e posição de superioridade

Sobre hegemonia, a obra fundamental é Antonio Gramsci, *Selections from Prison Notebooks*, Nova York: International Publishers, 1971. Ver também S. Gill (org.), *Gramsci, Historical Materialism and International Relations*, Cambridge, UK: Cambridge University Press, 1993; e R. W. Cox, *Production, Power and World Order: Social Forces in the Making of History*, Nova York: Columbia University Press, 1987.

Sobre a noção de aparelhos originalmente desenvolvida em relação ao Estado e adaptada, neste livro, a fim de incluir a governança global, ver L. Althusser, *Sur la reproduction*, Paris: Press Universitaire de France, 1975.

A difusão do poder é um conceito explorado por M. Foucault em diversos textos, sobretudo em M. Foucault, "On governmentality" (conferências no College de France) e *The Archeology of Knowledge and the Discourse on Language*, Nova York: Pantheon, 1982. A harmonia como argumento retórico que impede a reação contra a pilhagem é apresentada por L. Nader, *Harmony Ideology. Justice and Control in a Zapotec Mountain Village*, Stanford, CA: Stanford University Press, 1990.

Sobre transferências jurídicas, a literatura é muito ampla. A obra clássica é A. Watson, *Legal Transplants. An Approach to Comparative Law*, Atenas, Grécia: University of Georgia Press, 1974. Ver também R. Sacco, *La comparaison juridique au service de la conaissance du droit*, Paris: Press Universitaire de France, 1992. Mais diversificado é E. Grande, *Imitazione e diritto. Ipotesi sulla circolazione dei modelli*, Torino: Giappichelli, 2000.

Para uma crítica da abordagem dos sistemas jurídicos pelo Banco Mundial, ver Ugo Mattei, "Legal pluralism, legal change and economic development", em *New Law for New States* (L. Favali, E. Grande & M. Guadagni, orgs.), *Politica Del Diritto in Eritrea*, Torino: L'Harmattan Italia, 1998; e Laura Nader, "Promise or plunder? A past and future look at law and development", em *World Bank Legal Review: Law, Equity and Development* (Rudolf V. van Puymbroeck, org.), Rotterdam, Nova York: Martinus Nijhoff Publishers, 2006, pp. 89-111.

Direito, pilhagem e expansionismo europeu

Sobre a estrutura econômica da transferência de bens das colônias para as metrópoles, as obras mais importantes continuam sendo: Andre Gunder Frank, *World Accumulation 1492-1789*, Nova York: Monthly Review Press, 1978; e Andre Gunder Frank, "The development of underdevelopment", *Monthly Review* 18, 1966, p. 17. Ver também Immanuel Wallerstein, *The Modern World System: Capitalist Agriculture and the Origins of the European World Economy in the Sixteenth Century*, Nova York: Academic Press, 1974. Outro clássico é J. C. Mariategui, *Siete Ensayos de Interpretación de la Realidad Peruana*, 18ª ed., Lima: 1970 (publicado pela primeira vez em 1928). Ver também C. Furtado, *The Economic Development of Latin America: A Survey from Colonial Times to the Cuban Revolution*, Cambridge,

UK: Cambridge University Press, 1970. Outras informações sobre o tema também são encontradas em H. Zinn, *A People's History of the United States*, Nova York: Perennial Library, 1980, pp. 1-23.

Sobre as cruzadas e sua ideologia, duas perspectivas distintas são apresentadas por Thomas Asbridge, *The First Crusade: A New History*, Oxford: Oxford University Press, 2004; e por A. Maalouf, *The Crusades Through Arab Eyes* (tradução inglesa), Londres: Al Saqui Books, 1984.

Sobre a pilhagem na Índia, ver Krishan Saini, "A case of aborted economic growth: India 1860-1913", *Journal of Asian History* 89, 1971, p. 5. Ver também Peter Harnetty, *Imperialism and Free Trade: Lancashire and India in the Mid Nineteenth Century*, Vancouver: University of British Columbia Press, 1972. Sobre a Companhia das Índias Orientais, ver Ramkrishna Mukerjee, *The Rise and Fall of the East India Company: A Sociological Appraisal*, Nova York: Monthly Review Press, 1978.

Uma interessante discussão crítica sobre a descolonização é apresentada por Ania Loomba, *Colonialism-Postcolonialism*, Londres: Routledge, 1998. A obra clássica continua sendo Franz Fanon, *The Wretched of the Earth*, Nova York: Grove Press, 1965. Para estudos críticos anteriores (hoje clássicos) do pós-colonialismo, ver também A. Abdel-Malek, *Civilizations and Social Theory*, vol. 1, *Social Dialectics*, Albany: State University of New York Press, 1972; E. W. Said, *Orientalism*, Nova York: Vintage, 1978. Sobre o neocolonialismo, ver Amin Samir, *Neo-Colonialism in West Africa*, Harmondsworth, UK: Penguin Books, 1973.

Para uma teoria realista das relações internacionais, que continua sendo o legado mais significativo do equilíbrio da Guerra Fria, ver H. J. Morgenthau, *Politics Among Nations*, Nova York: Knopf Publishing, 1960. Com a mesma disposição de espírito, também se deve ler H. Kissinger, *Diplomacy*, Nova York: Simon & Shuster, 1994. Sobre a Guerra Fria, há uma literatura muito extensa. Os interessados em seus aspectos essenciais devem ler pelo menos J. L. Gaddis, *We Now Know: Rethinking Cold War History*, Oxford: Clarendon Press, 1997; e B. Bongiovanni, *Storia della Guerra Fredda*, Bari: Laterza, 2001. Ver também I. Clark, *Globalization and Fragmentation: International Relations in the Twentieth Century*, Oxford: Oxford University Press, 1997; J. Baylis & S. Smith, *The Globalization of World Politics: An Introduction to International Relations*, Oxford: Oxford University Press, 2001.

A literatura sobre as transformações pós-Guerra Fria na estrutura global de poder é muito ampla. Boa parte dela diz respeito ao poderio militar sem precedentes dos Estados Unidos, seguido por sua perda de prestígio. Os interessados devem ler pelo menos I. Wallerstein, *The Decline of American Power*, Nova York: The New Press, 2003; L. Panitch & S. Gindin, *Global Capitalism and American Empire*, Londres: Merlin Press, 2003; e M. Mann, *Incoherent Empire*, Londres: Verso Books, 2003.

Institucionalização da pilhagem: a relação colonial e o projeto imperial

Parte do contexto histórico essencial é apresentado por E. Hobsbawn, *The Age of Empire 1875-1914*, Nova York: Pantheon Books, 1987; e P. Kennedy, *The Rise and Fall of the Great Powers: Economic Change and Military Conflict from 1500 to 2000*, Nova York: Vintage, 1987. Para o contexto econômico essencial, ver Giovanni Arrighi, *The Long Twentieth Century: Money, Power and the Origins of Our Times*, Londres: Verso Books, 1994.

Para uma discussão sobre a expansão mundial das instituições ocidentais, ver B. Badie, *L'état importé: l'occidentalization de l'ordre politique*, Paris: Artheme Fayard, 1992 (tradução inglesa: *The Imported State*, Stanford, CA: Stanford University Press, 2000). Ver também D. K. Fieldhouse, *The Colonial Empires: A Comparative Survey from the Eighteenth Century*, Nova York: Delacorte Press, 1967; A. J. H. Latham, *The International Economy and the Underdeveloped World: 1865-1914*, Londres: Croom Helm, 1978; e Frederic Mauro, *L'Expantion Européenne (1600-1870)*, Paris: Presse Universitaire de France, 1967.

Sobre a descolonização no contexto da Guerra Fria, ver G. P. Calchi Novati, *Decolonizzazione e terzo mondo*, Bari: Laterza, 1979.

Estudos de caso antropológicos de grande interesse, centrados nas elites e na modernização jurídica como instrumento de dominação ideológica, são apresentados em M. Chanock, *Law, Custom and Social Order: The Colonial Experience in Malawi and Zambia*, Cambridge, UK: Cambridge University Press, 1985; e S. Engle Merry, *Colonizing Hawaii: The Cultural Power of Law*, Princeton, NJ: Princeton University Press, 2002. Para uma discussão histórica aprofundada, ver L. Benton, *Law and Colonial Cultures: Legal Regimes in World History 1400-1900*, Cambridge, UK: Cambridge

University Press, 2002. Sobre a relação entre elites coloniais e populações locais, a obra clássica continua sendo Frantz Fanon, *Black Skin White Mask*, Nova York: Grove Press, 1962. Sobre as elites pós-coloniais da América Latina, ver Y. Dezalay & B. Garth, *The Internationalization of Palace Wars: Lawyers, Economists and the Contest to Transform Latin American States*, Chicago: University of Chicago Press, 2002. Sobre a teoria das elites, o clássico ainda é G. Mosca, *The Ruling Class* (tradução inglesa), Nova York: McGraw-Hill, 1939. Sobre as elites norte-americanas, a obra fundamental continua sendo C. Wright Mills, *The Power Elite*, Oxford: Oxford University Press, 1956.

Uma história de continuidade: construindo o império da (i)legalidade

Para uma discussão ampla e bem fundamentada da política norte-americana em um contexto variado (que inclui Haiti, Filipinas, Nicarágua, Chile e África do Sul), deve-se ler W. I. Robinson, *Promoting Polyarchy: Globalization, U.S. Intervention and Hegemony*, Cambridge, UK: Cambridge University Press, 1996. Sobre as políticas implementadas no Oriente Médio, ver T. Ali', *The Clash of Fundamentalism*, Londres: Verso Books, 2001. Sobre a África, ver pelo menos M. Mamdani, *Citizen and Subject: Contemporary Africa and the Legacy of Late Colonialism*, Princeton, NJ: Princeton University Press, 1996; e A. Jimale Ahmed (org.), *The Invention of Somalia*, Lawrenceville, GA: Red Sea Press, 1995.

Sobre as tentativas (frustradas) de modernização jurídica em cenários de tal complexidade, o clássico ainda é J. Gardner, *Legal Imperialism*, Madison, WI: University of Wisconsin Press, 1980. Para uma forma mais recente de intervenção tecnocrática de natureza econômica, ver E. Buscaglia, W. Ratliffe & R. Cooter, *Law and Economics of Development*, Greenwich, CT: Jay Press, 2001. Para uma análise crítica mais recente, ver M. Trubek & A. Santos (orgs.), *The New Law and Economic Development: A Critical Appraisal*, Nova York: Cambridge University Press, 2006.

Sobre tendências muito recentes de dominação norte-americana fora do contexto da Guerra Fria, ver R. A. Falk, *The Declining World Order*, Nova York: Routledge, 2004. Ver também W. Easterly, *The White Man's Burden*, Nova York: Penguin Press, 2006.

CAPÍTULO 2
A prosperidade argentina

Uma discussão básica sobre a economia do desenvolvimento é apresentada em J. Brasseul, *Introduction à l'Economie du Development*, Paris: Armand Colin, 1993. Uma ampla introdução e um exame crítico da política econômica atual encontra-se em Michel Chossudowsky, *The Globalization of Poverty and the New World Order*, 2ª ed. Montreal, Quebec, Canada: Global Research Publications, 2003. (Também é possível fazer uma pesquisa no *site* www.globalresearch.ca.) Uma conhecida e relativamente fácil introdução aos instrumentos financeiros é apresentada em J. Hull, *Options, Futures and other Derivative Securities*, 5ª ed., Upper Saddle River, NJ: Prentice Hall, 2002; e em A. Steinherr, *Derivatives: The Wild Beast of Finance*, Chichester, UK: Wiley Publishing, 1998.

Alguns dados históricos sobre a Argentina podem ser encontrados em L. Bethell (org.), *Argentine Since Independence*, Cambridge, UK: Cambridge University Press, 1993; e L. Bethell (org.), *Ideas and Ideologies in Twentieth Century Latin America*, Cambridge, UK: Cambridge University Press, 1996. Dados comparativos interessantes encontram-se em J. Dominguez (org.), *Technopolis: Freeing Politics and Markets in Latin America in the 1990s*, University Park, PA: Penn State University Press, 1997. Um estudo sobre o exemplo mais famoso do papel dos chamados "rapazes de Chicago" na América Latina encontra-se em J. G. Valdez, *Pinochet's Economists: The Chicago School in Chile*, Cambridge, UK: Cambridge University Press, 1995. Mais recentemente, ver N. Klein, *The Shock Doctrine: The Rise of Disaster Capitalism*, Nova York: Metropolitan Books, 2007.

Para maiores informações sobre o programa do FMI para a Argentina e seus resultados em termos gerais, ver M. Mussa, *Argentina and the Fund: From Triumph to Tragedy*, Washington, DC: Institute for International Economics, 2002. Para uma síntese detalhada de muitas análises econômicas da crise argentina, resultante de sua implementação do programa do FMI, ver M. A. Buscaglia, *The Economics and Politics of Argentina's Debacle 5*, disponível em http://iae.edu.ar/mbuscaglia (15/10/2002). Uma explicação mais teórica da crise pode ser encontrada em S. Galiani, D. Heymann & M. Tommasi, *Missed Expectations: The Argentine Convertibility*, disponível em http://www.udesa.edu.ar/deptodeeconomia/workp/doc55.pdf (novembro de 2002).

Para uma análise do efeito do programa do FMI sobre a adesão da Argentina a suas obrigações jurídicas internacionais relativas aos direitos humanos, ver J. Morgan-Foster, "The relationship of IMF structural adjustment programs to economic, social, and cultural rights: the Argentine case revisited", *Michigan Journal of International Law* 24, 2003, p. 577. Para uma visão prematura (porém oportuna) do resultado do processo, ver S. E. Hendrix, "Advancing toward privatization, education reform, popular participation, and decentralization: Bolivia's innovation in legal and economic reform, 1993-1997", *14 Arizona Journal of International and Comparative Law* 14, 1997, p. 679. Para uma análise ecológica mais geral, ver Herman E. Daly & John B. Cobb Jr., *For the Common Good: Redirecting the Economy Toward Community*, Boston: Beacon Press, 1994.

Neoliberalismo: uma teoria econômica da simplificação e um projeto espetacular

Entre as numerosas discussões críticas sobre as políticas neoliberais, uma das mais interessantes encontra-se em W. K. Tabb, *Unequal Partners*, Nova York: The New Press, 2002. Igualmente importante é N. Hertz, *The Silent Takeover: Global Capitalism and the Death of Democracy*, Londres: Arrow Books, 2001. Ver também P. Bourdieu, "Neo-liberalism: the utopia (becoming reality) of unlimited exploitation", em *Acts of Resistance: Against the Tyranny of the Market* (traduzido para o inglês por Richard Nice), Nova York: The New Press, 1998. Uma discussão importante, de autoria de um dos gurus "neoliberais", encontra-se em H. De Soto, *The Mystery of Capital*, Nova York: Basic Books, 2000. Uma discussão interessante, que mostra a continuidade entre neoliberalismo e capitalismo norte-americano e analisa as características fundamentais do capitalismo social, pode ser encontrada em M. Albert, *Capitalisme contre Capitalisme*, Paris: Seuil Publishers, 1991. Para descrições relevantes das transformações institucionais correntes no Direito e na sociedade, que se tornam clássicas nos respectivos meios acadêmicos, ver S. Sassen, *Globalization and its Discontents*, Nova York: Columbia University Press, 1996, e M. R. Ferrarese, *Le istituzioni della globalizzazione: Diritto e diritti nella società transnazionale*, Bolonha: Il Mulino, 2000.

Uma discussão sobre as teorias sociais dentro do pensamento jurídico, como um fenômeno precoce da globalização, encontra-se em Duncan

Kennedy, "Two globalizations of law and legal thought", *Suffolk Law Review* 36, 2003, p. 631.

A plataforma ideológica do neoliberalismo é desenvolvida por F. von Hayek em *Law, Legislation and Liberty*, vol. 2: *The Mirage of Social Justice*, Chicago: University of Chicago Press, 1973. Boa parte de sua política econômica ainda se baseia em Walt Whitman Rostow, *The Stages of Economic Growth: A Non Communist Manifesto*, Cambridge, UK: Cambridge University Press, 1960.

Os tribunais norte-americanos, com disposição de ânimo conhecida como darwinismo social, tiveram desempenho coerente com esses preceitos ao longo da chamada "era Lochner", antes do triunfo da política social de Roosevelt. Ver M. Horwitz, *The Transformation of American Law 1870--1960*, Oxford: Oxford University Press, 1992.

Sobre o keynesianismo, a melhor discussão ainda se encontra em M. Blaug, *Economic Theory in Retrospect*, Cambridge, UK: Cambridge University Press, 1997.

Sobre as origens e transformações das instituições de Bretton Woods, ver A. Walters, *Do We Need the IMF and the World Bank?* Londres: Institute of Economic Affairs, 1994. Ver também K. Danaher (org.), *Fifty Years is Enough: The Case Against the World Bank and the International Monetary Fund*, Boston: South End Press, 1994; e F. Castro, *Capitalism in Crisis: Globalization and World Politics Today* (D. Deutschmann, org.), Melbourne: Ocean Press, 2000. Para uma tentativa de estudar sistematicamente as consequências sociais da política dominante, ver também Z. Baumann, *Globalization: The Human Consequences*, Nova York: Columbia University Press, 1998.

Sobre as mudanças políticas recentes ocorridas na Europa depois da Guerra Fria, ver J. J. Linz & A. Stepan, *L'Europa post-comunista*, Bolonha: Il Mulino, 2000.

Os programas de ajuste estrutural e a estrutura de desenvolvimento abrangente

O melhor dentre os estudos abrangentes sobre o ajuste estrutural é G. Mohan, E. Brown, B. Milward & A. B. Zack-Williams, *Structural Adjustments: Theory, Practice and Impact*, Londres: Routledge, 2000. Ver também

M. Kahler, *The Politics of International Debt*, Ithaca, NY: Cornell University Press, 1986; e S. Haggard & R. Kaufman (orgs.), *The Politics of Economic Adjustment: International Constraints, Distributive Conflicts and the State*, Princeton, NJ: Princeton University Press, 1992.

Sobre a crise do petróleo, a Opep e o fluxo de petrodólares, ver D. Yergin, *The Prize: The Epic Quest for Oil, Money and Power*, Nova York: Free Press, 1991, p. 633.

O manifesto da chamada política monetária é apresentado na famosa obra de M. Friedman, *A Theoretical Framework for Monetary Analysis*, Ann Arbor, MI: University Microfilms International, 1971. Ver também, do mesmo autor, em um contexto mais amplo, *Capitalism and Freedom*, Chicago: University of Chicago Press, 1962.

Uma discussão sobre o impacto das políticas do FMI e do Banco Mundial como responsáveis pela crise asiática de 1997 e por grande número de conflitos no Terceiro Mundo, de autoria de um importante ex-economista do Banco Mundial, é apresentada em J. Stiglitz, *Globalization and its Discontents*, Nova York: W. W. Norton & Co., 2003. Ver também S. George & F. Sabelli, *Faith and Credit: The World Bank Secular Empire*, Boulder, CO: Westview Press, 1994. Outras críticas importantes incluem A. Atkinson, *The Economic Consequences of Rolling Back the Welfare State*, Cambridge, MA: MIT Press, 1999; e R. M. Solow, *Work and Welfare*, Princeton, NJ: Princeton University Press, 1998. Não há muitas obras jurídicas sobre o impacto dessas políticas. Uma importante exceção em que se demonstra a extraordinária adaptabilidade do chamado setor "informal" é A. M. Tripp, *Changing the Rules: The Politics of Liberalization and the Urban Informal Economy in Tanzania*, Berkeley, CA: University of California Press, 1997. Sobre os efeitos perversos do corte da tributação sobre os Direitos, existem críticos até mesmo entre os partidários dessa corrente de pensamento; ver Holmes & C. Sunstein, *The Cost of Rights: Why Liberty Depends on Taxes*, Nova York: W. W. Norton & Co., 1999. Sobre a relação entre globalização e desigualdade social, ver L. Gallino, *Globalizzazione e disuguaglianze*, Roma-Bari: Laterza, 2000. Sobre os distúrbios sociais produzidos pelas políticas econômicas da globalização e a consequente migração, ver A. Dal Lago, *Non-persone: L'esclusione dei migranti in una società globale*, Milão: Feltrinelli, 2000.

SUGESTÕES DE LEITURA · 397

Estruturas de desenvolvimento, pilhagem e Estado de Direito

Filmes recentes têm mostrado como funcionam, na verdade, os programas de ajuste estrutural. Mais importante ainda, esses filmes documentam as consequências de tais programas. No caso da Argentina, ver A. Lewis & N. Klein, *The Take* (2004); no da Jamaica, ver C. White, *Life+Debt* (2001); e, no do Mali, ver P. Quaregna, *Le bon élève* (2006). Uma importante crítica de algumas décadas atrás pode ser encontrada em C. Payer, *The World Bank: A Critical Analysis*, Nova York: Monthly Review Press, 1982.

CAPÍTULO 3
As raízes europeias da pilhagem colonial

Sobre a "americanização" do Direito, recomendamos a leitura do número especial dos *Archives de Philosophie du Droit*, 2001, dedicado a "Le problème de l'americanization du droit".

Uma extensa discussão pode ser encontrada em Ugo Mattei, "A theory of imperial law: A study on U.S. hegemony and the Latin resistance", *Indiana Journal of Global Legal Studies* 10, 2003, p. 383. Ver também Laura Nader, "The Americanization of international law", em *Mobile People, Mobile Law* (F. von Benda-Beckmann, K. von Benda-Beckmann & A. Griffiths, orgs.), Londres: Ashgate, 2005. Um material importante sobre o histórico dessa questão encontra-se em M. Likosky (org.), *Transnational Legal Processes: Globalization and Power Disparities*, Cambridge: Cambridge University Press, 2002.

Uma perspectiva indispensável, em que se faz clara distinção entre os "contextos de produção" e os "contextos de recepção" do Direito, com análise centrada tanto na pré quanto na pós-americanização, é apresentada por D. Lopez Medina, *Teoria impura del derecho*, Bogotá: Ediciones Universidad de los Andes, 2004. Alguns antecedentes econômicos importantes sobre o primado econômico dos Estados Unidos são oferecidos por D. North, *The Economic Growth of the United States 1790-1860*, Englewood Cliffs, NJ: Prentice Hall, 1961. Para informações complementares sobre a expansão ocidental, ver J. H. Parry, *The Establishment of the European Hegemony 1415-1715: Trade and Exploration in the Age of the Renaissance*, 3ª ed., Nova York: Harper & Row, 1966; e Carlo M. Cipolla, *European Culture and Over-*

seas Expansion, Harmondsworth, UK: Penguin Books, 1970. S. Latouche, *L'Occidentalization du monde: Essai sur la signification, la portée et les limites de l'uniformisation planetaire*, Paris: La Decouverte, 1989.

A estrutura fundamental do Direito norte-americano como modalidade de recepção pós-colonial

Sobre os "artífices" fundamentais do Direito na tradição jurídica ocidental, o clássico continua sendo J. P. Dawson, *The Oracles of the Law*, Ann Arbor, MI: University of Michigan Press, 1968. As fontes do Direito são tema tradicional da pesquisa comparativa; ver R. B. Schlesinger, H. W. Baade, P. E. Herzog & E. Wise, *Comparative Law: Cases, Text, Materials*, 6ª ed., Nova York: Foundation Press, 1998. Para uma introdução concisa à disciplina, ainda influente, apesar de datada, ver R. David, *Les Grands Systèmes de Droit Contemporaine*, Paris: 1966 (tradução inglesa: R. David & E. C. Brierley, *Major Legal Systems in the World Today: An Introduction to the Comparative Study of Law*, 2ª ed., Londres: Stevens, 1978).

Para uma discussão sobre a estrutura fundamental do Direito inglês, ver R. C. A. White, *The English Legal System in Action*, Oxford: Oxford University Press, 1999. Sobre o sistema do Reino Unido, ver K. Llewellyn, *The Bramble Bush: On Our Law and Its Processes*, Nova York: Oceana Publications, 1981. Para uma breve e clássica história do Direito norte-americano, ver G. Gilmore, *The Ages of American Law*, New Haven, CT: Yale University Press, 1983. Uma introdução breve e muito influente sobre o *civil law* (direito de tradição romano-germânica-canônica) é apresentada em J. H. Merryman, *The Civil Law Tradition*, Stanford, CA: Stanford University Press, 1985. Igualmente importante é J. Seligman, *The High Citadel – The Influence of Harvard Law School*, Boston: Houghton-Mifflin, 1978.

Uma teoria da falta: ontem e hoje

Sobre o direito de propriedade como instituição fundamental do capitalismo ocidental, só podemos reportar o leitor a textos introdutórios básicos. Ver R. C. Ellickson, C. M. Rose & B. A. Ackerman, *Perspectives on Property Law*, 2ª ed., Boston: Little, Brown & Co., 1995. Para uma perspectiva histórica clássica, ver C. B. Macpherson, *The Political Theory of Possessive Individualism: Hobbes to Locke*, Oxford: Clarendon Press, 1962. Uma discussão sobre o valor passado e presente da teoria da propriedade no direito natural pode ser encontrada no Capítulo 2 de Ugo Mattei, *Comparative Law and Economics*, Ann Arbor, MI: University of Michigan Press, 1997. Para uma crítica clássica, ver P. J. Proudhon, *Qu'est-ce que la proprieté*, Paris: Marcel Rivière, 1926. Ver também F. Engels, *The Origin of the Family, Private Property and the State* (tradução inglesa), Nova York: International Publishers, 1972.

Sobre o que "falta" no Direito chinês, ver T. Ruskola, "Legal orientalism", *Michigan Law Review* 101, 2002, p. 179. Para um histórico político e econômico, ver Michael Greenberg, *British Trade and the Opening of China, 1800-42*, Cambridge, UK: Cambridge University Press, 1951. Sobre a visão depreciativa do Direito latino-americano como mera cópia malfeita da tradição europeia, ver J. Esquirol, "The fictions of Latin American law, Part I", *Utah Law Review* 2, 1997, p. 425. Para um histórico político e econômico, ver D. C. M. Platt, *Latin America and British Trade, 1806-1914*, Nova York: Harper & Row, 1973. Sobre atitudes semelhantes em relação ao Japão, ver E. Feldman, *The Ritual of Rights in Japan*, Cambridge, UK: Cambridge University Press, 2002. Sobre os índios americanos e sua "falta" de direito de propriedade, ver J. Carillo (org.), *Readings in American Indian Law*, Filadélfia: Temple University Press, 1998.

Antes do neoliberalismo: práticas coloniais e estratégias harmônicas – ontem e hoje

Sobre concepções antagônicas do Direito como característica norte-americana típica, ver R. A. Kagan, *Adversarial Legalism: The American Way of Law*, Cambridge, MA: Harvard University Press, 2001. Para uma crítica de suas implicações supostamente neutras, ver D. Kennedy, *A Critique of Adjudication: Fin de Siècle*, Cambridge, MA: Harvard University Press, 2001. Sobre as práticas harmoniosas em diferentes contextos, inclusive nos Estados Unidos, ver Laura Nader, *The Life of the Law*, Berkeley, CA: University of California Press, 2002. Para uma crítica da ideologia do *soft law**, ver A. di Robilant, "A genealogy of soft law", *American Journal of*

---

* Conjunto de normas genéricas que não chegam a ter o *status* de normas jurídicas e podem abordar compromissos que um Estado pretenda cumprir, mas que, por alguma razão, prefere situar no nível político, e não no jurídico. O *soft law* é semelhante ao antigo "acordo de cavalheiros", em que o contrato verbal tinha por base apenas a boa-fé das partes. (N. do T.)

Comparative Law 54, 2006, p. 499. Sobre o impacto concreto das políticas da Organização Mundial do Comércio, ver S. Anderson (org.), *Views from the South: The Effects of Globalization and the WTO on Third World Countries*, Oakland, CA: Food First Books, 2000.

CAPÍTULO 4
Hegemonia e consciência jurídica

Sobre as mudanças pós-modernas na consciência jurídica, ver Boaventura de Sousa Santos, *Toward a New Common Sense*, 2ª ed., Londres: Butterworths, 2002; e W. Twining, *Globalization and Legal Theory*, Evanston, Illinois: North Western University Press, 2000. Sobre o fim das abordagens caracterizadas pelo centralismo de Estado, ver S. Cassese, *La crisi dello stato*, Bari: Laterza, 2000, e S. Strange, *The Retreat of the State: The Diffusion of Power in World Economy*, Cambridge: Cambridge University Press, 1996. Sobre os usos correntes da propaganda, ver E. S. Herman & N. Chomsky, *Manufaturing Consent*, Nova York: Random House, 1998; T. H. Qualter, *Opinion Control in Democracies*, Londres: Macmillan, 1985; e T. L. McPhail, *Electronic Colonialism: The Future of International Broadcasting and Communication*, Beverly Hills, CA-London: Sage Publications, 1981. Sobre profissionalismo, ver M. Sarfatti Larson, *The Rise of Professionalism*, Berkeley, CA: University of California Press, 1977. Sobre o papel dos intelectuais, ver A. Gramsci, *Gli intellettuali e l'organizzazione della cultura (a cura di Valentino Gerratana)*, Roma: Editori Riuniti, 1975. Uma leitura complementar de importância fundamental é D. Harvey, *The Conditions of Postmodernity*, Cambridge, UK: Blackwell Publishing, 1990. Ver também M. Castells, *The Information Age*, vol. 1, *The Rise of the Network Society*, Oxford: Blackwell, 1996; e P. Virilio, *La bombe informatique*, Paris: Éditions Galilee, 1998.

A propriedade intelectual como pilhagem de ideias

O debate sobre a propriedade intelectual é muito rico, mas em geral técnico e limitado. Para a justificativa econômica tradicional, ver R. Cooter & T. Ulen, *Law and Economics*, 3ª ed., Reading, UK: Addison Wesley, 2000, p. 126. Em relação à corrente de pensamento dominante, deve-se ler L. Lessig, *Free Culture*, Nova York: Penguin Press, 2004. Uma importante análise da corrente crítica dominante encontra-se em A. Chandler, "The new, new property", *Texas Law Review* 81, 2003, p. 715. Uma interessante coletânea de dados e pensamentos pode ser encontrada em "Sovereignty and the globalization of intellectual property", *Indiana Journal of Global Legal Studies* 6, 1998. Para uma crítica da reivindicação de originalidade das ideias, ver G. Debord, *La societé du spectacle*, Paris: Gallimard, 1992. Sobre a obra desse autor, ver S. Home (org.), *What is Situationism? A Reader*, San Francisco: A. K. Press, 1996. Sobre a diversidade de teorias e práticas de resistência, ver K. Lasn, *Culture Jam*, Nova York: Quill, 2000. Para uma história do desenvolvimento das plataformas Linux e de fonte aberta, ver L. Torvalds & D. Diamond, *Just for Fun: The Story of an Accidental Revolutionary*, Nova York: Collins, 2001; e G. Moody, *Rebel Code: The Inside Story of Linux and the Open Source Revolution*, Nova York: Perseus Books Group, 2001.

Os legitimadores: a análise econômica do Direito

Esta seção se baseia em "The rise and fall of law and economics: an essay for Judge Guido Calabresi", publicado por Ugo Mattei em *Maryland Law Review* 64, 2005, p. 220. Para saber como um economista (e celebridade mundial em análise econômica do Direito) vê o papel de sua disciplina nas ciências sociais, é preciso ler R. Cooter, "Law and the imperialism of economics", *UCLA Law Review* 29, 1982, p. 1260. Uma abordagem mais crítica encontra-se em D. N. McCloskey, *The Rhetoric of Economics*, Madison: University of Wisconsin Press, 1985. Informações suplementares importantes sobre os advogados como grupo social podem ser obtidas em R. L. Abel & P. S. C. Lewis, *Lawyers in Society*, Berkeley, CA: University of California Press, 1988.

Para mecanismos de reprodução das elites, ver D. Kennedy, *American Law Schools and the Reproduction of Hierarchy: A Polemic Against the System*, Nova York: New York University Press, 2004. Uma discussão histórica de grande abrangência sobre a relação entre Direito e poder econômico pode ser encontrada em M. E. Tigar & M. R. Levy, *Law and the Rise of Capitalism*, Nova York: Monthly Review Press, 2000. Para uma discussão sobre o papel da elite jurídica na criação da ordem jurídica mundial, ver Y. Dezalay & B. G. Garth, *Dealing in Virtue*, Chicago: University of Chicago Press, 1996.

Para algumas informações suplementares sobre os mecanismos do capitalismo empresarial, ver James O'Connor, *The Corporations and the State: Essays in the Theory of Capitalism and Imperialism*, Nova York: Harper & Row, 1974; e Charles E. Lindblom, *Politics and Markets: The World's Political Economic Systems*, Nova York: Basic Books, 1977.

Os legitimadores: juristas e antropólogos

Outras informações sobre a história da antropologia podem ser obtidas em E. Leach, "Glimpses of the unmentionable in the history of British social anthropology", *Annual Review of Anthropology* 13, 1984, pp. 1-24; e Laura Nader, *Sleepwalking through the History of Anthropology. Anthropologists on Home Ground, Essays in Honor of William Curtis Sturtevant*. W. Merril & I. Goddards (orgs.), Smithsonian Contributions to Anthropology nº 44, Washington: Smithsonian Institution Press, 2002.

Para uma perspectiva da antropologia britânica por um autor inglês, ver A. Kuper, *Anthropology and Anthropologists: The Modern British School*, Londres: Routledge & Kegan, 1983; e, para uma visão mais ampla, A. Kuper, *Culture: The Anthropologists' Account*, Boston: Harvard University Press, 1999.

Para a passagem da antropologia de gabinete para a de trabalho de campo, ver: F. Boas, *Introduction to the Handbook of American Indian Languages*, Parte I, Seattle, WA: Shorey Books Store, 1971; F. Boas, *The Shaping of American Anthropology, 1883-1911*, A Franz Boas Reader, Nova York: Basic Books, 1974; e G. Stocking, *Observers Observed: Essays on Anthropological Fieldwork*, Madison, WI: University of Wisconsin Press, 1983.

Para maiores informações sobre as bases ideológicas da ciência e da tecnologia e sobre os modos de conhecer ocidentais, não ocidentais e mistos, ver: H. Gusterson, *Nuclear Rites: A Weapons Laboratory at the End of the Cold War*, Berkeley, CA: University of California Press, 1996; R. Gonzalez, *Zapotec Science: Farming and Food in the Northern Sierra of Oaxaca*, Austin, TX: University of Texas Press, 2001; Laura Nader (org.), *Naked Science: Anthropological Inquiries into Boundaries, Power, and Knowledge*, Nova York: Routledge, 1996; e S. Traweek, *Beam-Times and Lifetimes: The World of High Energy Physicists*, Cambridge, MA: Harvard University Press, 1988.

SUGESTÕES DE LEITURA · 403

Sobre a noção de progresso e uma crítica antropológica que insiste em que ele deve ser entendido como um objeto a analisar, e não dado por certo, ver a obra seminal de A. Kroeber, *Anthropology: Race, Language, Culture, Psychology*, Nova York: Harcourt Brace, 1948.

Sobre a antropologia da era McCarthy, ver Laura Nader, "The phantom factor – impact of the Cold War on anthropology", in *The Cold War and the University: Toward an Intellectual History of the Postwar Years* (N. Chomsky, org.), Nova York: The New Press, 1997; e D. Price, *Threatening Anthropology: McCarthyism and the FBI's Surveillance of Activist Anthropologists*, Durham, NC: Duke University Press, 2004. Ver também D. Price, "Gregory Bateson and the OSS", *Human Organization* 57 (4), 1998, pp. 379--84. Para a história da antropologia utilizada no texto, ver E. Reynolds, *The Forbidden Voyage*, Nova York: D. McKay Co., 1961, p. 60.

Para um exemplo da obra dos antropólogos produzida como contribuição ao esforço de guerra, ver R. Benedict, *The Chrysanthemum and the Sword: Patterns of Japanese Culture*, Boston: Houghton Miflin, 1946. Para uma etnografia produzida depois da Segunda Guerra Mundial em um trabalho de campo no qual o antropólogo trabalhava simultaneamente para a inteligência militar britânica, ver E. Leach, *Political Systems of Highland Burma*, Cambridge, MA: Harvard University Press, 1954. Para um exame da obra antropológica daqueles que trabalharam para o OSS* durante a Segunda Guerra Mundial, ver D. Price, "Anthropologists as spies", *The Nation* 271 (16), 2000, pp. 24-7. O artigo de Franz Boas que deflagrou a reação da censura foi "Scientists as spies", *The Nation* 21 (3), 2005.

A história de certa relação – e cumplicidade – da antropologia com o genocídio norte-americano é contada em N. Scheper-Hughes, "Coming to our senses: anthropology and genocide", em *Critical Reflections: Anthropology and the Study of Genocide*, Seção V, *Annihilating Difference: Anthropology and Genocide* (A. L. Hinton, org.), Berkeley, CA, pp. 348-81: University of California Press, 2002. Ver também L. Foerstel & A. Gilliam (orgs.), *Confronting the Margaret Mead Legacy: Scholarship, Empire, and the South Pacific*, Filadélfia: Temple University Press, 1992.

A obra de Max Gluckman que enfatiza as semelhanças entre os sistemas jurídicos africano e europeu como base implícita para a reivindicação

---

* Office of Strategic Services (Gabinete de Serviços Estratégicos). (N. do T.)

de equivalência e igualdade entre africanos e europeus encontra-se, *inter alia*, em M. Gluckman, *The Judicial Process Among the Barotse of Northern Rhodesia*, Glencoe, IL: Free Press, 1955; e M. Gluckman, "The reasonable man in Barotse Law" (BBC Third Programme Broadcasts), *Journal of African Administration* 1968: 7 (2), pp. 51-5; (7) 3, pp. 126-31; 8 (2), pp. 101-5 e 8 (3), pp. 151-6 (reimpresso em A. Dundes (org.), *Every Man His Way*, Englewood Cliffs, NJ: Prentice Hall, 1968).

A obra pioneira que explica o processo de criação de um "outro" é E. Said, *Orientalism*, Nova York: Pantheon, 1978. O "evolucionismo progressivo" de Henry Lewis Morgan é apresentado por seu biógrafo, C. Resek, em *Louis Henry Morgan: American Scholar*, Chicago: University of Chicago Press, 1960. Ver também G. Stocking, Jr., *Race, Culture, and Evolution: Essays in the History of Anthropology*, Nova York: The Free Press, 1968, pp. xvii e 380; e J. Kenyatta, *Facing Mount Kenya*, Londres: Heinemann, 1979 (com prefácio de B. Malinowski). Para uma perspectiva francesa, ver Jean Copans (org.), *Anthropologie et imperialisme*, Paris: François Maspero, 1975.

CAPÍTULO 5
A pilhagem de petróleo: Iraque e outros casos

Ver: P. Chatterjee, *Iraq Inc.: A Profitable Occupation*, Nova York: Seven Stories Press, 2004; J. Martinkus, *Travels in American Iraq*, Melbourne: Black Inc., 2004; M. Ruppert, *Crossing the Rubicon: The Decline of American Empire at the End of the Age of Oil*, Gabriola Island, Canada: New Society Publishers, 2004; M. Klare, *Resource War: Blood and Oil*, Nova York: Holt, 2004; e S. Coll, *Ghost Wars: The Secret History of CIA, Afghanistan and Bin Laden from the Soviet Invasion to September 10 2001*, Nova York: Penguin, 2004. Uma breve discussão histórica, de publicação recente, que apresenta algumas cifras dos lucros da pilhagem por empresas norte-americanas que ainda atuavam no Iraque na data de publicação do referido artigo pode ser encontrada em Louis H. Lapham, "Lionhearts", *Harper's Magazine*, Notebook September, 2006. Ver também N. Klein, "Bomb before you buy: The economics of war", *Seattle Journal for Social Justice* 2, 2004, p. 331.

A nova ordem mundial da pilhagem

Sobre o fim da Guerra Fria e algumas de suas possíveis causas, ver J. L. Gaddis, *The United States and the End of the Cold War: Implications, Reconsiderations, Provocations*, Oxford: Oxford University Press, 1992. As premissas políticas do chamado "fim da história", também conhecida como "Pax Americana", já eram discutidas desde 1973 por R. Aron, *La République Imperiale: Les États Unis dans le Monde*, Paris: Callman Levi, 1973. Sobre a influente ideia da "Terceira Onda", ver A. Giddens, *Beyond Left and Right: The Future of Radical Politics*, Cambridge, UK: Polity Press, 1994. Um manifesto igualmente bem-sucedido (e igualmente conservador) é F. Fukuyama, *The End of History and the Last Man*, Nova York: Free Press, 1992.

O fim da Guerra Fria transformou a esquerda não apenas na Europa, mas em toda parte. Para uma perspectiva menos sombria sobre a América Latina, ver Jorge G. Castañeda, *Utopia Unarmed: The Latin American Left After the Cold War*, Nova York: Vintage Books, 1994. O novo inimigo foi rapidamente encontrado no Islã; ver S. Huttington, *The Clash of Civilization and the Remaking of the World Order*, Nova York: Simon & Shuster, 1996. Uma interessante discussão publicada não faz muito tempo pode ser encontrada em M. Mamdani, *Good Muslim, Bad Muslim: America, The Cold War and the Roots of Terror*, Nova York: Pantheon Books, 2004. Sobre a política norte-americana na América Latina, uma leitura imprescindível é T. Halperin-Donghi, *The Contemporary History of Latin America* (tradução inglesa), Durham, UK: Duke University Press, 1993; sobre o papel da guerra no pós-Guerra Fria, também é imprescindível a leitura de L. Lapham, *Theater of War*, New Press: Nova York, 2002.

Não só o Iraque: pilhagem, guerra e ideologias jurídicas intervencionistas

Em termos gerais, uma nova e brilhante versão da história recente, discutindo as razões por trás da intervenção militar, encontra-se em Jacques R. Pauwels, *De mythe van de "geode oorlog": Amerika en de Tweede Wereldoorlog*, Antuérpia: EPO, 2000 (tradução inglesa: *The Myth of the Good War*, Toronto: James Lorimer & Co., 2002). Ver também R. Gilpin, *War and Change in World Politics*, Cambridge: Cambridge University Press, 1981;

P. Delmas, *Le bel avenir de la guerre*, Paris: Gallimard, 1995; G. Chiesa, *La guerra infinita*, Milão: Feltrinelli, 2002; C. Galli, *La guerra globale*, Roma-Bari: Laterza, 2002. Ver também M. Finnemore, *The Purpose of Intervention: Changing Beliefs About the Use of Force*, Ithaca, NY: Cornell University Press, 2003. Para uma sofisticada discussão sobre o papel da legitimidade, ver T. M. Franck, *The Power of Legitimacy Among Nations*, Nova York: Oxford University Press, 1990. Ver também G. Gong, *The Standard of "Civilization" in International Society*, Oxford: Clarendon Press, 1984. Ver também D. Zolo, *Cosmopolis: La Prospettiva del Governo Mondiale*, Milão: Feltrinelli, 1995.

Para uma discussão não muito ampla sobre os contextos problemáticos, ver E. Carlton, *Massacres: An Historical Perspective*, Londres: Pinter Publishing Co., 1994; e I. Wallimann & M. N. Dobkowsky (orgs.), *Genocide and the Modern Age: Etiology and Case Studies of Mass Death*, Westport, MA: Greenwood, 1987. Sobre o conhecimento e a inação dos Estados Unidos diante dos genocídios históricos, ver S. Power, *"A Problem from Hell": America and the Age of Genocide*, Nova York: Basic Books, 2002. Sobre intervenção econômica, ver J. M. Nelson (org.), *Economic Crisis and Policy Choice: The Politics of Adjustment in the Third World*, Princeton, NJ: Princeton University Press, 1990. Ver também J. Keegan, *A History of Warfare*, Nova York: Vintage Books, 1993.

A falta de instituições como condição para a pilhagem: verdade ou mentira?

Em termos gerais, sobre episódios históricos de intervenção legal, ver I. Wallerstein, *European Universalism: The Rhetoric of Power*, Nova York: The New Press, 2006, em que se aborda o debate entre dois eruditos do século XVI, De Las Casas e Sepulveda, sobre a legitimidade do poder dos conquistadores sobre os nativos como cânone do debate corrente. Ver L. Hanke, *All Mankind is One: A Study on the Disputation Between Bartolomé De Las Casas and Juan Gines de Sepulveda in 1550 on the Intellectual and Religious Capacity of the American Indians*, De Kalb: Northern Illinois University Press, 1974. Sobre a recente intervenção legal para levar o Estado de Direito ao Afeganistão, ver Faiz Ahmed, "Judicial reform in Afghanistan: a case study in the New Criminal Procedure Code", *Hastings International* and *Comparative Law Review* 29, 2005, p. 93. Para uma discussão sobre o sistema jurídico informal de Mali, ver A. Keita, "Au Detour des Pratiques Foncières a Bancoumana: Quelques Observations sur le Droit Malien", *Global Juris Frontiers* 2003, vol. 3, n? 1. Para uma avaliação crítica das consequências despolitizadoras da intervenção humanitária, ver M. Pandolfi, "Contract of Mutual (In)difference: Governance and the Humanitarian Apparatus in Contemporary Albania and Kosovo", *Indiana Journal of Global Legal Studies* 10, 2003, pp. 369-81.

"Política de dois pesos e duas medidas" e pilhagem

Diversas práticas intervencionistas da política externa dos Estados Unidos e uma série de fundamentos lógicos desenvolvidos desde a época da doutrina Monroe são discutidos em Noam Chomsky, *Hegemony or Survival: America's Quest for Global Dominance*, Nova York: Holt, 2003. Ver também Z. Brzezinski, *The Grand Chessboard: American Primacy and its Geographic Imperatives*, Nova York: Basic Books, 1997.

Entre os especialistas internacionais em direitos humanos que tentam mostrar sensibilidade cultural, ver J. Donelly, *Universal Human Rights in Theory and Practice*, 2ª ed., Ithaca, NY: Cornell University Press, 2003; e C. Eberhard, *Droits de l'homme et dialogue interculturel*, Paris: Éditions des Écrivains, 2002. Para uma análise mais crítica, ver A. Gambino, *L'imperialismo dei diritti umani: Caos e giustizia nella società globale*, Roma: Editori Riuniti, 2001. Ver também M. Ignatieff, *Human Rights as Politics and Idolatry*, Princeton: Princeton University Press, 2001. Sobre a Organização Mundial do Comércio e sua estrutura de exclusão, ver S. George, *Remettre l'OMC à sa place*, Paris: Librerie Artheme Fayard, 2001.

Para uma excelente análise de um caso de imposição de sanções e seus efeitos sobre a população, bem como de um argumento em defesa da ampliação do Direito internacional existente, no sentido de aplicá-lo aos efeitos das sanções, ver G. Bisharat, "Sanctions as genocide", *Transnational Law and Contemporary Problems* 11, 2001, p. 379. Sobre Cuba, ver Clifford L. Staten, *The History of Cuba*, Nova York: Palgrave Macmillan, 2003.

Algumas raízes históricas das práticas atuais são discutidas em J. E. Thomson, *Mercenaries, Pirates and Sovereigns: State Building and Extra--Territorial Violence in Early Modern Europe*, Princeton, NJ: Princeton

University Press, 1994. Sobre os mercenários atuais, ver P. W. Singer, *Corporate Warriors: The Rise of the Privatized Military Industry*, Ithaca, NY: Cornell University Press, 2003. Sobre o mercantilismo britânico, ver Murry G. Lawson, *A Study on English Mercantilism 1700-1775*, Toronto: University of Toronto Press, 1943.

Pobreza: justificativa para a intervenção e consequências da pilhagem

Uma discussão econômica sobre a pobreza, apresentando a abordagem da corrente predominante do pensamento econômico, pode ser encontrada em M. J. Trebilcock, "What makes poor countries poor? The role of institutional capital in economic development", em *The Law and Economics of Development* (E. Buscaglia, W. Ratliff & R. Cooter, orgs.), Greenwich, CT: Jai Press, 1997. Sobre a pobreza em termos gerais, ver P. Dasgupta, *An Inquiry into Well Being and Destitution*, Nova York: Oxford University Press, 1993. Sobre algumas de suas causas, ver George L. Beckford, *Persistent Poverty: Underdevelopment in Plantation Economies on the Third World*, Nova York: Oxford University Press, 1972. Ver também A. Sen, *Poverty and Inequality* (G. Grusky & R. Kanbur, orgs.), Stanford: Stanford University Press, 2006.

Para um panorama histórico da privatização no setor de gás natural da Bolívia, da reação popular de massa e da renúncia à presidência de Gonzalo Sánchez de Lozada, ver o poderoso relato de M. McFarland Sánchez-Moreno & T. Higgins, "No recourse: transnational corporations and the protection of economic, social, and cultural rights in Bolivia", *Fordham International Law Journal* 27, 2004, p. 1663. Para relatos feitos no calor da hora da saída de Lozada, ver R. Lindsay, "Rural activists back new leader, for now Bolivian President faces demands that toppled predecessor", *Boston Globe*, 29 de outubro de 2003, p. A8. Para algumas das práticas extrativistas e suas consequências para a América Latina, ver Peter J. Bakewell, *Silver Mining and Society in Colonial, México: Zacatecas, 1546-1700*, Cambridge, UK: Cambridge University Press, 2002; D. A. Breading, *Miners and Merchants in Bourbon Mexico 1768-1810*, Cambridge, UK: Cambridge University Press, 1971; e Stanley J. Stein & Barbara Stein, *The Colonial Heritage of Latin America*, Oxford: Oxford University Press, 1970.

CAPÍTULO 6
Instituições reativas de pilhagem imperial

Esta seção se baseia em Ugo Mattei, "A theory of imperial law: a study on US hegemony and the Latin resistance", *Indiana Journal of Global Legal Studies* 10, 2003, p. 383; e *Global Jurist Frontiers* 2002 (disponível em www.bepress.com).

Sobre as chamadas "virtudes passivas" dos tribunais como agências que não possuem legitimação democrática, ver A. Bickel, *The Least Dangerous Branch: The Supreme Court at the Bar of Politics*, New Haven, CT: Yale University Press, 1986. Outra discussão clássica é Benjamin Cardozo, *The Nature of the Judicial Process*, New Haven, CT: Yale University Press, 1921 (em português: *A natureza do processo judicial*, trad. Silvana Vieira. São Paulo: Martins Fontes, 2004).

Sobre dualismo, ver I. M. D. Little, *Economic Development: Theory, Policy and International Relations*, Nova York: Basic Books, 1982. Sobre Estado de Direito e desenvolvimento como benefícios inquestionáveis, ver F. Garcia Amador, *The Emerging International Law of Development: A New Dimension of International Economic Law*, Nova York: Oceana Books, 1990.

O Estado de Direito norte-americano: formas de dominação global

Sobre o papel dos tribunais como agentes políticos poderosos no Direito norte-americano, o clássico ainda é A. De Tocqueville, *Démocratie en Amérique* (1835), Paris: Les Editions Gallimard, 1992 (tradução inglesa: *Democracy in America*, R. D. Heffne (org.), Nova York: Signet Classics, 2001). Sobre o expansionismo jurídico europeu em geral, ver W. J. Mommsen & J. A. De Moor, *European Expansion and Law: The Encounter of European and Indigenous Law in 19th and 20th century Africa and Asia*, Herndon, VA: Berg Publications, 1992. Sobre as mudanças globais de concepções de legalidade, ver também G. Teubner (org.), *Global Law Without a State*, Sudbury, MA: Dartmouth Publishing, 1997. Ver também D. Zolo, "The lords of peace: from the holy alliance to the New International Criminal Tribunal", em *Global Democracy* (B. Holden, org.), Londres: Routledge, 2000.

Globalização do modelo norte-americano

Sobre a decentralização como estrutura particularmente original dos modelos de atividade judicial norte-americanos, ver H. Hart & Sacks, *The Legal Process: Basic Problems in the Making and Application of Law*, Tent Ed., Cambridge, Massachusetts, 1958 (reimpresso em Nova York, 1944). Uma discussão especialmente digna de leitura é J. Resnick, *Processes of the Law: Understanding Courts and Their Alternatives*, Nova York: Foundation Press, 2004. Para uma discussão inevitável, com base na perspectiva da eficiência, ver N. Komesar, *Imperfect Alternatives: Choosing Institutions in Law, Economics, and Public Policy*, Chicago: University of Chicago Press, 1996. Sobre o mercado de votos, ver J. Buchanan & G. Tullock, *The Calculus of Consent: Logical Foundations of Constitutional Democracy*, Indianápolis: Liberty Fund, 1962. Sobre a eficiência do processo no *common law*, ver R. Posner, *Economic Analysis of Law*, 5ª ed., Nova York: Aspen Publishers, 1998, p. 271. Sobre aspectos distributivos do direito e o impacto disso na estrutura do processo judicial, ver M. Galanter, "Why the 'haves' come out ahead: speculations on the limits of legal change", *Law and Society Review* 95, 1972, p. 9.

Uma instituição ideológica de governança global:
o Direito internacional

Em termos gerais, ver *Human Rights: An Agenda for the Next Century* (L. Henkins & J. Hargrove, orgs.), Washington: ASIL, 1994; S. R. Ratner & J. S. Abrams, *Accountability for Human Rights Atrocities in International Law: Beyond the Nuremberg Legacy*, Oxford: Clarendon Press, 1997; e W. A. Schabas, *An Introduction to the International Criminal Court*, Cambridge, UK: Cambridge University Press, 2001. Ver também A. Cassese, *International Law*, Oxford: Oxford University Press, 2001. Para outras visões críticas, ver D. Zolo, *La giustizia dei vincitori: Da Norimberga a Baghdad*, Roma-Bari: Laterza, 2005; David Kennedy, *The Dark Side of Virtue*, Princeton: Princeton University Press, 2005. Sobre soberania, ver S. Krasner, *Sovereignty: Organized Hypocrisy*, Princeton, NJ: Princeton University Press, 1999, que se tornou um clássico quase instantâneo. Sobre as estratégias de persuasão de iniciativa imperialista, ver J. Nye, *Bound to Lead: The Chang-*

ing *Nature of American Power*, Nova York: Basic Books, 1991. Sobre o uso de uma retórica semelhante na corrente principal do pensamento acadêmico liberal nos Estados Unidos, ver A. M. Slaughter, *A New World Order*, Princeton: Princeton University Press, 2004.

Processos judiciais com base no Holocausto: de volta ao futuro

Para uma discussão abrangente, ver M. Bazyler, *Holocaust Justice*, Nova York: New York University Press, 2003. Ver também, para a experiência pessoal de um mestre em Direito comparado, R. B. Schlesinger, *Memoir*, Trento: Università degli Studi, 1999. Para uma discussão comparativa da complexidade das normas que definem competência, ver M. Reimann, *Jurisdiction: A Guide to the Jungle*, Nova York: Transnational Press, 2001. Para uma discussão sobre algumas estruturas importantes das normas procedimentais norte-americanas, ver O. Chase, "American 'exceptionalism' and comparative procedure", *American Journal of Comparative Law* 50, 2002, p. 277.

A apropriação do Direito internacional pelo Direito norte-americano

Para uma grande variedade de informações, ver J. Paul, "Symposium, holding multinational corporations responsible under international laws", *Hastings International and Comparative Law Review* 24, 2001, p. 285. Para um documentário em que se discute o capitalismo empresarial, ver M. Achbar, J. Abbot & J. Bakan, *The Corporation* (2004).

Sobre o direito de responsabilidade civil norte-americano, a discussão mais equilibrada e esclarecedora continua sendo J. Fleming, *The American Tort Process*, Oxford: Clarendon Press, 1990. Para outro ponto de vista, ver também P. H. Schuck (org.), *Tort Law and the Public Interest*, Nova York, W. W. Norton & Co., 1991.

Para uma interessante discussão comparativa sobre as principais "diferenças" entre a abordagem norte-americana e outras tradições no tocante ao processo civil, ver R. B. Schlesinger, H. W. Baade, P. E. Herzog & E. Wise, *Comparative Law*, 6ª ed., Nova York: Foundation Press, 1998. Para uma discussão comparativa sobre a advocacia, com ênfase em peculiaridades norte-americanas, ver J. Barcelo & R. Crampton (orgs.), *Lawyer's Values and Ideals*, Dordrecht: Kluwer, 1999. Para uma discussão sobre competência territorial e "escolha do direito" nos Estados Unidos, ver E. Scoles, P. Hay, P. Borchers & S. Symeonides, *Conflict of Law*, 3ª ed., St. Paul, MN: West Publishing Company, 2000.

O poder econômico e os tribunais dos Estados Unidos como agentes imperiais

Sobre os advogados particulares que cumprem função de interesse público, o clássico ainda é M. Cappelletti, "Governmental and private advocates for the public interest in civil litigation", *Michigan Legal Review* 75, 1975, p. 794. Para informações gerais sobre a hegemonia econômica dos Estados Unidos em vários setores, ver D. Held & A. McGrew, *The Global Transformations Reader*, Cambridge, UK: Polity Press, 2000. Para a ausência de remédios jurídicos para as falhas do sistema jurídico global, ver M. Galanter, "Law's elusive promise: learning from Bhopal", em *Transnational Legal Processes: Globalization and Power Disparities* (M. Likosky, org.), Londres: Butterworth: 2002. Ver também Russell Mokhiber & Robert Weissman, *On the Rampage: Corporate Power and the Destruction of Democracy*, Monroe, ME: Common Courage Press, 2005.

CAPÍTULO 7
Estratégias para subordinar o Estado de Direito à pilhagem

Sobre o potencial uso contra-hegemônico do Direito, a melhor leitura ainda é J. Harr, *A Civil Action*, Nova York, Vintage Books, 1995. Para informações gerais, ver Laura Nader (org.), *No Access to Law: Alternatives to the American Judicial System*, Nova York: Academic Press, 1980; R. Nader & W. J. Smith, *No Contest: Corporate Lawyers and the Perversion of Justice in America*, Nova York: Random House, 1996; e O. Fiss, "Against settlement", *Yale Law Journal* 93, 1984, p. 1073.

Sobre a "necessidade" de reformas das leis de indenização, ver S. Sugarman, *Doing Away with Personal Injury Law: New Compensation Mechanisms for Victims, Consumers and Business*, Westport, CT: Quorum Books, 1989; compare-se com M. Galanter, "News from nowhere: the debased debate on civil justice", *Denver University Law Review* 71, 1993, p. 77. Sobre a guinada pós-moderna das escolas de Direito norte-americanas, ver S. M. Feldman, *American Legal Thought from Premodernism to*

Postmodernism: An Intellectual Voyage, Nova York: Oxford University Press, 2000.

Pilhagem de alto escalão: o caso Enron e suas consequências

Para alguns contextos indispensáveis, ver M. Roe, *Strong Managers, Weak Owners: The Political Roots of American Corporate Finance*, Princeton, NJ: Princeton University Press, 1994; e L. Loss, *Fundamentals of Securities Regulation*, Boston: Little, Brown & Co., 1983. Outra leitura sugerida é "The good, the bad, and their corporate codes of ethics: Enron, Sarbanes Oxley and the problem of legislating good behaviour", *Harvard Law Review* 116, 2003, p. 2123; e S. Strange, *Casino Capitalism*, Oxford: Blackwell Publishing, 1986. Para uma discussão sobre a posição inconstante dos controles sociais durante a década de 1990 e uma tentativa de explicar seu fracasso, ver John C. Coffee Jr., "What caused Enron? A capsule social and economic history of the 1990s", *Cornell Law Review* 89, 2004, p. 269. Para uma avaliação da intervenção do Congresso para resolver o problema por meio da Lei Sarbanes-Oxley, ver especificamente p. 303 e ss. Compare-se também com John C. Coffee Jr., "Understanding Enron: 'it's about the gatekeepers, stupid'", *Business Lawyer* 57, 2002, p. 1.403. Para uma crítica do modo como a lei avançou a ponto de exigir comissões de auditores inteiramente formadas por diretores independentes (?), pelo menos nas empresas arroladas, ver Roberta Romano, "The Sarbanes-Oxley Act and the making of quack corporate governance", *Yale Law Journal* 114, 2005, p. 1521.

Pilhagem de primeiro escalão: política eleitoral e pilhagem

Sobre *Bush vs. Gore*, a literatura é bem vasta. Devido à política extremamente conservadora do autor, a leitura mais esclarecedora é A. Dershowitz, *Supreme Injustice: How the High Court Hijacked Election 2000*, Nova York: Oxford University Press, 2001. Uma documentação adicional pode ser encontrada em E. J. Dionne & W. Bristol (orgs.), *Bush vs. Gore: The Court Cases and the Commentary*, Washington, DC: Brookings Press, 2001. Em termos gerais, sobre uma série de estratégias arbitrárias que destroem a credibilidade do modelo eleitoral dos Estados Unidos, ver J. Fund, *Stealing Elections: How Voter Fraud Threatens Our Democracy*, San Francisco: Encounter Books, 2004. Sobre as estratégias norte-americanas de criação de prestígio, ver O. Zunz, *Why the American Century?*, Chicago: University of Chicago Press, 1998. Para uma descrição de seu declínio, ver I. Krastev, "The anti-American century?", *Journal of Democracy* 15, 2004, p. 5.

Pilhagem da liberdade: a guerra ao terror

Sobre as doutrinas de política externa que se seguiram ao 11 de setembro de 2001, ver R. Falk, *The Great Terror War*, Northampton, MA: Oliver Brench Press, 2003. Ver também N. Deller, A. Machijani & J. Burrough, *Rule of Power or Rule of Law?*, Nova York: Apex Press, 2003. Sobre transformações internas, ver D. Cole & J. Dempsey, *Terrorism and the Constitution*, Nova York: The New Press, 2002; e William Shultz, *Tainted Legacy: 9/11 and the Ruin of Human Rights*, Nova York: Thunder Marks Press, 2003. Ver também A. Dal Lago, *Polizia globale: guerra e conflitti dopo l'11 settembre*, Verona: Ombre Corte, 2003.

Sobre os norte-americanos como minoria dominadora do mercado e sobre noções de capitalismo de compadrio, ver Ami Chua, *World on Fire: How Exporting Free Market Democracy Breeds Ethnic Hatred and Global Instability*, Nova York: Anchor Books, 2003.

Pilhagem contínua: o discurso do patriotismo

A Fox News apropriou-se, sem nenhuma sátira intencional, do lema "justo e equilibrado"; ver www.foxnews.com. Para uma crítica da Fox News com ênfase específica em sua pretensão de ser "justa e equilibrada", ver o filme *Outfoxed: Rupert Murdoch's War on Journalism* (2004), de Robert Greenwald. Ver também o *site* www.outfoxed.org. A cultura jurídica dos Estados Unidos é resultado de um processo dialógico em que a oposição com frequência ultrapassa a linha demarcatória entre dissidência e luta. A familiaridade com a literatura de oposição é essencial para o entendimento da estrutura constitucional contemporânea, da estrutura jurídica e da cultura política resultantes. Para os primórdios da dissensão durante o período colonial, ver William Penn (1644-1718), *Some Fruits of Solitude in Reflections and Maxims: Relating to the Conduct of Human Life*, São Francisco: Edwin & Robert Grabhorn, 1926; William Penn, *No Cross, No Crown*, Wallingford, PA: Pendle Hill, 1944; e A. Murphy (org.), *The Politi-*

cal Writings of William Penn, Indianápolis: Liberty Fund, 2002. Para a luta de um dissidente colonial com outros colonizadores por razões de liberdade religiosa, a relação entre os americanos nativos e os colonizadores e a maior autonomia em relação ao governo britânico, ver os tratados exemplares de Roger Williams (1604-83), inclusive *The Bloudy Tenet of Persecution for Cause of Concience Discussed And Mr. Cotton's Letter Examined And Answered*, Londres: Kessinger Publications, 2004 (impresso para a Society of J. Haddon, 1848), ou *Christenings Make Not Christians*, Providence, RI, S. S. Rider, 1881, de Roger Williams. Sua ênfase no aprendizado da língua e da cultura dos americanos nativos, bem como sua exortação a que se pusesse fim ao extermínio, são apresentadas em *A Key into the Language of America*, Detroit: Wayne State University Press, 1973. O conjunto da obra e das ideias de Williams exerceu profunda influência sobre a organização da governança local das colônias e das congregações protestantes em toda a Nova Inglaterra. Ver J. Samuel & L. Caldwell (orgs.), *The Complete Writings of Roger Williams*, Nova York: Russell & Russell, 1963; e *The Correspondence of Roger Williams*, Providence, RI: Brown University Press, 1988 (publicado pela Historical Society of Rhode Island).

Para os aspectos essenciais da dissidência durante a revolução, ver Thomas Paine (1737-1809), *Common Sense and Other Writings*, Nova York: Modern Library, 2003; e Thomas Paine, *Rights of Man*, Nova York: Penguin, 1984. Para a dissidência ativa que se transformou nos fundamentos da Constituição dos Estados Unidos, ver Thomas Jefferson (1743-1826), *Notes on the State of Virginia*, Nova York: Penguin, 1999; Thomas Jefferson, *Light and Liberty: Reflections on the Pursuit of Happiness*, Nova York: Modern Library, 2004; Thomas Jefferson, *Political Writings*, Cambridge, UK: Cambridge University Press, 1999; e J. Morton, *Republic of Letters: The Correspondence between Thomas Jefferson and James Madison, 1767-1826*, Nova York: W. W. Norton & Co., 1995.

No período inicial da formação dos Estados Unidos, boa parte da dissidência concentrava-se na escravização dos africanos e no genocídio e pilhagem dos americanos nativos. A respeito da oposição à apropriação de terras dos americanos nativos e, em particular, contra a remoção forçada da nação cherokee da Geórgia para Oklahoma, ver Jeremiah Evarts, em F. P. Prucha (org.), *Cherokee Removal: The "William Pen" Essays and Other Writings*, Knoxville, TN: University of Tennessee Press, 1981, pp. 191-2.

Para a dissidência centrada na abolição da escravatura, ver D. Greene (org.), *Lucretia Mott: Her Complete Speeches and Sermons*, Nova York: Edwin Mellen Press, 1980. Ver também P. E. Eppinger, "Messiahs of every age: a theological basis of nineteenth-century social reform", *Quaker Theology: A Progressive Journal and Forum for Discussion and Study*, primavera/verão 2004, p. 10.

O chamado à consciência que inflamou Mott e outros abolicionistas foi além de uma única edição e inspirou um amplo engajamento do governo e dos cidadãos norte-americanos. Na evolução que se seguiu, da abolição para a liberdade de consciência e questões de maior abrangência, que implicavam outras liberdades civis, Henry David Thoreau (1817-62) e Ralph Waldo Emerson, os transcendentalistas de Massachusetts, vieram juntar-se a Mott. Ver: H. D. Thoreau, *Civil Disobedience, and Other Essays*, Nova York: Dover, 1993; H. D. Thoreau, *Walden, and Resistance to Civil Government*, Nova York: Norton, 1991; e H. D. Thoreau, *A Plea for Captain John Brown*, Boston: D. R. Godine, 1969. Em termos mais gerais, ver W. Glick (org.), *The Higher Law: Thoreau on Civil Disobedience and Reform*, Princeton, NJ: Princeton University Press, 2004; e *The Essays of Henry D. Thoreau*, Nova York: North Point Press, 2002. Sobre seu mentor intelectual, Emerson, ver D. Robinson (org.), *The Political Emerson: Essential Writings on Politics and Social Reform*, Boston: Beacon Press, 2004; *Emerson's Anti-Slavery Writings*, New Haven, CT: Yale University Press, 1995; e *Representative Men*, Nova York: Marsilio, 1995. Ver também W. E. Bridges, *Spokesmen for the Self: Emerson, Thoreau, Whitman*, Scranton, PA: Chandler Publishing Co., 1971.

A industrialização e as mudanças jurídicas que favoreciam as novas empresas interestaduais, em detrimento de trabalhadores e demandantes individuais, inspiraram uma nova onda de dissidência depois da Guerra de Secessão. A oposição fez surgir a maior parte das novas formas de distribuição permitidas pela prensa tipográfica, as quais deram suporte ao surgimento de novos gêneros. O chargista político Thomas Nast (1840-1902) aproveitou o poder emergente de jornais populares que atingiam um vasto público para atacar os abusos do processo democrático. Ver T. Nast, *How Some Men Get their Boots Cleaned at Other People's Expense*, Nova York: Harper, 1900; e T. Nast, *Thomas Nast, Political Cartoonist*, Athens, GA: University of Georgia Press, 1967. Ver também M. Keller, *The Art and*

Politics of Thomas Nast, Nova York: Oxford University Press, 1968. Romancistas como Theodore Dreiser (1871-1945) e Sinclair Lewis (1885-1951) também despertaram consciências e inspiraram ações contra as novas empresas que se aproveitavam de trabalhadores e consumidores não habituados a formas não solidárias de organização. Ver T. Dreiser, *An American Tragedy*, Nova York: Library of America, 2003 (distribuída comercialmente pela Penguin Putnam); e T. Dreiser, *Sister Carrie*, Nova York: Oxford University Press, 1998. Ver também S. Lewis, *Babbit,* Nova York: Modern Library, 2002; e S. Lewis, *Main Street,* Nova York: New American Library, 1980 (originalmente publicado c. 1920). Ver também J. London, *Letters from Jack London,* Nova York: Odyssey, 1965, contendo a correspondência inédita entre Jack London e Sinclair Lewis. John Steinbeck (1902-68) introduziu a tradição de dissidência no romance e no conto, situando-a no período da Grande Depressão, em *The Grapes of Wrath* [As vinhas da ira], Nova York: Penguin Books, 1997, e em *Cannery Row*, Nova York: Penguin Books, 2002.

Para exemplos de dissidência pós-Segunda Guerra Mundial, movimentos que deram forma ao direito constitucional e à cultura política, ver, por exemplo, Thurgood Marshall (o advogado principal da defesa da NAACP no caso *Brown vs. Topeka Board of Education,* sobre dessegregação nas escolas públicas, que se tornaria juiz da Suprema Corte), em T. Marshall, *Supreme Justice: Speeches and Writings,* Filadélfia: University of Pennsylvania Press, 2003. Ver também: M. L. King, *A Call to Conscience: The Landmark Speeches of Dr. Martin Luther King, Jr.*, Nova York: IPM, 2001; W. S. Coffin, *The Heart is a Little to the Left: Essays on Public Morality*, Hanover, NH: University Press of New England for Dartmouth College, 1999; R. Nader, *Crashing the Party: Taking on the Corporate Government in an Age of Surrender*, Nova York: Thomas Dunn Books/St. Martin's Press, 2002; e R. Nader, *The Good Fight: Declare Your Independence and Close the Democracy Gap*, Nova York: Regan Books, 2004.

Sobre patriotismo, ver R. A. Falk, *Declining World Order*, Nova York: Routledge, 2004, p. 215 e ss.; e R. Corey, *Fear: The History of a Political Idea*, Oxford University Press, 2004. A respeito da guerra e seu impacto sobre a legitimidade política nos Estados Unidos, ver A. M. Schlesinger, Jr., *War and the American Presidency*, Nova York: W. W. Norton & Co., 2004.

Em 2003, Peter Arnett foi demitido do National Geographic "Explorer" e da NBC, rede de TV para a qual enviava reportagens feitas em Bagdá, devido a uma entrevista que deu à televisão estatal do Iraque, referindo-se aos planos de guerra da coalizão liderada pelos Estados Unidos como "inadequados". Informações sobre a demissão de Arnett podem ser encontradas em J. Rutenberg, "A nation at war: the NBC after remarks on Iraqi TV", *New York Times*, 1º de abril de 2003, p. B14; e Xinhua, *Full Text of the Human Rights Record of the U.S. in 2003*, Pequim: Xinhua News Agency, 29 de fevereiro de 2004. Por solicitação de sua rede, a Fox News, Geraldo Rivera foi afastado de sua função como jornalista integrado à 101ª Divisão Aerotransportada, depois de desenhar, na areia do local onde estavam as tropas, um mapa que descrevia as manobras que seriam realizadas. Em seu pedido televisionado de desculpas, Rivera disse que "havia se retirado voluntariamente" para o Kuwait a fim de "refletir sobre a situação"; citado em "Rivera apologizes for report", *The Philadelphia Daily News*, 8 de abril de 2003, p. 6.

Para documentários sobre a censura da mídia e a autocensura acerca dos preparativos da administração Bush para a deflagração da guerra no Iraque, ver D. Schechter (diretor), *WMD: Weapons of Mass Deception* (2004). Para um relato meticuloso sobre repórteres ocidentais que não atuavam como jornalistas integrados e foram mortos no Iraque por forças da coalizão liderada pelos Estados Unidos, ver P. Wilson, "Iraq inquest", *The Australian*, 8 de abril de 2004, p. 20, composto por trechos de seu livro, P. Wilson, *A Long Drive Through a Short War: Reporting on the Iraq War*, Sydney: Hardie Grant Books, 2004.

CAPÍTULO 8
Resumo: pilhagem e transformação global do Direito

Um importante panorama histórico-econômico é apresentado na obra monumental de I. Wallerstein, *The Modern World-System*, 3 vol., Nova York: Academic Press, 1974-89; D. Harvey, *The Limits to Capital*, Londres: Verso, 1999; e Rosa Luxemburgo, *Die Akkumulation des Kapitals: Ein Beitrag zur Ökonomishen Erklärung des Imperialismus*, Berlim: Vereinigung Internationaler Verlags-Anstalten, 1922. Ver também, para um panorama sociológico, G. Arrighi & B. Silver, *Chaos and Governance in the Modern World*

System, Minneapolis: University of Minnesota Press, 1999. A face benévola do poderio imperial é apresentada em E. H. Bermann, *The Influence of Carnegie, Ford and Rockefeller Foundations on American Foreign Policy: The Ideology of Philanthropy*, Albany, NY: State University of New York Press, 1983. Ver também, mais recentemente, J. Newhouse, *Imperial America: The Bush Assault on World Order*, Nova York: Vintage Books, 2003. Ver também Fritz Sternberg, *Der Imperialismus*, Berlim: Malik, 1926, e I. Mortellaro, *I signori della guerra: La NATO verso Il XXI secolo*, Roma: Manifestolibri, 1999.

A abordagem fundamental do desenvolvimento capitalista mundial por meio da pilhagem ainda se encontra em Eric R. Wolf, *Europe and the People Without History*, Berkeley, CA: University of California Press, 1982. Ver também William Woodruff, *The Impact of Western Man: A Study of Europe's Role in the World Economy*, 1760-1960, Londres: Macmillan, 1966.

Para um panorama econômico da situação contemporânea, ver A. Saunders & I. Walter, *Universal Capitalism: The Changing Balance of Public and Private Power*, Oxford: Oxford University Press, 1994. Um panorama sociológico pode ser encontrado em I. Wallerstein, *The Essential Wallerstein*, Nova York: New Press, 2000, em especial p. 71 e ss. Para uma imagem talvez demasiado otimista da Europa, ver J. Rifkin, *The European Dream*, Nova York: Penguin, 2004.

Os conceitos de liberdade e democracia eleitoral têm sido usados, há muito tempo, para encobrir práticas diametralmente opostas. Ver T. Carothers, *In the Name of Democracy: U.S. Policy Toward Latin America in the Reagan Years*, Berkeley, CA: University of California Press, 1991. O impacto da política não redistributiva do Banco Mundial é frequentemente exposto; ver, por exemplo, C. Caufield, *Masters of Illusion: The World Bank and the Poverty of Nations*, Nova York: Holt, 1996. Sobre o conceito de estado de exceção, ver G. Agamben, *Homo Sacer: Sovereign Power and Bare Life*, Stanford, CA: Stanford University Press, 1998.

Estado de Direito imperial ou Estado de Direito do povo?

Para referências ao choque entre o Estado de Direito imperial e as tradições jurídicas locais, uma boa fonte são reportagens cotidianas dos principais jornais dos Estados Unidos e de outros países, uma vez que em geral relatam eventos ou reações públicas a crises ligadas à falta de água, poluição, pobreza intelectual etc. Para uma visão ampla e referências associadas às interações entre imposições do Estado de Direito e leis locais, ver Laura Nader, "Promise or plunder? A past and future look at law and development", em Rudolf V. van Puymbroeck (org.), *World Bank Legal Review: Law and Justice for Development*, Roterdã-Nova York: Kluwer Law International, 2006. Também publicado em *Global Jurist Frontier*, www.benpress.com.

O futuro da pilhagem

Certa compreensão do cinismo da era atual é apresentada por F. Jameson, *Postmodernism, Or, the Cultural Logic of Late Capitalism*, Durham, NC: Duke University Press, 1992. Para um exame de questões relativas à globalização, ver D. Zolo, *Globalizzazione: una mappa dei problemi*, Roma-Bari: Laterza, 2004. Outras leituras importantes são: C. Johnson, *The Sorrow of Empire, Militarism, Secrecy and the End of the Republic (The American Empire Project)*, Nova York: Owl Books, 2004; D. Harvey, *The New Imperialism*, Oxford: Clarendon Press, 2003; M. Hardt & A. Negri, *Multitude: War and Democracy in the Age of Empire*, Cambridge, MA: Harvard University Press, 2004; e R. Unger, *What Should the Left Propose*, Londres: Verso, 2006.

Sobre situacionismo, ver uma bibliografia detalhada em *Internazionale Situazionista 1958-69*, Turim; Nautilus, 1994. Uma bibliografia seletiva de sua produção em língua inglesa é apresentada em S. Home (org.), *What is Situationism?: A Reader*, San Francisco: AK Press, 1993.

Sobre direito e imaginário popular, ver R. K. Shervin, *When Law Goes Pop: The Vanishing Line Between Law and Popular Culture*, Chicago: University of Chicago Press, 2000.

Sobre os aspectos espetaculares do sistema social e político dos Estados Unidos, ver R. H. Frank & P. J. Cook, *The Winner Takes All Society: Why the Few at the Top Get So Much More Than the Rest of Us*, Nova York: Free Press, 1995.

Sobre o uso disseminado da violência, ver M. Foucault, *Discipline and Punish: The Birth of the Prison*, Nova York: Vintage Books, 1994. Ver também Barrington Moore, *Injustice: The Social Bases of Obedience and Revolt*, White Plains, NY: M. E. Sharpe, 1978; e *Victories! Winning Campaigns* em *Multinational Monitor*, vol. 25, n. 1 & 2, janeiro/fevereiro 2004, e "The people *vs.* corporate power: a quarter century retrospective", in *Multinational Monitor*, vol. 28, n. 7 & 8, julho/agosto 2005.

Para outras críticas do capitalismo empresarial atual e grande número de sugestões, ver K. Danaher (org.), *Democratizing the Global Economy: The Battle Against the World Bank and the IMF*, Monroe, ME: Common Courage Press, 2001.

DOCUMENTÁRIOS

As fontes a seguir são particularmente úteis como material sobre a pilhagem ou para os cursos universitários para as discussões teóricas das questões apresentadas neste livro.

Africa. Who is to blame?
2005 DVD 48'
de Emily Buchanan

Angola, le pétrole et la misère
2006 DVD 30'
de Richard Klug

Un baril à hauts risques
2005 DVD 52'
de Emmanuel Amara

Commanding Heights: the Battle for the World Economy (1/3 The Battle of Ideas)
2003 DVD 120'
de Daniel Yergin, Greg Barker, William Cran

Commanding Heights: the Battle for the World Economy (2/3 The Agony of Reform)
2003 DVD 120'
de Daniel Yergin, Greg Barker, William Cran

Commanding Heights: the Battle for the World Economy (3/3 The New Rules of the Game)

2003 DVD 120'
de Daniel Yergin, Greg Barker, William Cran

Bhopal, le procès qui n'a pas eu lieu
2004 DVD 57'
de Ilan Ziv

Black gold. The history of oil
1998 DVD 50'
de Michael Rogers

Le Bon Élève: le Mali et Nous
Itália – 2006 DVD 55' – Blaq out
de Elisabetta Grande, Ugo Mattei, Luca Pes, Paolo Quaregna

The Cola Conquest
1998 DVD 153'
de Irene Lilienheim Angelico

The Corporation
2003 DVD 144'
de Mark Achbar, Jennifer Abbott, Joel Bakan

Darwin's nightmare
França – 2004 DVD 107' – Mille et une Productions
de Hubert Sauper

Davos, Porto Alegre et autres batailles
2003 DVD 102'
de Vincent Glenn

Djourou, une corde à ton cou
2004 DVD 64'
de Olivier Zuchuat

Duel pétrolier en Afrique
2005 DVD 43'
de Helmut Grosse

Enron. The smartest guys in the room
2005 DVD 110'
de Alex Gibney

L'épopée de l'or noir (1/4 L'âge d'or des majors)
2004 DVD 53'
de Jean-Pierre Beaurenaut e Yves Billon

L'épopée de l'or noir (2/4 Le nationalisme pétrolier)
2004 DVD 54'
de Jean-Pierre Beaurenaut e Yves Billon

L'épopée de l'or noir (3/4 L'arme du pétrole)
2004 DVD 54'
de Jean-Pierre Beaurenaut e Yves Billon

L'épopée de l'or noir (4/4 Le déclin pétrolier)
2004 DVD 52'
de Jean-Pierre Beaurenaut e Yves Billon

Esmeraldas et le pétrole. Une histoire explosive
2006 DVD 44'
de Marc Juan

Le fabuleux voyage d'un baril de pétrole
2006 DVD 43'
de Mouhcine El Ghomri

2013 la fin du pétrole
2005 DVD 48'
de Stéphane Meunier

La guerre des cotons
2005 DVD 52'
de Jean-Michel Rodrigo

Guerre de l'eau à El Alto
DVD 27'
de Stéphen Riethauser, Jean-Jacques Fontaine, Dominique De Weck

La guerre du cotton
2005 DVD 51'
de Bernard Robert-Charrue

Un "homme intègre" à l'OMC

2003 DVD 50'
de John Paul Lepers

The industrial revolution
2000 DVD 87'

Iraq for Sale. The War Profiteers
2006 DVD 75'
de Robert Greenwald

Irak, à qui profite le pétrole?
2004 DVD 40'
de Robert Mugnerot e Serge Gordey

Jenin Jenin
2001 DVD 54'
de Iyad Samudi e Mohammed Bakri
Palestinian Occupied Territories

Life and Debt
USA – 2001 86' DVD – A non-profit Tuff Gong Production
de Stephanie Black

Little Injustices. Laura Nader Looks at the Law
1981 VHS 59'
de Terry Rockfeller

Les maux de la faim
2003 DVD 55'
de Jihan El Tahri

Memoria del Saqueo / Mémoire d'un saccage
2004 DVD 114'
de Fernando Solanas

Nos amis de la banque
1998 DVD 84'
de Peter Chappell

Pas assez de volume: notes sur l'OMC
2004 DVD 152'
de Vincent Glenn

Les pirates du vivant
2005 DVD 58'
um filme escrito e produzido por Marie-Monique Robin

Pollution à vendre
2003 DVD 50'
de Yves Billy

Power trip
2004 DVD 85'
de Paul Devlin

Le profit et rien d'autre
2001 DVD 57'
de Raoul Peck

Roger & Me
1989 DVD 87'
de Michael Moore

Le beurre et l'argent du beurre
2006 DVD 62'
de Jaques Sarazin, Philippe Baqué, Alidou Badini

Les routes du coton
2005 DVD 83'
de Erik Orsenna, Joël Calmettes

Le scandale Enron
2005 DVD 56'
de Emanuel Amara, Ariel Wizman

Surplus: terrorized into being consumers
Sweden/Italy – 2003 DVD 52' – Atmo
de Erik Gandini

The Take – La Prise
2004 DVD 97'
de Avi Lewis, Naomi Klein

Tchad: main basse sur l'or noir
2005 DVD 53'
de Nicolas Jaillard

What is wrong with Africa
2005 DVD 41'

The Yes Men
2003 DVD 83'
de Chris Smith, Dan Ollman, Sarah Price

Wall Mart. The High Cost of Low Price
USA 2005 DVD 98'
de Robert Greenwald

Zones de convergence (G8 Evian 2003)
2003 DVD

Produzido por Luca Pes, doutorando pelo Departamento de Antropologia da LSE (London School of Economics).

ÍNDICE REMISSIVO

Os números de páginas acrescidos de "n" referem-se à seção de Notas.

Abu Ghraib, 12, 43, 330
Ação Global dos Povos, AGP
 (People's Global Action, PGA)
Ackerman, Bruce, 319, 398
Acordo de Livre Comércio com
 a América Central (Central
 American Free Trade Agreement,
 Cafta), 243
Acordo de Livre Comércio das
 Américas, Alca (North American
 Free Trade Agreement, Nafta), 6,
 133, 242-3, 365
Acordo Geral de Comércio e
 Serviços (General Agreement on
 Trade and Services, Gats), 237
Acordo Geral de Tarifas e Comércio
 (General Agreement on Tariffs
 and Trade, Gatt), 133, 136
Acordo sobre Litígios Internacionais
 (International Dispute Settlement,
 IDS), *ver* resolução alternativa de
 conflitos
Acordos de Parceria Econômica, 235
Advogados, 3, 46, 48, 82, 249
 como engenheiros sociais, 157-8,
  166-7
 com formação nos Estados Unidos,
  129-30, 259, 284, 286, 298

Afeganistão, 32, 43, 53, 215-6, 218-9,
 222, 226, 231-3, 260, 269
 colonização e recolonização, 27-8,
  194, 198-203, 269
 Conferência de Bonn, 231
 descentralização no, 232
 "Liberdade Duradoura", 216
 ver também Talibã
África, 35, 37, 39-40, 49-50, 135,
 148, 151
 artistas da, 152
 documentários sobre a, 423, 428
 ferrovia Dakar-Bamako, 103, 230
 manteiga de caritê, 151
 Norte da, 49, 381
 pluralismo jurídico, 50
África do Sul, 46, 148, 226
Agamben, Giorgio, 1
 ver também estado de exceção
Agência Central de Inteligência
 (Central Intelligence Agency,
 CIA), 48, 315n, 316, 331, 404
Agência de Serviços Estratégicos
 (Office of Strategic Services, OSS),
 ver Agência Central de Inteligência
Agricultura, 8, 12, 81, 87, 241-2, 365
 ver também organismos
  geneticamente modificados

Água, 3, 138, 186, 241, 362, 369-70, 375
Ahmadinejad, Mahmoud, 54
Aids, 148
Ajuste estrutural, 32-3, 63, 67, 90-9, 102, 105-6, 167, 322
   avaliação no, 85
   como instrumento para o desenvolvimento, 91
   "estruturas para o desenvolvimento abrangente" (comprehensive development frameworks, CDF), 85, 89, 91, 169, 230, 256, 359
   primeira fase, "empréstimo de estabilização", 106
   programas de ajuste estrutural, 84-5, 101-3, 151
   segunda fase, 106
   ver também Bretton Woods, instituições de; instituições financeiras internacionais; privatização
Alemanha, 86, 113, 121, 141, 148, 165n, 248, 321, 323, 377
Ali, Tariq, 4, 207
Allende, Salvador, 25, 125, 217, 326, 352
América Latina, 7-8, 25, 34, 47-8, 52, 62, 70, 84, 98, 104, 116-8, 122, 124, 167-8, 173, 198, 217, 233, 235, 238, 239, 284, 298, 328, 355, 357, 367
Análise econômica do Direito, 82-3, 121, 126, 157-64, 197-8, 234-44, 264, 301, 304
Angola, 226, 423
Anistia Internacional, 327, 342
Annan, Kofi, 211
Antropólogos, 45, 156, 174-95, 346, 360, 364, 381
   múltiplos papéis dos, 191
   silêncio sobre certos tópicos, 192, 341
   ver também Gluckman, Max; Mead, Margaret; Reynolds, Earle; Steward, Julian
Árabes, 32, 35, 57, 192-4, 203-4, 207-9, 221, 320, 337
   e movimento nacionalista, 208
Arbenz Guzmán, Jacobo, 217, 352
Argélia, 128, 208
Argentina, 59-72, 88, 238, 239, 309
Aristide, Jean-Bertrand, 217
Armas, comércio de, 39, 43, 93, 226
Arnett, Peter, 345, 418
Arthur Andersen, 310
Artigas, José, 117
Ásia, 25-6, 37, 49, 149, 168, 357, 381
   Central, 37, 52, 388
   Mar Cáspio, 53, 201, 206, 291
   Sudeste da, 49, 298
   ver também Oriente Médio; Golfo Pérsico
Associação Americana de Antropologia (American Anthropological Association), 178
Associação Americana de Bibliotecas (American Library Association), 335
Associação dos Advogados dos Estados Unidos (American Bar Association), 260, 306
Atitude antropológica, 177
Austrália, 298
Áustria, 74, 155, 162
Autoridade Provisória da Coligação, 210
Auxílio, *ver* instrumentos financeiros
Azerbaijão, 291
Aznar, José, 86

Baghram, Base Aérea de, 13
Banco Mundial, 24-5, 27, 34, 82, 85, 88, 97-8, 123 e n, 125, 127-8, 134, 141, 166, 169, 203 e n, 230-1, 260
criação do, 92
"sistema jurídico abrangente", 85
ver também Bretton Woods, instituições de; instituições financeiras internacionais
Bangladesh, 34, 138
Dacca, 35
ver também Bengala
Barak, Aharon (juiz da Suprema Corte de Israel), 333
Barotse, 190
Batista, Fulgencio, 217
Bélgica, 32
Bengala, 21, 35, 46, 235-6, 374
Benin, 106
Bentink, William, 236
Berger, juiz Thomas, 185
Bickel, Alexander, 248
Black, Bernard, 127, 166
Blackstone, William, 109
Blair, Tony, 56n, 75-6, 86, 214, 330
"Boa governança", 23, 25, 82, 90, 105, 156, 256
Bolívia, 34, 51, 133n, 238, 240, 362
Bósnia, 215-6, 226, 317
Branco, Castelo, 119
Brasil, 47, 118-9, 125, 149, 244, 362, 367
ver também Caiapós
Bremer, Paul, decretos de, 4, 6, 209
Bretton Woods, instituições de, 51, 76-7, 79-80, 84, 86, 91-2, 97-8, 100-1, 107, 358
falta de influência das nações em desenvolvimento, 93, 96
garantias de não intervenção, 92

história das, 91-2
influência dos Estados Unidos e do Reino Unido sobre as, 100-1
ver também dívida; instituições financeiras internacionais
Brezhnev, Leonid, 49
British Petroleum (BP), 291
Brown vs. Board of Education, 249
Buchanan, James, 161, 262
Bureau of American Ethnology (BAE), 181, 187, 228
Bureau of Indian Affairs (BIA), 181
Burundi, 225
Bush, George H.W., 203, 313
Bush, George W., 25, 43, 111, 148, 204, 206-7, 210-1, 216, 244, 313-5, 325-6, 328, 330-3
"qualquer um, menos", 317
ver também Bush vs. Gore
Bush vs. Gore, 111, 314-9
Bush, Jeb, 314

Cahokia, 178
Caiapós, 149-50, 362
Califórnia, 18, 242, 247, 278, 204, 335
campos de concentração para japoneses nos Estados Unidos, 247, 304
Canadá, 80, 185, 212n, 298, 361
Capitalismo empresarial, 3, 41, 51, 60, 79, 84, 87, 101-2, 104, 126, 201, 256, 314, 316, 349, 353, 376, 380
e paraísos fiscais, 43, 171
ver também desenvolvimento, abertura de mercados para as empresas; neoliberalismo
Caribe, 47, 167, 204, 235
Castro Ruz, Fidel, 349, 352

Catolicismo, 19, 40, 73, 143, 221, 224
  ver também Urbano II, Papa;
  Vaticano
Cavallo, Domingo, 60, 83
Cegueira normativa, 178
Centro de Pesquisas Econômicas e
  Políticas, 70
Chang, Nancy, 342, 337
Chanock, Martin, 190
Chavez, Hugo, 206, 217
Chechênia, 215, 233
Checoslováquia (atual República
  Checa), 118
Chertoff, Michael, 322
Chevron, 207
Chile, 24-5, 28, 88, 125, 156, 217,
  326, 352
China, 7-8, 12, 26, 32, 47, 78, 84,
  115-6, 121-2, 138, 164, 198, 202,
  204, 206, 211, 236, 239, 251, 267,
  362
  e ópio, 8, 47, 84, 198
  e resistência legítima, 370
  Erin Brockovich, 371
  e rio Yangtzé, 371
  e tradição confuciana, 52, 122
  jurisdição dos Estados Unidos
  sobre a, 251
Chomsky, Noam, 340
Chua, Ami
Churchill, Winston, 223
Cícero (Marcus Tullius Cicero), 383
Clinton, Bill, 75-6, 204, 214, 216,
  218, 316, 318
Coase, Ronald, 158, 161
Coca-Cola, 362, 369
Coke, Sir Edward, 15, 19, 75, 111,
  160, 350
Colômbia, 125, 202, 204-6, 293, 367
Colonialismo, 34-8, 44-7, 109-18,
  128, 178, 185, 199

e descolonização, 37-9, 44-7, 51,
  99n, 104, 213, 268, 352
definição de, 28
neocolonialismo, 28, 46, 51, 59,
  215, 228
ver também legitimadores
Comissão Bergier, 281
Comissão de Valores Mobiliários e
  Câmbio (Securities and Exchange
  Commission), 71, 312-3
Comissão Matteoli, 281
Commons, John R., 162
Companhia das Índias Orientais, 36,
  46, 52, 198, 258, 355
Companhia Mineradora Hanna,
  118-20
Complexo industrial-militar, 75,
  203-4, 304
Comunismo, 79, 89, 214, 346, 374,
  380
Conferência de Berlim, 39
Conferência de Bonn, *ver* Afeganistão
Congo, República Democrática do,
  225
Conselho Americano de Curadores
  e Ex-alunos (American Council of
  Trustees and Alumni, Acta), 346
Consenso de Washington, 7, 38, 42,
  59, 60, 67, 86, 100, 138, 198-9, 256
  ver também instituições financeiras
  internacionais; neoliberalismo
Controle, 31, 62, 80, 99, 113-5,
  132-7, 142, 255, 257, 262-3, 266,
  318, 324, 341, 347
  pelo medo, 75, 89, 96-7, 180, 218,
  247, 328, 346-8
  ver também processo civilizatório;
  ideologia da harmonia;
  hegemonia; crença na
  inevitabilidade; propaganda;
  Estado de Direito, usos do

Convenção Internacional dos
  Direitos das Crianças, 293
Coreia, 49, 120, 215, 321
Cover, Robert, 247
Crença na inevitabilidade, 130
Cristianismo, 12, 115, 132, 135, 224
  ver também catolicismo; jesuítas
Cruzadas, 36, 54, 57, 221
Cuba, 217, 233-4, 251, 267, 352, 377
  e Emenda Platt, 251, 352n
  e sanções impostas pela Lei
    Helms-Burton, 233

D'Allema, Massimo, 86
De Rosas, Juan Manuel, 117
De Tocqueville, 111
De Vattel, Emerich, 115, 121, 128
Debord, Gui, 380
Democracia, 39, 53, 60, 98, 124, 159,
  200, 219-20, 252, 253, 255, 258,
  262, 352, 360
  e falta de participação, 56-7, 87
  e participação, 376-85
  socialdemocracia, 56n, 86, 214
  ver também eleições
Deng Xiaoping, 78
Dershowitz, Alan, 330
Desenvolvimento, 10, 34, 44-6, 51,
  59-71, 78, 80, 120-3, 152, 199, 202,
  215, 227, 230-1, 236, 256, 350,
  358, 364, 372
  e abertura de mercados para
    empresas, 7-8, 80, 99, 118-21,
    237
  significado de, 90, 199
  ver também falta de; México,
    Solidaridad; neoliberalismo;
    privatização; direitos de
    propriedade
Destino manifesto, ideologia do, 179
Diaz, Porfirio, 62

ÍNDICE REMISSIVO · 433

Dicey, Albert V., 16
Director, Aaron, 158
Direito de responsabilidade civil e
  "reforma", EUA, 9, 273, 275, 287,
  293, 295, 305
Direito racional/natural, 23, 31-2,
  84, 112, 128, 148, 154, 184, 281
Direito
  descoberta do, 260, 283-5, 296
  difusão do, 28, 32, 99-100, 130,
    132, 134, 167, 224, 254, 283,
    298, 374
  e ilegalidade, 4-6
  exemplos de, 16, 37, 118-9, 211,
    212n, 216, 234, 309, 316n,
    328, 333, 369, 374,
  noções de, 13, 64, 100, 162-3,
    216n, 271, 296, 337, 360
  ideologias do, 153, 167-8, 170,
    221-9, 267-76
  ver também ideologia da
    harmonia; direito racional;
    Estado de Direito
Direitos Humanos, 23, 40, 54, 85,
  112, 216-20, 233, 257, 268-9, 280,
  285, 289, 291, 294n, 306-7, 325,
  327, 365
Direitos, afirmativos e negativos, 73,
  85, 112
  ver também direitos humanos;
    direitos de propriedade
Dívida, 60-1, 68-9, 71, 95-9, 106, 379
  ver também instituições
    financeiras internacionais
Documentários, 352, 423-8
Donaldson, William, 313
Dred Scott vs. Sanford, 304
Dualde, Eduardo, 239

Economia, 60-2, 101-2, 161

como fonte de legitimidade, 101-2, 161
e derivativos, 61, 64-71
e equilíbrio, 102
e maximização da riqueza (Kaldor-Hicks), 239
e teoria da vantagem comparativa, 103
eficiência na, 51-2, 82-4, 123, 264, 384
escola austríaca de, 74
extrativa, 28, 46-7, 95, 202, 205-7, 349
ver também Escola de Economia de Chicago; economia keynesiana; Direito e economia; Estado de Direito, eficiência no; universalismo; Estado assistencialista
Economia keynesiana, 74, 77-8, 81, 91, 95, 163, 165
Economistas
 como consultores, 82, 173
 e papel desempenhado na pilhagem, 62
 e sua concepção do processo legal, 82, 127-8, 148, 161-2
 positivismo dos, 155, 162
 ver também análise econômica do Direito; Smith, Adam
Egito, 32, 49, 73, 211, 269
 Código Civil do, 49
Eisenhower, Dwight D., 204, 351
Eizenstat, Stuart, 281
Eldritch Press (Editora), 172
Eleições, 7, 34, 101, 214, 224, 294n, 314-9, 356
 como espetáculo, 267, 383
 como investimento, 263-4
 e alheamento de setores da população, 87
 exportação das, 56
 ver também Bush vs. Gore
Elites locais, 12, 46, 48, 52, 56, 59, 88, 99, 125-6, 128, 130, 173, 209, 220, 229, 255, 258
Empresas
 e "acordos judiciais" em ações penais, 310
 e eleições, 87
 e escândalo dos fundos mútuos, 12-3, 310
 e influência sobre governos, 101-2, 323, 357, 378; *ver também* elites locais
 e Lei Sarbanes-Oxley, 311, 340
 ética empresarial nas, 310
Energia, 52, 147n, 202, 204, 310
 nuclear, 178, 180, 271
 ver também índios americanos e lixo tóxico; petróleo
Engels, Frederick, 44
Enron, 12, 201, 308-14, 340, 343, 424, 427,
Equador, 66, 125, 205-6, 357n
Eritreia, 225
Escandinávia, 25, 73, 214, 377
Escola de Economia de Chicago, 60, 78, 83, 88, 156, 158
Escravidão, 7, 34-6, 39, 47, 104, 247n, 281, 294, 304, 344
Espanha, 34, 40, 47, 59, 214, 352n, 366n
 e conquistadores, 34, 40
Estado assistencialista, 72-5, 81, 97-8, 101, 163, 250, 264, 303, 353, 378, 380-1
 ver também economia, eficiência na; privatização; Reagan/Thatcher, revoluções de
Estado de Direito
 ambiguidade do, 30, 44, 371

como ideal, 4, 43, 54, 225
como implicitamente positivo,
    16, 27
como limite negativo, 24
como mercadoria, 52, 74, 125,
    168, 358
e definição de ilegalidade, 6-7, 163
e tribunais extraterritoriais, 116,
    251
eficiência no, 59, 75, 78, 102, 123,
    128, 134, 148, 161, 164-74, 260,
    264, 279, 301
euro-americanização do, 109-39,
    258-67
    Constituição escrita sob o, 112
    e advogados como engenheiros
        sociais, 114, 157-8
    e colonialismo, 44, 111, 209
    e descentralização, 112, 258, 275
    e direitos individuais negativos,
        112
    e instituições acadêmicas
        independentes, 113, 247-8,
        308
    e Judiciário poderoso e
        independente, 111, 267
    e jurisdição universal, 66, 112,
        250, 280, 289-90
    e o common law britânico,
        110-1, 123, 130-1, 164, 167,
        254, 281
    imagem de neutralidade
        jurídica, 74, 111, 159, 273
modismo linguístico, 15
origens do, 16-9
significados do, 23
    ver também boa governança;
        direito racional
usos do
    como justificação da pilhagem/
        opressão, 8-9, 31, 37-8, 94,

114, 121, 147, 209, 213, 218,
    221, 225, 330, 352
e legitimização, 8, 21, 110,
    162-3, 352
e ordem, 3, 24, 109, 226-7, 245,
    247
    ver também processo civilizatório;
        democracia; política de dois
        pesos e duas medidas; Direito;
        universalismoEstado de
        exceção, 43, 200, 218, 306-7,
        312
Estados Unidos, 112-3, 254-67,
    281-99, 301-48
    como império, 28, 43, 75-6, 90,
        216
    como pós-graduação global em
        Direito, 113, 124-5, 130
    complexo industrial militar dos
    Código Uniforme de Justiça
        Militar dos, 329
    e Lei de Comissões Militares de
        2006, 329
    Constituição dos, 112, 247, 281-2,
        304, 307, 326, 330, 343
    Departamento de Justiça, 183-4
    e Reino Unido, 91-2, 97
    mover ação judicial nos, ver
        Estado de Direito, euro-
        americanização do Estado de
        Direito e jurisdição dos
    partidos políticos dos, 75, 116-7,
        213-4, 263, 271, 317-8, 331
    "políticas de portas abertas" dos,
        116-8, 120
    reputação dos, 43, 54, 116, 124,
        307, 313, 317, 319, 339, 353
    Suprema Corte dos, 43, 159, 173,
        217, 247, 293, 304, 314-9,
        328-9, 332-3, 372

ver também Califórnia; Agência Central de Inteligência; Escola de Economia de Chicago; capitalismo empresarial; Poder Executivo; Flórida; Guantánamo, Baía de; Iraque; petróleo; Plano Marshall; Doutrina Monroe; americanos nativos; superioridade, posição de; setembro, 11 de, 2001; Wall Street; Consenso de Washington

Estereótipos, *ver* etnocentrismo, Ocidente, o "outro"

Etiópia, 33, 215, 225

Etnocentrismo, 2, 4, 27, 124, 177, 273, 383
  ver também processo civilizatório; falta; superioridade, posição de superioridade no Ocidente; racismo

Euro-América, 1-4, 88, 101, 109-39, 194, 264, 360
  ver também superioridade, posição de superioridade no Ocidente

Europa, 61, 75, 101, 109-39, 181, 199, 250-1, 313, 350, 377
  antropologia na, 189
  colonialismo da, 44-8, 132
  comparada com o sistema jurídico norte-americano, 129, 214-5, 249, 260-1
  "falta" na, 265
  ver também Holocausto, processo judicial

Exxon, 205, 301

Faculdade de Direito da Universidade de Nova York, 130

Falk, Richard, 53

Fallujah, 13

Falta, teoria da, 7, 110, 114, 171
  como justificação, 121-4, 256
  para o desenvolvimento, 134
  para a intervenção, 34, 52
  para a invasão, 27, 194, 218, 227
  para a jurisdição, 288
  institucional, 229-33
  ocidental, 127, 265, 288, 385
  ver também processo civilizatório; superioridade, posição de

Fanon, Franz, 128

Fascismo, 54, 73, 86, 119, 217, 265

Fastow, Andrew, 311

Federal Bureau of Investigation (FBI), 327, 335, 342

Federalist papers, 20, 23, 350

Feingold, Russell, 335

Feinstein, Dianne, 335

Feldman, Eric, 341

Fergusson, Niall, 21, 236

Ferrovia Dakar-Bamako, *ver* Mali

Ferrovias, 103, 119, 230

Filartiga vs. Pena-Irala, 282

Filipinas, 325, 346, 367, 375

Finlândia, 79, 103

First Boston, 61

Flórida, 151, 234, 314-6

Ford Foundation, 124

França, 22, 28, 32, 112, 117, 231, 269, 281, 313, 321, 354n, 361, 377, 380-1

Franco, Francisco, 86

Frankfurter, Felix (juiz da Suprema Corte), 135

Franklin, Benjamin, 334

Fujimori, Alberto, 24, 88

Fulbright, bolsas

Fundo Monetário Internacional (FMI), 4, 22, 32, 51, 66, 70, 76-7, 82, 99n, 100, 106, 141, 166, 233
  criação do, 92

ver também Bretton Woods,
    instituições de, ajuste estrutural
Galeano, Eduardo, 7, 119, 197
Gandhi, Mahatma, 48
Gardner, James, 124
Genebra, Convenção de, 6, 93, 211,
    329
Genocídio, 22, 34, 39, 114, 128, 146,
    213, 234, 270, 349
    ver também violência
Geórgia, 291
Globalização, 109, 130-2, 138-9,
    258-67
    consequências da, 83, 85-7, 176,
    324, 363
    ver também desenvolvimento;
    neoliberalismo
Gluckman, Max, 190
Goldman Sachs, ver Wall Street
Golfo Persa, 147n, 193, 202, 206, 208
    ver também Guerra do Golfo
Gonzales, Alberto, 330
Gordon, Lincoln, 120
Gore, Albert, 316n
    ver também Bush vs. Gore
Goulart, João, 119-20
Grã-Bretanha, 37-9, 51, 86, 215
    Henrique VIII, 19
    história
        do colonialismo e do
        imperialismo, 35, 47, 84,
        109-18, 197-8, 235, 354
        tradição do common law, 110-1,
        123, 130-1, 164, 167, 254, 281
        tribunais do common law, 18, 305
        Conselho Privado, Londres, 298
    Prohibition del Roy, 18
    rei Jaime I, 18
    ver também Blair, Tony; Coke, Sir
        Edward; Companhia das Índias

Orientais; Reagan/Thatcher,
    revoluções de; Estado de
    Direito, euro-americanização do
Grant, Judith, 348
Grécia, 214
Greco, Michael, 306
Greenpeace, 375
Grupo Bechtel, 362
Grupo dos Oito (G8), 51, 100, 258, 428
Guantánamo, Baía de, 43, 294n, 307,
    329, 332-3
Guatemala, 217, 352
Guerra do Golfo, 51, 147n, 215, 234
Guerra Fria, 9, 48-50, 79, 89, 94, 157,
    169, 177
    pós-, 9-10, 42, 51, 56, 76, 79, 145,
    213-5, 224, 252, 352, 357
    ver também macarthismo
Gusterson, Hugh, 346
Guthrie, Dan, 345
Gutting, Tom, 345

Haiti, 199, 217
Hamdan vs. Rumsfeld, 328
Hamdi, Yaser, 328, 332
Harrington, Charles, 138
Harris, Katherine, 314
Hatch, Orrin, 335
Hegel, Georg Wilhelm Friedrich, 265
Hegemonia, 42, 46, 52, 60-1, 142,
    145-8, 326, 349
    e consumismo, 29
    e contra-hegemonia, 12-4, 42, 259,
    270, 273-4, 294, 347, 349, 364,
    373, 376, 380
    jurídica, 254-5, 283, 287
    reputação normativa da, 53-4
    significado de, 29
    ver também elites locais; ideologia
        da harmonia; falta; Estados
        Unidos como império

Hentoff, Nat, 321
Hewlett Packard, 375
Hitler, Adolf, 323
Hizbolá, 362
Hoebel, E. Adamson, 158
Holanda, 377
Holocausto, 275-81
  processo judicial, 276-81
  ver também Nuremberg, julgamentos de
Hoover, J. Edgar, 341
Hudson Bay Company, 258
Hussein, Saddam, 37, 200, 203, 206, 209, 268, 272
Hussein ibn Talal, rei, 203

Ianomâmis, 154
Ibn Battuta, Abu Abdullah Muhammad, 35
Ideologia da harmonia, 89, 110, 131-2, 199, 373
  ver também resolução alternativa de conflitos
Iêmen, 215, 331
Ilhas Cayman, 69, 171
  ver também paraísos fiscais do capitalismo empresarial
Ilicitude, 4-6, 44, 205, 295, 348, 380, 383
Imperialismo, 10, 28, 53, 63-4, 109, 135, 141, 193, 204, 273
  atual, 41-2, 216, 360, 380
  jurídico, 32, 124, 126, 229, 251, 283
  ver também colonialismo, neocolonialismo; hegemonia; ilegalidade; estado de exceção; Estados Unidos como império
Incas, 40, 213, 221
Independent Petroleum Association of America, 206

Índia, 12, 36, 47-8, 138, 164, 168, 204, 236, 275, 296, 355, 362, 373
  e a árvore neem, 151, 362, 367
  e a catástrofe de Bhopal, 275, 296, 379, 424
  Kerala, 369
  Panchayat, 369
  ver também Coca-Cola
Índios americanos, 20, 34, 114, 121, 181-6 e n, 236-7, 366n
  Comissão de Reivindicações Indígenas, 182
  e lixo tóxico, 174, 182, 189 e n, 249, 281
  Lei Dawes de Demarcação de Terras, 182
  Movimento "Red Power", 188
  shoshone/paiute, 183-4
  sioux, 180-1
  ver também incas; inuítes do Lago Baker; maias; Steward, Julian; u'wa
Indonésia, 226, 325, 355, 374
Indústrias farmacêuticas, 150-1, 287
Instituições financeiras internacionais, 27, 32, 59-61, 71, 92, 128, 130, 138, 257, 309
  dificuldade de acesso a empréstimos junto às, 96
  e intervencionismo, 85, 99
  falta de responsabilidade final, 96, 381-2
  e soberania/condicionalidade, 86, 92, 97-107, 152, 254, 364
  politização das, 93, 169, 357
  prestígio inicial das, 93
  ver também Bretton Woods, instituições de, dívida
Instituições reativas, 129, 167, 245-53, 255-7, 264, 275, 356, 379
Instrumentos financeiros, 64-71, 81

Bocons, 68-70
  ver também dívida; instituições financeiras internacionais
Internet, 145-6, 153-4, 360, 371
  e exclusão digital, 145, 154
  e primeira posse, 153
  influência norte-americana sobre a, 145
  ver também propriedade intelectual
Intervenção, 24-6, 54, 63, 82, 91, 169, 199, 218-40, 271, 228n
  redistributiva, 249, 266, 378
  ver também ajuste estrutural
Inuítes do Lago Baker, 185
Invasão, 181, 205-6, 210, 222, 225, 243, 362
Irã, 207, 215, 321
Iraque, 4, 27, 147n, 199-201, 203-4, 206-11, 215-6, 218, 220-2, 226, 255
  Código Civil do, 49
  Tempestade no Deserto", 215
  ver também Abu Ghraib; Bremer, Paul; Guerra do Golfo; petróleo
Islã, 12, 31, 54 e n, 123, 125, 192-4, 213, 215, 219-20, 257, 264
  Direito islâmico, 49-50, 123, 194, 219 e n, 264
  ver também juiz, qadi
Israel, 6, 43, 193, 208, 216, 221, 271, 274, 331, 333, 362
Itália, 25, 28, 86, 143, 214, 231, 233, 276, 323, 349, 361
  vale de Susa, 361
Iugoslávia, 27, 223-5, 268, 269, 274

Jamaica, 234
Japão, 26, 32-3, 89, 113, 129, 220, 341, 377
Jefferson, Thomas, 185-6
Jesuítas, 23

Johnson, Lyndon, 120, 266, 377
Juiz, *qadi*, 135, 194
Justiça, 9, 12, 23, 25, 30, 72n, 81, 126, 161-2, 167, 228, 271, 278-80, 284, 289, 294, 302, 307, 357, 375
  injustiça, 188, 194, 205, 360, 376, 380, 426
  mercado para a, 284, 287
  natural, 112, 123
  privatizada, 4, 136
  razões de, 123, 155, 357, 362, 370, 370, 373

Kappa, Elle, 330
Kelo vs. City of New London, 372
Kelsen, Hans, 162
Kennan, George, doutrina do poder incondicional, 325
Kerry, John, 331
Khalidi, Rashid, 212
Khomeini, aiatolá Ruhollah, 54
Klare, Michael, 201
Kohl, Helmut, 86
Korematsu vs. United States, 247, 304
Kosovo, 226
Kruschev, 49
Kucinich, Dennis, 343
Kuwait, 147n, 272
  ver também Guerra do Golfo

Laboratórios Farmacêuticos Bayer, 148
Lafontaine, Oskar, 56n, 86
Latifúndio, 117
Lee, Barbara, 334
Legitimadores, 52, 128, 141-95, 199, 217, 219, 245-6, 248, 252-3, 256-8, 268, 302, 304, 317, 319, 321, 357
Lei das Ações de Responsabilidade Civil Movidas por Estrangeiros (Alien Tort Claims Act), 282

Lei de Segurança Nacional (Homeland Security Act), 321
Leninismo, 72
Lesoto, 25, 293
Líbano, 193, 216, 226
Libéria, 226
Líbia, 208
Linan y Cisneros, arcebispo, 213
Lincoln, Abraham, 332, 341
Livre comércio, 8, 102-3, 198-9
    ver também desenvolvimento, abertura de mercados; Acordo Geral de Tarifas e Comércio; Tratado Norte-Americano de Livre Comércio; regulamentação
Llwellyn, Karl, 158
Locke, John, 115, 121, 128, 146
Lopez, Francisco Solano, 117
Love, James, 153
Lucro, intenção de, 100, 199, 303, 357
    custos "externos" da, 349, 376
    maximização racional da utilidade, 36, 155, 160, 170
Lula da Silva, Luiz Inácio, 244

Macarthismo, 177, 342, 346
MacArthur, Douglas, general, 32
Madison, James, 20
Madrid, Miguel de la, 63, 167
Magna Carta, 18-9
Maias, 40
Maine, Henry, 144, 262
Mair, Balakrishnana
Mali, 103, 152, 230-1, 270, 424
Malvinas-Falkland, Guerra das, 76
Mandel, Ernest, 355
Marx, Karl, 44, 198
Marxismo, 21, 29, 72, 374
Mauss (*Mouvement Anti-Utilitariste dans les Sciences Sociales*), 381

Mazzili, Ranieri, 120
Mead, Margaret, 384
Meio ambiente, 81, 133, 191, 202, 211, 294, 341, 344, 370-1, 376
    e Protocolo de Kyoto, 269, 318
    ver também água
Melainine ould Belai, Cheik, 327
Menem, Carlos, 67, 71
"Mercado livre", 99, 102, 120, 364, 381
    ver também Reagan/Thatcher, revoluções de; regulamentação
Mercenários e "segurança privada", 37-8, 106, 292, 308-9, 327
Merrill Lynch, *ver* Wall Street
México, 63, 132, 167, 205, 238, 240-4, 366n
    Artigo 27, 243
    Assembleia dos Povos de Oaxaca (Appo), 365
    Chiapas, 243, 362-3
    Oaxaca, 132, 243, 360, 365-6
    Solidaridad, 240
Mídia, 29, 57, 152, 157, 200, 216, 222, 262, 271, 311, 324, 333, 339-40, 345, 347, 362
Milosevic, Slobodam, 225, 268, 272, 274
Missionários, 45, 52, 124, 132, 179, 190
Mobil, 205
Mobuto, Sese Seko, 93
Monroe, Doutrina, 48, 118, 238, 318, 357
Monsanto, 150, 198
Moody's, 233
Mooney, James, 180-1 e n
Morales, Diego, 51, 240
Morgan, Lewis Henry, 186-8
Morgan Stanley, *ver* Wall Street
Movimento pelos direitos civis, 346

ÍNDICE REMISSIVO · 441

Nações Unidas, 94, 100, 211, 216n, 218, 222, 233, 270-1, 274-5, 319, 334
Nakba, catástrofe de, 221
Napoleão, 32
National Broadcasting Company (NBC), 345
Nativos americanos, *ver* Índios americanos
Nazistas, 54, 248, 277, 279, 281
ver também Holocausto
Nehru, Jawaharlal, 48, 236
Neoliberalismo, 11, 50, 56n, 59-90, 98, 100, 128, 137, 245, 291, 310
definição de, 72
e autoritarismo, 88
e expansionismo, 77-8, 80, 86-90, 101, 258
e processo eleitoral, 86-7
fundamentação econômica do, 102-3
paralelos com o colonialismo, 7-8, 52-3, 67, 257-8
ver também desenvolvimento; boa governança; instituições financeiras internacionais; universalismo
New Deal, 25, 164
New York City Bank, 199
Nicarágua, 217
Nigéria, 51, 358
Nixon, Richard, 266, 313, 315n, 354, 381
Noor, rainha, 203
Noriega, 93
Nova Zelândia, 298
Nuremberg, julgamentos de, 111, 267, 279-80
Nyerere, Julius, 48

O'Connor, Sandra Day, juíza da Suprema Corte, 315

Occidental Petroleum, 204
Oliphant, Herman, 158
Omar, mulá Mohammed, 272
Organismos geneticamente modificados, 87, 150, 154, 198, 295
Organização do Tratado do Atlântico Norte, Otan (North Atlantic Treaty Organization, Nato), 27, 100, 147n, 215, 257, 269, 274, 361
Organização dos Países Exportadores de Petróleo, Opep (Organization of Petroleum Exporting Countries, Opec), 84, 94-5, 208
Organização Mundial do Comércio, OMC (World Trade Organization, WTO), 6, 8, 51, 84, 100, 116, 137, 141, 146, 166, 198, 234-5, 250, 338
Organização para a Cooperação Econômica e Desenvolvimento, OCDE (Organization for Economic Cooperation and Development, OECD)
Organizações não governamentais (ONGs), 38, 133, 257, 263, 285, 375
Orientalismo, 3, 26, 57, 193-4, 218
Oriente Médio, 31, 40, 49-50, 57, 192-3, 206-12, 271, 381

Pacific LNG, 240
Padilla, José, 328-9, 332-3
Paine, Thomas, 381
Palestina, 192-3, 215, 221-2, 226, 362
Paraguai, 117, 191, 282
Parmalat, 313
Partnoy, Frank, 68
Patentes, *ver* propriedade intelectual
Patriot Act, 321, 334-7, 339-40
Patriotismo, 9, 89, 180, 201, 203-4, 340-8

Pepsi, 370
Perez, Roberto, 205
Perón, Domingo, 73
Peru, 24, 88, 205, 361, 366
Petróleo, 37, 43, 51-3, 75-6, 80, 83-4, 93-4, 99n, 197-213, 226, 291, 301, 358, 362-3, 378-9, 424
  Companhia Petrolífera Anglo-Persa, 207
  embargo árabe ao petróleo, 204
  Iraq Petroleum Company, 208
  Oleoduto, 53, 201, 204, 227, 291-2
  Turkish Petroleum Company, 207
  ver também Organização dos Países Exportadores de Petróleo (Opep)
Petróleos Mexicanos (Pemex), 205
Pilhagem
  biopirataria, 366-7
  bioprospecção, 367
  condições ideais para, 79, 107
  e desenvolvimento, 10, 85-6
  ver também colonialismo; desenvolvimento; instituições financeiras internacionais; neoliberalismo; intenção de lucro
Pinochet, Augusto, 24, 88
Pizarro, Francisco, 55, 221
Plano Marshall, 54, 120
Pobreza, 34-6, 41, 46, 63, 79, 87, 95, 99, 105, 152, 230, 230, 237, 315, 350-1, 353, 374-5, 380
Poder Executivo, 25, 249, 252, 274, 306, 324, 328, 347
Polanyi, Karl, 16, 350
Política de dois pesos e duas medidas, 102, 104, 148, 229, 233-7, 256, 272, 294n
Polônia, 118
Popper, Karl, 154, 162
Portugal, 2, 28, 109, 116, 349

Posner, juiz Richard, 127, 164, 312
Potosí, ver Bolívia
Powell, John Wesley, 182, 187-8 e n
Prêmio Nobel, 154, 161, 262
Primeira Guerra Mundial, 44, 203, 207, 341
Prisões, 88, 106, 200, 233, 237, 249, 266, 270, 329-31
  Convenção dos Prisioneiros de Guerra, 332
  ver também Abu Ghraib; Guantánamo, Baía de
Privatização, 7, 73, 77, 167, 212, 230, 310, 324, 359, 363, 369, 383
  da segurança, ver comércio de armas
  fundamentação econômica da, 102-3
  ver também água
Processo civilizatório, 1, 5, 13, 22, 40, 44, 74, 110, 116, 118, 142, 165n, 169, 179, 181, 188, 194, 199-200, 203, 212, 218, 228-9, 232, 264, 292, 348, 350, 356
  ver também falta; racismo
Propaganda, 41, 45, 49, 55, 201, 216, 221, 249, 309, 346-7, 379
Propriedade intelectual, 82, 145-54, 147-8n, 167, 362
  Acordo sobre os Aspectos dos Direitos de Propriedade Intelectual Relacionados ao Comércio (Trade-Related Aspects of Intellectual Property, Trips), 147, 149, 367
  avaliadores de tendências (cool hunters), 150
  direitos autorais, 147, 149, 172, 317n, 368
  inventores coletivos, 152, 362

maca (planta nativa dos Andes), 366-7
movimento em prol do código aberto, 368
Sonny Bono Extension Act (Lei "Sonny Bono" de Ampliação dos Direitos Autorais), 172-3, 317
ver também África, manteiga de caritê; agricultura; aids; Índia, árvore neem; internet
Propriedade, direitos de, 24, 85, 111-2, 114, 121, 221
e domínio eminente, 291, 372
ver também propriedade intelectual; água
Putin, Vladimir, 86, 215

Quadros, Jânio, 119

Racismo, 32n, 43, 54, 156, 199, 353
e representações essencializadas do "outro", 31-2, 57, 227-9, 258
ver também falta, teoria da
Reagan, Ronald, 75-6, 164, 315n, 377
Reagan/Thatcher, revoluções de, 56, 72, 75-6, 81, 155, 214, 378
e recessão mundial, 94
políticas monetárias, 96
Reconstrução, empreiteiros responsáveis pela, 43, 53, 211, 227
Recursos, distribuição de, 11, 20, 40, 72n, 74-5, 87, 103, 106, 112, 155, 167-9, 209, 224, 227n, 243, 245-53, 253n, 259, 303, 354, 358, 363
ver também direitos de propriedade; Estado assistencialista
Reed, Richard, 191
Registros de bibliotecas, 335
Regulamentação, 74, 77, 81, 106, 163, 170, 250, 295, 370

e proteção contra mercados mais fortes, 80-1, 104, 130n, 234
Rehnquist, William, juiz da Suprema Corte, 315-6
Relatório Lloyd de 1993, 241
Resolução alternativa de conflitos, 31 e n, 129, 132-4, 167, 257, 301-7, 347
"Restaurar a Esperança", 216
Reynolds, Earle, 178
Riqueza, *ver* recursos
Rivera, Geraldo, 345
Roberts, John, juiz da Suprema Corte, 159
Roosevelt, Franklin D., 73, 223, 312, 376
Roosevelt, Theodore, 73, 186, 188
Royce, Charles, 187-8
Ruanda, 270
Ruiz, Ulysses, 366
Rússia, 34, 72, 80, 86, 166, 214, 321
ver também União Soviética

Salinas de Gortari, Carlos, 241
San Martín, 116
Sanchez de Lozada, Gonzalo, 240
Sanções, 218, 233
Sandino, Augusto Cesar, 217
Savage Co., 230
Sayigh, Yosuf, 208
Scalia, Antonin, juiz da Suprema Corte, 315, 332
Schmitt, Carl, 247
Schröeder, Gerhard, 86
Schultz, William, 327
Segunda Guerra Mundial, 44, 55, 74, 91-2, 175, 178, 207, 223, 254, 265, 275, 279-81, 322, 352, 377
Sempra, 240
Senegal, 103, 230
Serra Leoa, 51, 226, 325

Setembro, 11 de, 1973, 326
Setembro, 11 de, 2001, 10, 42, 201, 306, 319, 323, 327
Sexos, igualdade entre os, 54
 burca, 40, 221, 229
 circuncisão feminina, 40, 221, 228-9
 e mulheres, 30, 40, 234, 344, 365, 369, 374
Sharon, Ariel, 331, 333
Shiva, Vandana, 121
Shivji, Issa, 38
Silvio Berlusconi, 305
Sindicatos, 87, 263, 363-4
Síria, 215, 321, 329
Sistemas de Informações Geográficas (Geographic Information Systems, GIS), 177
Smith, Adam, 46, 127, 161, 198
Smithsonian Institution, 181, 187
Soberania, 24 e n, 112, 129n, 147n, 199, 248, 254, 268-71, 291
 ver também direitos humanos; instituições financeiras internacionais e soberania
Socialismo, 44-5, 48-9, 56, 74, 79-80, 162, 171, 214, 224, 264, 266, 351, 383
Sociedade Filosófica Americana (American Philosophical Society), 186
Somália, 216, 218-9, 222, 225-6, 293, 316, 375
Speck, Frank, 188
Sri Lanka, 226
St. Johns, empresa, 119
Stalin, Josef, 223
Steward, Julian, 183-5, 188, 194
Sudão, 215, 225, 321
Suharto, Hadji Mohammed, 93
Suíça, 106, 115, 281, 375, 377
Sunstein, Cass, 368

Superioridade, posição de, 24, 27, 33, 40, 57, 84, 175, 178, 198, 202
 ver também falta; racismo

Tabaco, 381
 Aliança pela Responsabilidade das Transnacionais do Tabaco (Network for Accountability of Tobacco Transnational, Natt), 381
 Convenção-Quadro sobre o Controle do Uso do Tabaco (Framework Convention on Tobacco Control, FCTC), 381
Taft, William H., 198
Tailândia, 375
Talibã, 54
Tanzânia, 38, 48, 270
Taxas de câmbio, 60, 66, 91, 93
Teorias evolucionistas, 33, 156, 166, 170, 175, 180-95
Terceiro Mundo, 63, 67, 78, 82, 90, 93-5, 97, 99, 104, 124, 128, 168, 205, 237
Terra nullius ("terra de ninguém"), 6, 146, 150, 177-9, 184
 e princípio da "descoberta", 27, 114
 lex nullius, 194
Terror, 43, 52, 89, 194, 218, 319, 342, 344, 362
 guerra ao, 215, 218, 231, 319-40, 344
Texaco, 379
Thatcher, Margaret, ver Reagan/ Thatcher, revoluções de
The Nature Conservancy, 191
Tibete, 233
Trabalho, 71n, 81, 85-6, 89, 131n, 199, 229, 235, 294, 305, 308, 362-5, 370, 375-6

direito trabalhista, 52, 264, 363
e salários, 102-3
ver também escravidão; sindicatos
Tribunais, *ver* Estado de Direito;
Estados Unidos
Tribunal Internacional de Justiça, 43, 136-8
Tribunal Penal Internacional, 268, 270, 274, 318
Truman, Harry S. e Fair Deal ("Acordo Justo"), 265
Tucker, Vincent, 90
Turquia, 33, 207, 291
Twain, Mark, 346

U'wa, 205
União Americana pelas Liberdades Civis (American Civil Liberties Union, ACLU), 338
União Europeia, 106, 152, 231, 257, 361
União pela Solução Pacífica dos Conflitos (United for Peace Resolutions), 269 e n
ver também Nações Unidas
União Soviética, 9, 48, 72, 75-6, 79, 82, 267, 380
Unilateralismo, 216, 275, 316
ver também Bush, George W.; intervenção
Union Carbide, 198, 296
Union Oil Company of California (Unocal), 201
United Fruit Company, 49, 118, 198
Universalismo, 12, 27, 34, 80, 84, 86, 147n, 112, 127-8, 146-8, 154, 166, 190, 220, 228, 231, 268, 273

Urbano II, papa, 221
Uruguai, 117, 125, 136, 244
US Steel, siderúrgica norte--americana, 119

Vargas, Getúlio, 118
Vásquez, Tabaré, 244
Vaticano, 283
Vauro, 317
Veblen, Thorstein, 162
Venezuela, 206, 217, 367
Vestfália, Paz de, 222, 272
Vidal, Gore, 340
Vietnã, 49, 54, 56, 266, 344, 377
Violência, 6, 9, 17, 22, 49, 55, 61, 88, 93, 101, 106, 142, 197, 205, 211, 225, 228-9, 258, 267, 271-2, 282, 344, 352, 366, 370, 373, 377
ver também genocídio
Vivendi, 313
Von Hayek, Friedrich, 74, 155, 162, 165

Wall Street, 13, 59, 61, 68-9, 310-3
Warren, Earl, juiz da Suprema Corte, 247, 319, 353
Weber, Max, 123, 135, 194
Wilson, Horace, 236
Wilson, Woodrow, ix, 53, 341
WorldCom, 201, 310-1, 343

Yalta, acordos de, 223-4
ver também Kosovo
Yoo, John, 330

Zapatistas, 363
Zapoteca, 132
Zinn, Howard, 340